游泳运动实用教程

熊发州　主编

北京体育大学出版社

策划编辑　木　凡
责任编辑　吴光远
责任校对　李志诚
版式设计　小　小

图书在版编目（CIP）数据

游泳运动实用教程/熊发州主编. —北京：北京体育大学出版社，2015. 11（2023. 1 重印）
ISBN 978-7-5644-2133-5

Ⅰ. ①游… Ⅱ. ①熊… Ⅲ. ①游泳-教材 Ⅳ. ①G861. 1

中国版本图书馆 CIP 数据核字（2015）第 288811 号

游泳运动实用教程　　熊发州　主编

出版发行：北京体育大学出版社
地　　址：北京市海淀区农大南路 1 号院 2 号楼 2 层办公 B-212
邮　　编：100084
网　　址：http：//cbs. bsu. edu. cn
发 行 部：010-62989320
邮 购 部：北京体育大学出版社读者服务部 010-62989432
印　　刷：北京虎彩文化传播有限公司
开　　本：710 毫米×1000 毫米　1/16
成品尺寸：170 毫米×228 毫米
印　　张：30. 25
字　　数：554 千字
版　　次：2018 年 4 月第 1 版
印　　次：2023 年 1 月第 4 次印刷
定　　价：100. 00 元

（本书如有印装质量问题，请与出版社联系调换）

游泳运动实用教程
编委会名单

主　编： 熊发州

副主编： 陆　杨　严　红　王　嵘

刘　强　张　弘

目　录
CONTENTS

第一章　竞技游泳知识概述

第一节　奥运会游泳比赛促进竞技游泳的发展

一、竞技游泳技术的起源

游泳运动起源于远古时代，人们在生产劳动、征服自然和改造自然界的斗争中产生的。在长期生活中创造、逐步掌握并提高了游泳这一技能，当人们在水中嬉水游戏可以从中体验到无穷的乐趣，久而久之，产生了许多游泳技能，使人们在水中能够自由地漂浮、游进、潜水，通过观察和模仿鱼类、青蛙等动物在水中游动的姿势，逐步形成了各种游泳技术。

竞技游泳的发展和起源与现代奥运会息息相关，由于奥运会的接纳逐步规范了游泳姿势和比赛距离，成为具有竞技性和观赏性的运动项目，是各种综合型运动会的主要竞技运动项目之一。

二、奥运会促进了竞技游泳技术和比赛项目的发展

1896 年 4 月 5 日—15 日在希腊雅典举行的第一届现代奥运会，游泳比赛就设有 4 个项目（100 米自由泳、500 米自由泳、1200 米自由泳和 100 米自由泳水兵赛）。比赛时只分游泳距离没有游泳姿势，可采用任何游进泳式，是真正的“自由式”游泳，参加游泳比赛的国家有丹麦、德国、希腊、匈牙利、瑞典和美国 6 个国家的 26 名选手参加比赛，从此开创了世界级竞技游泳比赛的历史。

1900 年 5 月 20 日—10 月 28 日在法国首都巴黎举行的第二届现代奥运会，当时人们对体育运动会的认识比较肤浅，重视程度很低，因此这届奥运会组委会把比赛日程安排在 5 个多月的时间内进行，堪称是一次“马拉松”式的运动会。这届奥运会的游泳比赛安排在 8 月进行，设置的比赛项目有 200 米自由泳、1000 米自由泳、

4000 米自由泳、4×50 米自由泳接力、200 米仰泳、200 米障碍泳、潜泳 7 个项目。游泳姿势有所增加，增设了仰泳、障碍泳和潜泳比赛。由于游泳姿势的增加使比赛更加激烈，促进了游泳技术和游泳技能的发展。参加比赛的国家有法国、美国、英国、比利时、瑞士、德国、丹麦、意大利、澳大利亚、匈牙利、荷兰、古巴、加拿大、瑞典、奥地利、挪威、印度、波希米亚等 18 个国家参加。

本届奥运会上也有所突破，其一有 12 名女子运动员参赛，虽说这次女子参赛并未得到国际奥委会正式认可，但是开创了女子走向世界体坛的先例。突破了古代奥运会和第一届现代奥运会不许女子参加的禁令（游泳项目没有女子运动员参赛）。其二由上届 4 个游泳比赛项目增加为 7 个比赛项目。其三参赛国增加到 18 个国家，扩大了奥运会在世界各国的影响。

1904 年 7 月 1 日—11 月 23 日在美国第八大城市圣路易斯举行的第三届现代奥运会。这届奥运会同上届一样将赛事时间安排在 5 个半月的时间内进行，也是奥运史上又一次旷日持久的运动会。游泳比赛项目有 50 码自由泳、100 码自由泳、220 码自由泳、440 码自由泳、880 码自由泳、1 英里自由泳、100 码仰泳 7 个比赛项目。虽然比赛项目也为 7 项，但是项目有所变化。比赛距离以“码”为单位。因为是以码计算成绩，不同于其他各届以米为距离单位，因此本届游泳比赛成绩无奥运会纪录。所以说本届奥运会还停留在上届的基础上，没有突破性的发展。

1908 年 7 月 13 日—10 月 31 日在英国伦敦举行的第四届现代奥运会。游泳比赛项目有 100 米自由泳、400 米自由泳、1500 米自由泳和 4×200 米自由泳接力、100 米仰泳、200 米蛙泳 6 个项目。6 个项目比赛中有 5 项超过世界最好成绩，美国运动员查·丹尼尔斯这次又获得了 100 米自由泳冠军，成绩 1 分 05 秒 6。英国运动员亨·泰勒先后在 400、1500 米自由泳中获胜，成绩分别为 5 分 36 秒 8 和 22 分 48 秒 4，他还在 4×200 米接力赛中与队友合作夺得冠军，共获 3 枚金牌，是本届奥运会获金牌最多的游泳运动员。

这届奥运会对竞技游泳产生了决定性的影响。在本次奥运会上成立了国际业余游泳联合会（简称国际泳联），审定了各项世界纪录，制定了国际游泳比赛规则，规定比赛距离单位统一用“米”，取消了一些竞技性、观赏性较差的游泳项目，大大提高了游泳比赛的竞技性和观赏性。

本届奥运会参赛国家为 24 个，运动员超过 2000 人，其中女运动员 43 人，这 2 项数据也创历史新高。1900 年巴黎奥运会，印度有运动员参加，但非洲选手缺席。1904 年圣路易斯奥运会，非洲运动员首次参赛，但亚洲选手缺席。本届奥运会，土耳其派出选手，首先实现了五大洲选手的聚齐，奥林匹克运动真正实现了国际化。

1912年5月5日—7月22日在瑞典斯德哥尔摩举行的第五届现代奥运会，是现代奥运会开办以来最成功的一届。游泳比赛项目有男子100米自由泳、400米自由泳、1500米自由泳、100米仰泳、200米蛙泳、400米蛙泳、4×200米自由泳接力、女子100米自由泳和4×100米自由泳接力，共9个比赛项目。女子游泳运动员第一次出现在奥运会比赛中，标志着对传统观念的挑战，使参加体育运动的群体更加壮大和广泛。

本届奥运会参赛国家为28个，运动员2547人，其中女运动员57人，本届奥运会参赛国和运动员人数都是创纪录的。本届游泳比赛取得了较好的成绩，全部奥运会纪录被刷新，并有多项高于世界最佳成绩。加拿大18岁的乔·霍奇森一人独得了2枚金牌。美国的杜·卡哈纳莫库在这次游泳赛中拿了1枚金牌。首次列入的女子游泳只有2个项目，100米自由泳冠军为澳大利亚的法杜拉客夺得。第一次进行的女子跳水跳台赛，冠军也是瑞典人格·约翰松。

这届奥运会是比较成功的。前4届奥运会的情况是，在希腊举办的奥运会不够国际化（包含1906年届间奥林匹克运动会），而在法国、美国、英国举办的奥运会又都与博览会和商展混在一起。只有这次斯德哥尔摩奥运会，才算是名副其实的现代奥运会。

1914年8月—1918年11月的第一次世界大战，致使原定1916年在柏林举办的第六届现代奥运会停办，中断了国际奥林匹克运动的发展，使世界体育运动受到了极大的冲击。

1920年4月20日—9月12日在比利时安特卫普举行的第七届现代奥运会，是第一次世界大战后的第一次现代奥运会，使全世界人民在公平和激动的氛围里感受到了希望和力量。本届奥运会参赛国家为29个、运动员2607人，其中女运动员64人。此次比赛在第五届项目的基础上增设了女子300米自由泳。共设10个游泳比赛项目。美国男子游泳在本届比赛中获得了7个项目中的5项冠军，另2项由瑞典的哈·马姆罗思摘取了桂冠。美国第一次派队参加女子游泳，就包下了全部项目的金牌。其中，艾·布莱布特雷不仅在个人参加的3项比赛中均夺得金牌，还5次打破世界纪录。

1924年5月3日—7月27日在法国首都巴黎举行的第八届现代奥运会。本届比赛撤销了原有男子项目400米蛙泳，增设了女子400米自由泳、100米仰泳和200米蛙泳，共11个比赛项目。这届奥运会结束了游泳比赛在自然水域进行的历史。游泳比赛首次在巴黎的图雷莱斯正规游泳池举行。本届奥运会参赛国家为44个、运动员3092人，其中女运动员136人。67400名观众的总数也创造了新纪录。约有1000名新闻记者参与了大会报道，这表明奥运会的影响力越来越大。

1928 年 5 月 17 日— 8 月 12 日在荷兰的阿姆斯特丹举行的第九届现代奥运会。游泳比赛，共 11 个比赛项目。本届奥运会参赛国家 46 个、3014 名运动员，其中女选手 290 人。中国派出了宋如海以观察员出席。当时正在美国斯普林菲尔德学院留学的宋如海受中华体育协进会的指派，由美国乘船前往荷兰，出席了赛会。这是中国首次正式派人参与奥运会（本届与第八届现代奥运会所设项目相同）。游泳比赛中，日本的鹤田义行出人意料地在 200 米蛙泳中取胜。这是日本第一次在奥运会游泳赛中获得桂冠，预示日本以后将在游泳项目中占有一席之地。

1932 年 7 月 30 日— 8 月 14 日在美国洛杉矶举行的第十届现代奥运会。游泳比赛，共 11 个比赛项目（本届与第八届现代奥运会所设项目相同）。游泳比赛大爆冷门。泳坛骄子东道主在自己家门里遭到了它在奥运会史上的最大一次失败。来自亚洲的日本，利用先进的训练方法和科学分配体力，成绩迅猛提高，夺得了男子 6 项中的 5 枚金牌、4 枚银牌，而美国只得了 1 项冠军。这引起了美国的震惊，促使训练工作进行大改革。女子游泳也被澳大利亚的克·丹尼斯夺去 200 米蛙泳一项冠军。美国女选手赫·麦迪逊在 100、400 米自由泳和接力赛中共获 3 枚金牌，是本届奥运会得游泳金牌最多的选手。本届奥运会还首次在 16 天内完成，自那以后奥运会举行的持续时间必须保持在 15 ~ 18 天以内。在 1900—1928 年，没有一届夏季奥运会短于 79 天。

第十一届现代奥运会于 1936 年 8 月 1 日—8 月 16 日在德国柏林举行。本届奥运会参赛国家为 49 个、运动员 4065 人，其中女运动员 328 人。游泳比赛，共 11 个比赛项目。女子游泳成绩突出的是荷兰的亨·玛斯腾布罗克，她在 100 米、400 米和 4 ×100 米自由泳赛中独得 3 枚金牌。

1940 年第十二届现代奥运会和 1944 年第十三届现代奥运会由于第二次世界大战爆发而未能举行。

20 世纪的两次世界大战，使原拟在 1916、1940、1944 年举办的 3 届奥运会成了空白，人们把这几年称为奥林匹克运动史上最黑暗的年代。它毁掉了奥运会，也扼杀了世界体育的发展。

第十四届现代奥运会于 1948 年 7 月 29 日—8 月 14 日在英国伦敦举行。游泳比赛，共 11 个比赛项目。中国派出了 33 名男运动员参加了篮球 10 人、足球 18 人、田径 3 人、游泳 1 人、自行车 1 人共 5 个项目的比赛，未能取得名次。美国获得男子游泳全部金牌。丹麦女子游泳选手格雷塔·安德森获得了 1 枚金牌和 1 枚银牌。

第十五届现代奥运会于1952年7月19日—8月3日在芬兰赫尔辛基举行。游泳比赛，共11个比赛项目。中国奥委会因当时国际奥委会某些领导人蓄意制造“两个中国”行为受阻，故仅参加了1项男子仰泳和8月3日闭幕式。美国本届只得了4枚金牌，女子比赛的结果使人惊异，美国1枚金牌未得，而上届毫无名气的匈牙利队，夺得了4枚金牌，并在4×100米自由泳中创造了4分24秒4的世界纪录。这也是本届游泳赛创造的唯一一个世界纪录。在本届奥运会上国际游联决定把蛙泳和蝶泳分为2个项目比赛。从此，竞技游泳发展成为4种泳式。以后，运动员为寻求快速度，蛙泳技术逐步演变为潜水蛙泳，成绩提高很快。

第十六届现代奥运会于1956年11月22日—12月8日在澳大利亚的墨尔本举行。国际游联决定禁止采用潜水蛙泳参加比赛。游泳比赛，共13个比赛项目，增加了男子200米蝶泳、女子100米蝶泳2项。本届奥运会澳大利亚运动员威震全球，获得男女13个项目的8项冠军。

第十七届现代奥运会于1960年8月25日—9月11日，在意大利首都罗马举行。游泳比赛，共15个比赛项目，增加男子4×100米混合泳接力、女子4×100米混合泳接力2项。游泳比赛美澳平分秋色；而女子7项，美国占有较大优势，夺得其中5枚金牌。上届成绩领先的澳大利亚女队，这次仅有1项问鼎。获金牌最多的是美国的苏珊·克里斯蒂娜·冯萨尔察，她在400米自由泳和2个接力项目中均夺金牌。澳大利亚康拉兹兄妹赛前也引人注目。兄妹俩曾多次创自由泳世界纪录，哥哥约翰在这次比赛中获1枚金牌、2枚铜牌，妹妹伊尔莎成绩不理想，只获得1枚银牌。

第十八届现代奥运会于1964年10月10日—24日在日本首都东京举行。游泳比赛，共18个比赛项目，增加男子400米混合泳、女子400米混合泳、男子4×100米自由泳接力3项。

美国在游泳赛中再次取得出色的成绩，男女18个项目，他们获得了其中13项冠军，创造了11项世界纪录。美国18岁的唐·斯科兰德在男子100米、400米自由泳和2个自由泳接力项目的比赛中，共获4枚金牌，成为本届获金牌最多的选手。斯科兰德是20世纪60年代著名泳星，多次创造世界纪录。1964年他被评为世界最佳运动员。4年后，他在墨西哥城又获得了1枚金牌（4×200米自由泳接力）和1枚银牌（200米自由泳）。上届男子游泳可与美国抗衡的澳大利亚队，这次男女成绩均不理想，总共只拿了4枚金牌。余下的1枚200米蛙泳金牌，被苏联16岁的女中学生加琳娜·普罗祖明希科娃夺去，这也是苏联第一次在游泳中夺标。

东道主日本游泳曾经一度在奥运会上取得出色成绩，原来希望本届借主办国有利条件，获取较好成绩，但事与愿违，只在4×200米自由泳接力赛中得1枚铜牌。

由于游泳比赛失利，日游联主席被迫向全国道歉。鉴于美国选手都是十几岁的青少年，他要求日本文部省取消中学生不能在本地区外参加游泳竞赛的禁令。

第十九届现代奥运会于1968年10月12日—10月27日在墨西哥首都墨西哥城举行。游泳比赛，共29个比赛项目。增加男子200米自由泳、100米蛙泳、200米仰泳、200米个人混合泳、100米蝶泳。女子200米自由泳、100米蛙泳、200米仰泳、200米个人混合泳、200米蝶泳、800米自由泳。共增加11项。

在游泳比赛中，男女项目比上届增加了11项（本届29项，上届18项），但总共只破了5项世界纪录（男子3项、女子2项）。打破纪录数量之少是否与高原气候有关，有待专家研究。本届游泳比赛美国依旧居绝对优势，获得了29个项目中的21项冠军。另外8个项目由澳大利亚的米·温登获男子100米、200米自由泳冠军，民主德国罗·特斯在两项仰泳中取胜，墨西哥费·莫诺斯在200米蛙泳中为自己的国家首次获游泳金牌。女子3项中，金牌为澳、荷、南斯拉夫瓜分。男选手德·比多夫在100米蛙泳赛中首先到达终点，成为南斯拉夫获取奥运会游泳金牌的第一人。跳水赛中，捷克斯洛伐克的米·杜赫科娃在跳台中夺冠，也是首次将她的国家写入奥运会游泳冠军史册。男女游泳个人获金牌最多的也都是美国运动员。查·希科克斯和德·迈耶在男女赛中各得了3枚金牌。游泳怪杰、美国的马克·施皮茨首次在奥运会上露面，他在两个自由泳接力项目中获得金牌，个人赛成绩不佳，仅在100米自由泳中得了铜牌。

第二十届现代奥运会于1972年8月26日—9月11日在联邦德国巴伐利亚的首府慕尼黑举行。游泳比赛，共29个比赛项目。这次游泳取得了出色的成绩：30次破22项世界纪录（男女各11项，上届总共才5项）。成绩突出的当然要首推美国的马克·施皮茨。他在100米、200米自由泳（51秒22、1分52秒78）和100米、200米蝶泳（54秒27、2分00秒70）以及3个接力赛中均创造了世界纪录，共获7枚金牌，成为奥运会史上一届获金牌最多的运动员。再加上上届得到的2枚金牌，他是继苏联拉蒂尼娜（体操）、芬兰鲁米（长跑）后奥运会史上第三个获9枚金牌的运动员。

澳大利亚的沙·古尔德是本届游泳赛女选手中的强者。这位出生于斐济岛上的姑娘，当时还不足16岁（生于1956年11月23日）。婴儿时期被沸水烫伤，开始只以游泳作为治疗手段，而此时却成为20世纪70年代泳坛的佼佼者。在这届奥运会上，她独得了3枚金牌（200米自由泳：2分03秒56；400米自由泳：4分19秒04；200米个人混合泳：2分23秒07），还得到1枚银牌（800米自由泳）和1枚铜牌（100米自由泳），并且所获金牌的成绩都刷新了世界纪录。她被评为世界最佳运动员。

日本游泳运动员田口信教和青木真弓分别在男子100米蛙泳（1分04秒94）和女子100米蝶泳（1分04秒94）和女子100米蝶泳（1分03秒34）中夺得了金牌，2人成绩都是世界新纪录。这是自1956年后日本再次在奥运会取胜，引起了泳坛人士的注意。

第二十一届现代奥运会于1976年7月17日—8月1日在加拿大蒙特利尔举行。游泳比赛项目作了相应的调整和增删，共26个比赛项目。比赛中成绩突出，26项比赛刷新了25项奥运会纪录、21项世界纪录。

第二十二届奥运会于1980年7月19日—8月3日在苏联首都莫斯科举行。游泳比赛，共26个比赛项目。

由于某些原因国际奥委会已承认的147个国家和地区奥委会中参赛的仅81个。这个数字还低于20年前罗马奥运会的水平。

男子游泳，在上届奥运会全部13个项目中，破12项世界纪录，本届仅破了1项。男子游泳，是受抵制影响最明显的项目。由于强手缺席，苏联取得了从未有过的成绩：获金、银牌各7枚，铜牌3枚。20岁的苏联大学生弗拉季米尔·萨尔尼科夫是本届男子游泳的新闻人物，共得了3枚金牌。1500米赛中，他以14分58秒27取胜，成为游泳史上第一个突破15分钟大关的选手。随后他又在400米和4×200米自由泳比赛夺取了他的第二、第三枚金牌。莫斯科奥运会后，他多次创世界纪录并在重大比赛中取胜。

上届奥运会民主德国女子游泳选手一举夺得13项的11枚金牌，大败美国队，震惊了整个泳坛。但是2年后在世界锦标赛上几遭全军覆灭的命运，这次她们重振军威，再现了上届奥运会的战绩：获11枚金牌、8枚银牌、7枚铜牌。在整个女子比赛中，曾7创世界纪录。由此可以看出，美国等国的抵制，对这次金牌分配的影响是微乎其微的。民主德国的巴尔巴拉·克劳泽，是民主德国继恩德尔之后又一著名泳星。正是她在1978年世界比赛中获取了1枚金牌，才使民主德国没有全军溃北。这次她在100米自由泳中先后以54秒98、54秒79两破世界纪录，在200米自由泳中创奥运会纪录（1分58秒33），在4×100米自由泳中创世界纪录（3分42秒71）。

刚17岁的中学生梅丘克，2年前在世界比赛中获100米自由泳亚军，奥运会前夕在欧洲杯赛中第一次在国际赛中得冠军。本届她在100米蝶泳和两个接力项目中3获金牌，并在100米自由泳中得了银牌。赖尼施是这届获3枚金牌的年龄最小的运动员，仅15岁。赛前她几乎不被人知晓。她参加的是仰泳项目。100米仰泳预赛时，以1分01秒50创世界纪录。24小时后在决赛中又将纪录缩短到1分00秒86。200米比赛时，再以2分11秒77创世界纪录。在混合接力赛中，她获取了第三枚金牌。这次获游泳奖牌最多的是民主德国16岁的英内斯·迪尔斯，这位自由泳的多面手，共得了5枚奖牌：400米、4×100米接力获金牌，200米、800米获银牌，100米获铜牌。在这种世界性大赛中能在所参加的全部5个项目中获取奖牌，是极为罕见的现象。

苏联仍保持女子200米蛙泳的王座，以琳·卡丘希捷为首的3名选手囊括了该项全部奖牌。

第二十三届现代奥运会于1984年7月28日—8月12日在美国洛杉矶举行。游泳比赛，共29个比赛项目，有64个国家和地区的494名运动员参赛。莫斯科奥运会时，男女破世界纪录之比为1∶7，这次情况恰好相反，所破10项世界纪录，均属男子项目。这鲜明地反映出抵制带来的影响。美国在这次比赛中成绩出色，获得了20个项目的21枚金牌（有1项并列）。联邦德国、加拿大、荷兰、澳大利亚分获了其他金牌。男子比赛中，美国理·凯里、安·盖恩斯各获得了3枚金牌。21岁的凯里囊括了仰泳冠军，并在4×100米混合泳中夺得第三枚金牌。25岁的盖恩斯，是本届参加决赛年龄最大的运动员。1980年他以49秒36第一个突破100米自由泳50秒大关，成为世界游得最快的人。这次他获得100米自由泳（49秒80）、4×100米自由泳和4×100米混合泳3项冠军。联邦德国的米·格罗斯和加拿大的亚·鲍曼也是本届男子赛中的新闻人物。20岁的格罗斯，有“信天翁”之称。他身高2.01米，臂长、腿长，卓越的身体条件，使他能在几年中多次创世界纪录和在世界性比赛中获胜。本届他在200米自由泳和100米蝶泳中双夺金牌，成绩分别为1分47秒44和53秒08，均创世界纪录。人们预测他是200米蝶泳主要夺标者，但意外地输给了澳大利亚17岁的乔·西木，屈居亚军。格罗斯还在4×200米接力中得了1枚银牌，共获金、银牌各2枚，是本届获奖牌最多的游泳选手，也是联邦德国单独参加奥运会后第一个游泳金牌获得者。20岁的鲍曼，是本届游泳赛中的“黑马”。他虽从事游泳多年，但无所建树。这次他却在200米、400米个人混合泳比赛中，分别以2分01秒42、4分17秒41创世界纪录，成为自1912年后72年来加拿大再次获奥运会游泳金牌的运动员。

女子获3枚以上游泳金牌的全是美国人。她们是特·考尔金斯、玛·马尔和南·霍格斯黑德。1978年第三届世界游泳锦标赛时，年仅15的考尔金斯，参加了6个项目比赛，破3项世界纪录，夺得5枚金牌和1枚银牌，轰动了整个泳坛。6年过去，她又在本届奥运会上大显身手，在2项个人混合泳和1项混合接力赛中三夺金牌。19岁的马尔，从1977年泛美运动会始，就是蝶泳中的女中豪杰，多次创世界纪录，在重大国际比赛中所向披靡，本届她获得两项蝶泳和1项混合接力金牌。

相对来说，霍格斯黑德的金牌得来较易，2 枚来自接力赛，另 1 枚是与他人共享。100 米自由泳中，她与队友 16 岁的卡·斯坦塞菲尔同时到达终点，成绩 55 秒 92，游泳并列冠军，在奥运会史上还是第一次。

荷兰也取得了 2 项冠军，约·戴罗维尔、佩·斯塔维伦分获 200 米仰泳和 100 米蛙泳金牌，这是荷兰在近几十年来难得一见的游泳成就。

第二十四届现代奥运会于 1988 年 9 月 17 日—10 月 2 日在韩国的汉城举行。游泳比赛，共 31 个比赛项目，增加男子 50 米自由泳、女子 50 米自由泳 2 项。

在游泳比赛中，来自民主德国莱比锡的姑娘奥托连夺 6 枚金牌（50 米、100 米自由泳，100 米仰泳、蝶泳和 4×100 米混合泳、自由泳接力），获金牌数为本届参赛运动员之冠。美国游泳名称 M·比昂迪获得 5 枚金牌（50 米、100 米自由泳，4×100 米混合泳、自由泳接力，4×200 米自由泳接力）、1 枚银牌（100 米蝶泳）和 1 枚铜牌（200 米自由泳）。其中，50 米自由泳和 3 项接力均打破世界纪录。游泳破奥运会纪录 23 项，其中世界纪录 11 项。

第二十五届现代奥运会于 1992 年 7 月 25 日—8 月 9 日在西班牙巴塞罗那举行。游泳比赛，共 31 个比赛项目。破游泳世界纪录 9 项。中国女子队崛起，获得 4 块金牌。中国运动员在本届奥运会上表现出色，共获 16 枚金牌、22 枚银牌、16 枚铜牌，进入金牌榜前 4 名。

第二十六届现代奥运会于 1996 年 7 月 19 日—8 月 4 日在美国亚特兰大举行。游泳比赛，共 32 个比赛项目，增加女子 4×200 米自由泳接力 1 项。

第二十七届现代奥运会于 2000 年 9 月 15 日—10 月 1 日，在澳大利亚悉尼举行。游泳比赛，共 32 个比赛项目。中国体育代表团在悉尼奥运会上共夺得 28 枚金牌、16 枚银牌和 15 枚铜牌，在金牌榜和奖牌榜上均排在第三位。中国首次进入奥运会金牌榜前 3 名，取得了历史性的突破。中国运动员共有 3 人 12 次创 8 项世界纪录，6 人 11 次创 11 项奥运会纪录，成绩比前 4 届奥运会有了大幅度的提高，创下了参加历届奥运会金牌数和奖牌数的最高纪录。中国体育健儿所取得的优异成绩，是对奥林匹克运动的新贡献，是对祖国人民的巨大鼓舞。

第二十八届现代奥运会于 2004 年 8 月 13 日—29 日在希腊雅典举行。游泳比赛，共 32 个比赛项目。

罗雪娟以 1 分 6 秒 44 获得女子 100 米蛙泳第一名。总体来说，中国游泳队完成了赛前的目标，罗雪娟在女子 100 米蛙泳决赛中表现出色，在第一泳道获得金牌。另外在女子 4×200 米自由泳接力决赛中，虽然美国人夺冠，但是中国 4 位女将的表现仍旧十分出色，她们打破奥运会纪录，只是遗憾的是她们获得亚军。

第二十九届现代奥运会于2008年8月8日—8月26日在中国北京举行。游泳比赛，共34个比赛项目。首次将马拉松游泳比赛（10千米）列入本次奥运会的游泳比赛，由此，本届奥运会游泳项目共34枚金牌。

纵观北京奥运会游泳赛发现，我国多数选手不再比赛一开始就死拼了，他们比赛前程多半能适当控制游速，全程采用匀速游配速，令人印象深刻，使人倍感欣慰。

观察我国与世界优秀选手形态发现，我国部分男选手身体表面过于平滑，缺乏凸起的肉块，表明我国选手耐力训练有余，力量和爆发力量训练不足，训练强度不够。提高训练的科学性，仍是我游泳界面临的重要课题之一。

朱颖文、庞佳颖、杨雨和徐妍玮这些在中国被认为是大龄选手（在世界上属正常年龄范围的选手），在本届奥运会上为中国游泳运动的成就做出重大贡献。她们的卓越表演再次证明，世界游泳运动水平的迅猛提高与世界级选手年龄的增大直接有关。如何延长我国优秀选手的运动寿命，是备战伦敦奥运会应攻克的重点课题之一。

第三十届现代奥运会于2012年7月27日—8月12日在英国伦敦举行。游泳比赛于2012年7月28日—8月4日在伦敦水上运动中心中举行；公开水域游泳于2012年8月9日—8月10日在伦敦海德公园中举行，共有900名运动员参加游泳比赛，以及50名运动员参加10千米马拉松游泳竞赛项目。本届游泳比赛同北京奥运会相同仍然设有34个比赛项目。持续8天的伦敦奥运会游泳项目落下帷幕。中国泳军共斩获5金、2银、3铜，超越了巴塞罗那奥运会上的4金，创下其历史最佳战绩。

中国游泳队在本届奥运上的最大惊喜，莫过于孙杨的爆发。中国男子游泳首枚奥运金牌、男子接力项目首枚奖牌。在伦敦，孙杨的成功实现了中国男子游泳的历史性突破。伦敦奥运会上，孙杨先是力压世界纪录保持者、上届冠军朴泰桓，勇夺400米自由泳金牌，打响了中国游泳的“第一枪”。随后，他在并不擅长的200米自由泳项目发挥出色，摘得银牌。在4×200米自由泳接力中，游末棒的孙杨奋起直追，在众多劲旅的夹击中抢下铜牌。2012年8月4日晚，孙杨又以14分31秒02的成绩横扫老对手朴泰桓和北京奥运会季军科克伦，将自己保持的世界纪录足足提高了3秒多，以一枚1500米自由泳金牌完美收官。至此，中国男子游泳此次的2金、1银、1铜，全都打上了“孙杨制造”的标识。

女子项目方面，实力雄厚的小将叶诗文和“蝶后”焦刘洋堪称女队“双璧”。前者拿下2枚混合泳金牌，打破1项世界纪录，加冕奥运史上中国游泳第一个“双金王”。焦刘洋则在200米蝶泳中顺利摘金，弥补了北京奥运会银牌之憾。此外，陆滢在百米蝶泳项目上夺银，唐奕、李玄旭则各取一铜。

本届奥运会上，美国队仍以 15 金占据游泳项目金牌榜、奖牌榜首位。尽管中国队仍无力撼动美国队的霸主地位，但也已超越了澳大利亚、法国等传统劲旅，位居金牌榜第二。

第二节　我国优秀游泳运动员介绍

一、吴传玉

吴传玉是我国优秀仰泳运动员，原籍福建，1928 年出生于印度尼西亚；1948 年，吴传玉代表中国参加第 14 届奥运会；1952 年，吴传玉随中国体育代表团参加了在芬兰赫尔辛基举办的第 15 届奥运会，这是他第二次参加奥运会；1953 年，在罗马尼亚布加勒斯特举行的第一届国际青年友谊运动会游泳赛中，吴传玉以 1 分 08 秒 40 的优异成绩夺得 100 米仰泳冠军，成为中国首次在国际体育比赛中获得金牌的运动员，这也是中华人民共和国在国际大赛上获得的第一枚金牌。颁奖时由于准备工作不充分，颁奖人员为寻找中国国旗和中国国歌唱片耽误了一个小时，成为国际体坛赛后发奖升旗的最长间隔纪录。

1954 年，吴传玉获世界大学生夏季运动会 100 米仰泳和蝶泳 2 块银牌。遗憾的是，吴传玉于 1954 年 10 月在一次出国比赛途中飞机失事遇难。1994 年，吴传玉被追认为“建国 45 周年体坛英杰”。

二、穆祥雄

穆祥雄是我国优秀蛙泳运动员，来自于天津市。穆祥雄的父亲穆成宽是我国游泳事业的奠基人之一。穆祥雄自幼在父亲的指导下练习游泳。穆家 11 个孩子都爱游泳，其中以“英、雄、豪、杰”起名的穆家四兄弟更为著名。孩时的穆祥雄，在参加天津市比赛中崭露头角，被誉为“游泳神童”。

1951 年，穆祥雄第一次打破全国 100 米蛙泳纪录。1952 年，穆祥雄在第一届全国游泳比赛中获男子 100 米和 200 米蛙泳金牌，第二年入选国家队。1956 年，穆祥雄在欧洲的国际比赛中多次获 100 米、200 米蛙泳冠军。1958 年 12 月 20 日，他在北京体育馆游泳馆以 1 分 11 秒 40 打破男子 100 米蛙泳世界纪录。1959 年 8 月，又以 1 分 11 秒 30 再破该项纪录。同年 9 月，穆祥雄在第一届全运会中又以 1 分 11 秒 10 三破男子蛙泳 100 米世界纪录，被誉为“蛙王”。1994 年，穆祥雄被评为“建国 45 周年体坛英杰”。

三、庄　泳

庄泳是我国优秀自由泳运动员，是来自上海市的女子游泳奥运冠军。1986 年，庄泳入选国家队；1988 年，庄泳在第 24 届奥运会上获 100 米自由泳银牌，并与队友合作获 4×100 米自由泳接力第四名；1992 年，庄泳第二次参加奥运会，在巴塞罗那获得 100 米自由泳金牌，这是中国运动员获得的第一枚奥运会游泳金牌；在 50 米自由泳比赛中也获得银牌，并与队友合作，获 4×100 米自由泳接力银牌。

1993 年，第七届全运会上，庄泳奋力拼搏，夺得 1 金、1 银、1 铜。这一年，庄泳的 50 米、100 米自由泳成绩均排世界第三位。庄泳于 1988 年获国际运动健将称号，4 次被评为全国十名最佳运动员，2 获体育运动荣誉奖章。

四、杨文意

杨文意是我国优秀自由泳运动员，是来自上海市的女子游泳世界冠军和奥运冠军。1986 年，杨文意入选国家队。1988 年，杨文意在第三届亚洲游泳锦标赛中以 24 秒 98 的成绩获得冠军，打破 50 米自由泳世界纪录成为亚洲第一个打破游泳世界纪录的女选手，并与队友合作，获 4×100 米自由泳接力和 4×100 米混合泳接力冠军，个人以 1 分 03 秒 08 的成绩获 100 米仰泳冠军。同年，杨文意在第 24 届奥运会上获 50 米自由泳银牌，并与队友合作，获 4×100 米自由泳接力第四名。

1992 年，杨文意第二次参加奥运会，在巴塞罗那第 25 届奥运会上以 24 秒 79 的成绩打破 50 米自由泳世界纪录和奥运会纪录获得金牌，并与队友合作，获 4×100 米自由泳接力银牌。杨文意连续 5 年被评为全国十名最佳运动员、2 次获体育运动荣誉奖章。

五、钱　红

钱红是我国优秀蝶泳运动员，来自河北省，被称为“蝶泳皇后”。1985 年，钱红入选国家队，同年获运动健将称号，主攻 100 米蝶泳。1986 年，在汉城亚运会游泳比赛中，钱红以1分01秒36的成绩获100米蝶泳金牌。1988年，钱红参加汉城奥运会，以59秒52夺得铜牌，同年获国际级运动健将称号。1991年，在帕斯第六届世界游泳锦标赛上钱红获100米蝶泳金牌以及50米蝶泳（表演项目）第一的好成绩。多次被评为全国游泳十佳运动员。

1992年，在巴塞罗那第25届奥运会上，钱红以58秒62的成绩打破女子100米蝶泳奥运会纪录并夺得金牌。1986—1992年，钱红连续6次被评为全国十名最佳运动员、2次获体育运动荣誉奖章。

六、林 莉

林莉是我国优秀的混合泳运动员，来自江苏省。林莉是中国第一个游泳世界冠军，第一位同时既夺奥运会金牌又创世界纪录的中国运动员，第一个在奥运会上打破世界纪录的中国选手。

1988年，林莉入选国家队。1991年，在澳大利亚珀斯举行的第6届世界游泳锦标赛上，林莉获200米混合泳、400米混合泳双料冠军，林莉成为中国游泳的第一个世界冠军，从此名扬世界。

1992年，在巴塞罗那奥运会上，林莉不仅获得200米混合泳金牌，还打破了世界纪录。同时，林莉还获得了400米混合泳、女子200米蛙泳的2枚银牌，成为中国获得奖牌最多的游泳运动员。1996年亚特兰大奥运会上，当时已经26岁的林莉在退役担任教练之后，再次出现在奥运赛场上，并夺得了女子200米个人混合泳的铜牌，同时创下了中国游泳队中年龄最大和唯一连续参加3届奥运会的游泳选手纪录。

七、罗雪娟

罗雪娟是我国优秀的蛙泳运动员，来自浙江省。2001年，在日本福冈世界游泳锦标赛上，罗雪娟荣膺世锦赛女子蛙泳50米和100米双冠王，终结了中国游泳长达五年的世界大赛无金史，中国游泳新一代领军人物就此浮出水面。2003年，罗雪娟迎来在世锦赛上最辉煌的演出，她不仅蝉联女蛙50米和100米金牌，更率领中国混合泳接力队斩获女子4×100米接力冠军，一代“蛙后”正式成为罗雪娟的专属荣誉。

2004年，在雅典奥运会上，半决赛成绩平平的罗雪娟决赛大爆发，后来居上力克最大劲敌琼斯，将金灿灿的100米蛙泳金牌挂在了胸前。这一幕也成为罗雪娟职业生涯最辉煌的场景。2005年3月，罗雪娟获中国十佳劳伦斯冠军奖年度最佳人气奖。2008年，罗雪娟从希腊运动员亚历山大手中接过火炬，成为北京奥运会首位传递奥林匹克圣火的中国人。

八、刘子歌

刘子歌是我国优秀蝶泳运动员，来自辽宁省。2004年，上海市体育局将刘子歌引进，后送往澳大利亚学习，从此，刘子歌的成绩是突飞猛进。2007年，刘子歌进入国家队，初出茅庐的她在同年的全国游泳锦标赛和2008年全国游泳冠军赛上，两度夺得女子200米蝶泳金牌，成为众所瞩目的焦点。

在2008年的全国游泳冠军赛暨奥运选拔赛200米蝶泳比赛中，刘子歌以2分07秒76达到A级标准获得第一名，毫无争议地将一个奥运名额收入囊中。在2008年第29届北京奥运会蝶泳200米决赛中，刘子歌扮演黑马角色，以2分04秒18的成绩夺得冠军并打破世界纪录，这也是北京奥运会上中国游泳仅有的1枚金牌，也是唯一一次打破世界纪录的中国游泳运动员。刘子歌的名字，注定成为北京奥运会的一个传奇。

九、焦刘洋

焦刘洋是我国优秀蝶泳运动员，来自中国人民解放军，黑龙江籍。在2005年的十运会上，焦刘洋赢得200米蝶泳亚军，跻身中国游泳新星行列。在2006年的全国游泳冠军赛上，焦刘洋获得女子200米蝶泳银牌。2007年，焦刘洋获第六届城市运动会女子100米、200米蝶泳冠军，全国冠军赛暨北京奥运达标赛女子100米蝶泳冠军。

在2008年8月14日第29届的北京奥运会女子200蝶泳比赛中，焦刘洋以2分04秒72获得银牌，与冠军刘子歌一起打破了世界纪录。2011年，上海第14届世界游泳锦标赛，焦刘洋获得女子200米蝶泳冠军。

2012年在第30届伦敦奥运会游泳比赛上焦刘洋以2分04秒06的成绩获得女子200米蝶泳冠军并打破奥运会纪录，这是她个人获得的第一枚奥运会金牌。2013年，在全国游泳冠军赛上焦刘洋获得女子200米蝶泳冠军。

十、张　琳

张琳是我国优秀自由泳运动员，来自北京市，15 岁就入选了中国国家游泳队。在 2003 年世界游泳锦标赛上，年仅 16 岁的张琳就在男子 800 米自由泳比赛中取得了第八名，表现出了很好的潜质和天赋。

2008 年，在第 29 届北京奥运会上张琳获得男子 400 米自由泳亚军，成绩为 3 分 42 秒 44，实现了中国男子运动员在奥运会游泳项目上奖牌零的突破，也是中国奥运军团在本届奥运会上夺得的第一块银牌。

2009 年，在世界游泳锦标赛上张琳获得男子 800 米自由泳冠军，并以 7 分 32 秒 12的成绩打破了由澳大利亚著名选手格兰特·哈克特保持的 7 分 38 秒 65 的原世界纪录，将世界纪录提高了 6 秒 53。

十一、叶诗文

叶诗文是我国优秀混合泳运动员，来自浙江省。2010 年，叶诗文入选中国国家游泳队。14 岁的叶诗文首次参加第 16 届广州亚运会就夺得女子 200 米和 400 米个人混合泳两项冠军，成为中国游泳队一颗冉冉升起的新星。在 2011 年的第 14 届上海世界游泳锦标赛上叶诗文夺得 200 米混合泳冠军，这是“95 后”泳坛新星首度登上世界大赛冠军领奖台，既是中国最年轻的世界游泳冠军，也是自 1978 年来最年轻的世界游泳冠军。

在 2012 年的第 30 届伦敦奥运会上，16 岁的叶诗文在女子 400 米混合泳决赛中，以 4 分 28 秒 43 的成绩夺得冠军并打破世界纪录。随后在女子 200 米混合泳比赛中，她 2 次打破奥运纪录，以 2 分 07 秒 57 夺得冠军，成为双冠王，创造了中国游泳个人 2 项奥运冠军的历史

2010 年 12 月，叶诗文获得“安踏 2010CCTV 体坛风云人物”年度评选最佳新人提名奖。

2010 年、2011 年，叶诗文荣获浙江省十佳运动员。

2011 年 11 月 30 日，美国权威游泳杂志《游泳世界》公布了 2011 赛季环太平洋地区年度最佳男女游泳运动员，中国名将孙杨和叶诗文双双当选，这是该奖项自 1995 年设立以来中国选手首度包揽男女最佳。

2011 年 11 月，叶诗文获得“安踏 2011CCTV 体坛风云人物”年度评选最佳女

运动员提名。

2012 年 8 月，英国 BBC 评选叶诗文为伦敦奥运十大运动员。

2012 年 8 月，叶诗文被西班牙马卡报评选为伦敦奥运会最受欢迎女运动员。

2012 年 8 月，叶诗文被共青团中央、全国青联授予“中国青年五四奖章”，中华全国总工会授予“全国五一劳动奖章”，全国妇联授予“全国三八红旗手”荣誉称号。

2012 年 9 月 22 日，叶诗文被中国游泳协会授予“中国游泳杰出贡献运动员”荣誉称号。

2012 年 9 月，叶诗文获得“安踏 2012CCTV 体坛风云人物”年度评选最佳女运动员提名。

2012 年 11 月 08 日，叶诗文获得亚奥理事会颁发“2012 亚洲体育明星奖”。

2012 年 11 月 15 日，叶诗文入围 2013 年世界劳伦斯奖年度“最佳突破奖”。

2012 年 12 月 1 日，叶诗文被美国权威游泳杂志《游泳世界》评为“2012 年度世界十大十佳游泳运动员”，其排名第一位。

2012 年 12 月 2 日，美国权威游泳杂志《游泳世界》公布了 2012 赛季环太平洋地区年度最佳男女游泳运动员，中国名将孙杨、叶诗文凭借在伦敦奥运会上的出色表现，以全票的成绩蝉联殊荣。这是中国游泳连续第二年包揽该奖项。

2012 年 12 月 10 日，叶诗文入选法新社世界体坛年度新闻人物。

2012 年 12 月 19 日，叶诗文当选中国《体坛周报》2012 体坛榜样人物。

2013 年，首届中国、澳大利亚、南非 3 国游泳对抗赛上叶诗文获得女子 200 米混合泳、400 米混合泳的 2 项冠军，400 米混合泳创造了当年世界最好成绩。

2013 年，全国游泳冠军上叶诗文获得女子 200 米自由泳冠军、200 米仰泳冠军、200 米混合泳的 3 项冠军。

十二、孙 杨

孙杨是我国优秀自由泳运动员，来自浙江省，奥运会“双料”冠军，主攻中长距离自由泳。2011 年上海世锦赛男子 800 米自由泳冠军、1500 米自由泳冠军，并以 14 分 34 秒 14 打破尘封 10 年的世界纪录；400 米自由泳获得亚军。在 2011 年深圳世界大学生运动会开幕式上作为第四棒火炬手进行火炬传递，并演唱主题歌。

在 2012 年第 30 届伦敦奥运会上，在男子 400 米自由泳决赛中，孙杨夺得中国男子游泳奥运会第一枚金牌；男子 200 米自由泳决赛中，孙杨夺得银牌；男子 4 ×

200 米自由泳接力决赛中，中国队依靠孙杨最后一棒发力提升了 2 个名次而夺得铜牌，这是中国男子游泳奥运会接力第一枚奖牌；男子 1500 米自由泳决赛中，孙杨夺得金牌，打破了由自己保持的原世界纪录，刷新了该项目新的世界纪录。

在 2012 年亚洲游泳锦标赛 1500 米自由泳决赛中，孙杨以破赛会纪录的表现夺得冠军，这不仅是他个人本次比赛的第三项冠军，同时也是他打破的第三项赛会纪录。

在 2012 年亚洲游泳锦标赛 1500 米自由泳决赛中，孙杨以破赛会纪录的表现夺得冠军，这不仅是他个人本次比赛的第三项冠军，同时也是他打破的第三项赛会纪录。

2010 年 12 月 16 日，孙杨获得“安踏 2010CCTV 体坛风云人物”年度最佳新人提名奖。

2010 年 12 月 16 日，孙杨获得安踏 2010CCTV 体坛风云人物年度最佳新人奖。

2011 年 10 月 11 日，孙杨荣获第六届中国十佳劳伦斯冠军奖最佳新人奖和最佳突破奖。

2011 年 11 月 30 日，美国权威游泳杂志《游泳世界》公布了 2011 赛季环太平洋地区年度最佳男女游泳运动员，中国名将孙杨和叶诗文双双当选，这是该奖项自 1995 年设立以来中国选手首度包揽男女最佳，值得一提的是，孙杨是以全票当选。

2012 年 1 月 15 日，孙杨获得安踏 2011CCTV 体坛风云人物年度“最佳男运动员”称号。

2013 年，全国游泳冠军赛上孙杨获得 200 米、400 米、800 米和 1500 米自由泳 4 个单项的比赛冠军。1500 米自由泳的成绩是此项目今年唯一一位游进 15 分钟的选手。

第三节　4 种姿势的演变过程

一、蛙泳技术的演变

公元前 2000 年就有类似的蛙泳游泳姿势的记载，可以说蛙泳在现代竞技游泳四种姿势中是最古老的游泳姿势，这种姿势在民间广为流传。最接近蛙泳这种技术动作的姿势产生于法国，被称作“俯泳”或“胸泳”。当时技术动作是在水里两臂向两侧划水，两腿协调的蹬夹动作向前移动，根据这种姿势的外形像青蛙游水的动作，故把这种姿势称为“蛙泳”。蛙泳技术是一种很实用的游泳姿势，有着悠久的历史。

其他三种竞技游泳姿势就是在蛙泳技术基础上发展和演变出来的。蛙泳是最早进行比赛的泳姿。20 世纪 50 年代初，比赛中可以采用潜水蛙泳游进，50 年代后期国际游泳联合会做出规定除出发和每次转身后允许做一次划手和蹬腿的潜水动作外，游进途中禁止潜水蛙泳，这一规则一直沿用至今。

蛙泳技术简单易学而又实用，并且在游泳竞赛中曾被广泛采用。由于当时的比赛没有泳姿的要求而被一些速度较快的游泳姿势而替代，参赛选手大多采用侧泳、自由泳参加比赛。在比赛中游蛙泳的人就很少了。1904 年第三届奥运会，为了使蛙泳与其他姿势的竞赛条件均等，特地把蛙泳作为一个独立的项目进行比赛，蛙泳姿势才被保留下来。蛙泳技术在发展过程中经历了几个阶段的技术演变。

（一）跑马式蛙泳

在比赛中人们为了提高蛙泳的游进速度，在古代蛙泳的基础上，尝试着改变蛙泳的动作，如加长两臂划水的路线，两腿收回腹部再向后做蹬腿动作，这个动作游起形似马跑的动作，因而把这种姿势称为“跑马式”。这种姿势在当时也取得过较好的成绩，匈牙利选手巴兰尼曾用这种技术在 1907 年创造了 1 分 24 秒的百米蛙泳世界纪录。但是，这种姿势的收手路线长，两腿收回的角度小，游起来身体起伏太大，臂和腿的配合很不协调。随着蛙泳技术的不断变革和水平的不断提高，这种技术逐渐被淘汰。

（二）古典式蛙泳

这种蛙泳技术酷似青蛙游泳时的动作，其腿部技术是在收腿时屈膝、屈髋、两膝向外侧平面收腿，收腿时两脚脚跟并拢，蹬腿时两脚向外侧蹬出，蹬直双腿后再向内夹水，蹬腿的过程以脚底对准后蹬方向。手臂的划水动作非常平直而且划水路线较短，所产生的推进力较小，手臂划水主要是为了维持身体平衡和便于抬头呼吸。虽然比跑马式蛙泳配合相对合理，但是手臂和腿部的配合不太协调，一个动作周期中停顿较多，游进速度很不均匀。

（三）蝶式蛙泳

由于当时游泳比赛规则没有细致的规定，在传统的跑马式蛙泳和古典式蛙泳的基础上出现了两臂水下同时从体前向后划水至大腿两侧，加长划水路线，加大推进效果的划水方法，并且在两臂划水结束后从体侧出水经空中向前移臂至肩前入水的技术动作，减少了传统蛙泳从水中移臂的阻力。

蝶式蛙泳的腿部动作还是采用传统蛙泳的技术，但动作幅度减小，蹬水方向偏下，目的是使身体处于较高的水平位置，有利于发挥两臂的划水作用，也有利于两臂经空中前移，因而游泳速度得到大大提高。这种姿势的出现，很快就流传开来。

1936 年，第十一届奥运会上出现了蝶式蛙泳和传统蛙泳并存的局面，蝶式蛙泳的出现使蛙泳的成绩大大提高。后面的 1948 年第十四届和 1952 年第十五届奥运会上，参加蛙泳项目的运动员除极个别者外，都采用蝶式蛙泳技术，传统蛙泳暂时被“排挤”了。从第十五届奥运会之后，国际游联为了保持名副其实的传统蛙泳技术，做出了蝶式蛙泳和传统蛙泳分为两个单项比赛的决定。蝶式蛙泳逐渐演变成现代蝶泳，将传统蛙泳保留了下来并且为发展成为现代蛙泳技术奠定了基础。

（四）潜水式蛙泳

把蝶式蛙泳和传统蛙泳分为两个项目后，国际游联又做出规定，允许蛙泳在水下潜水游进。由于这一个决定，蛙泳技术又向游速快的水下蛙泳方向发展，从而产生了“潜水蛙泳技术”。采用这种技术的运动员在出发后潜水 30 米以上、转身后潜水 25 米以上才浮出水面进行蛙泳游进，取得了很好的成绩。经理论的研究，认为潜水能减少水平的波浪阻力，又能发挥两臂划水的力量，因而被越来越多的运动员采用。

日本运动员古川胜，采用潜水蛙泳在 1956 年的第十六届奥运会中，以 2 分 34 秒 07 的成绩取得了 200 米蛙泳的冠军。这也是在蛙泳技术发展过程中，奥运会上最后一个采用潜水蛙泳获得冠军的运动员。

1956 年，在第十六届奥运会上，国际游联会议认为，为了保证运动员的安全，有利于观众观看比赛，决定禁止采用潜水蛙泳参加蛙泳比赛。为此，国际游联先后 2 次修改规则：一是蛙泳两臂不能出水，二是不能潜水。规定除在出发和转身运动员可以在水下做一划臂和一次蹬腿动作外，在游进过程中头的一部分必须始终露出水面，两手两腿动作要对称；转身或到达终点时，双手必须同时在一个水面触池壁，两肩保持水平，促使蛙泳回到传统蛙泳中。

（五）高航式蛙泳

蛙泳技术一直在不断地改进和发展。世界各国在探讨蛙泳技术中，出现了各种流派。高航式蛙泳的技术特点是游泳时身体位置较高而得名。蹬腿时抬起上身，头肩抬出水面，在蹬腿后的滑行吸气手臂的划水动作幅度很小，起到了腿、臂动作配合协调和平稳身体姿势的作用。这种技术主要依靠蹬腿动作获得推进力，适用于腿力强而臂力差的运动员。如我国运动员戚烈云采用“高航式”在1957年以1分11秒06首先打破了国际游联规定的100米蛙泳1分13秒的世界纪录。

（六）平航式蛙泳

平航式蛙泳因游进时身体位置平衡而得名。技术动作特点：腿的蹬水路线较宽，蹬、夹动作紧密衔接；手的划水路线较长，能充分发挥划臂力量，划水时抬头呼吸，头部的起伏不大，不影响身体姿势；腿臂动作配合协调、连贯。1960年莫国雄采用“平航式”再次打破世界纪录。

（七）半高航式蛙泳

半高航式蛙泳技术特点介于平航式蛙泳和高航式蛙泳之间。半高航式在当时算是一种先进的技术动作。1958年穆祥雄采用“半高航式”3次打破世界纪录。

（八）活塞式蛙泳

活塞式蛙泳技术特点是划手幅度较小，蹬腿宽度较窄，呼吸较晚，动作频率较快。1961年美国蛙泳运动员亚斯特列姆斯基，采用活塞式蛙泳创造了100米1分07秒05和200米2分29秒06的世界纪录。

（九）波浪式蛙泳

这种蛙泳技术的出现与发展得益于蛙泳规则的修改。1986年12月，国际泳联对蛙泳规则进行了修改，规定在蛙泳的每个完整动作周期中，运动员头的某一部分必须露出水面。规则的修改使蛙泳技术也发生了较大的变化，许多运动员采用了冲潜式的动作，在蹬腿时，并手、低头、伸肩、前冲与提臀，头部没入水中，这既减少了头露在水面上所受到的波浪阻力，又可以使身体随波浪的起伏，压浪前滑，似“波浪式”前进。这时身体尽量地伸展，达到良好的流线型效果，加之整个身体没入水中，所受的波浪阻力极小，从而使蛙泳技术更趋完善、合理。近来在国际泳坛得以广泛应用，蛙泳水平也因此有了显著提高。为了减低水的阻力及加强推进力，蛙泳的划手及蹬腿动作曾有过多次的改革，不过，基本泳姿就一直都没有多大的出入。

二、自由泳技术的演变

自由泳一开始就是奥运会游泳比赛项目，与现代奥运会同龄。根据竞赛规则，在自由泳项目的比赛中，运动员可任意选择某一种姿势游完全程，由于爬泳游速最快，几乎所有运动员在该项比赛中都采用爬泳。因此，无论在书面或口语上，人们自然地把爬泳称之为自由泳。

（一）爬泳姿势的产生过程

在 1896 年第一届奥运会的游泳比赛中只设自由泳一个项目，因此参赛运动员的比赛姿势可谓五花八门。采用的姿势有狗爬泳、蛙泳、侧泳、大爬泳等，这些姿势都难以满足运动员竞争的速度需要。因此，在 1900 年举行的第二届奥运会上，匈牙利人哈尔曼就是采用两臂轮流划水、拖腿的方法获得了 400 米比赛的金牌。接着他在第三届奥运会上又取得了 50 码和 100 码自由泳比赛的金牌。1903 年英国运动员理查德·卡维尔改变消极的拖腿为两腿有节奏地向后下打水的技术。这种游法是现代爬泳技术的雏形。1922 年美国运动员韦斯摩勒集前人之优点，采用流线型船型的身体姿势、6 次打腿 2 次划臂的爬泳技术，创造了 100 米、200 米和 400 米自由泳世界纪录，其中 100 米成绩率先突破 1 分钟大关（58. 6 秒）。并在 1924 年、1928 年奥运会的自由泳比赛中连夺金牌。当时他的技术被人们视为爬泳技术的典范，也称为美国式爬泳。虽然，现在看来韦斯摩勒式的爬泳技术还存在着不少缺点，但在框架结构上奠定了现代爬泳的技术基础。

（二）爬泳打腿次数的变化

爬泳打腿的次数始终是人们比较关注的问题，目前采用的有 2 次打腿、4 次打腿、6 次打腿和不规则打腿几种形式，也有的运动员曾尝试 8 次、10 次甚至 12 次的滑翔式打腿，不同时期采用不同打腿技术的运动员都有取得成功的。自由泳技术中的打腿次数伴随着人们的认识和实践而反反复复。坚持 6 次以上打腿的认为，打腿能产生一定的推进力，游进时能较好地保持身体姿势的流线型，协调和加强两臂的划水起重要作用。主张少打腿的认为，爬泳的推进力主要来自于两臂的划水，打腿体能消耗大，快速游进时，打腿非但起不到推进作用，反而形成阻力，是费力不讨好。

多年的实践证明，爬泳打腿的次数的选择应根据比赛距离特点和运动员个人特点等。基本上形成了这样的规律，即 50 米、100 米短距离项目中，采用 6 次以上打腿技术；中长距离项目中，采用减少打腿次数的爬泳。爬泳腿部动作技术较好的运动员打腿次数多些，反之则打腿次数则少些。

三、仰泳技术的演变

仰泳是在蛙泳之后产生的。在长距离游泳中有人发现只要把身体仰卧在水中，手臂和腿稍加动作就可以自然地漂浮在水面和向前前进，并可以借此在水中短暂地休息。

（一）蛙式仰泳（反蛙泳）

这种技术是采用两臂同时划水，两腿做蛙泳的蹬水动作。反蛙泳的腿部动作频率较慢，且收腿时产生很大的阻力，使仰泳的速度受到较大的限制。自从1902年出现爬泳技术后，运动员们在游仰泳时就采用了类似爬泳的双臂向前交替划水的动作。两腿仍采用蛙式的蹬水动作，但已使仰泳技术得到了发展。

（二）爬式仰泳

1912年的第5届奥运会，美国运动员赫布涅尔采用两腿上下交替打水、两臂在体侧向前交替划水的仰泳技术，以1分21秒02的成绩获得100米仰泳冠军，显示了爬式仰泳的优越性。“爬式仰泳”出现后，其他各种仰泳姿势也就在比赛中逐渐消失了。1936年的第十一届奥运会，美国运动员克菲尔以1分05秒09的成绩获得100米仰泳冠军，以较完善的技术奠定了现代仰泳的基础。从20世纪30年至50年代初，爬式仰泳均是直臂划水。20世纪50年代随着人们的认识水平的提高仰泳的屈臂划水技术代替了直臂划水，成绩提高很快。在20世纪60年代的2届奥运会中，仰泳技术又有了新的发展，运动员的身体位置较平，身体的纵轴与水平面构成的迎角小、流线型好、臂部动作连贯和划水强而有力。这种爬式仰泳技术一直沿用至今并且向着更加符合流体力学和人体生物力学的方向发展。

四、蝶泳技术的演变

蝶泳是在蛙泳技术动作的基础上发展演变而形成，因游动时动作像蝴蝶上下飞舞而得名。是人们在蛙泳比赛中，为了提高速度采用了两手臂提出水面做向前移臂的动作而产生出的泳姿。1953年，国际游联决定把蛙泳和蝶泳分开，各自成为独立的游泳姿势使蝶泳成为正式的奥运会比赛项目。

（一）蛙式蝶泳

奥运会确立蝶泳成为正式比赛项目后，很长一段时间运动员大都采用蛙泳蹬腿式的蝶泳技术，这种技术在游进中有上下起伏大，手腿配合中间有停顿，速度也不均匀。

（二）海豚式蝶泳

1953 年，匈牙利人乔·董贝克模仿海豚鱼的尾鳍波浪击水动作，他并以海豚式蝶泳创造了 1 分 04 秒的世界纪录。1954 年他又多次创造新的世界纪录。他的成功使海豚式蝶泳被人们认可，并且效仿他的姿势参加比赛。

海豚式蝶泳特点是 2 次打水、1 次划臂、1 次呼吸，腿和躯干有明显的大波浪动作，而且手臂入水较深，双臂前伸充分。当时的乔·董贝克的海豚式蝶泳技术结构奠定了现代的蝶泳（海豚泳）技术的基础。1986 年国际游泳规则明确规定在进行蝶泳比赛时不允许蹬蛙泳腿，只能打海豚腿。所以说，现在比赛中的蝶泳就是海豚式蝶泳技术。

国际上确定的游泳比赛姿势的项目按时间顺序应是 1908 年确定蛙泳项目、1896 年确定自由泳项目、1900 年确定仰泳项目、1953 年确定蝶泳项目。

现在正式的比赛均是采用蝶泳、仰泳、蛙泳和自由泳 4 种姿势进行单项比赛以及由这 4 种姿势组合的个人混合泳比赛。集体项目比赛包括自由泳接了和混合泳接力的项目。世界杯短池比赛又怎加了男女混合的自由泳接力和男女混合的混合泳比赛。

第四节　游泳场馆建设与游泳比赛的发展变化

一、体育场馆简述

体育场馆是人类参与体育活动的重要场所，具有丰富广大人民群众精神生活和强身健体以及提高竞技运动水平的功能。体育场地与人们的关系越来越密切，环境优良的比赛场馆可明显提升参赛者的情绪和参赛水平以及提升我们的生活质量。其中游泳场馆的发展对促进游泳运动的发展和提升了游泳比赛的观赏性、竞技性、环保性、空间感等方面起到了非常重要的作用。随着世界经济的迅速发展和科学技术水平的猛速提高，体育场馆的发展发生了翻天覆地的变化。

当今奥运会游泳馆的建筑成是现代建筑史上光辉灿烂的一项标志，游泳馆建筑以其独特的魅力，吸引着一大批活跃在国际建筑舞台前端的著名建筑大师，参加每届奥运会的建筑设计都力求超越前届，成为举办奥林匹克一个时代的象征。因而奥运会的游泳场馆的建设，对游泳运动的发展起到了巨大的推动作用。

二、奥运会游泳场地的发展

1896 年，第一届现代奥运会举办的游泳比赛当时还没有游泳池，游泳比赛远没有今天的舒适条件。第一届雅典奥运会把游泳比赛的场地设在皮莱乌斯附近的齐亚湾的冰冷海水里进行。组织方用浮艇拉着缆绳作为起、终点的标志线，制成海上天然游泳池。泳道标志竟然用水面上飘浮着的南瓜作为泳道标记。比赛距离也未经丈量，凭裁判员感觉进行估计。报名参加 1200 米的 9 人，游到终点时检查发现只有 5 人坚持下来。比赛的方法也非常简单，没有游泳规则，比赛前先用小轮船把运动员载离海岸，发令员看看距离差不多了，便组织运动员准备而后发令让选手们游回岸边，不要求游泳姿势，自由发挥，按运动员到达岸边的先后排定名次。

本次比赛在 4 月进行，当时天气阴冷、海水冰凉，加之波涛很急，个别选手甚至望而却步。其中，18 岁的匈牙利选手阿尔弗雷德·哈约斯以 1 分 22 秒 02 的成绩获得了 100 米的冠军，几个小时后他又以 18 分 22 秒 02 的成绩获得 1200 米自由泳冠军，成为匈牙利第一个奥运会 2 枚金牌获得者，被希腊报纸誉为“匈牙利海豚”。哈约斯在回顾自己的 2 个冠军时，没有什么获奖感言，印象最深的还是冷——“我必须说，我一想到在冰冷的水中抽筋我就禁不住哆嗦，求生的愿望完全压倒了我对胜利的渴望。”当时比赛规则简单，计时设备是人工秒表精确至 1/5 秒。

1900 年，第二届巴黎奥运会游泳比赛同样没有正规游泳场所，把游泳比赛设在巴黎塞纳河自然水域中进行，在塞纳河上用游船临时搭建一个起点一个终点。计时设备是人工秒表精确至 1/10 秒（图 1 –4 –1）。

1904 年，第三届美国圣路易斯奥运会上，游泳比赛是在一个人工湖内举行。出发台就是一块临时搭起的浮排，所以根本支撑不了 6 ~8 名运动员的重量，运动员站在上面，水就浸到了脚踝处，在跳向水里的一刹那，脚掌会向后滑失去重心，结果他们一个个在起跳时倒入水中而后进行比赛。

前 3 届奥运会游泳比赛都是在自然水域中进行，这种原始的比赛环境显然无法确定运动员的真实成绩。海水的浮力大于淡水，而江河具有一定的流速。

1908 年，第四届伦敦奥运会竟然在 100 米田径跑道上挖出了一个游泳池。虽然

“水陆同场，游跑并肩”，但是这是奥运会首次使用人工游泳池作为游泳比赛场地（图 1－4－2）。

图 1－4－1

图 1－4－2

1924 年，第八届奥运会才真正翻开了竞技游泳比赛的历史。游泳比赛在帝国游泳馆的室内游泳池进行。游泳比赛在室内举行，在奥运史上还是第一次，并且第一次用明显的标志将各泳道分开，游泳池附设有跳板和跳台，看台可容纳观众 1 万人（图 1－4－3）。

1936 年，第十一届柏林奥运会德国建造了一个有 2 万座位的水泥游泳池，开创了比较规范用于游泳比赛的游泳场地，为发展竞技游泳运动创造了硬件条件。

1948 年，第十四届伦敦奥运会游泳比赛是在温布利帝国游泳池进行。这届奥运会上每位游泳选手所在的泳道上均配备 3 名计时员负责记录成绩，使比赛成绩更加精确和合理（图 1－4－4）。

图 1－4－3

图 1－4－4

1952 年，赫尔辛基奥运会。游泳池长度为 50 米、宽度为 20 米。对其他比赛场地和器材要求也写进了游泳规则，使参赛选手在一个公平的场地里进行竞争。

这届奥运会是中华人民共和国成立后第一次参加奥运会，奥运会开幕后的 11 天，仓促成立的中国代表团才赶到赫尔辛基。此时，大多数比赛项目已经结束。最终只有吴传玉一人参加了男子游泳的比赛，在男子 100 米仰泳比赛中，吴传玉游出了1分12秒3的成绩（图1-4-5）。

1956年，澳大利亚墨尔本第十六届奥运会，对游泳池场地设备要求更加严格。规定：游泳池长50米，泳池宽20米，池水的浅端至少深1.6米，在游泳池水面上应设8条分道线，分道线用5~7厘米白色圆形软木相连，分道线距池端5米处应漆成红色。分道线每条宽度2.50米，泳池出发台应坚固并设有仰泳出发握手器。

比赛项目又增加了蝶泳，从此定型为4种泳姿。此后的奥运会游泳比赛发展到共有自由泳、蛙泳、蝶泳、仰泳、混合泳和接力（自由泳与混合泳）6大项32个小项，是奥运会仅次于田径运动的金牌大户。

图1-4-5

1960年，意大利罗马的第十七届夏季奥运会，修建了一座优质的游泳池，为了体现每一位参赛运动员在同一个公平的环境下进行比赛，游泳池宽度增加为21米，使游泳池两侧边上的一条分道线距泳池两侧池壁有50厘米距离，目的是使在1、8道参赛运动员避开由于水浪造成的阻力。

本届奥运会游泳比赛中美澳平分秋色。而女子7项，美国占有很大的优势，夺得其中5枚金牌。上届成绩领先的澳大利亚女队，这次仅有1项问鼎。获金牌最多的是美国的苏珊·克里斯蒂娜·冯萨尔察，她在400米自由泳和2个接力项目中均获金牌。澳大利亚的康拉兹兄妹赛前也引人瞩目。兄妹俩曾多次创自由泳世界纪录，哥哥约翰在这次比赛中获1枚金牌、2枚铜牌，妹妹伊尔莎成绩不理想，只得了1枚银牌。

随着生产力突飞猛进的发展，游泳池作为水上项目的“操场”也日益正规化和专门化。1960年以后的几十年间，世界各国的每座城市乃至大学、旅馆、私人寓所都拥有了游泳池。游泳池从早先的水泥游泳池逐步改变为粘贴各种瓷砖的泳池，水质清晰度也发生了极大的变化。池底、池壁标志线国际泳联也相继做了规定。游泳池环境的发展对参赛运动员都起到了至关重要的作用。

2008年，北京奥运会水立方游泳馆（图1-4-6）、2009年山东第11届全运会游泳馆、2010 年广州亚运会游泳馆、2011 年深圳世界大学生运动会游泳场馆等为代表的游泳池技术和产品均已达到世界先进水平，为世界各国运动员获得优异成绩提供了硬件保证，创造了美国运动员菲尔普斯在 2008 年北京奥运会上一人独得八枚金牌的辉煌成绩。

2009 年，国际游泳联合会对国际游泳规则又重新进行了修改，颁布了 2009—2013 年国际游泳比赛规则。对游泳池做了更详细的规定：游泳池池长应长 50 米（短池长为 25 米），误差范围 +0.03 米，－0.00 米。两端池壁自水上 30 厘米至水下 80 厘米的范围内，必须符合此要求。安装自动计时装置触板后，误差也不得超出此范围（图 1－4－7）。

图 1－4－6

图 1－4－7

以上规格必须经由国家承认的测绘单位测量并提供书面证明。

游泳池宽：举办奥运会、世界游泳锦标赛、世界短池游泳系列赛、全国综合性运动会游泳比赛、全国游泳冠军赛、全国游泳锦标赛的游泳池宽应为 25 米，其他重大赛事的游泳池宽至少为 21 米。

池深：游泳池深度至少 2 米，推荐 3 米。

游泳池池壁两端池壁必须平行，垂直于泳道和水面。池壁必须坚实、平整，自水面下 0.80 米以上的池壁必须防滑。

允许在池壁上设休息台。休息台必须设在水面下至少 1.20 米深处，台面宽 0.10～0.15 米。游泳池的四壁可设水槽。如果在两端池壁上设水槽，水槽必须用合适的栅板或隔板遮盖，同时能够在水面上 0.30 米处安装触板。

池水水温 25℃～28℃。比赛时，池水必须保持正常水位。如使用水循环装置，池水不得有明显的流动或漩涡。池水应达到使运动员能看清池底和池壁标志线的清晰程度。池水水质必须符合国家游泳场所的水质卫生标准。

灯光照明：整个游泳池的照明度不得少于 1500 勒克斯。

游泳池可设 8 条或 10 条泳道。由 9 条或 11 条分道线构成。每条泳道宽 2. 50 米。使用 8 条泳道比赛时，泳道应是从 1 ~ 到 8 道。使用 10 条泳道比赛时，泳道应是从 0 ~9 道。

分道线：分道线必须拉至游泳池两端，固定分道线的挂钩应安装在池壁内，分道线必须拉紧。分道线由直径 0. 05 ~0. 15 米的单个浮标连接而成，距两端池壁 15 米处和 50 米池的 25 米处的浮标颜色应不同于其周围浮标颜色。自两端池壁起至 5 米内之浮标为红色。2 条泳道之间只允许有一条分道线。

使用 8 条泳道比赛时，游泳池的分道线颜色如下。

· 第 1、9 分道线为绿色。

· 第 2、3、7、8 分道线为蓝色。

· 第 4、5、6 分道线为黄色。

使用 10 条泳道比赛时，游泳池的分道线颜色如下。

· 第 1、11 分道线为绿色。

· 第 2、3、4、8、9、10 分道线为蓝色。

· 第 5、6、7 分道线为黄色。

各泳道中间的池底应有清晰的深色标志线，线宽 0. 20 ~ 0. 30 米，线长 46 米（25 米池线长 21 米），泳道标志线两端距池端各为 2 米。在泳道标志线的两端应各设一条长 1 米与泳道标志线同宽并与其垂直的对称横线（图 1 –4 –8）。

50 米游泳池的每条泳道标志线，在距两端池壁 15 米处设一条长 0. 50 米、宽 0. 20 ~0. 30 米的横线（横线的前缘距池壁 15 米）（图 1 –4 –9）。

池端目标标志线：池端目标标志线应设在两端池壁上或触板上，位于各泳道正中，宽为 0. 20 ~0. 30 米，从池壁的上缘一直延伸到池底。在水面下 0. 30 米处的池端目标标志

线中心上设一横线，横线长 0. 50 米，宽 0. 20 ~0. 30 米。

图 1 –4 –8

图 1 –4 –9

出发台应正对泳道的中间，其前缘应高出水面0.50～0.75米。出发台的表面面积至少为0.50米×0.50米（重大游泳赛事的出发台表面面积至少宽0.50米×长0.60米）。台面应由防滑材料覆盖，其向前倾斜不超过10°。出发台前缘应与池壁在同一垂直面上。出发台可设置可调节踏板。可在出发台的两侧设出发握手器。允许在出发台下安装电子显示板，但不能闪烁。仰泳出发时显示板上的数字不能跳动。出发台必须坚固没有弹性，并应保证运动员出发时能在前缘和两侧抓住出发台。如果出发台台面的厚度超过0.04米，可在出发台两侧设至少0.10米长、前端设至少0.40米长的握手槽。槽深0.03米。出发台必须设有横式和竖式的仰泳出发握手器，高出水面0.30～0.60米。横握手器与水平面平行，竖握手器与水面垂直。握手器应与池壁在同一垂直面上，不得突出池壁之外。

出发台四周应用明显的阿拉伯数字标明泳道号数。出发台的号数应在出发一端面对游泳池从右至左依次排列（图1－4－10）。

这种出发台的倾斜式踏脚板可以调整，允许选手以后腿与膝盖呈90°角的蹲伏姿势起跳，让选手获得的起跳力量实现最大化。这种新型起跳台在2008年北京奥运会前好运北京测试赛上欧米茄公司在边道上设置了一个，让运动员试用，然后将运动员反馈的信息提交到国际泳联。2009年斯德哥尔摩举行的短池游泳世界杯上首次使用（图1－4－11）。

图1－4－10

图1－4－11

新型出发台在2012年奥运会3年前采用可使世界各国的游泳选手在2012年伦敦奥运会前拥有充足的时间，适应这种起跳台。与赛跑比赛上使用的起跑器一样，游泳比赛的新起跳台也装有一个探测抢跳的系统。同样，游泳比赛也使用声学发令装置，让选手们同时听到起跳令。

出发召回线：出发召回线必须横跨游泳池并系在离出发池端15米处的固定柱子上，距水面至少1.20米，要能迅速放入水中，有效地覆盖全部泳道（图1－4－12）。

仰泳转身标志线：仰泳转身标志线为横跨游泳池的旗绳。旗绳两端固定在离游泳池两端5米的柱子上，高出水面1.80米。标志旗必须固定在标志线上，规格为底边0.20米、两斜边0.40米的三角形。标志旗之间的距离为0.25米（图1－4－13）。

图1－4－12

图1－4－13

自动计时设备和成绩显示系统运用到游泳比赛中，使比赛更加公平、公开、公正，使运动员、教练员、观众在运动员到达终点后第一时间清楚地看到成绩和名次。这一系统在1967年加拿大马尼托巴省温尼伯举行的泛美运动会上首次使用，首次用于奥运会是在1968年，也就是墨西哥奥运会。自此之后，每届奥运会、世界游泳锦标赛、世界短池系列赛以及中国国内大赛都使用自动计时装置或半自动计时装置。

国际游泳规则对自动计时装置和半自动计时装置做了严格的规定，要求这些设备必须具备判定运动员到达终点的先后，并记录运动员的成绩。计取的成绩应精确到百分之一秒。自动计时系统包括发令装置、触板、计时器、大型电子显示屏和终点录像系统五部分组成。半自动计时和自动计时装置主要区别就是自动计时装置在起终点端设置录像装置，半自动计时装置没有录像装置（图1－4－14）。

任何计时装置均不得妨碍运动员的出发、转身和溢水系统的功能。自动计时装置和半自动计时装置应由发令员启动。装置的连线尽可能不要露在池岸上，能够按名次和泳道显示出各泳道所有记录下的信息，提供易读的运动员成绩。

大型游泳比赛游泳池终点端和转身端都安装触板，触板用于在比赛转身和结束时自动停止每位选手的计时器（图1－4－15）。

图 1 –4 –14

图 1 –4 –15

2012 年伦敦奥运会游泳比赛上又采用了一种具有革新性的灯光式成绩显示系统，名为“Light Show”。这一系统在泳池末端触摸板附近的起跳台上安装电子显示灯，比赛结束时显示灯闪亮，1 个大光点代表第一名，2 个中等大小的光点代表第二名，3 个小光点代表第三名。这个光系统主要是为现场观众准备的，让他们无须看记分牌就能了解比赛结果，同时也便于了解前 3 名的差距。

仰泳出发器（图 1 –4 –16）：国际泳联率先在 2014 年世界短池系列赛中使用。今后还将陆续在各种国际大型比赛中使用。

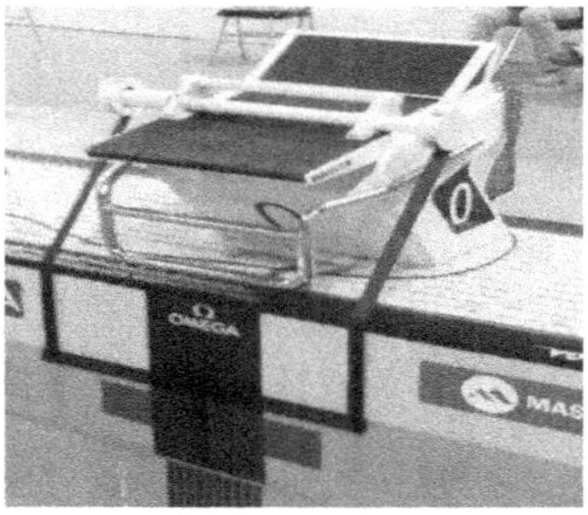

图 1 –4 –16

第二章　游泳基础理论

第一节　游泳中的流体力学原理

游泳是在水这一特定环境中进行的运动，由于水的物理特性对游泳技术的影响巨大，所以在研究游泳技术时，首先必须了解水的某些特性及游泳产生的某些作用。

一、难以压缩性

物体受外力后体积缩小的程度叫作压缩性。而水的体积随压力的增加而缩小的程度极小。例如：在温度 26℃和一个大气压的条件下，淡水的密度约为空气的 844 倍（水：996 千克/立方米、空气：1.18 千克/立方米）。每增加一个大气压时，水的体积仅缩小 1/20000。因此，在游泳条件下，人体的运动对水造成的压力根本不能使水的体积缩小。所以在游泳的条件下，水可视为难以压缩的液体。人体在水中运动，不可能将水的体积压缩而取得空间，只能排开同体积的水，只能使水发生形变而产生流动，并形成多种作用力：可以产生阻力、升力和浮力；可以获得一个较大的推进阻力。

正是因为水的难以压缩性，对处于水中的人体产生了多种作用力，才给游泳运动员在水中游动提供了运动条件。

二、黏滞性

液体都有不可忽视的黏滞性，它产生于液体分子间相互依附的吸引作用，流体力学中称为“内聚力”。水分子之间的“内聚力”对在水中运动的物体产生对抗作用的力，称为“黏滞力”也叫黏滞性。当人体在水中运动时，会有一部分水附着在身体的表面上，被携带着向前运动。靠近皮肤的水层与身体的运动速度同速，由于水的黏滞性又拉动邻近的水层流动，依次拉引逐渐降低拉引速度，直至静止的水层，这个由动到静的水层称为“附着层”。其厚度和人体的运动速度有关。

（一）水黏滞力的特点

水的黏滞力随温度的升高而降低：水温在 15℃时，水的黏滞力为空气的 64 倍；温度在 20℃时，水是空气的 59 倍；温度在 26℃时，水是空气的 48 倍。

（二）当物体在水中运动时，黏滞力才显示作用

水在静止时，各方向的压力呈平衡状态，黏滞力不显示作用，可是当物体在水中运动时，因“内聚力”的关系，水分子之间的内摩擦可以抵制这个物体的运动，直至静止。

（三）水的黏滞力对游泳的作用

1. 可以产生摩擦阻力对抗游泳运动员的游进速度

人们为了减小游泳时水中的摩擦阻力，而制造了减阻油。使游泳时的摩擦阻力，由水分子之间的摩擦变为水、油分子之间的摩擦。因此，游泳时的摩擦阻力减小了。须注意的是，水流与人体相对运动速度越大，摩擦阻力越大。

2. 是制定游泳规则的依据

规则中规定：比赛水温为 26℃ ±1℃。这是保证在任何地方举行游泳比赛时，水的摩擦阻力系数都是相等的。水温如果过高，水的摩擦阻力系数变小，规则规定破纪录无效。

3. 可以增大手掌划水的面积

游泳运动员在做臂划水时，要求手掌的手指适当的分开，留有 2 ~ 4 毫米的间隙。理由是由于物体表面附着层的厚度，可以堵住手指之间的间隙，使手掌的划水面积增大。手指间隙过大，会使水流通过，而降低划水的效果。

三、流动性

水的内聚力对外力的抵制能力很低，当一个较小的外力作用于水的局部时，因压力的作用水发生形变，水就会从高压区流向低压区，水通过流动可以使水达到压力平衡。这种压力平衡的过程称之为水的流动。水极易发生形变，这是水具有流动性的原因。

1. 水的流动性决定了游泳时手臂划水技术的力学分析所依据的是杠杆原理

游泳运动手臂划水技术是否科学、合理，应以杠杆原理作为基础理论去进行分析。游泳运动员手臂向后划水的同时，由于水的流动性，手掌上得不到固定支撑，形成手臂的远端（手掌端）向后运动，而手臂的近端（肩关节端）向前运动，支撑点在手臂中部。这是一个典型的杠杆运动方式。需要注意的是手臂上的支撑点位置，是随推进阻力的大小和划手位置的变化而变化。推进阻力越大，支撑点越接近手掌一端；推进阻力越小，支撑点越接近肩关节一端。手臂开始划手和划手结束时，支撑点离肩关节一端较近；手臂划手至身体位置垂直部位时，支撑点的位置离手掌一端最近。支撑点越靠近手掌端划水效果越好，游进速度越快。

根据杠杆力 × 力臂 = 重 × 重臂的原理（对应到游泳上是阻力 × 阻力臂 = 推进阻力 × 推进阻力臂），正确游泳技术所追求的是：增大推进阻力，减少阻力，从而达到减少推进阻力臂，增大阻力臂的目的，以提高阻力臂远端（肩关节端）的线速度，也就是提高游泳运动员的游进速度。

2. 水的流动方向与力的方向一致时，可使推进阻力减少

我们用同样的速度划手，划不动水和流动水，手掌上所获得的推进阻力是不一样的，划不动水显然手掌上所获得的推进阻力较大。游泳项目的一个特点是要求在绝大多数距离中采用匀速的游法（出发、转身、最后冲刺除外），用同样速度的速度划手，由于水的流动，手掌上获得的推进阻力减小了，为了保持手掌上的推进阻力值不变，我们必须采用逐渐加速划水的方法，才可以减少推进阻力的损失。

加速划水的目的是使划手的速度始终高于水向后流动的速度，保持手始终在给水以作用力。如果，划手的速度与水流的速度始终保持一个固定差值，则相当于划不动水，推进阻力值不变，游进速度就能保持匀速。

划手速度与水流速度的关系如下。

划手速度 > 水流速度（手掌上获得推进阻力）

划手速度 = 水流速度（手掌上没有推进阻力和阻力）

划手速度 < 水流速度（手背上遇到了阻力）

逐渐加速划水的理论是目前大家公认的游泳技术理论，是正确的，但不是最有效的、最佳的游泳技术理论基础。因为这一理论基础的依据是水流的方向和力的方向一致时对游泳技术效果的影响。

3. 水的流动方向与力的方向相反时，推进阻力将大幅度提高

水的流动不只是顺着力的方向流动，当物体运动速度提高到一定速度时，水会朝着相反方向流动，来弥补物体尾部留下的真空部位，这时水对物体运动的阻力将会大幅度提高，可产生瞬时的钢化作用，也就是说，可以产生一个短暂的固定支撑效果。在游泳技术上，如果采用高速划水技术，达到改变水流方向的目的，使水的流动由后向前流向手的背面，那么手掌上的推进阻力将随着水流速度的加快而急剧增加，这时的水好像被钢化了一样，划手速度越快，水的瞬时钢化作用越强，这时手掌的划水近似有固定支撑的效果。例如，从高速摄影机拍下的游泳技术照片可以看出：划手速度越慢，划手的开始点与结束点相距越远；而划手速度越快，划手开始点与结束点相距越近。这是对水存在钢化作用的一个最好的证明。

水对外力的抗力与外力的速度平方成正比（$F = KV^2$），外力速度越高（划手速度越快），则水对外力的抗力就越大（推进阻力越大）。水具有软、硬的二重性质，这就要看具体条件和情况进行分析（低速运动，水很柔和，如逐渐加速划水；高速运动，则水变得比钢还硬。例如，水力采煤、水力切割、高速划手）。

游泳所追求的游进的高速度和推进阻力的最大值，所以，改变水流方向的高速划手理论，才是高速游泳技术应用的理论基础，而逐渐加速划手是低速游泳技术的应用理论基础。因此，游泳技术中，采用高速划手技术，以获得近似固定支撑的效果，比逐渐加速划手技术更科学、更合理。

4. 水的流动性有密闭性和开放性特点

密闭性是指水在外力的作用下，水的质点在水内自由流动状况。

开放性是指水在外力的作用下，水的质点有部分涌向低压的空气中的状况。

由于水传递力的方式是向四面八方的，所以，作用于水的外力，离水面越远，其水的密闭性能越好，力的损失越少；离水面越近，水的密闭性能越差，水的质点有部分涌向低压的空气中，使力的损失既多又快。

水的开放性特点，就好比是车胎的漏气孔一样，外力的作用点离水面越近，漏气孔的孔就越大，力的损失就越多、越快。明白这个道理，我们在游泳时应特别注意水的密闭性和开放性对游泳技术的影响，把推进阻力的损失减少到最小的程度。例如，（1）用力方向尽量不要向上。如打水动作，向下打水比向上打水效果好，侧向打水比上下打水效果好，自由泳和蝶泳的推水与出水路线的转换，折线比弧线好。（2）远离水面的技术动作效果好。如游泳技术动作中，尽管腿部力量比手的力量大得多，但实际效果远不如划水效果好；仰泳划手深一些比浅好；潜泳比在水面游得快；打水的水花小比大好。原因之一是作用力点远离水面，密闭性好，力的损失少。

第二节 人体在水中的力学现象

一、浮 力

（一）浮力基本概念

物体浸没在流体中，能部分地浮出液面的均称为浮体。而静态流体所施加的力，即称为浮力。浮力是由于液体内部压强差而产生的，其方向向上。浮力的大小等于该物体所排开同体积液体的重量，即“阿基米德原理”。最明显的例子是：当我们站立在齐胸深的水中，吸满气后闭气并慢慢下蹲时，会感到有一股难以下蹲的力把人体向上托起，这个力就是浮力。

（二）沉浮现象

物体水中的沉浮，取决于物体比重的大小。比重是物体的重量与体积之比，即：

$$D\text{（比重）}=\frac{P\text{（重量）}}{V\text{（体积）}}$$

因为1立方厘米纯水在4℃时的重量为1克，所以人们以1作为衡量物体比重的标准。其他物体的比重是与水的比较而来的。比重大于1的物体，它所排开的同体积水的重量，小于它本身的重量，因重力大于浮力而下沉，叫作沉体。反之，比重小于1的物体，它所排开的同体积水的重量，大于它本身的重量，因重力小于浮力而上浮至水面，称为浮体。

人体各部的比重不等，正常人骨的比重大于水（头骨为1.994，肋骨为1.38），肌肉的比重为1.058，稍大于水。男子的肌肉约占体重的45%，女子约占35%；内脏的比重为1.05，稍大于水；脂肪的比重为0.914，小于水；男子脂肪约占体重的18%，女子约占25%。因此，不同的人由于性别、年龄和发育程度不同，身体比重也有所不同。如儿童骨化未完善，肌肉中含水分较多，所以比重较小，易于浮起。老年人骨质老化，胶质成分减少，比重增大，容易下沉。男子肌肉和女子脂肪各占体重的比例大，故男子易沉，女子易浮。

同一个人在水中因呼吸关系，比重也有差异，深吸气时胸腔体积扩大，比重减小（约为0.96~0.99），身体易浮至水面。呼气时胸腔体积缩小，比重增大（约为

1.02～1.05)，故身体下沉。

(三) 平衡现象

1. 浮力是游泳选材的重要条件之一

中国游泳队的选材经验中，一个主要的手段就是水感选材。选材的标准是“轻、飘、粘、浮”。“飘、浮”和浮力的好坏是紧密相关的，但“轻、粘”却是技术水平问题，是动作效果的问题。“轻、飘、粘、浮”的实质含义是：“浮”是静力浮力平衡选材的标准；“飘”是动力性浮力平衡选材的标准；“轻、粘”是视觉判断游泳运动员技术动作效果的标准。

静力性平衡要求身体的重心与浮心处在一条垂直线上，可不在同一点上，但重心必须在浮心下面，否则会产生翻转（图2－2－1）。

所谓重心，是指重力的合力作用点。当物体各部的比重均匀，重心就处于该物体的几何中心上。

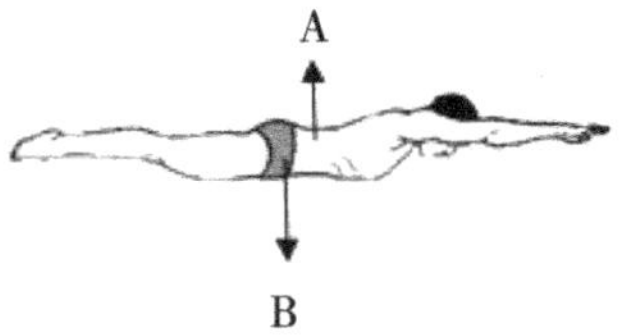

A——为浮心　　B——为重心

图2－2－1

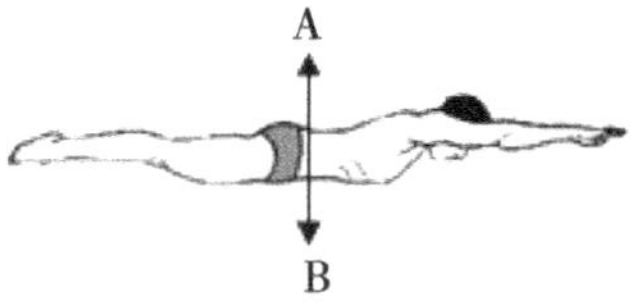

A——为浮心　　B——为重心

图2－2－2

浮心是指水对物体各部分浮力的合力作用点，是排开水的体积中心。

人体平卧水中，由于胸腔的原因，下体的比重比上体大，浮心靠近上体，重心则靠近下体，所以漂浮时易出现下肢下沉的现象。要使身体成水平平衡姿势，可将两臂前伸，使重心前移，重心与浮心处于一条直线上（图2－2－2）。

(1) 静力性浮力平衡选材

在国家体育总局公布的游泳教学大纲中关于形态、机能、素质中规定了男、女“浮力平衡力”评分标准：100分：20.99秒（男、女）；60分：13.08（男、女）。

测试方法：由抱膝漂浮开始，做展体漂浮。当腿伸直时，开始计时，腿开始下沉停表。测其浮体静力平衡的时间长短（有人在运动员踝关节处系一个小球，作为标记，小球一下沉，则停止计时）静力性平衡选材的测试，实质是对运动员浮体能力的测试。强调的是个“浮”字。

（2）动力性浮力平衡选材

其是指运动员在游进中，做臂、腿交替动作时，能不能保持一个较高的身体位置，特别是腰、腿保持高位。有的运动员静力性浮力平衡很好，但动力性浮力平衡却很差。游泳时，体位下降的较多，像这样的运动员在选材时需要认真地考虑。运动员下肢体位的降低，一是动力性浮力平衡问题，二是技术问题。应认真分析其真正原因，如能纠正应尽早解决，纠正不过来，说明动力性浮力平衡能力较差。动力性浮力平衡选材强调的是一个“飘”字。

浮力好可以使游泳技术发挥更大的效率，表现在：①减少正面阻力。浮力好的运动员，漂浮于水面上的体位较高，特别是腿的高位，这样可以减少正面阻力，提高游进速度。②提高动作效果。浮力好，体位高，这样可以在游泳技术上，减少一部分用于提高体位的分力，而把这一部分力量用于加强推进阻力上，以提高动作的实效性。

2. 浮力在游泳中的作用

（1）凡浮力好的人，有利于学习游泳，也是初级游泳选材条件之一。

（2）游泳时，要使身体接近水平平衡姿势，应将重心和浮心调节在同一垂直线上。为此凡移臂时应尽量前伸，有利于重心和浮心接近同一垂直线上。目的是使身体在水中的位置接近于水平，减少迎角，提高下肢位置。这样有利于减少正面阻力，有利于加长手臂的划水路线，同时也有利于使身体重心位置增大前移的幅度。学习任何游泳姿势，都必须首先学习腿部动作，使下肢上浮，起平衡作用。

（3）游泳时，为了减少阻力，应使身体处于高、平的位置。为此吸气要足，吸气后要有短暂的闭气阶段。长距离游泳比短距离游泳闭气阶段相对长些。目的是提高静水浮力和氧气量。在长游中，因游速慢，产生的动水升力也小，所以，闭气阶段要长些，以利于提高静水浮力；短距离的快速游，因速度快，产生的动水升力大，闭气阶段可以短些，以利于提高动作频率。在实践中，短距离快游或最后冲刺时，采用长时间的闭气游，可以提高静水浮力，这样就可以不把体能消耗在动水升力上，而把更多的力量用于提高推进阻力上和提高动作频率上。

加大人体与水的接触面，尽量减小重力和重力的作用时间。为此吸气时，转体不要过大，抬头不要过高，时间不要过长。目的是避免过多的浮力损失。

空中移臂时，臂部肌肉适当放松，有控制地顺着前进的方向，以最短的路线移至入水点，整个移臂应当加速进行，时间要短。目的是防止静水浮力过分减少，保持高体位；另外还可以提高划水频率。

二、升　力

（一）升力基本概念

游泳实践中可以看到，当做“蹬壁滑行”动作时，腿自然会抬高。踩水时，为维持竖直的身体姿势，手不是向下压水，而是左右拨水，游泳中臂划水动作，运动员主观感觉是在直线后划，但实际上后划不多，他们都是呈“S”形的曲线划水。上述起到推动身体前进、抬高身体位置的力称为升力。其理论依据是伯努利定理，即“流体在流管中作稳恒流动时，速度快的地方静压强低，流速慢的地方静压强高。”用“机翼原理”和“平行滑板原理”有助于进一步了解上述和种现象。

1. 机翼原理

飞机在高速飞行时，由于机翼上下形状不同，上面弧形，下面平坦，因此空气环流机翼的流速不同，机翼顶部流线变密（$S > S_1$），流速快，压强小，机翼下部流速慢，压强大。根据高压向低压流动的原理，飞机产生了强大的升力 F（图 2－2－3）。

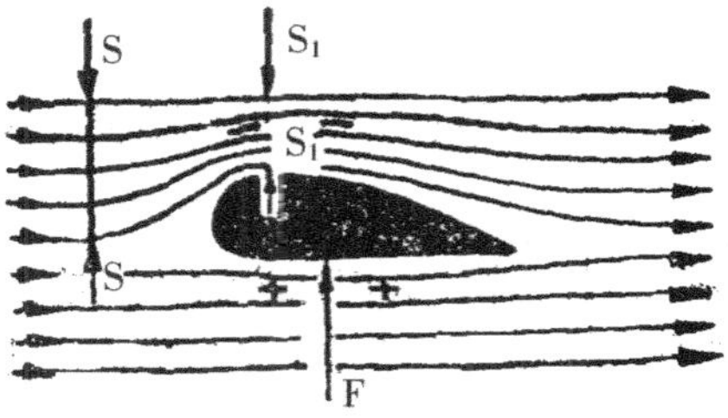

图 2－2－3

游泳时的情况类同，由于手和腿的几何形状上下面不同，手背和脚掌处流线变密，流速增加，压强减小，升力 F 向上（图 2－2－4）。

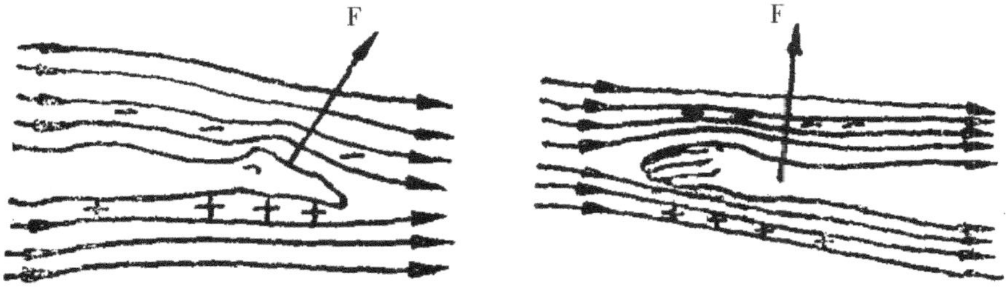

图 2－2－4

2. 平行滑板原理

当一块平面板与水流方向呈一较小的迎角运动时，平板上面的流线变密，流速加快，压强减小，平板下面的流速慢，压强大，压力差方向向上，产生水流作用于平板上的升力 F（图 2－2－5）。

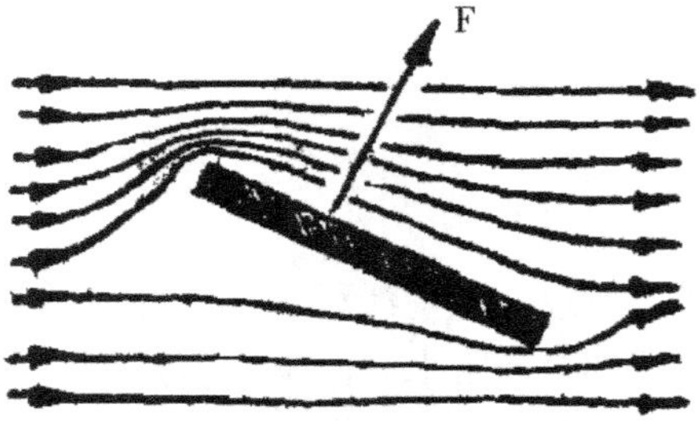

图 2－2－5

在一定的条件下，升力随倾斜角的增加而加大。当倾斜角增加到一定程度时，升力会急剧下降。经计算，气流的夹角为 16～18°，游泳中的有效角度约为 40°，超过以上范围时，升力会出现突然下降的趋势，流体力学中称为“失速”现象。

（二）升力的推进作用

过去认为，只有手掌直线后划，依靠水的阻力才是推进身体的唯一动力。但人们根据螺旋桨推进原理，观察了游泳的曲线划水，发现升力同时在起推进作用，以手掌划水为例（图 2－2－6）。

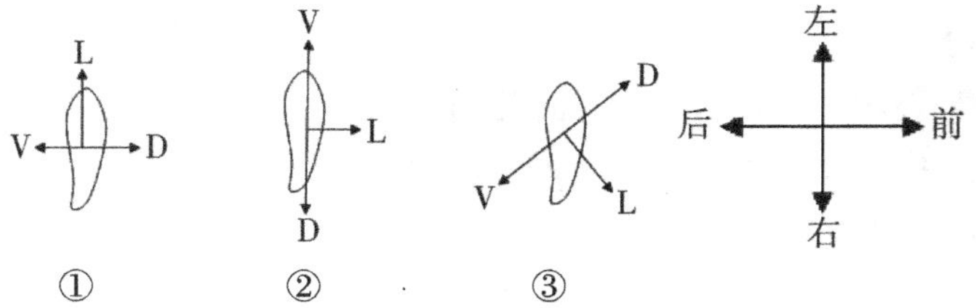

V—手划水方向　　D—阻力　　L—升力

图 2－2－6

表示手掌平面沿不同方向划水时手受到的升力和阻力，其中图 2－2－6 中①表示直线向后划水；阻力 D 朝前，升力 L 朝左侧。②表示划水方向垂直于游进方向，阻力 D 的方向朝右侧，升力 L 朝前。③表示划水方向与游进的方向之间有一个夹角，阻力的方向朝前左侧，升力 L 的方向朝前右侧。

从上述分析中可以看到，当直线向后划水时，阻力作为推进力，也称“阻力推进”，当划水方向垂直游进方向时，升力作为推进力，也称“升力推进”，当划水方向与游进方向之间有一个夹角时，阻力和升力都可以成为游泳的推进力，也称“升阻型推进”。前 2 种划水情况比较特殊，第三种情况常见，所以全面地说，升力和阻力都可以推进身体游进，但对具体情况要做具体分析。

（三）升力原理在游泳教学中的作用

（1）如以升力作为游泳的推进力，则手的动作和手掌放置的角度，必须符合流体升力的原理。

（2）游泳时，身体姿势应与水平面成一个较小的迎角，并要以提高游速的方法去增大升力，而不要以加大迎角的方法去增大升力，否则阻力会增大。

（3）为保持高、平的身体姿势，如利用打腿动获取升力时，其下打的深度不可过大。滑行时，要将臂、腿伸直并拢，肌肉保持适当的放松，以利获升力。

（四）动水升力

动水升力是指物体在水中运动时，所产生的与物体运动方向垂直的分力。动水升力一般会被人误解，也会被人忘却或被人忽视他的存在，下面看一看动水升力的特点。

（1）动水升力的方向永远与物体运动的方向垂直，其方向不只是向上，而是根据动作的方向及迎角的变化，可以向各个方向。例如，含胸、身体迎角、踩水时手的横向移动，产生的升力方向是向上的。“S”形划手、蛙泳手、腿部打水动作，产生的升力方向是向前的。塌腰挺腹动作，产生的升力方向是向下的。

（2）由于形状和迎角的不同，升力的大小也不同。例如，踩水时，手做横向移动时，向拇指一侧移动比向小手指一侧移动产生的升力值大（这是由于形状不同所造成的）。

（3）动水升力是游泳推进力的一个重要组成部分，只是在动作的不同阶段所占的比例不同而已。例如，蛙泳划手，下划阶段动水升力与阻力约各占50%；抱水阶段阻力比值大；收手时动水升力比值大。（推进阻力 = 动水升力 + 阻力）

升力、阻力、迎角三者之间是一个较为复杂的流体力学关系，谁能正确处理好三者之间的关系，那么谁在技术动作的效果上，就能获得最大的推进力。

近十几年来，国内外学者对游泳中的升力原理进行了大量的研究，为科学地分析游泳技术开辟了新的途径，也为进一步完善和合理改进游泳技术提供了理论依据，这是近几年来游泳理论的新发展。

但是在应用升力原理时，应注意到手掌不完全同于机翼，所以。不能完全照搬空气动力学原理。目前，国内外对游泳升力理论争论的焦点在：（1）升力是否成为游泳的主要动力？（2）升力在推进力中究竟占有多大比重？

目前，升力研究尚属定性分析，因此，要揭示这样复杂的科学问题，还有待于进一步深入研究。

第三节 流体动力学知识

一、固体与液体力学特征的比较

人们日常生活的经验和常识，绝大多数属于刚体力学和弹性力学的范畴，所以人们对牛顿定律的认识和理解，往往带有固体运动的特征，对流体运动规律的特殊表现常常伴有些错误的观点，这给我们研究游泳技术带来相当大的麻烦。首先比较一下固体与液体的力学特征，以帮助我们正确理解游泳技术的力学分析方法。

研究固体形变规律的是弹性力学，研究流体运动规律的是流体力学。二者虽然都是以牛顿定律为基础的，但是其规律在很多地方表现的形式很不相同。

（一）形变阻力的相关因素不同：固体的形变阻力与形变量成正比；流体的形变阻力与形变率成正比

形变阻力是物体（包括液体）对造成他形变的外力的抵抗。

水的形变率是指能够产生推进阻力的有效水流与总流动水数量的比值。

例如，拉弹簧要克服它的形变阻力，所需的力量大小与弹簧被拉开（或被压缩）的长度，也就是与形变量成正比，这是我们最为熟悉的道理。可是物体在水中运动时，也会造成水的流动而产生形变，水同样给我们的阻力是形变阻力，要想增大提高推进阻力的效率，就必须增大水的形变率。

增大水形变率的方法是：调整手、脚等推进器的对水角度。

推进器对水角度的变化，可以减少不必要的分力，提高推进阻力效果。例如：高肘划手与拖肘划手获得的推进阻力效果是不一样的；蛙泳窄蹬腿和宽蹬腿获得的推进阻力效果是不一样的。所以，游泳改进技术的原理就是调整手、脚等推进器的对水角度，最大限度地提高水的形变率，以保证获得最大的推进阻力效果。

（二）传递力的方式不同

固体受力时，将这个力按照原来的大小、向正或反两个方向传递，如顺方向推车、反方向跑步。

液体受力时，将这个力按照原来的大小，向四面八方传递。例如，向水中投入石块，则在水面上出现一个向四面八方扩散的圆形波纹。所以，在改进游泳技术时，要注意游泳技术动作要距离水面深一些，或离身体远一些。例如，仰泳划手要深一些，蛙泳蹬水要深一些，以防止力的传递到水面速度太快，而使力的损失也快。另外，像手的推水动作要离大腿远一些；划手动作要离身体30厘米以外。其目的是减小手与身体、手与大腿之间水流的相对运动速度。

（三）摩擦的性质不同

摩擦是指相互接触的两部分物体在接触面上发生阻碍相对运动的现象。

（1）不发生运动时，固体之间存在静摩擦，而固体与液体之间不存在静摩擦。例如，要推动一辆满载的车，起动时要花较大的力气去克服静摩擦；但一辆满载的小船，起动时，用蒿轻轻一点就漾开了，小船与水之间不存在静摩擦。

（2）摩擦阻力的相关因素不同。固体与固体之间摩擦阻力与接触面上所受的压力和粗糙程度成正比。水与固体之间，摩擦力与接触面上所受的压力和粗糙程度无关，而主要与水的密度、相对运动速度、固体表面积的大小有关（吸附层的厚度和粗糙程度都是增大固体表面积的因素）。

二、确定参照物和坐标系是进行力学分析的前提

物理学告诉我们，要正确确定物体位置和描述其运动方式，首先必须确定以某一物体作为参照标准，以他的位置作为固定点，然后去分析其他物体的位置和运动方式的变化。这就是确定参照物。在国内外有关游泳的文献中，这个问题并没有真正解决好。

（一）有人把游泳池作为参照物

以游泳池作为参照物，那么游泳运动员划手的开始点基本上与划手的结束点相近不远，水平高的运动员划手的开始点与结束点非常接近或基本上在原地，水平低的运动员则相距较远。

（二）有人把运动员本人的躯干作为参照物，去描述他的手、脚的运动方式

一般学者们爱把躯干作为手、脚运动的参照物。这里有心理学上的原因，但从

物理上分析：游泳时，躯干处于不断前移的状态，所以，以它为参照物十分不妥。就像以地球作为参照物，会得出太阳围绕地球旋转的错误结论一样。在游泳中，分析划手技术时，会得出以肩关节为支点，整个手臂（上臂、前臂、手）都在起推进阻力作用的错误结论。如果以肩关节为支点，那么躯干就不会产生运动，会导致认为手的运动方式是以肩关节为轴，由前向后、全过程划手方式的错觉。

（三）不知以何物作为参照物

康西尔曼的《美国游泳技术与教学》一书中，技术分析部分都是以躯干作为参照物的。全国体育学院《游泳》教材中，有的地方是以躯干为参照物，有的地方又是以游泳池为参照物的，可是又没有明确提示，所以，有时你就不知道他究竟以什么作为参照物的。

正确的应该是以游泳池作为参照物，用以分析游泳时人体的位置和肢体的运动方式。

三、相对运动原理

为讨论方便起见，可把在静水中游泳的人看作是人不动，水由前方流过来。手划水时，也可把手看成是不动的，水由划水反方向流向手。只要速度一致，我们在水中受力情况是相同的。这样分析问题或进行实验，比物体在运动时方便得多，这就是称之为“伽利略变换”的相对运动原理。

四、伯努利方程

伯努利方程，这是流体力学中反映能量不灭定律的一个重要的方程。

动能 + 势能 + 压强（能） = 常量

在游泳中，人的活动范围、深度变化不大，可以把势能近似地看作为常量，则以上公式可简化为：

动能 + 压强（能） = 常量

就是说游泳时，动能与压强成反比关系。这对于分析游泳技术关系极其重要。

物体在水中运动是由压力差决定的。伯努利方程告诉我们游泳中水的动能与压强成反比关系，也就是水流速度快的地方压强小，水流速度慢的地方压强大（图 2－3－1）。

飞机的机翼，下方空气流速慢，而上方空气流速快，所以下方压强大，上方压强小。

游泳运动员的手掌划水时，手心以平板状面积阻碍水流，流速在这里下降，压强在手掌心急剧上升。当水流绕过手掌侧面时，水突然失去了阻挡，流速在这里上升，压强却在这里下降（图2－3－2）。

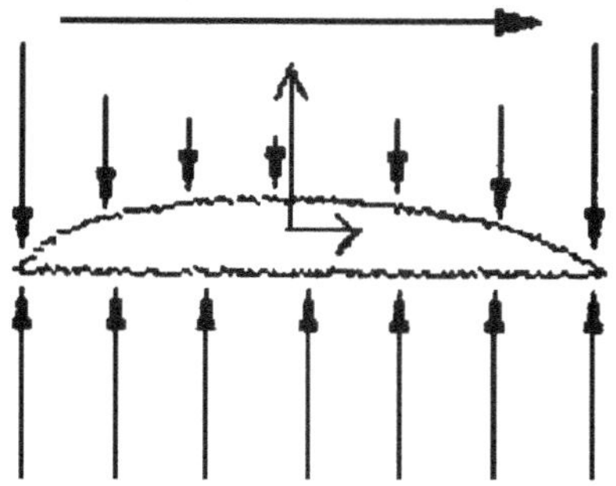

图2－3－1

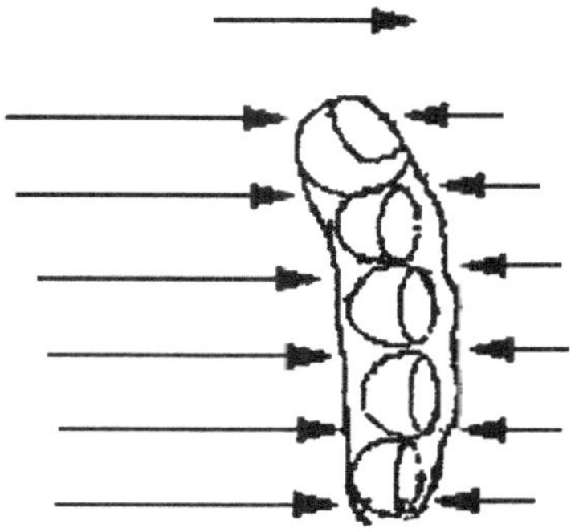

图2－3－2

第四节　人体在水中遇到的阻力

游泳时，人体与水介质发生相对运动是产生阻力的根本原因。阻力的形成是多方面因素决定的。例如，物体的形状、截面、运动速度、方向等，不同的因素所形成的阻力也就不同。

游泳时，为了获得最大的运动速度，阻力可以成为前进的推动力，也可以成为前进的限制力，因而游泳是辩证地运用阻力的一种巧妙运动技术。因此，游泳技术的好坏对速度的影响是十分巨大的。教练员对运动员游泳技术的改进，需要引起高度重视，对水的阻力必须进行深入的了解和研究。

一、水的摩擦阻力

（一）概　念

因水具有黏滞性的特点，因此，当一块很薄的平面板在流动的水中时一部分水黏附在平面板上，并引起相邻水层之间的摩擦现象，形成在边界层内，距平面板越近的水流越慢的速度梯度，这时平面板两面所受制动力的总和，称为摩擦阻力（图2－4－1）。

平面板表面越粗糙，着水面积和运动速度越大，所受摩擦阻力越大。当平面板运动速度大到一定值时，阻力急剧增加。

简单地说，水的摩擦阻力是指水的质点与运动中的物体表面水的附着层质点间摩擦产生的阻碍物体运动的力（实质是水分子之间的摩擦）。

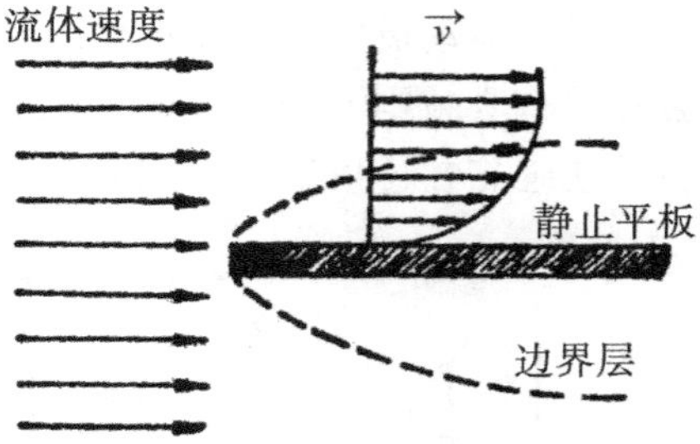

图2－4－1

◆**水与固体摩擦阻力的特点**

（1）不存在静摩擦

相对于固体之间的摩擦来说，物体在水中容易得多，因为固体和水之间不存在静摩擦（因为水的黏滞性只有当物体在水中运动时才显示作用，只要能浮在水面上，轻轻用力就能游进，游泳既可以轻缓运动，又可激烈地运动）。所以，物体在水中加速，主要不是去克服摩擦阻力，而是去克服压差阻力。

（2）与接触面上所受的压力和粗糙程度无关（其他书上是与粗糙程度有关）

压力与水的深度有关，但在浅水和深水中运动，摩擦阻力不会因压力的变化而改变。例如，潜泳的速度不会受摩擦阻力的影响，其潜泳的深度及压力发生变化时，潜泳的速度不会改变。

水的摩擦阻力主要表现在一个很薄的附面层上，在体表这个很薄的水的附面层内。水的质点运动速度，因水的黏滞性而由外向内逐渐降低，直至体表那一层质点速度为零。实质上形成水中物体表面的摩擦阻力是水的质点与质点之间的内聚力，而不是水与物体表面的摩擦阻力。因水的附着层掩盖了物体表面的粗糙程度。所以，物体（人）与水的摩擦阻力与物体表面的粗糙程度无关（低速时无关，高速时有关，游泳所能达到的速度是较低的，所以无关）。

（3）与水的密度有关

水的密度随温度的升高而降低。水的密度越高，水的黏滞性就越大，则水分子之间的摩擦阻力（内聚力）就越大，相反则摩擦阻力就小。所以，水温高时，摩擦阻力小，能提高运动成绩。

（4）与水相对运动速度有关

水的相对运动速度越高，摩擦阻力就越大，水的摩擦阻力对高速运动的快艇等物体关系很大，游泳的速度比较低，故影响不大。但是在高水平游泳竞赛中，比赛常常以 1/100 秒决定胜负，所以为挖掘一切微观潜力，相对运动的问题也是不可忽视的问题。

（二）涉及的游泳技术问题

人体前进时带动身体附近的水层向前运动，划手又带动手臂周围的水向后运动，这两个不同方向的水流层之间，如相距较远，那么中间就会夹着一个不流动的水层，这样相对运动的速度都是对不动水而言的，故没有产生相对运动。如发生了相对运动，因相距较远，相对运动速度较低，摩擦阻力也小。如划手相距身体较近，则 2 个不同方向的水流层交汇到一起，如果产生旋涡，则水流的相对运动速度倍增，摩擦阻力也急剧增加（图 2－4－2）。

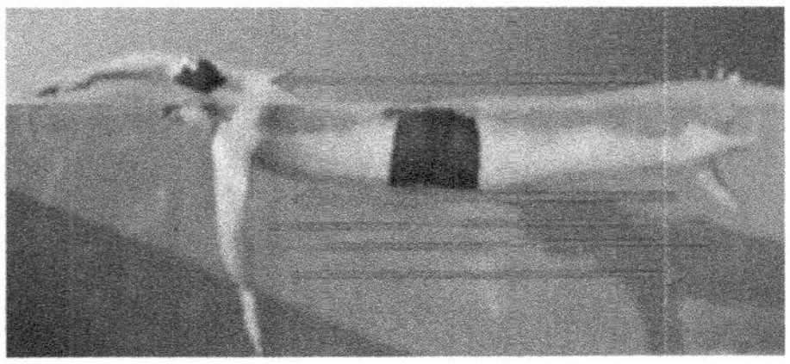

图 2－4－2

这个道理提醒我们在游泳时要注意：蝶泳、自由泳划手路线要与身体保持一定的距离（30 厘米），推水时要离大腿远一些，靠外一点，特别是仰泳推水。

1. 与物体表面水的附面层厚度有关

水的附面层厚可增加物体表面的面积，故增大了物体前进时的摩擦阻力。例如，游泳衣面料的不同，对吸附水的能力也不同，棉布吸水能力强，尼龙吸水能力差，所以，游泳衣面料的改进，在降低了吸水性能的同时，减小了人体的表面积，达到了减小摩擦阻力的目的。

2. 与物体表面积的大小有关

物体在水中的摩擦阻力与物体的表面积成正比，表面积越大，摩擦阻力越大；相反则小。例如，比赛前刮体毛，目的是缩小人体表面积（体毛是实体）。

摩擦阻力在游泳环境中，由于速度不高，阻力非常小，一般可以忽略不计，但在科学研究中必须考虑。

二、水的涡旋阻力（也称形状阻力或压差阻力）

（一）概　念

形状阻力是指物体在水中高速运动时，物体体前的挡水面和物体体后的漩涡区所产生的压力差所引起的阻力称为形状阻力。

压差阻力是指不同的物体在水中运动时，由于物体的形状不同，而造成的物体前后压力差所形成的阻力，叫压差阻力。

因物体体后产生漩涡，故又称漩涡阻力。其大小与物体的形状、挡水面积、水的密度有关，与物体的运动速度的平方成正比。

（二）涡旋阻力的产生与大小

当物体在水中运动时，物体前部水流受阻，流速减慢或反方向运动，造成前部压力增大，同时前面的部分高压水流被迫向后挤压，当水流流过边界层，以最高的速度来填充物体后部的真空区域，并从物体后部分离时，产生水流紊乱现象，形成许多快速旋转的涡旋（尾流），这种快速旋转的水流，造成物体后部压力的降低。由于物体前后的压力不相等，出现压力差，所以阻碍了物体向前运动。

1. 物体的形状对压差阻力大小的变化起着决定性的作用

假定在横截面积和运动速度都相同的条件下，我们分析一下物体形状对压差阻力的影响程度（图 2－4－3）。

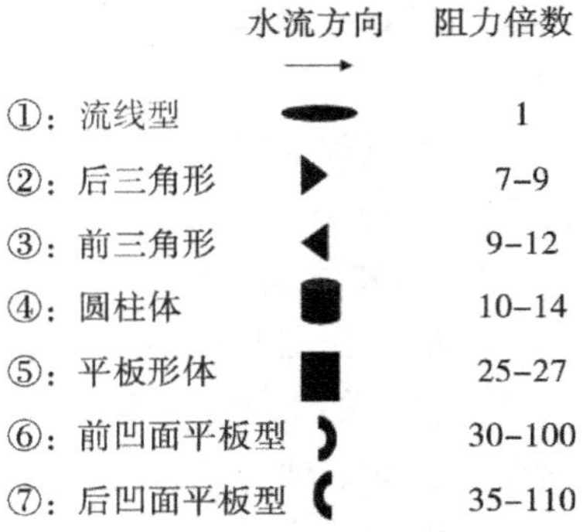

图 2－4－3

（1）流线型（或叫椭圆形）

流线型运动时，由于前部形状分水效果好，则挡水程度最小。物体表面曲度变化小，尾部水流流速平缓，所以物体前后压力差小，故阻力最小。

流线型的压差阻力大小，取决于物体长短径的比例（如长：宽＝5：1），比例越大，阻力越小。在游泳运动项目中，游泳运动员身高高的、体形瘦的比个子矮的、体形胖的压差阻力小得多。

（2）后三角形

后三角形是角底在后的三角形，前部趋于流线型，后部是平板形，前面的流线型虽然对水起了分流作用，减少了正面阻力，但水绕流到三角型底边时，水流因物体形状的改变，水急剧地冲向尾部，产生很大的分离漩涡，漩涡内压力下降较大（造成负压），造成前后压力差较大。例如，蝶泳入水动作，如果入水过宽，使前部形状失去流线型，则增大了压差阻力。所以，蝶泳入水动作窄好。由于尾部流线型不好，和流线型比较，压差阻力增大了 9～12 倍。

（3）前三角形

前三角形是角底在前的三角形：前部是平板形，后部趋于流线型，阻力主要来自前部，水绕流到后部时，水流平稳，故前后压力差总和也小。例如，蛙泳蹬腿结束时的并腿动作非常重要，并腿好则前后压差阻力小。由于前部流线型不好，和流线型比较，压差阻力增大了 7 ~9 倍。

（4）圆柱体

圆柱体是长∶宽 =1∶1 的圆柱体，由于其前部挡水程度和尾部水的分离趋势均大于流线型，故物体前后压差阻力大于流线型。例如，高肘划手就是使前臂成为圆柱体，以增大前臂前后的压差阻力，提高划手推进阻力。蛙泳大腿少收使大腿保持流线型，以减少压差阻力。由于圆柱体前后形状都比流线型差，所以，其压差阻力比流线型高 10 ~14 倍。

（5）平板形体

平板形体前部、后部都是平面，前部挡水程度和尾部水的分离趋势都比较大，所以压差阻力很大，它比流线型高 25 ~27 倍。

（6）前凹面平板形

前凹面平板形体前部是凹面，其能使前面的水产生反方向的流动。故比平板形物体的前部产生的压力更大，它的压差阻力比流线型高 30 ~100 倍。例如，手掌划水时的形状，不能是平板形，而是适度的微凹面平板形。

（7）后凹面平板形

凹面平板形体后部是凹面，其能产生更大的负压，吸引各方水流随物面运动，这种水流运动的现象，在流体力学中称为“伴流”。伴流的大小与物体尾部形状和运动速度有关。其要消耗运动体的能量，并加大压差阻力。这种形体后部是凹面，他比前部是凹面的物体压差阻力更大，其约是流线型的 60 ~140 倍。例如，蛙泳蹬腿后，两腿不能并拢会产生更大的压差阻力，所以强调蛙泳并腿技术很有必要。

2. 物体形状对压差阻力影响的特点

（1）物体的不同形状所产生的压差阻力是不一样的，所以，游泳时要注意身体姿势的各种变化，要把压差阻力减小的最低程度，而把推进阻力加大到最大程度。

（2）物体的长宽比值对压差阻力的影响很大。长宽比值越大，物体的表面曲度就小，阻力系数也小。所以，高个子运动员比矮个子运动员阻力系数小，这是运动员选材的重要条件之一。

（3）在压差阻力中，物体后部形状比前部形状更重要。这一点从图 2 -4 -4 中的比较可以看出，游泳时，注意腿部技术的正确位置非常重要。例如，蛙泳的并腿动作；自由泳、仰泳腿的踝关节内收动作必须给予高度重视。另外，选材要选运动员髋部的宽度，当然越窄越好。

如果物体的截面相等，运动速度相同，而不同形状的物体所受阻力是不同的，其中阻力最小的是流线体，最大的是平板形和凹形体（图2-4-4）。

流线体所受阻力系数最小的原因是：因为流线型的表面曲度变化平缓，水流经前部速度逐渐增加，至最大横径处流速最快，而后流速又逐渐减小。由于水的流速增减平稳，水流变化不大，其后部不产生涡流，因而所受阻力较小。流线体阻力系数的大小，还取决于长径和横径的比例关系（表2-4-1）。

表2-4-1　v长、横径比值与阻力系数表

长横径比值	1	3	5	10
阻力系数	0.5	0.122	0.059	0.021

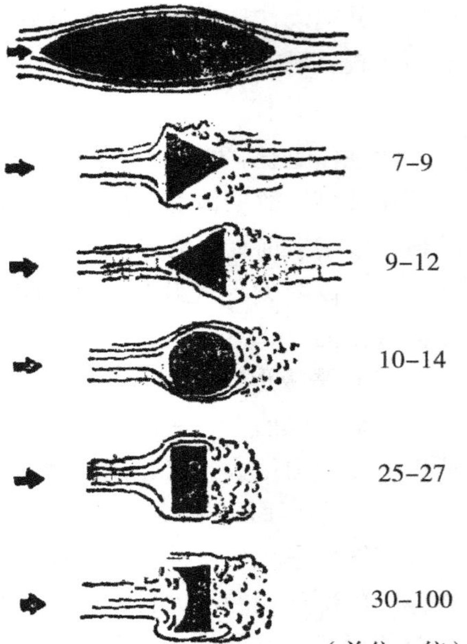

图2-4-4

同一流线体所受阻力的大小，还受运动速度的影响。当运动速度超过一定值时，尾流扩大，所受阻力急剧增加。如将其长径加长，改变长径和横径的比例关系，其比值增大，尾流减弱，所受阻力也相应减小。

某些直径相同的不同形状物体，如运动速度相同，但所受阻力却不同，其阻力大小主要取决于物体后部的形状。平板形和凹形体，后部的形状差，尾流扩大，漩涡区增加，水流转速增加，以致前后压力差加剧，阻力明显增加。

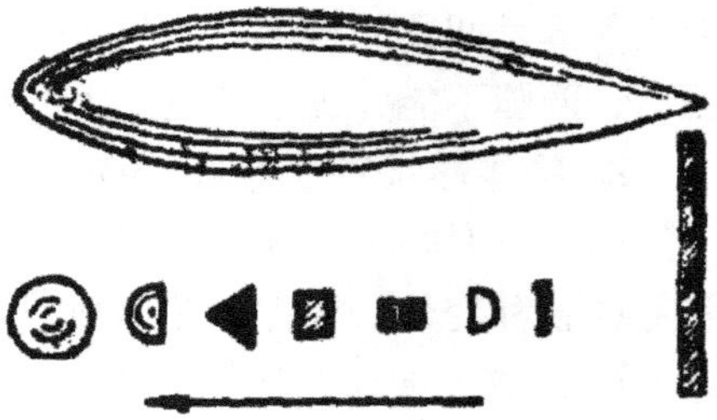

图2-4-5

相同形状的物体，以同样速度在水中运动，所受形状阻力的大小与挡水面积成正比。但不同形状的物体，有时挡水面积相差几十倍，体积相差几百倍，在同等运动速度的条件下，它们所受阻力会相近（图2-4-5）。

3. 涡旋阻力（形状阻力）与游泳技术

（1）姿势呈“流线型”

游泳时，凡与运动方向一致的动作，应尽可能地减小挡水截面，最大限度地保

持流线型状态，特别是身体后部的流线型状态。如蛙泳收腿时，小腿藏在大腿后面，屈膝前收。出发和转身后的滑行阶段，两手必须并拢前伸，头夹于两臂之间，两腿伸直并拢，脚尖绷直，使身体成一直线，尽可能地保持流线型的水平平衡姿势。如果身体适度伸展，可加大长、横径的比值，也能降低阻力系数。

根据苏联勃·依·沃洛普林科的试验材料表明，游泳时，身体纵轴与水平面夹角越小，阻力也越小（表2－4－2）。

表2－4－2　倾斜角与阻力测定表

滑行姿势	速度	阻力（千克）	身体倾斜度增加时阻力平均值的变化
流线型平卧	2米/秒	12.8	
倾斜5°内	2米/秒	14.7	0～5°时每增加1°，阻力增加0.38千克
倾斜18°内	2米/秒	19.2	5～18°时每增加1°，阻力增加0.63千克
倾斜36°内	2米/秒	30.4	18～36°时每增加1°，阻力增加0.63千克

（2）直线游进

直线游进，避免蛇形游进以防止增加游距，加大挡水面积和在体侧产生涡流区。如臂入水过宽或过窄，偏离正确的入水点，划水过早等，都将产生阻力。

（3）保持平衡状态

游进中保持稳定平衡，是良好技术的重要标志，是防止上下起伏、左右扭转的有效方法，为此必须注意。

①空中移臂和入水前不能停顿，因为突然停顿会产生动量转移，造成头和上体下沉。

②直臂划水或划水用力过早，将会使头和上体上抬，增加截面。

③爬泳、仰泳左臂入水后向下抱水时，右腿不过分向下（上）踢水，避免使身体向左侧扭转。

（4）技术规范化

①腿部动作。A. 打水时，屈膝不宜过大，两腿上下、左右的宽度适宜，不能勾脚。B. 蛙泳收腿时，大腿不可收得过多，小腿应藏在大腿的投影面内收动，蹬腿的同时进行翻脚。

②臂部动作。A. 爬泳和蝶泳手入水时，掌心稍向外，以手指领先切入水中，仰泳手入水时拇指向上，小指向下，掌心向侧后方，手掌与小臂成150～160°角，以小指领先切入水中。B. 臂出水应迅速而不停顿，以免产生反向阻力。C. 蛙泳臂的划、收和伸的动作应紧密衔接，及时过渡，肘和手的动作路线要圆滑，收是划的继

续，收为伸创造条件，积极而快速地呈流线型状态前伸。

③配合动作。A. 海豚泳臂推水时，做第二次打腿，可防止臀部下沉。B. 蛙泳划臂时，腿部伸直，保持自然放松的流线型状态，减小形状阻力，充分发挥臂划水所产生的推进力。

三、兴波阻力

（一）概　念

当外力作用于水，破坏了水微粒间的平衡状态，被挤压的水形成不同大小的流速，产生不同大小的压强，由于空气与水的密度差异大，于是一部分水易高出水面，高出水面的水因重力作用又力图恢复原来的水平状态，这就形成了波浪。人体在水中运动，给水以连续的动力作用，造成连续不断的波浪，前面被挤压的水高出水面，形成高压区，同时又把水不断地排向后面低压区，因前后的压力差，使人体受到阻力。这种由于波浪引起的阻力，称为波浪阻力。根据实验表明，人体水中运动引起的波浪在水面下传递的幅度约为 30 厘米。由波浪的势能引起的阻力部分叫作兴波阻力。

（二）减少兴波阻力方法

游泳时，人是在水和空气两种介质间运动，由于水的密度比空气大，人体运动时，推动身体前面的水流，使水涌向空气层而高出水面，形成波浪。由于波浪的形成，高出水面的水就增大了人体游进时的正面阻力面，同时其势能向四面八方传递，也增加了前进的阻力，所以对游泳的影响也是很大的。

减小兴波阻力的方法：游泳时，运用游泳技术应尽量减少波浪的产生。

（1）臂、手入水要轻，面积要小。

（2）身体姿势流线型要好。

（3）减小头与躯干的转动。

（4）不要抬头过高，要尽量减少迎角。（造浪作用）

（5）保持身体平稳，不要上下起伏太大，不要左右摇摆。

（6）蛙泳手臂收手时要避免停留和第二次造浪。

（三）合理的游泳技术

任何在水中运动的物体，都会同时受到阻力和推进阻力的作用。实际上，这 2

种力产生的力学原理都是一样的。只不过是方向相反而已。推进阻力是主动产生的，而阻力是被动产生的。腿部技术多是作用力与反作用力的关系，划手技术多是杠杆关系。只有在游泳技术上解决好阻力和推进阻力的矛盾关系，才能说这种技术是正确的、合理的。根据流体力学原理，要想提高游泳速度，就必须要掌握合理的游泳技术。合理的游泳技术是指根据流体力学的基本原理，在技术上要做到把正面阻力减小到最低程度，同时，把推进阻力提高到最好效果的游泳技术。在训练实践中，改进技术是教练员必须正视的一个重要问题，因为合理的游泳技术是提高运动成绩最经济、最有效的方法。

1. 减小游泳阻力的方法

①要力求使身体位置保持高而平、直的流线型。在技术上要注意：肩前伸、腿并拢、稍收腹、勿塌腰、防止左右摇摆。

②手、腿在水中做同游进方向相同的动作时，应尽量缩小挡水面积，路线要短，速度要小。在技术上要注意：手臂的入水动作和蛙泳的伸臂、收腿动作。

③在水中不产生推进阻力，反而产生阻力的非必要动作，应尽量避免。（即使是为产生推进阻力和动水升力而必需的，产生阻力的动作，也不宜做得过分，以至增大阻力太多，得不偿失。）在技术上要注意：臂入水的下滑动作；打水幅度；蛙泳划手、收腿；逐渐加速划手的前半程等。

④尽量减小水在身后的分离趋势及产生漩涡。在技术上要注意：蛙泳腿采用窄收窄蹬技术，腿伸直时应：尽量并拢；打水动作，踝关节要内收，不要打出水面。

⑤吸气晚，而且换气时间要短。

⑥直线游进，尽力减小迎角（减小正面阻力和波浪阻力）。

⑦减小摩擦阻力（摩擦阻力是一个常数，而且非常小。大家都差不多，所以可以忽略不计）。

2. 加大推进阻力的方法

①增大臂腿的对水面积及形状阻力，以加大前后压力差。例如，高肘划手、翻脚蹬水（利用小腿内侧和脚心面积对水，以增大挡水面积）。

②加长臂腿动作的有效路线。高肘划手、窄蹬腿可加长有效路线。

③尽力加快臂腿动作的速度。目的是为获得水的瞬时钢化作用，保证臂腿动作得到近似固定支撑的效果。

④采用窄“S”形划手路线。S 弯曲不要过大，否则分力太大，会削弱前进的推进阻力。

⑤调整“升、阻比”以阻力推进力为主。要提高各关节的柔韧性与协调性，合理掌握臂腿用力面与前进方向的角度，越接近90°越好。例如，手掌的对水角度，要尽量保持与前进方向垂直，这样推进阻力效果越好；踝关节柔韧性越好，脚面与前进方向角度越接近90°，推进阻力效果就越好。

四、惯性阻力

（一）概　念

物体在水中作加速运动时，物体前部对水以更大的外力冲压，压强增高，即使水不具黏滞性，也具有惯性，物体前部的水来不及以新的速度从物体两侧向后绕流，及时提高物体后部的压强，使前后相等，于是物体前后增加了压力差，方向向后。该增加的压力差，即物体所受的惯性阻力，由物体的加速度而引起的这部分阻力称为惯性阻力。

游泳对运动速度的变化，不仅表现在全程或某一段距离上，也表现在一个动作周期中。例如，爬泳臂加速划水到下一次加速划水前，前后的身体郎时速度相差0.5～0.8米/秒，蛙泳在一个动作周期中，速度变化近1.5米/秒。

（二）惯性阻力与游泳技术

（1）在游进的全程或某段距离中，尽量匀速前进。

（2）尽量减少不必要的滑行阶段。臂与臂之间和臂与腿之间，应协调配合，衔接紧密。单臂交替划水项目，采用连贯式配合。左右臂划水的效果应力求一致，尽可能发挥推进力的连续性和游速的均匀性。

（三）惯性阻力与速度关系

阻力与速度的平方成正比。物体在水中运动，受阻力的大小与物体的投影截面、物体的运动速度、物体形状的阻力系数以及水的密度有关。水的阻力简化公式如下。

$$F = -CPV_2$$

F——水的阻力（由于水对物体运动的阻力，即水的作用力，与运动方向相反，故用负号表示）。

S——物体的投影截面。

C——物体的形状和表面性质的阻力系数。

P——水的密度。

V——物体运动的速度。

阻力简化公式表明，物体在水中运动的速度与所受的阻力关系很大，即阻力与速度的平方成正比。如速度提高2倍，阻力增加4倍，速度提高4倍，阻力增加16倍。速度呈算数级数递增，而阻力呈几何倍数增长。速度越快，阻力越大，这个理论对游泳十分重要。因为无论是增大推进力，还是减少阻力，无论是分析实效动作，还是分析准备动作，速度是关键。根据阻力简化公式，减少阻力或增加推进力，可通过以下途径（表2－4－3）。

表2－4－3　减少阻力、增大推进力的途径

减少阻力的途径	加大推进力的途径	备　　注
1. 减小物体投影截面，减小尾部的漩涡区，呈流线型姿势 2. 匀速运动 3. 提高物体表面光滑度	1. 增大物体投影截面，尾部呈非流线（如凹形或手板形） 2. 匀加速运动 3. 减小物体表面光滑度	1. F＝KS（在其因素不变的情况下<设K>，阻力与截面成正比） 2. $F=KV^2$（同上） 3. F＝KC（同上）

第五节　游泳的推进力

推进力是推动人体前进的力。该力有推进阻力和推进升力的解释。

推进阻力是指利用水具有阻力的特性，肢体通过划手、打腿直接向后划水，以水的反作用力推动人体前进，力的矢量指向身体前进方向。

推进升力是指肢体曲线划水时，使手产生一个较大的升力，并使该升力指向前进方向，推动人体前进。

从流体力学分析，增大推进力是指增加推进阻力或推进升力，或两者最佳结合。要求划水的肢体，其形状阻力系数和挡水面积要大，有效划水路线要长，划水速度要快，力的作用时间要充分，并使所产生的流体总合力的方向，尽可能与游进方向一致。

一、充分利用手和脚在有效动作中的作用

划船时靠桨面划水，鸭子游水靠脚蹼，游泳臂划水主要靠手掌（或脚）。如采用握拳划水，自感用不上力，不能快速游进。上述现象说明什么？根据生物力学原

理可以知道，游泳是靠臂和腿绕肩和髋作复杂的弧形曲线运动。根据圆周运动中，当角速度相同时，半径越长、线速度越大的原理，距离肩关节最远的手（脚）速度最快。公式表示：线速度（V）＝半径（r）×角速度（W）。

以爬泳臂划水为例，臂划水时，以肩关节为转动轴，由前向后划动（图2－5－1）。如将手臂OA分成6等份，在同一单位内，臂从0A划到OA′，虽角速度相同，但各点移动的距离不等。设第一点F的线速度为1米/秒，第二点E的线速度为2米/秒，而第六点的A线建度为6米/秒。可见离肩轴越远，移动的速度越快，呈线性相关，又据阻力与速度平方成正比的原理（$F=KV^2$），臂划水各点所产生的反作用力则大不相同，如F点阻力为1千克，反作用力也是1千克，E点阻力为2千克。则反作用力为4千克；D点阻力为3千克，反作用力为9千克。以此类推，A点阻力为6千克，反作用力则为36千克，呈抛物线关系（图2－5－2）。

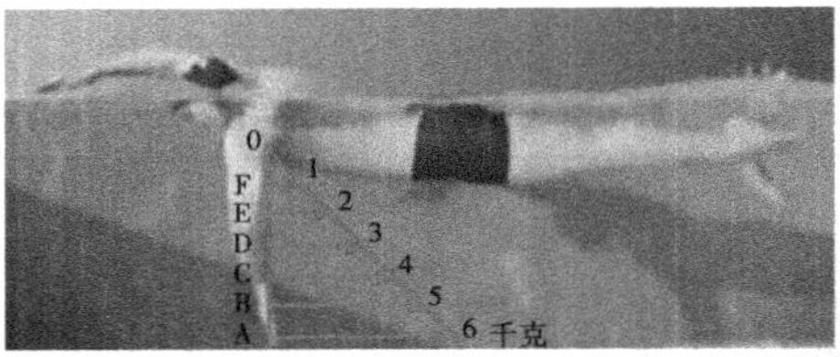

图2－5－1

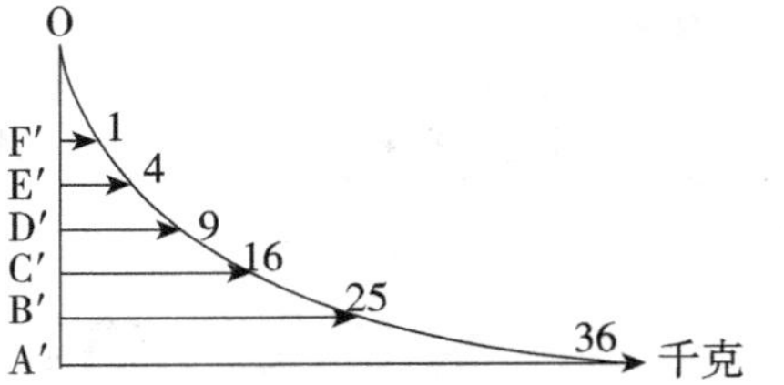

图2－5－2

由此可见，臂划水反作用力的合力中心在手掌，手掌划永所产生的推进力是主要的。同样原理，腿打水所产生的反作用力主要在于脚。

为使手与脚在游泳中产生更大的推进力，实践中还应注意。

（一）要有合理的手形

手掌和手指有控制地自然伸展，指间距在2～5mm为宜，使水流在指间产生涡旋不易通过，起到封闭挡水之效果（图2－5－3）。

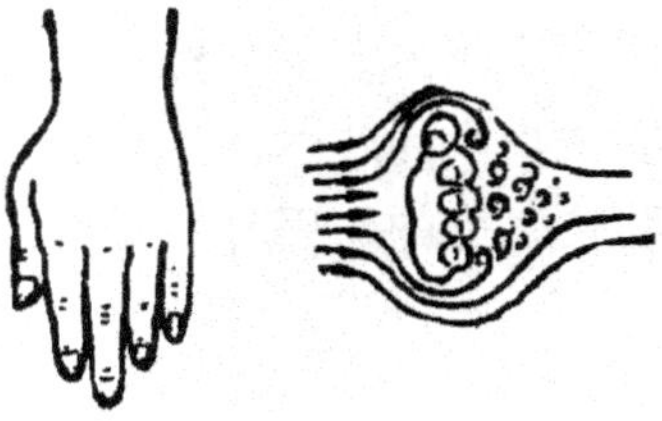

图2－5－3

（二）要有合理的迎角

据人模测定，迎角35～40°时为最好。而康西尔曼认为，游泳手的攻角37°可获得最大的推进升力效果。

（三）技术要有规范

如腿打水时，腿要稍向内旋，脚稍向内转，踝关节放松，脚跖屈，脚背和小腿前侧为主要作用面。蛙泳蹬水以脚和小腿内侧为主要作用面。

二、屈臂划水

若采用直臂划水时（图2－5－4）。臂划至不同的角度，力的有效利用率将不同。当臂划至45°时，力的效果一半向上，一半向前。臂划至90°时，力的效果全部向前。臂划至135°时，力的效果一半向下，一半向前。臂划至180°时，力的效果全部向下。在臂的整个划程中，绝大部分划程都产生向上或向下的分力。因此，采用直臂划水时，将引起身体上下起伏地前进。采用屈臂划水时（图2－5－5），可以提前和延后前臂和手臂的有效划程，仅在划水的前段和后段，分别产生不大的向上和向下分力，提高了力的利用率，增加了全程的有效划程，同时调动了更多的肌肉群参加工作，肌肉的生理横断面大，肌肉不易疲劳。

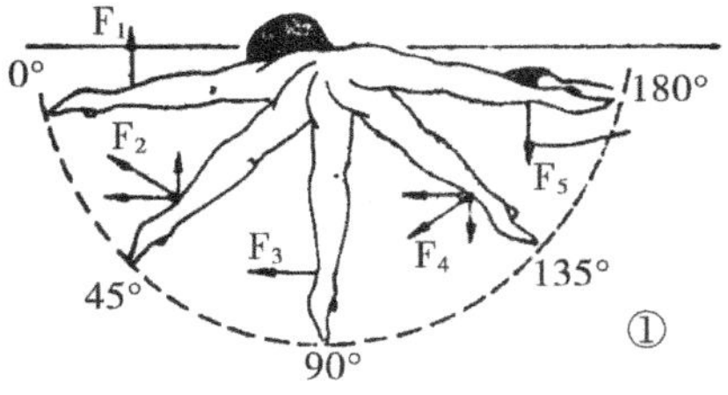

图2－5－4

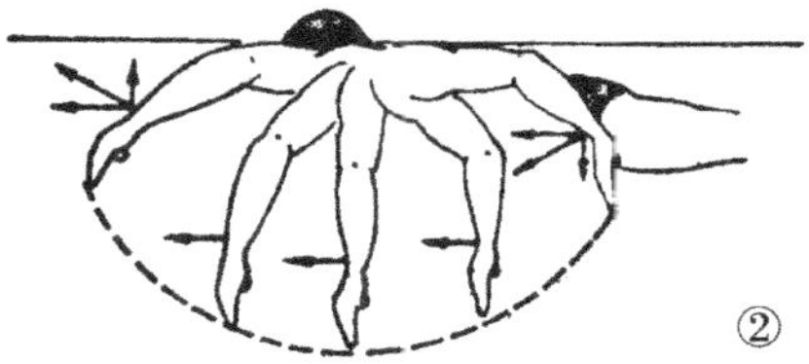

图2－5－5

三、曲线划水

由于水的流体特性和人体解剖结构特点，臂的划水路线不可避免地出现曲线。例如，爬泳臂的划水路线，以手相对于身体的运动轨迹，称为静止时的运动轨迹（图2－5－6），是一种稍微弯曲的S形划水路线；以手相对于静水的运动轨迹，称为游动时手的轨迹（图2－5－6）。

图2－5－6

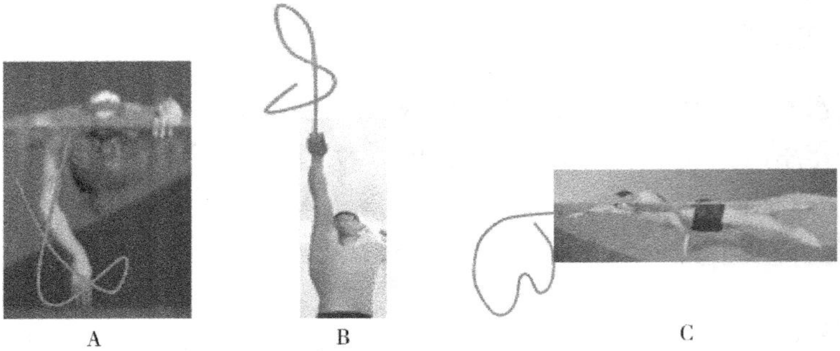

图2-5-7

图2-5-7则是一复杂的三度空间曲线。在图2-5-7中所示手的划水路线，前视图（A）是从正前方看运动员游进，仰视图（B）是从下往上看运动员游进；侧视图（C）是在侧面看运动员游进，实际上我们应同时从前面、下面和侧面看运动员手的划水运动轨迹。臂在做横向、垂直和上下方向快速划水时，手掌和前臂内侧面与划水路线之间，如能保持一个合适的攻角（约37°），则将产生一个较小的阻力和一个向前的最大升力。但由于人体结构的限制，臂的划水动作，既术能像螺旋桨那样高速旋转，也不能像船桨那样简单地向后划动，在划水的各阶段，升力和阻力之比，不可能固定不变，升力也并不是始终指向前进方向。臂划水时，应在臂所进行的多关节、多面活动的运动过程中，寻求有利的条件，或根据划水路线的实际情况，确定是阻力、升力或是阻升总合力指向前进的方向，起到推动人体向前运动的主要作用（图2-5-8）。

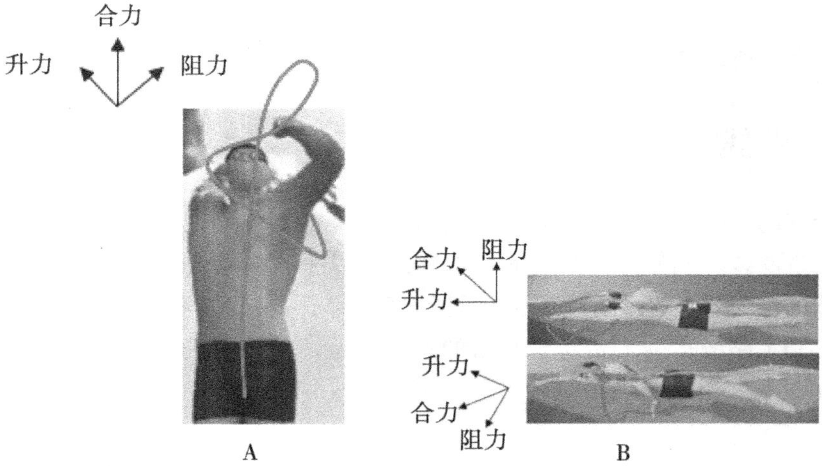

图2-5-8

图2-5-8（A）表示以正确的手掌姿势作斜线划水时，推进力是如何形成的。由于其手掌的方向与划动方向呈锐角，而使水的反作用力的合力R的方向与运动员游进方向一致。

图2-5-8（B）表示臂划永的不同阶段，手掌的对水方向不一定都使水的反作用的合力严格指向前方。

当手掌和前臂内侧面主要是向后越水时，可能产生较大的阻力。当手掌和前臂内侧面主要是横向划水时，可能产生较大的升力。若横向划水的曲线过大，将产生偏力，影响身体平衡。

为避免这一曲度影响，可改进配合技术，如通过臂绕身体纵轴的转动，可使该曲度减小，取得身体平衡。在划水的中后部，手掌沿身体纵轴下方划水，可使推进力更吻合身体重心前进的轨迹。

四、加速性划水

经观察和电影图片分析，凡优秀选手划水的后半段都比前半段快。如施皮茨在游百米自由泳时，抱水用了0.34秒，拉水用了0.24秒，而推水只用了0.13秒，表明施皮茨的划水是加速性的。不同泳式、不同距离的优秀运动员都有类似的情况。

加速性划水的原理是根据水具有流动性的特点，为不使手臂“划空”，使每一点都具有推进作用，必须作加速划水，使手的运动速度大大超过“流动水”的速度，划水才能有效。

康西尔曼根据电影图片，用定量化标志，绘制了各种泳式的加速性划水图例，这里选用爬泳（图2-5-9）和蛙泳臂（图2-5-10）划水为例。

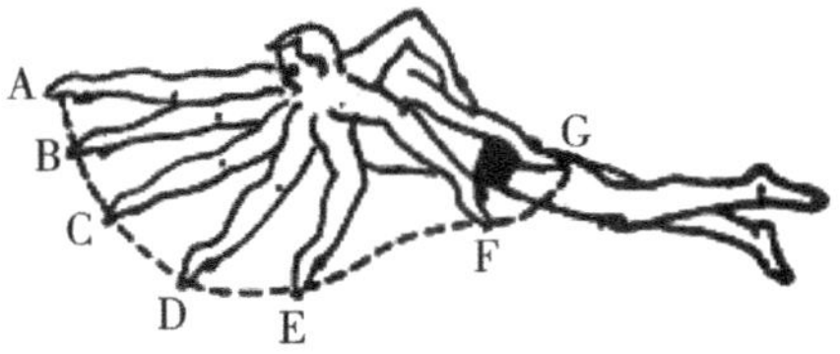

图2-5-9　爬泳划水路线

图2-5-9表示，爬泳划水路线和蛙泳划水路线，手划水的各点（A~G）是由前向后划水中各点相同时间内的标志点，即由A-B或E-F均为0.1秒。

从图2-5-10中可以看出，A、B的距离明显短于E、F的距离，表明E、F的速度明显快于A、B点。

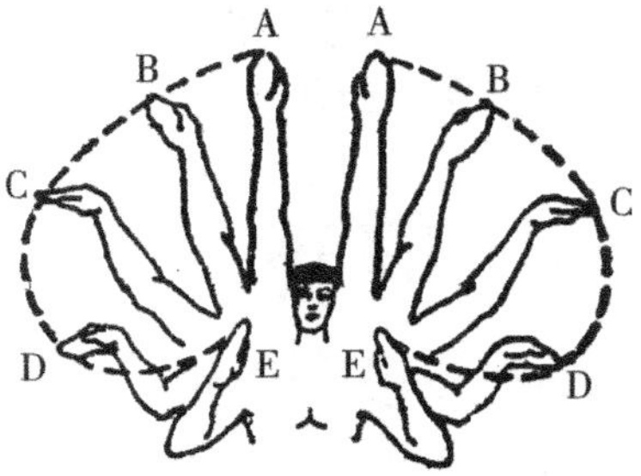

图 2－5－10　蛙泳划水路线

图中能看到的同样情况，蛙泳划水的 BD 和收手 DE 是明显加速性的。仰泳、蝶泳的划水也是同样的。若用速度曲线表示，手的划水速度随着抱水→拉水→推水的顺序不断加速的（图 2－5－11）。

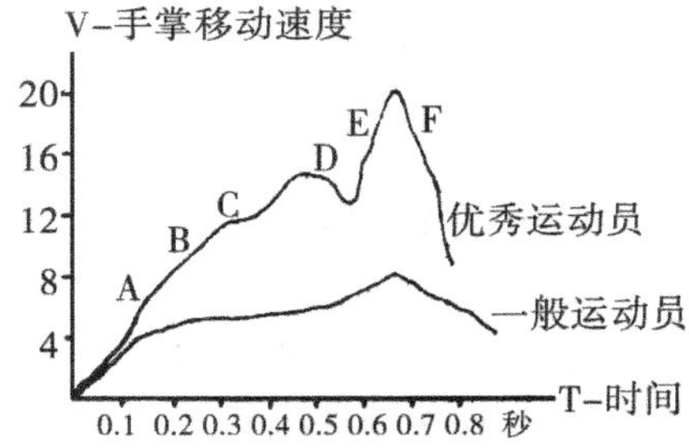

图 2－5－11　爬泳加速划水速度曲线

现代游泳术语中，把加速性划水形象化为“鞭状动作”，臂划水叫“鞭状划水”；仰泳腿部动作叫“鞭状踢水”以及蛙泳蹬腿叫“鞭状蹬腿”等。

第六节　游泳技术的合理性

一、合理游泳技术的一般原则

根据流体力学原理，游泳时，如何减小阻力，增大推进力是提高游速的关键。实践中应注意以下几点。

第一，一切与游进方向一致的动作，应尽量减小水的阻力，一切与游进方向相反的动作，应尽可能地加大水的反作用力，使总的合力指向游进方向。

第二，一切有碍于游进速度的动作，应做得相对缓慢；一切有利于游泳速度的动作，应加速进行。但应注意动作的实效性和完整性。

第三，有碍于游进速度的动作，尽可能地在空中进行。

二、合理游泳技术必须符合的要求

（一）合理游泳技术必须符合运动解剖特点

1. 肌肉的初长度

肌肉收缩前的长度叫初长度。肌肉是由特殊分化的肌纤维构成，在正常的生理范围内适宜的肌肉初长度会使收缩力量加大。根据肌肉初长度与肌肉力量之间的关系，游泳动作应充分考虑收缩前肌肉的初长度。如果划水前肌肉已被适当地拉长，划水时除了能增加肌肉的收缩速度和幅度外，还能增加肌肉的收缩的力量。因此，在向前伸臂动作时，肩拉开与臂伸展有助于原动肌群预先拉长，使其处于最佳的初长度状态。

2. 符合肌肉舒张收缩机能

骨骼肌分布于人体的全身，每一肌束都有它的起始点和舒张收缩机能。游泳动作是围绕人体的多关节进行的。关节的任何一个运动轴都有与拉力方向相辅相成的多组肌群各自起着不同的舒张收缩机能作用。在同一动作中，不同肌群有各自先后不同的舒张收缩机能顺序。凡是与原动肌机能相符合的动作，肌肉所获得的收缩力相应就大，动作效果好。以参与手臂划水动作的有关肌肉舒张收缩机能为例，向内划水动作中，由于动作方向向内、向后，与胸大肌、肱二头肌、肱桡肌和旋前圆肌等收缩机能相一致，其肌群收缩产生的力量就很大。如果划水动作从开始就在肩轴以外向后进行，对可以起到内收、外旋和屈臂机能作用的肌群收缩力降低，有的肌束甚至不参与收缩，就起不到应有的机能作用。

3. 肌肉工作的协调配合

即使是最简单的人体运动，也是由众多的肌群单位在神经系统支配下共同活动的结果。一个动作依靠原动肌群主动收缩完成运动，协同肌群起着调协放松、协调、固定作用。这种肌群间的分工协作，对有效完成人体动作是必需的。为了说明肌肉在运动中的协同配合合作用，以爬泳臂划水为例，划水的前半程，主要以屈肌肌群起到完成手臂做内向、向后屈臂划水动作的作用，而以肱三头肌为主的肌群起到舒张作用，冈上肌等肌群起到协同作用，三角肌起到固定关节的作用，为原动肌收缩提供稳定的支撑配合。肌群之间的协同关系不是固定不变的，是随划水动作的变化而转换，协同肌变为原动肌，而原动肌变为协同肌。

4. 充分利用关节的灵活性

由于人体各个关节的结构的不同，关节的活动性也有各自的局限性。例如肩关节活动性是最大，是典型的球窝关节，有3个运动轴，可做屈、伸、收、展、旋内、旋外和环绕动作。腕关节和踝关节是双轴关节，可做屈、伸、收、展、旋内、旋外和环绕动作。游泳动作应合理地利用关节的活动范围，以达到符合自身条件特点的技术动作要求，获取动作所产生的最大效果。肩关节不灵活的人，手臂动作的方向、幅度以及速度都会受到解剖特点的限制影响。踝关节灵活性好的人，脚背作用于水的面积、踝关节活动的幅度和速度以及所产生的推进力，明显优于踝关节灵活性差的人。

由于关节的灵活性对于技术动作的合理应用以及产生的效果有直接的关系，所以关节的灵活性作为选材内容标准之一。

（二）游泳运动生理特点

1. 合理的技术与呼吸技能的关系

游泳是以有氧代谢为基础的运动项目。机体所需的能量，源于摄入人体内的各种能量物质的氧化过程。因此，人体必须持续不断地从外环境得到氧的供应，以保证游泳时机体代谢活动所需的氧气。游泳时，呼吸的深度、力度、时间、节奏和方式都与其他运动项目不同，具有它自身的特点，因此决定了呼吸动作在技术结构中占有重要位置。

在完整的动作配合中，呼吸动作必须严格遵循技术节奏，与躯干和肢体动作协调配合进行。如果呼吸节奏紊乱，会影响人体能量代谢的正常活动，会扰乱动作的配合与节奏，会使动作作用效果明显下降。

2. 颈肌反射性活动

游泳时，头部位置的变化对身体姿势以及四肢动作有直接的影响，其主要原因是由于颈部肌肉的收缩，造成头部位置的改变而引起四肢肌肉张力产生重新调整的一种反射。

头部后仰会引起上下肢及背部伸肌紧张性加强，在游蝶泳和蛙泳时，颈部前伸，可保持躯干的肌群适度紧张，这样的姿势对划臂力量的发挥可起到积极作用。

头部前倾会引起上下肢及背部伸肌张力减弱，有反射性地引起上下肢屈肌及腹肌紧张性加强。因此在蝶泳的臂入水、蛙泳的两臂前伸时，为了达到协调放松应适宜低头。如果在游仰泳时收颌过度，会造成收腹坐姿游进，但对于滚翻转身来说则需要快速积极地低头来带动收腹提臀完成转身动作。

头部转侧会引起同侧上下肢伸肌紧张加强，异侧上下肢伸肌紧张性减弱。游爬泳时，头部转向侧面吸气，有利于身体绕纵轴滚动，保持良好的身体滚动姿势，而且还可以加强同侧手臂的划水力量。

3. 神经系统对动作机能的调节

技术动作的完成，主要是骨骼肌舒缩作用的结果，而由骨骼肌舒缩所实现的人体在水中游进的动作都是在神经支配下进行的。人体在运动中，中枢神经系统向骨骼肌发出指令。而骨骼肌中的肌梭根据肌肉张力的变化向神经运动中枢发回反馈信息，以使运动中枢对肌肉舒缓的调节更加精确，以达到人体动作与技术要求之间的协调统一。

游泳作为周期性运动项目，一个动作周期是由有效动作与准备动作两部分组成，两者成周期性的不断相互转换。支配肌肉收缩与放松的神经系统，受到肌肉反馈的冲动刺激，产生兴奋与抑制的神经冲动，对肌肉活动起到调节作用。这种调节取决于运动中枢神经兴奋与压抑过程转化得是否精确。优秀的运动员的动作之所以有高度的协调性，是由于经过多年的训练，大脑皮层部分的兴奋与抑制过程在一定空间与时间内能够精确自动地有节奏地转换结果。

（三）符合规则的规定

我国现行的游泳竞赛规则中各项泳式的比赛规定，都是根据国际业余游泳联合会有关游泳竞赛规则而制定和颁布的，使比赛按统一制定的规则进行，每一位游泳运动员都必须严格遵守。规则的知识与修改，其目的在于使比赛更公平、更富有竞争性和观赏性。

合理的技术必须符合规则的规定。教练员和运动员均应加强对规则的学习，深刻理解各泳式的比赛规则，并严格遵守。在此前提下，利用规则允许的空间，研究改进原有的技术动作，并作创新尝试。

（四）符合个性特点

当今的游泳比赛，运动员的水平非常接近，竞争激烈。各国采用的训练手段和方法差别不大，在训练量和强度不能无限制增加的前提下，要取得优异的成绩，综合个性特点的技术创新显得十分重要。

游泳的技术原则普遍适用于每个人，但运动员由于身体形态、体能、心理素质、综合运动能力和动作习惯等存在个体差异，技术动作上不可强求同一模式，在符合技术总体原则的基础上应结合个人的实际条件，发现、挖掘运动员的潜在能力，发扬个人在某些素质上的优势，针对个人特点进行技术创新，最大限度地符合个性特点，形成自己的技术风格。

三、合理游泳技术应符合的方面

观察和分析现代国内外优秀运动员的游泳技术，不管是何种姿势，都必须符合以下几个方面。

（一）“高平”的身体姿势

有相对固定身体姿势的爬泳和仰泳，身体都具有较高位置，并保持流线型的水平姿势。无固定身体姿势的蛙泳和海豚泳，在游进中的某些阶段，也都保持相对“高”而“平”的流线型身体姿势。例如，海豚泳采用小波浪技术，保持了高平的身体姿势；又如蛙泳蹬腿结束，臂和腿皆伸直相并，整个身体处于较高平的流线型状态。

游泳时，还可以以提高游速的方法增大升力，利用平衡的条件和肩带的转动，使身体姿势处于稳定的高丽平的流线型状态。

（二）屈臂高肘曲线加速划水

屈臂、高肘、曲线、加速性划水，这是现代各种泳式的一个共同特点，它贯穿于臂划水的整个过程，有利于增大推进力。其优点在于：提高了用力的有效性，增加了有效划程，力的冲量大，增大了形状阻力系数和挡水面积，缩短了臂划水半径，加快了角速度，提高了划速，有利于加快动作频率，能利用三角肌、胸大肌和背阔肌等大肌群参与划水，增大划水力量，并能形成有利于速度发挥的肌拉力角。

（三）动作的节奏性强

动作节奏，是指某一动作周期内部中各阶段速度的比例关系。例如，爬泳的动作，入水时慢，划水时加快，推水和出水时移臂最快。又如，游泳时，臂、腿和头等各部动作；皆在相续而同时地进行，彼此之间都按一定的时间间隔和强弱关系，组成一定的速度比例关系，反映出诸力在何时、何处和怎样产生作用。如果这一节奏结构发生变化，动作的配合将不协调，从而降低动作效果。

各种游泳姿势，都有各自的动作节奏，在任何情况下（如快游与慢游时），其内部速度的比例关系都应保持相对地稳定，不可倒置。动作节奏性强，用力既有效，又节省，是评定技术是否合理的标准之一。

（四）晚呼吸技术

当前国内外的优秀运动员无论采取哪种泳式（除仰泳外），呼吸的时间多数都偏晚。如以爬泳时向右吸气为例，在右臂出水开始移臂时吸气，移臂至一半路程时，吸气结束。蛙泳是在臂划水几乎结束时开始抬头，身体随着收手而达到最高点时吸气。海豚泳是在划水的后 1/3 时吸气，在完成推水动作转入移臂时结束。

晚吸气具有以下优点：能产生较大的升力，使身体处于较高位置时吸气。在最有效的划水阶段，使身体保持较好的流线型水平平衡姿势，有利于减小形状阻力，发挥划水的效益，因划水的主要阶段处于闭气状态，加强了肌肉的最大收缩力量。吸气时，能使胸廓处于舒展状态，气容量相对扩大。

（五）适宜的动作频率与划步

动作频率是指单位时间内的动作周期重复次数，一般以次/分来表示。划步是指完成一个动作周期时身体前进的距离，以米/次来表示。

在相同的时间和距离内，划步越大，动作频率越慢，反之，划步越小，动作频率越快研究表明，过快或过慢的动作频率，都不利于提高游逗。开始时，当动作频率的加快，游速随之增加，当达到每人最适宜的动作频率时，游速达最大值。

此后，随动作频率进一步加快，游速反而逐渐下降。目前，大部分优秀游泳运动员的动作频率都有一个适度范围。为了加快频率，人们通常以减少不必要的滑行动作，并使动作协调配合，紧密衔接来达到目的。另一些研究表明，通过在后程保持划步，减少力和能量的耗损，提高成绩。

对初学者和训练水平较低者来说，应重视划步，在保持划步的基础上，逐渐提高动作频率。

第三章 游泳技术教学

游泳教学与其他体育项目的教学一样，是教师与学生以课堂内容为中介有目的、有组织的教与学的双边活动。游泳是在水的特殊介质环境下进行的体育运动项目，与其他运动项目比较，游泳在教学环境、教学形式、运动姿势、呼吸等方面都有自己独特的特点。

第一节 初学游泳到完整掌握游泳技术的教学方法

由于游泳较其他运动项目存在着独特的运动特点，在学习游泳之前，首先要明确教学环境、教学对象以及教学内容。

一、教学环境

游泳教学是在水环境中进行的教学。水的物理特性有水的压力、水的浮力、水的升力和水的阻力。熟练掌握水的物理特性是学好游泳的前提。初学者由于对水的物理特性不了解，站在齐腰深的水中会感到身体发轻站不稳、较难控制前进方向和身体姿势、呼吸感到困难、心跳加快，甚至会引起呛水、喝水或溺水事故，因此产生怕水或心理障碍等情况。所以，初学者的教学首先要进行熟悉水性的练习。只有掌握了水的物理特性，利用好水的有利因素克服不利因素，才能为继续学习游泳的技术动作打下基础。

二、教学对象

在开始游泳教学前，要充分了解学习者的情况，这是学习好游泳的前提。一是了解学习者身体健康状况，有皮肤病、心脏病、中耳炎、癫痫史、急性眼结膜炎或红眼病患者、女性月经期、酒后等情况都不适宜学习游泳；二是了解学习者的游泳基础情况，有无学习游泳的经历、学习的掌握情况等；三是在了解学习者游泳基础的同时注重心理状态的分析，学习者的心理状态是取决于能否学会游泳的重要因素之一。学习者主要存在3种心理状态：（1）对学习游泳有积极的兴趣；（2）想学习游泳，但又具有怕水心理，想到会呛水、喝水、会溺水就产生为难情绪。还有就是以前有落水或溺水的经历，造成对游泳有恐惧感；（3）厌水心理，造成的原因主、客观因素都有，如水温过低、意志品质差等。只有了解了教学对象的全面信息，有针对性地采用有效教法，才能达到理想的游泳教学效果。

三、教学内容

教学内容是根据教学目标来确定的。教学内容会根据教学目标和任务而设计和安排教学练习，安排教学顺序、练习数量和强度。以初学者为授课对象为例，游泳教学内容必须先安排熟悉水性的教学内容，继而转入游泳技术动作的学习。那么在教学内容的安排上一定要讲求安排的次序，这样才可以保证教学内容的顺利完成，达到教学目标。

◆一种泳姿的教学次序

4种游泳竞技姿势的教学过程都遵循以下次序进行：腿→臂→臂与呼吸的配合→腿、臂和呼吸的完整配合。无论先学习哪种竞技泳姿都要先从腿部动作学起，腿部技术动作的好坏直接影响完整动作的完成效果，腿部动作是基础，它对身体起到向前的推动力的作用，有利于身体保持平浮和手臂动作的学习和掌握。反之，会使身体下沉影响技术动作的完成和效果。

四、完整掌握游泳技术的教学方法

初学游泳到完整掌握游泳技术的教学，首先要确定先学习哪种泳姿，目前国内在4种泳姿的学习中以蛙泳教授的最多，因为蛙泳的呼吸方式更符合人们运动时呼吸的习惯，动作容易学习和掌握，并且蛙泳还是最实用的一种泳姿。所以，下面就以蛙泳教学为例，见图3－1－1、表3－1－1。

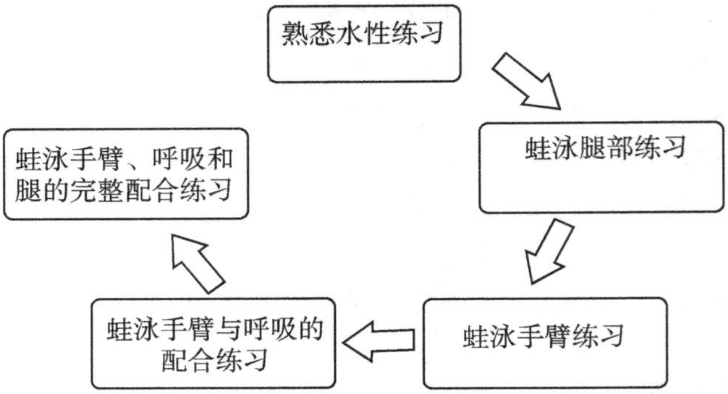

图 3－1－1　蛙泳教学顺序

表 3－1－1　初学游泳到完整掌握游泳技术的教学方法

教学内容		练习方法	教学方法	教法提示
熟悉水性	水中行走	1. 扶池边各方向行走练习 2. 集体拉手行走练习	1. 讲解动作要领 2. 多次重复练习 3. 变换姿态练习（由高至低）	1. 适宜浅水进行的练习；消除对水的恐惧感。练习时提醒学生注意，以免滑倒呛水或发生溺水事故
	呼吸练习	1. 陆上模仿练习 2. 水中扶池边练习见图 3－1－2 3. 无固定呼吸练习见图 3－1－3	1. 教师要讲解示范 2. 学生在教师统一口令下集体进行练习（由少到多） 3. 教师要及时纠正错误动作（采用集体或个别纠正的方法） 4. 学生示范动作（错误、正确动作示范） 5. 掌握动作技术要领，反复练习	1. 呼吸内容是游泳教学的重点。掌握呼吸方法，消除怕水心理 2. 可在深水和浅水中进行练习，深水教学可佩带浮带进行 3. 呼吸练习要贯穿教学过程的始终 4. 用口吸气，用鼻呼气 5. 呼吸过程：吸气→闭气→呼气
	抱膝漂浮	1. 陆上模仿练习见图 3－1－4 2. 水中漂浮练习见图 3－1－5 3. 水中站立方法的练习见图 3－1－6	1. 教师讲解示范：漂浮和站立动作 2. 2 人 1 组练习（1 人练习，1 人保护帮助） 3. 能独立完成后，集体统一听口令练习 4. 教师要及时纠正错误动作（采用集体或个别纠正的方法） 5. 学生示范动作（错误、正确动作示范） 6. 掌握动作技术要领，反复练习	1. 适宜浅水进行的练习；体会水中漂浮的感觉，消除对水的恐惧感 2. 教授漂浮的同时一定要教授站立的方法

续表

教学内容		练习方法	教学方法	教法提示
熟悉水性	蹬边滑行	1. 扶池边漂浮练习见图3－1－7 2. 蹬边滑行练习见图3－1－8	1. 教师讲解示范：蹬边滑行和展体漂浮动作 2. 两人一组练习（1人练习，1人保护帮助） 3. 教师要及时纠正错误动作（采用集体或个别纠正的方法） 4. 学生示范动作（错误、正确动作示范） 5. 掌握动作技术要领，反复练习	1. 可在深水和浅水中进行练习，深水教学可佩带浮带进行，保证学生安全。动作掌握后，摘去浮带练习 2. 此练习是熟悉水性的重点。是学习游泳动作的基础。掌握良好的水中身体姿势和平衡，有助于游泳动作的学习 3. 滑行时身体适度紧张，保持流线型姿势 4. 能够较熟练地掌握站立方法
蛙泳教学	蛙泳腿	1. 陆上模仿蛙泳腿练习见图3－1－9 2. 半陆半水蛙泳腿练习见图3－1－10 3. 扶池边蛙泳腿练习见图3－1－11 4. 浮板蛙泳腿练习见图3－1－12	1. 蛙泳腿视频演示 2. 先陆上模仿后水中实践 3. 教师讲解示范蛙泳腿动作 4. 教师要及时纠正错误动作（采用集体或个别纠正的方法） 5. 学生示范动作（错误、正确动作示范） 6. 掌握动作技术要领，反复练习	1. 可在深水和浅水中进行练习，深水教学可佩带浮带进行，保证学生安全。动作掌握后，摘去浮带练习 2. 蛙泳腿是蛙泳推进力的主要来源，注意动作节奏，慢收快蹬 3. 蹬腿结束后要有滑行动作，不要连续练习
	蛙泳手臂＋呼吸	1. 陆上模仿蛙泳手臂练习 2. 陆上模仿蛙泳手臂＋呼吸练习见图3－1－13 3. 半陆半水蛙泳手臂练习 4. 半陆半水蛙泳手臂＋呼吸练习见图3－1－14 5. 水中站立蛙泳手臂模仿练习 6. 水中站立蛙泳手臂＋呼吸练习见图3－1－15	1. 蛙泳手臂＋呼吸视频演示 2. 先陆上模仿后水中实践 3. 陆上模仿练习：先分解后完整的教法（先教手臂动作，后教手臂＋呼吸动作） 4. 教师讲解示范蛙泳手臂动作、蛙泳手臂＋呼吸动作 5. 教师要及时纠正错误动作（采用集体或个别纠正的方法） 6. 学生示范动作（错误、正确动作示范） 7. 掌握动作技术要领，反复练习	1. 水中模仿练习适宜在浅水中进行 2. 在进行蛙泳手臂教学后再教授手臂＋呼吸动作的教学 3. 抬头换气时机，分手划水同时抬头吸气。（这种方式采用的“早呼吸”方法，当然根据授课对象的特点可以采用“晚呼吸”方法，目前教授普遍采用“早呼吸”方式） 4. 蛙泳手臂划水时，注意动作节奏。慢划－快收－快伸

续表

教学内容		练习方法	教学方法	教法提示
蛙泳教学	蛙泳完整配合	1. 陆上模仿蛙泳完整配合练习：单腿配合练习见图 3－1－16 2. 半陆半水蛙泳完整配合练习见图 3－1－17 3. 水中练习 ①2 次腿、1 次手臂、1 次呼吸的配合练习 ②2 次腿、2 次手臂、1 次呼吸的配合练习 ③划手（呼吸）、蹬腿、滑行的配合练习	1. 蛙泳完整配合动作视频演示 2. 先陆上模仿后水中实践 3. 教师讲解示范蛙泳完整配合动作 4. 教师要及时纠正错误动作（采用集体或个别纠正的方法） 5. 学生示范动作（错误、正确动作示范） 6. 掌握动作技术要领，反复练习	1. 可在深水和浅水中进行练习，深水教学可佩带浮带进行，保证学生安全。动作掌握后，摘去浮带练习 2. 配合初期强调频率要慢，一定要有滑行阶段

（一）熟悉水性练习

1. 呼吸练习

（1）水中扶池边练习（图 3－1－2）

图 3－1－2

（2）无固定呼吸练习（图 3－1－3）

图3－1－3

2. 抱膝漂浮

（1）陆上模仿练习（图3－1－4）

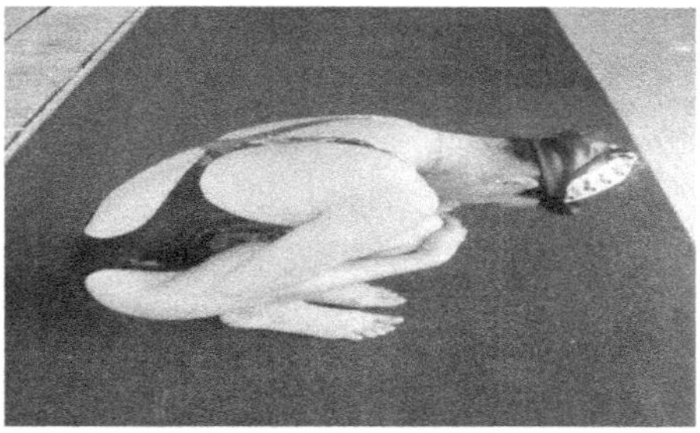

图3－1－4

（2）水中漂浮练习（图3－1－5）

图3－1－5

（3）水中站立方法的练习（图3－1－6）

图3－1－6

3. 蹬边滑行

（1）扶池边漂浮练习（图3－1－7）

图3－1－7

（2）蹬边滑行练习（图3－1－8）

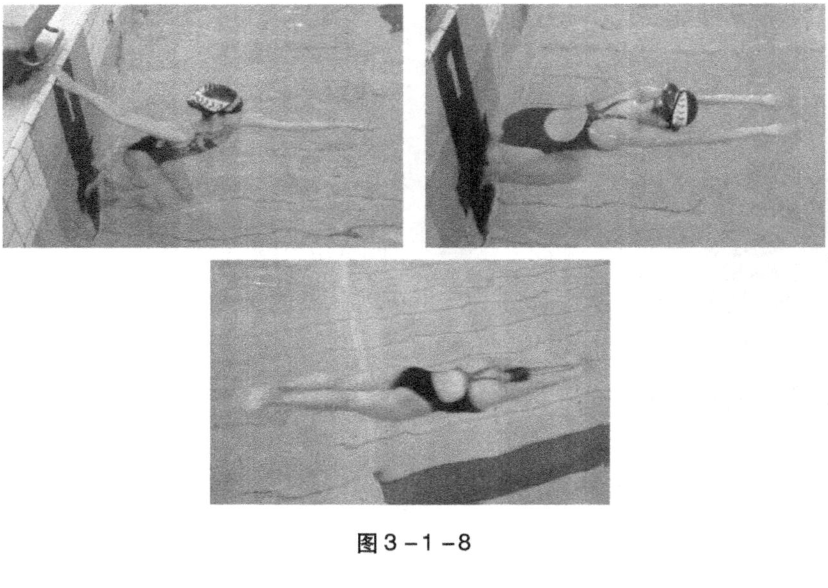

图3－1－8

（二）蛙泳教学

1. 蛙泳腿

（1）陆上模仿蛙泳腿练习（图3－1－9）

（2）半陆半水蛙泳腿练习（图3－1－10）

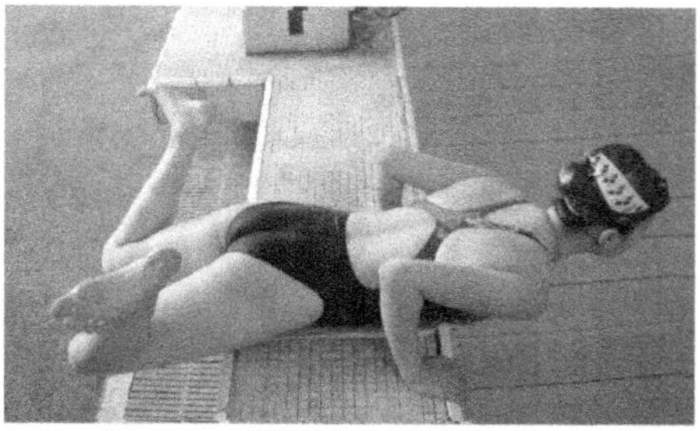

图3－1－9

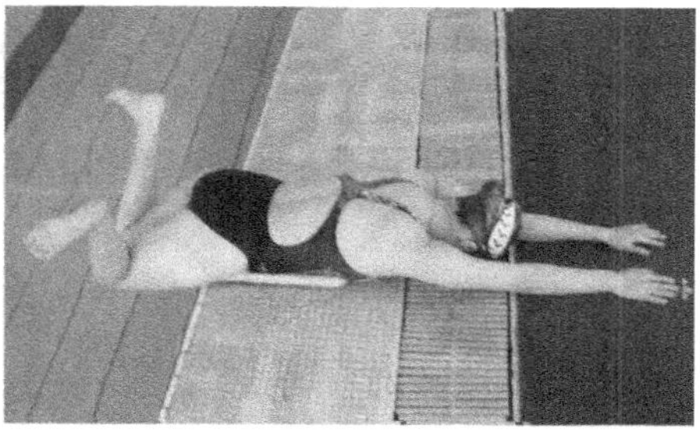

图3－1－10

（3）扶池边蛙泳腿练习（图3－1－11）

（4）浮板蛙泳腿练习（图3－1－12）

图3－1－11

图3－1－12

2. 蛙泳手臂＋呼吸

（1）陆上模仿蛙泳手臂＋呼吸练习（图3－1－13）

图 3－1－13

（2）半陆半水蛙泳手臂＋呼吸练习（图 3－1－14）

图 3－1－14

（3）水中站立蛙泳手臂＋呼吸（图 3－1－15）

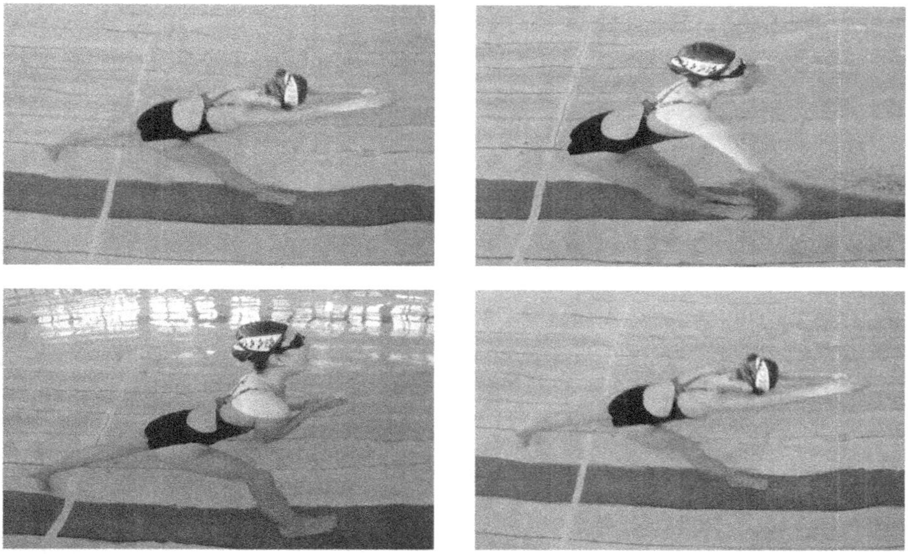

图 3－1－15

3. 蛙泳完整

（1）陆上模仿蛙泳完整配合练习（单腿支撑练习）（图 3－1－16）

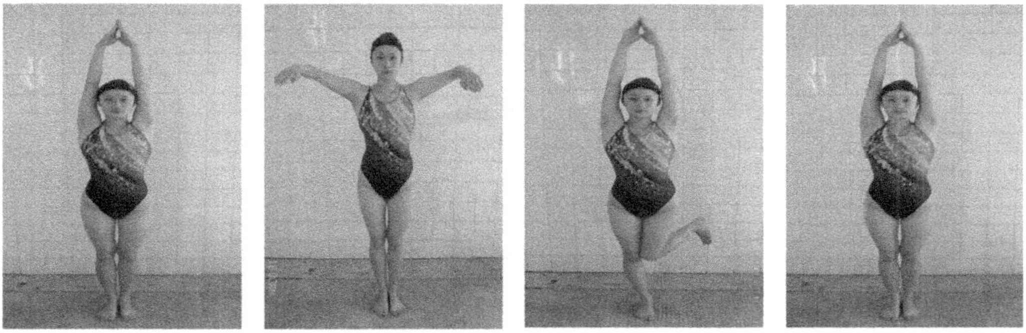

图 3－1－16

（2）半陆半水蛙泳完整配合练习（图3－1－17）

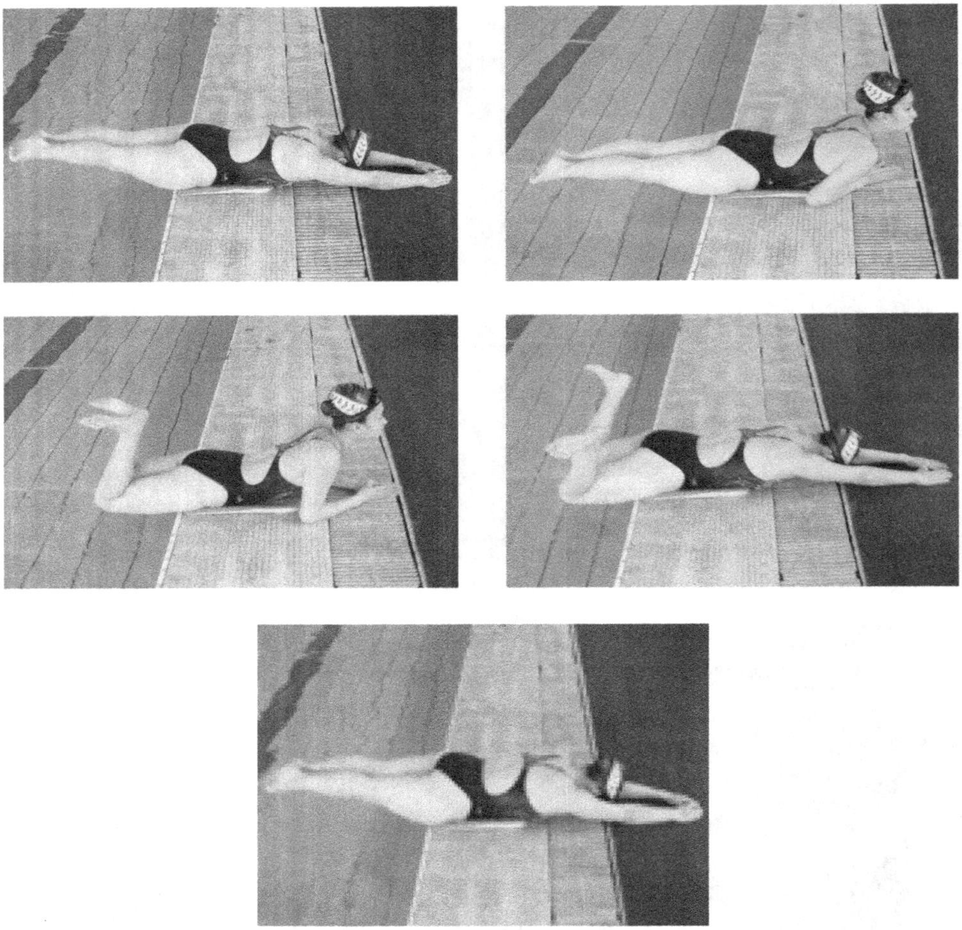

图3－1－17

第二节　游泳技术的各种教学方法

教学方法是教师和学生为完成教学任务在教学过程中运用的方式与手段的总称。它包括教师积极教授和学生主动学习2部分。教学方法是贯穿整个教学内容的主旨。教学方法对实现教学目的和完成教学任务有着重要的作用。

教学活动中，教师的教直接影响学生的学，因此，教师的教学活动必须适应学生的学习规律。所以，在教学的目的任务确定之后，还须采用恰当的教学方法，才能正确地解决好如何教与如何学的问题。

教学方法是多种多样的，教学方法的使用是围绕学生掌握游泳技术、技能展开的，而运动技能的形成和技术的掌握，必须通过大量的动作练习。因此，游泳教学方法必须是以练习法为主，辅以讲解法和示范法、完整教学法和分解教学法、“错误动作”教学法、口诀法、辅助（手段）教学法。

一、讲解和示范法

讲解法是教师运用生动形象、简明扼要的语言向学生传授运动技能知识、加强对教材内容的理解，明确技术动作的名称、作用、要领、做法、要求等，指导学生学习的方法。讲解法贯穿于整个游泳教学过程中，常与示范法一同使用。在纠正错误动作教法中也常用讲解法和其他教法进行教学。

示范法是游泳教学中常用的教学方法之一。它是教师以具体的动作范例，使学生了解所学动作的形象、要领和方法。正确运用动作示范，不仅可以使学生建立正确的动作概念，激发学生学习的积极性，对提高教学效果起到了重要的作用。示范法包括录像视频、陆上示范、水中示范、错误动作对比示范、示范与讲解相结合等形式。

讲解法和示范法是教学中常用的方法之一，讲解加上示范的演示使动作要领更加明确，加强了对动作的理解。通过讲解先对动作进行描述，使学生大脑中形成初步的印象，然后通过正确的动作示范演示使学生在大脑中建立正确的动作表象，对完成动作奠定了基础，反之错误的动作示范会起到适得其反的作用。所以，教师首先对所示范的动作技术要领明确；其次掌握技术动作的重、难点，示范中突出动作节奏变化；最后动作技术要准确、熟练。

游泳教学中运用讲解和示范法要注意以下事项。

（一）讲解和示范的位置

讲解和示范位置的选择，是以所有学生能够听清楚动作技术讲解、看清楚动作技术示范为准，同时还要根据动作的结构、上课的场地条件、人数来决定具体的实施情况。选择恰当的讲解和示范位置可以提高课堂教学效果（图 3－2－1、图 3－2－2）。图 3－2－1 中的 c、d、e 图可在陆上和浅水教学中使用。图 3－2－2 陆上示范讲解示范位置，可以选择场地宽敞的地方。如果上课班级较多，环境较嘈杂，为避免学生注意力分散，保证教学效果，选择讲解和示范位置要注意。

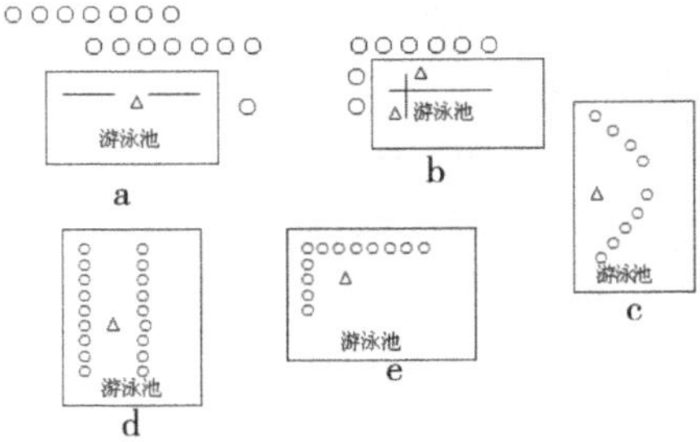

图3－2－1　水中示范位置图

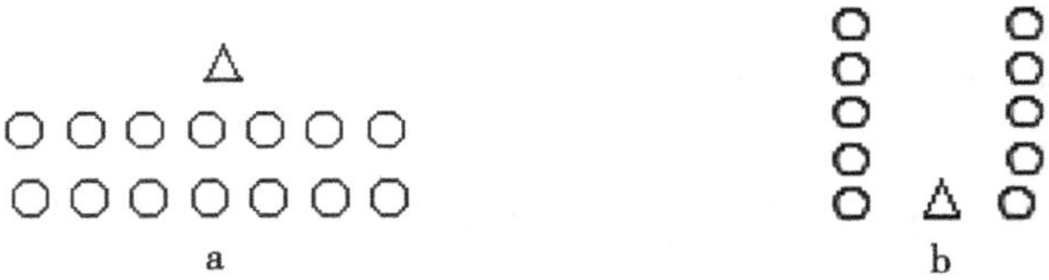

图3－2－2　陆上示范位置图

（二）运用讲解法时讲解要生动形象，简明扼要，抓住重难点，技术术语准确

例一：学生进行蛙泳完整配合技术动作讲解的教学实习案例

授课对象：成人

学生在讲解蛙泳完整配合技术动作的语言描述：“划手时要点，蛙泳两臂伸直，五指并拢，当手臂向外划水至肩宽的时候，接下来是蛙泳手向内、向后划水，划水的时候要注意，蛙泳手始终是五指并拢的，而且手肘始终是保持高肘，这样有利于划水的时效性。这时刚好达到蛙泳腿收腿的开始。然后是抱水。抱水的时候和划水的时候恰好是相反的，就是肘低手高。一定要把手臂划于胸前，快速用力同时夹肘夹手，夹在自己的腋下。在这个（此）时候，也是蛙泳收腿翻脚的阶段，在这个阶段，要注意的是，脚掌一定要勾起来，小腿和脚掌都要外翻，对准下阶段蹬水的方向，这时候的脚一定要紧张起来，准备下一次的发力。最后一个阶段是伸手。伸手的时候，一定要低头，跟着手臂的动作，在水下面是略微向下走的趋势。手臂要尽量地向前伸，身体放松。在伸手之后，就是蛙泳腿最后一个阶段蹬腿。在蹬腿的时候，一定要快速的发力，但是不要发狠力，以免拉伤大腿的肌肉。蹬出去一定要对

准正确的蹬腿（后）方向，两腿自然地并拢起来，身体保持正直向前滑行一会儿，为下一次的蛙泳完整配合做好准备。身体在水中滑行的时候，身体尽量向前伸直，这样的滑行距离才会较远。”

从上可知，讲解语言过于繁琐，重复，运用术语不够准确。讲解时要根据讲授对象的语言接受能力等实际情况，运用讲解的语言。

例二：蛙泳手臂教学

授课对象：学前儿童至三年级小学生

教科书描述：“两臂与水平面平行伸直，掌心向下。两臂开始外划时，两臂内旋，掌心转向外下方，并同时对称地向外、向下、向后划水。外划结束时，向后划水快速转为向内、向上和向后划水，肘关节在手的带动下，沿向下、向内、向上的运动方向做夹肘动作。当两手内划至下颌下方接近并拢时，借助两肘内夹动作向前伸臂。”

讲解可以描述为：“两臂划水时分开像画一个圆形，收于胸前成“拜佛”姿势后快速向前伸出。”

从上可知教科书描述的技术动作语言过于书面化，低龄儿童不能明白其中的描述，所以要用日常生活中学生经常接触到的东西来形象比喻动作。这样，学生首先在脑中形成动作表象，在练习中更容易掌握技术动作。

（三）讲解、示范法要分层次进行教学

在这里分层次教学分 2 部分：一是依教学对象、教学阶段的不同进行层次教学。一般幼儿、学龄前等低年龄儿童理解能力比较差，应多采用示范的方法。尽量少讲，讲解时也要形象、简洁的语言表达。年龄稍大、有一定理解能力的学生讲解和示范应并重。讲授新技术动作时，一定要多做示范动作，以便更好地理解动作技术。复习动作时，应注重突出动作的重、难点的讲解和示范。二是在教授新动作时，因遵循教学的规律，循序渐进。例如，讲解爬泳手臂技术动作。首先对爬泳手臂技术动作进行讲解→对技术动作的结构边讲解边做示范→对技术动作的重、难点讲解和示范→水中练习。

（四）在教学中还常采用正误对比的示范方法

这种方法一般在教学实践中采用。这种方法可以让学生通过对比，自己形成对动作技术的正、误判断，更能加深对动作的理解和映像。正误对比方法可以有教师正误动作示范对比、教师和学生正误动作示范对比、学生和学生正误动作示范对比

等形式。

（五）手势动作的运用

由于游泳教学的特点，手势的运用已经成为游泳教学的手段之一。在游泳教学中，尤其是环境嘈杂、授课班级人数较多的情况下，手势的运用显得尤为重要。教师可以不通过语言，用手势提醒动作的要领，也可达到良好的教学效果。当然手势代表的意思，应建立在动作讲解的开始，使学生熟悉手势代表的动作含义，在后面的教学和练习中才能更好地运用。

（六）动作示范面的选择

由于技术动作的多样性，因此，在教学中要主要动作“示范面”的选择。示范面是指学生观察师范的角度，也包括示范的速度和距离等要素。示范面分正面示范、背面示范、侧面示范和镜面示范。例如，在教蛙泳手臂动作技术时，采用正面师范的方法；在教授蛙泳完整配合技术动作时，采用正面和背面示范相结合的方法；在教授爬泳、仰泳手臂动作技术时，采用侧面示范的方法；镜面示范一般用于准备活动做操时采用。

（七）注重多媒体教学技术的使用

通过播放游泳技术教学动作视频，可以让学生加深理解动作技术要领，建立正确的动作概念。观看奥运会、亚运会等世界级比赛视频的同时再加上讲解，使学生对游泳产生浓厚的学习兴趣。

二、完整和分解法

完整和分解法是密不可分的。分解法是将完整的技术动作分成几部分，逐步进行教学的方法。完整法是从动作开始到结束，不分部分和段落，完整连续地进行教学和练习的方法。例如，蛙泳完整配合技术的学习。可以将技术动作分解教学步骤为：蛙泳腿→蛙泳手臂动作→蛙泳手臂和呼吸→蛙泳完整配合技术等 4 部分。其中蛙泳腿的教学按照技术动作要领又可以分成收、翻、蹬、夹 4 部分教学。

完整和分解法要注意的事项如下。

（1）游泳教学中，有些技术动作比较复杂，在完整的学习过程中，很难将技术动作表述清楚，所以就将技术动作分解进行教学。当然不是所有的技术动作都能分解，要根据技术动作完成的效果、动作的难易程度、技术动作结构等因素划分。

（2）分解动作时，应注意动作间的联系，不能破坏动作的结构。

（3）完整和分解教学法要结合运用。分解动作的目的在于简化复杂的动作，让学生能更容易地掌握技术动作，最终掌握完整的技术动作。在教学中，分解动作的讲解和练习时间不宜太长，过长会影响完整动作的学习。

三、练习法

练习法是游泳教学的基本方法之一。游泳教学中，通过一定的练习次数，使游泳技术动作从量变到质变，最后掌握熟练形成动作自动化的过程。练习法的特点是：练习中，学生要承受一定的负荷和消耗一定的体力，引起一定的疲劳，为了使尽快掌握动作，要进行长时间、反复的练习。为了缓解练习带来的枯燥感，常常采用变换、游戏竞赛等方法缓解。

（1）变换练习的方法的采用。在练习蝶泳腿技术动作时，一般常用方法就是用浮板打腿练习。现在可以用垂直练习法，身体垂直于水中，头露出水面，带脚蹼练习蝶泳腿见图 3 －2 －3a。还可以仰卧水中做蝶泳腿练习见图 3 －2 －3b。

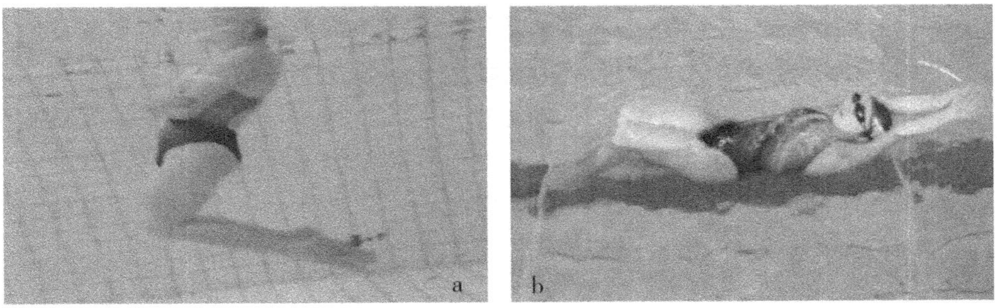

图 3 –2 –3

（2）游戏竞赛法的采用。在练习游泳竞技四种姿势技术动作时，可以采用接力比赛的形式。这种形式不仅可以提高学生兴趣，还可以激发学生练习的积极性，起到了事半功倍的效果。但在游戏竞赛中一定要注意教学的组织和安全性，避免发生伤害事故的发生。

四、口诀法

口诀法是在通过教学经验总结得出的关于技术动作的简短的、便于记忆的短语。

口诀法适用于各年龄段不同人群学习使用。

例如，蛙泳完整技术动作的口诀：“划手腿不动，收手再收腿，先伸胳膊再伸腿，并拢伸直漂一会。”这个口诀形象地把蛙泳完整配合技术动作要领进行了描述。

五、“先简后繁”教学法

在游泳教学中，应教授正确动作，改正错误动作。但有些时候，正确动作比较繁杂不容易掌握，因此将繁杂的动作简单化进行教学。

例一，蛙泳完整配合动作。学生教学实践讲授中认为：“抱水的同时收腿，伸手的同时蹬腿。”这种表述方式与教科书表述方式不一致，但是可将手腿配合简单化了。但在实际教学中，对于部分幼儿和学龄前儿童来讲不能很好掌握收腿、伸臂的时机，运用该种描述就简单了很多。

例二，爬泳手臂动作。爬泳手臂的移臂动作应是高肘移臂。但是，尤其是幼儿和学龄前儿童不能很好地理解高肘移臂动作，所以在教学时先教直臂移臂，让学员能完成整个划水移臂动作，在大脑中建立完整动作概念。

例三，爬泳腿动作。爬泳腿是大腿发力带动小腿，带动脚向斜下方做鞭打动作，踝关节放松。这个动作对于初学者很难理解，也不能精准地按照动作角度完成，所以在教学实践中，可以按照两腿伸直，直腿上下打水动作完成。

以上 3 个例子，在初步掌握动作，经过一定数量的练习后，就要进行正确动作的纠正，以便形成正确的动作概念。先教“错误动作”这种教学法可以帮助学生对复杂、难以理解的动作，降低难度，经过练习后，能够体会身体位置、建立动作表象后，立即进行正确动作的纠正，这样可以节约学生学习的时间。

六、辅助教学法

辅助教学法是为了使学生能更好地学习和掌握技术动作，在教学中采用浮板、浮带、竹竿等辅助器材帮助教授游泳技术的方法。

第三节　游泳技术实用教学方法手段

游泳教学中为了能够达到教学目标、完成技术动作的学习，可以采用多种练习方法手段进行教学。教学辅助手段有浮带、脚蹼、呼吸管、打水板、水中健身棒、蛙泳高肘划水器等、水下传声技术。

一、浮　带

一般深水教学中使用也可为学生学习爬泳腿和仰泳腿提供帮助。佩戴浮带可使学生身体在浮带的浮力支持下，浮于水面，从而降低学习游泳技术的难度和快速掌握动作技术的速度，并为游泳初学者提供安全保障。

二、脚　蹼

其是学习爬泳、仰泳、蝶泳腿部动作以及爬泳完整配合动作技术教学的用具。使用脚蹼既有利于学生体会和掌握正确技术动作，又可以增加打水负荷和增强踝关节的灵活性（图 3 –3 –1）。

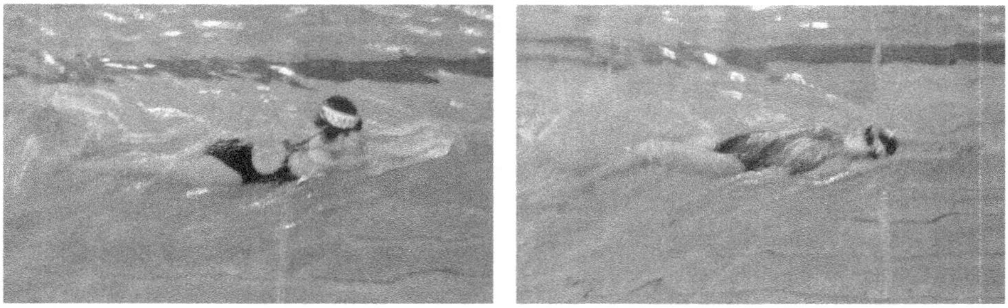

图 3 –3 –1　俯卧、仰卧姿势打腿练习

三、呼吸管

利用呼吸管进行游泳教学，头没入水中，学生通过呼吸管换气避免了呼吸时身体上下起伏，使学生体会技术动作和划水效果（图 3 –3 –2）。

图3－3－2　爬泳技术动作练习

四、打水板

打水板除了可以用来进行打水练习外，还可以进行很多其他动作技术的练习。

(一) 改进仰泳腿屈腿踢水动作

让浮板贴紧腹部，浮板下沿抵在大腿上部，挡住大腿过多上抬（图3－3－3）。

(二) 仰泳腿头部下沉

让浮板放于头后，让头躺在浮板上。掌握好身体位置（图3－3－4）。

图3－3－3

图3－3－4

五、水中健身棒

(一) 蛙泳完整配合时手臂划水过后

用水中健身棒放于腋下，再游蛙泳时手臂自然就不会划得靠后，形成错误动作（图3－3－5）。

图3－3－5

（二）蛙泳手臂练习

坐在水中健身棒上，上体保持正直，两臂做蛙泳划水动作，这样可改变以往原地水中练习的不足，可以看到划水动作是否正确并且还可以获得划水水感的直接体验（图3－3－6）。

图3－3－6

六、手臂划水高肘器

4 种姿势在教学中常出现手臂在划水过程中“掉”肘划水动作。为改进这种错误动作可采用划水高肘器进行练习。

例如，蛙泳手臂采用高肘器练习，可避免出现“掉”肘划水动作（图 3 –3 –7）。

图 3 –3 –7

第四章　游泳训练

游泳训练方法是指在游泳运动训练过程中，以提高游泳竞技运动能力、完成游泳具体的训练任务所采用的身体练习。游泳训练方法是具体的有目的的身体活动方式，是运动训练方法的具体体现。运动训练方法是在运动训练活动中，提高竞技运动水平、完成训练任务的途径和办法。

游泳训练已经经历了100多年的发展，在训练的实践中人们的认识水平逐渐地提高，随着对游泳本质的深入研究游泳训练的发展进入到更具科学元素的阶段。

第一节　游泳训练的目的和任务以及训练原则

一、游泳训练的目的和任务

游泳训练的目的就是提高人体自身的运动能力和专项技术、战术水平，在竞技比赛中取得优异成绩并取得优良的名次。其任务是：增强人体自身的身体健康水平；提高自身的专项运动技术、战术水平，并在比赛中充分体现出优异的运动成绩，在此基础上还应提高有关运动的理论知识水平；培养参加训练和比赛的良好心理素质和优良的品质；学会游泳训练的组织和指导游泳训练的基本知识与技能，培养独立的自我训练能力；提高政治思想水平，培养高尚的道德情操、建立良好的体育作风和顽强拼搏精神。

二、游泳训练应遵循的原则

运动训练原则是根据运动训练活动的客观规律而制定的，是组织运动训练所必须遵循的基本准则，是运动训练活动客观规律的反映，对运动训练实践具有普遍的指导意义。

（一）游泳训练全面性的原则

根据游泳项目的发展，相对于游泳项目竞技特性的体能（竞技时间、肌肉力量发挥水平、能源机能水平等），提高专项能力是非常重要的。但是，只锻炼和发展专项能力反而会使受锻炼的部位产生极端化偏差，造成过度使用症候群等运动性障碍。因此，不能只练习专项的身体能力或身体部位，其他能力和部位也应该得以重视并加强锻炼。这种全面发展的练习原则就是全面性原则。

因为人是一个有机整体，局部功能的优势，建立在人体各器官系统间的相互依赖和共同参与的基础上，全面发展运动员身体素质（运动能力）和提高健康水平。虽然全面身体素质不属于运动专项的特殊运动能力，但它在一定程度上决定了专项运动成绩。如果只进行专项训练，机体各系统的机能能力得不到加强，而那些对专项直接起作用的系统也不可能得到很大的提高。全面训练提高了机体功能的总体水平，为专项训练奠定了良好的物质基础。

如果游泳运动员都是从少年儿童时期开始培养，因此不能只练习游泳，其他的运动项目也应同时进行练习，如陆上的各种跑、各种力量练习和柔韧体操等，既提高了肌肉力量、柔韧、灵敏、协调性水平和平衡能力，也促进了游泳专项体能的全面发展，使体能得以平衡的发展。

对多年系统训练的运动员在不同训练阶段全面训练和专项训练的内容也应发生相应的变化，一般来讲，训练早期，全面训练的比重较大，随之专项训练的比重逐渐加大。随着训练的深入，全面训练和专项训练范围开始变窄，高水平运动员专项限到主、副项训练的内容，而非主、副训练纳入全面训练或辅助性训练。全面训练和专项训练内容的相对变化使我们能正确理解两者的相互关系，正确区分不同训练阶段两者的属性、形式和性质，有利于调控训练过程。

全面训练要体现出多样性、广泛性和全面性，应在一定程度上反映专项的特征，使练习效应转移到专项中去（训练程度迁移）。在训练中要注意不同泳式和长、中、短距离的搭配，高、中、低强度的结合，以及不同方法的结合。

专项训练要体现出专项运动特点和个性化特点，要突出专项特征和个性特点，侧重发展专项技术和专项能量代谢系统以及专项力量和专项心理素质，以适应专项活动需要。

在全年训练安排中，全面训练在准备期为30% ~60%，竞赛期不超过10% ~25%。运动员生物改造和专项运动提高，是长期训练的过程。全面训练与专项应有计划、有目的、科学系统地安排。

（二）游泳训练渐进性的原则

训练效果积累和生物改造的过程，依赖于长期的训练。培养一名世界优秀游泳运动员，一般需要 6～10 年的时间，经历初级训练、基础训练、取得优异成绩阶段和保持高水平训练阶段。而训练的渐进性是整个训练过程有机衔接、逐步提高的运动成绩的重要保证。

为了使训练效果提高，需要顺应正常身体机能水平以上的负荷。因此，在持续的训练中为提高身体机能能力、训练负荷量和负荷强度必须要同时增强。

但是，负荷量和负荷强度提高时必须要注意的是：不要突然急剧地加大负荷量和负荷强度。急剧提高负荷量和负荷强度会使身体机能无法适应，相反地会使机能倒退。游泳运动训练是依全年和多年训练渐进性的原则安排的，各计划、各阶段之间要保持紧密联系。基础训练阶段，要全面打好基础是训练重点，要注意各素质之间的正、负迁移现象，要注意少年儿童不同素质敏感期的优先发展问题和运动成绩的增长与身体生长发育相适应等。在专项训练阶段，应在全面训练基础上深入专项化训练，专项训练与一般训练的比重、水陆结合的比例、专项技术与全面技术训练的结合、比赛练习与专项练习及各训练内容逐步专项化等应有目的、有步骤、科学地安排。

因此，在制订训练计划的时候要结合运动员的身体机能情况，负荷量和负荷强度的设定要随着身体机能的提高而逐渐地提高。

（三）游泳训练个体性的原则

运动训练是不断把运动员生物、心理活动推向极限的过程。运动员个体情况对训练效果的影响极为突出。因此，在运动训练过程中，要根据运动员的个人特点，科学地确定训练任务、内容与方法、手段和运动负荷。实际上，现代训练专项化、个体化特征，不仅反映在运动员个体间的身体差异对训练效应的影响，而且反映在运动员个体闻同专项之间的训练特点对训练效果的影响。可是在我们实际训练中大部分时间是集体练习。在集体练习中，全部的运动员采用相同训练内容，不然会出现有些运动员负荷和强度比较合适，有的运动员负荷和强度可能会较低而达不到训练效果；一部分运动员可能负荷和强度又过高容易造成过度训练。

因此，集体训练的情况下，要根据运动员比赛项目的特点、身体生长发育水平程度、身体形态、机能健康状况、性别、智力水平、心理素质、训练因素及社会背景、体能水平、技术水平等不同分成若干个组来进行各种不同内容的练习。

深入了解和正确评价运动员个体特点，及时发现运动员训练中的主要矛盾，决定着训练计划制订和实施的有效性。在制订训练计划时，首先要深入了解和建立运动员训练档案，其次要训练的不同时期和阶段选择典型指标定期测试，掌握运动员训练水平变化情况，评定训练水平。

（四）游泳训练自觉性的原则

运动员训练的自觉性、积极性的培养就是要调动运动员刻苦训练的自觉性，在做好政治思想工作外，还必须根据运动员生理、心理和专项特点来安排教学训练的内容。在教学训练中如何调动运动员训练的自觉性和积极性，是游泳项目必须解决的问题。运动训练有各种各样的练习内容，不同的内容有不同的目的，必须使运动员明确每一个练习目的、要求和方法是非常重要的。明确训练的目的、意义，有利于激发他们在学习、训练过程中自觉地勤学苦练，积极地钻研技术，克服前进道路上的一切困难，努力提高运动成绩。在加大运动量时要告诉运动员从量变到质变的道理；加大强度时使运动员认识到超量恢复是提高成绩的生理学观点；技术辅导时使运动员明了技术不好会在游进中白费力气和力不从心；战术错误往往使强者输给弱者等道理。

保持长期自觉性，就要不断变换手段，新的良性刺激才能产生新的自觉性。要形成良好的作风，应以先进带后进，以骨干帮群体，注意培养自尊心和自信心。多回忆愉快往事，让良性条件反射重现，积极性再起。少提遗憾之处，可避免伤感消极。自觉积极性原则是违背不得的，没有了学生的积极性，训练计划只会是纸上谈兵，付诸东流。

（五）游泳训练周期性的原则

通过训练身体机能会得到提高，这种训练效果不能在一次的训练中获得，要通过持续不断的训练来实现。另外，身体机能训练效果和技术的练习效果不同的是具有可逆性的性质。游泳的技能掌握后，如果长期不进行游泳训练技术也不会全部丧失；而身体机能的训练效果在训练终止后，在很短的时间就会丧失。因此，要使身体机能保持在一定的水平就要进行反复的训练，而且要维持这种身体机能水平也必须要经过持续不断的训练。

训练的反复性和持续性就是系统地重复各个完整的训练单元，始终对应于主要的比赛活动。因此，训练就应遵循保障运动员训练获得最佳的准备程度的规律来安排。在训练年度中合理地划分全年训练周期，科学地安排各周期的任务、内容、负荷、方法与手段及训练各参数、比重等，对运动员在比赛中保持最佳状态和创造优异成绩有着直接的作用。

训练周期是由训练过程的环节和时期（课、阶段、期）组成的，是一个相对完整的和系统重复的序列。这种重复和循环应该是递进式的、螺旋上升式地进行，并通过新的或强化的训练内容、负荷、方法与手段，训练各参数、比重的改变，使运动员不断地在新的、更高的训练基础上，提高训练水平，创造优异成绩。

为适应现代游泳竞技活动，全年训练周期划分发生了很大的变化，形成了多周期训练理论，从传统的单周期和双周期模式形成了把全年训练划分为 3 ~5 训练周期，以适应全年多次参加比赛的需要。我国自 20 世纪 80 年代后期开始也采用了周期训练，将全年训练分为 3 ~4 个周期。多周期训练的主要特点是周期跨度短，最长 10 ~15 周，训练容易控制，又能有效地提高训练强度和训练效益，不易使运动员在训练中产生疲劳积累，便于在重大比赛中达到最佳竞技状态。

（六）游泳训练适宜运动负荷的原则

运动负荷，又称生理负荷，是指人做练习时所承受的生理负荷。适宜负荷原则是指根据运动员的现实可能和人体机能的训练适应规律，以及提高运动员竞技能力的需要，在训练中给予相应量度的负荷，以取得理想的训练效果。

训练负荷的安排对训练效应的好坏有着重要的影响。机体对适宜的负荷产生适应。但若负荷过小，不能引起机体必要的应微反应；若负荷过度，则机体会出现劣变反应。

在一定范围内，负荷越大，对机体的刺激越深，所引起的应激也越强烈，机体产生的相应变化越明显，人体竞技能力提高得就越快。

运动负荷包括运动量和运动强度 2 个方面。在游泳训练口，数量是指 1 年、1 周、1 天或 1 次课游泳的总量，包括练习次数、时间、距离总量。而强度是指练习质量，包括计时量、速度。数量是基础、强度为核心是人们对训练中负荷认识的基本观点。

数量与强度两者既相互促进又相互制约。数量的作用是基础性的，引起机体变化是缓慢而持久的；强度具有专项特征，对机体刺激作用大，机体应激反应也大，建立的适应性效应是暂时性的，且易消退。

数量与强度相辅相成、互为补充，任何追求单一效应的训练都是不全面的。因此，数量与强度的有机结合，始终是运动负荷安排的难题。当前游泳训练负荷的特征是总负荷高，负荷作用方向的专项化明显。在训练中只有运动负荷保持适宜，才

能收到较好的效果，

第二节 游泳水上训练方法

运动训练就是提高人体有机体的工作能力，是对运动量强烈刺激产生适应的复杂过程，形成动作技能，改善身体素质，使中枢神经系统、分析器、运动器官与各系统之间建立起紧密的条件反射的联系，促成人体机能适应运动训练的需要。

游泳训练方法是人们对训练原理和人体生理机制的认识不断深化而产生和发展的，训练的目的性越强，越需要我们对训练方法进行更加准确分类才能更科学合理地确定训练负荷和提高人的体能能力。

以能量代谢来划分又可以分为有氧训练方法和无氧训练方法等，以手段的组织形式划分可以分为持续训练、间歇训练法、重复训练法和短冲训练法等等。由完成形式来判别又有缺氧训练法。以环境来区分又有高原训练法。

游泳训练方法的选择要根据游泳项目特点和不同的训练时期的任务来确定，要求练习手段应按一定的组织结构和形式对人体产生不同影响进行组合，各种训练方法共同点都是由训练距离、重复次数、训练强度、持续时间、间歇时间所组成。采用何种训练方法就要根据训练的目的、性质和运动员身体机能状况，现有运动水平来提高运动员的各种能力，使运动员获得多种多样的运动感觉，同时使植物性器官的机能得到多种适应，器官功能得以迅速地缩短惰性影响。

当练习手段的形式确定后，还有一些细节的变化也会对练习的性质起到影响，例如连续练习还是分组练习，是采用等速练习、加速练习还是变速练习，是采用包干训练还是采用牵引训练等等，这些都是决定训练方法组织结构的重要因素。

一、游泳能量训练

根据能量代谢的理论，人体一切肌肉活动所需的能量都直接依赖体内的高能磷酸原、三磷酸腺苷及磷酸肌酸的分解。这种供能方式不消耗氧，也不产生乳酸，称为无氧非乳酸供能。由于体内高能磷酸原储备量仅能保证10秒钟左右的最大强度运动，持续的运动有赖于磷酸原的再合成。再合成磷酸原所需的能量在大强度工作供氧不足的条件下，由糖原的无氧酵解提供，而糖原的无氧酵解会产生大量的代谢产物乳酸。所以，这将抑制供能速度，迫使运动强度下降，因此，大强度运动一般也只能持续2~3分钟。

随着运动强度的下降，供氧充分，再合成磷酸原所需的能量将主要由糖原的有氧氧化提供。这种方式称为有氧代谢，它不产生乳酸，可维持长达数小时的较低强度运动。按照能量供应系统理论，根据游泳项目的特点来安排训练负荷是近代科学训练中受到推崇的观点。这种观点表明：训练手段更加专项化和个人化，训练目的更加明确，而且训练目的在有氧训练和无氧训练的基础上划分得更加精细，生理学的研究已经能够确定不同距离和强度时肌肉活动能量供应的百分比，为训练的科学化提供了可靠的参考依据。

（一）游泳比赛有氧和无氧代谢间的比例关系

（1）50米项目：主要依靠磷酸原系统和糖酵解系统供能。

（2）100米、200米项目：以无氧代谢供能为主，有氧供能为辅。

（3）400米、800米、1500米项目：以有氧代谢供能为主，无氧糖酵解供能为辅（表4－2－1）。

表4－2－1 比赛中ATP再合成所占有氧和无氧的比例

距离	有氧	无氧
50米	20%	80%
100米	40%	60%
200米	60%	40%
400米	90%	10%
800米、1500米	95%	5%

（二）游泳训练特征及训练手段

1. 游泳的有氧训练

有氧训练指人体在氧气充分供应的情况下进行的运动训练。有氧训练的好处是：可以提升氧气的摄取量，能更好地消耗体内多余的热量。也就是说，在运动过程中，人体吸入的氧气与需求相等，达到生理上的平衡状态。因此，它的特点是强度低、有节奏、持续时间较长。要求每次训练的时间不少于1小时，通过这种训练，氧气能充分酵解体内的糖分，还可消耗体内脂肪，增强和改善心肺功能。游泳的有氧训练包括任意游、低强度长距离的有氧训练、无氧阈训练和最大摄氧量的训练（表4－2－2~表4－2－4）。

表4－2－2　有氧训练特征及训练手段表

练习内容	速度	心率	血乳酸值	重复距离	间歇时间	总距离
任意游	75%～80%	120次/分	0～2毫摩尔/升	50～4000米	5～30秒	2000～10000米
低强度长距离	75%～85%	120～150次/分	1～3毫摩尔/升	50～4000米	10～30秒	2000～4000米
无氧阈	85%～90%	180次/分以上	3～5毫摩尔/升	50～2000米	10～40秒	1500～3000米
最大摄氧量训练	90%～95%	190次/分	4～8毫摩尔/升	50～2000米	20秒～2分	1500～5000米

表4－2－3 氧运输的构成要素

肺	呼吸数、肺活量、换气量、肺扩散能、呼吸效率
心脏	心律数、血压、心输出量
血管	动脉硬化度
血液	血红蛋白、血流分布、动静脉氧差
细胞内	线粒体

注：村山正博等，《有氧运动的健康科学》，朝仓书店，1991。

表4－2－4　运动训练对氧运输构成要素的影响效果

肺活量增加 肺换气量增加 摄氧率增加 （最大氧债量增加） 全血液量增加 血红蛋白总量增加 心容积增加 心输出量增加 静动脉氧差增大	最大摄氧量增加

注：村山正博等，《有氧运动的健康科学》，朝仓书店，1991。

（1）任意游训练

任意游训练就是安排各种慢速长距离游泳或准备性质的活动及恢复性游泳和放松游等（表4－2－5）。

表 4-2-5　任意游训练的练习内容

距离（米）	重复次数	间歇时间	速度
200~1000	N 个	无要求	75%

（2）低强度长距离训练

训练强度较小，对机体生化刺激比较轻微，氧的吸收与消耗基本平衡，可发展有氧能力和一般耐力，提高每搏输出量。对肌肉代谢的影响不大，不能提高肌肉的适应能力。无论采用长距离或短距离的多次重复，都应保持一个练习组合的时间在 30~45 分钟。对儿童不宜采用过长距离（表 4-2-6）。

表 4-2-6　低强度长距离训练的练习内容

距离（米）	重复次数	间歇时间	速度
50	20~80	10~30 秒	75%~85%
100	10~40	10~30 秒	75%~85%
200	10~30	10~30 秒	75%~85%
400	10~15	10~30 秒	75%~85%

（3）无氧阈训练

其是体内乳酸代谢的一个重要指标，是评定人体有氧工作能力的重要指标之一。当运动强度加大到一定程度时，血液里乳酸的浓度突然上升到 4 毫摩尔/升时刺激呼吸中枢使之呼吸加快，通气量突然加大，这个突然上升点即为无氧阈。供能系统开始无氧供能。所以说，无氧阈是有氧供能系统向无氧供能系统转换的一个临界点。把握好无氧阈，可以最大限度地提高运动员的有氧能力。但是无氧阈占遗传比重很大，而训练只占 40% 左右，通过训练可增加无氧阈值，就个体而言，阈值越高，有氧能力越强。通常在无氧阈时的脉搏为 170 次/分。

利用无氧阈强度是发展有氧耐力训练的最佳负荷强度，因为无氧阈训练是工作肌在保持乳酸的产生和排除平衡的状态下工作，这种速度可以维持较长的工作时间，是发展耐力最有效的方法。既能使呼吸和循环系统机能达到较高水平，最大限度地利用有氧功能，同时又能在能量代谢中使无氧代谢的比例减少到最低限度，减少乳酸的产生。在较低的乳酸水平上力求快速，这是发展耐力的重要原则。无氧阈速度训练可以改善骨骼肌的代谢，提高肌肉耐力，提高氧的利用率，提高在有氧条件下的工作能力。手段的特点是匀速长游或短休息的间歇训练，各种距离均可，完成方式多。

由于血乳酸达到4毫摩尔/升的速度通过训练会得到提高，所以在训练中游泳速度从训练周期的初期到后期应该有所提高。初期速度在比赛速度的75%～85%，后期速度在比赛速度的85%～90%。另外，心率在训练初期最好是140～150次/分、后期是150～170次/分（表4-2-7）。

表4-2-7　无氧阈训练的练习内容

距离（米）	重复次数	间歇时间	速度
50～100	20～40	5～10秒	65%～80%
200	10～20	10秒	65%～80%
400	6～10	10～30秒	75%～85%
800～1000	3～5	30秒～1分	75%～85%

（4）最大摄氧量训练

最大摄氧量训练是提高体内摄入氧的能力、氧运输能力、改善乳酸的排除能力，以提高有氧耐力为目的的训练，是游泳运动员专项能力的基础。

其特点是强度要求比无氧阈速度快4%～7%，持续练习10～30分钟，短距离1000米，中长距离2000米。练习时可采用划手、打腿、分解、配合等方法（表4-2-8）。

表4-2-8　最大摄氧量训练的练习内容

距离（米）	重复次数	间歇时间	速度
50	10～20	10～20秒	80%～85%
100	10～15	10～20秒	80%～85%
200	4～10	20～30秒	85%～90%

2. 无氧训练

无氧训练是指肌肉在“缺氧”的状态下高速剧烈的运动。无氧训练大部分是负荷强度高、瞬间性强的运动，所以很难持续长时间，而且疲劳消除的时间也慢。无氧训练的最大特征是：运动时氧气的摄取量非常低。由于速度过快及爆发力过猛，人体内的糖分来不及经过氧气分解，而不得不依靠“无氧供能”。这种运动会在体内产生过多的乳酸，导致肌肉疲劳，不能持久运动，运动后感到肌肉酸痛，呼吸急促。无氧训练包括耐乳酸训练、乳酸峰值训练和磷酸原训练（表4-2-9）。

表 4－2－9 无氧训练特征及训练手段表

练习内容	速度	心率	血乳酸值	重复距离	间歇时间	总距离
耐乳酸训练	85%～95%	190～200 次/分	8～12 毫摩尔/升	50～200 米	3～7 分	2000 米左右
乳酸峰值训练	95%～110%	190～200 次/分或最高	10～18 毫摩尔/升	50～400 米	1.2 分～1.8 分	1500 米左右
磷酸原训练	110%～120%	160 次/分或最高	2～3 毫摩尔/升	12.5～25 米	1.2 分	300 米以下

（1）耐乳酸训练

保持快速游的训练与乳酸性机构的代谢过程相关联，血液和肌肉中乳酸堆积。由于乳酸会抑制能量再合成，乳酸堆积会引起肌肉疲劳。耐乳酸训练的目的是提高乳酸生成而产生肌肉疲劳的耐受能力，训练效果是提高速度耐力加强比赛的后半程能力（表 4－2－10）。

表 4－2－10 耐乳酸训练的练习内容

距离（米）	重复次数	间歇时间	速度
50	5～10	3～5	85%～90%
75	4～8	3～5	85%～90%
100	3～5	5～7	90%～95%
150～200	3～5	5～7	90%～95%

（2）乳酸峰值训练

乳酸峰值训练会使血乳酸大量产生，可达最高值，改进忍受乳酸能力，培养比赛能力及比赛技术和专项能力。练习前的安排尽量与比赛前的准备活动相似，以培养运动员的适应能力。在疲劳时要维持良好技术及减阻能力（表 4－2－11）。

表 4－2－11 乳酸峰值训练的练习内容

距离（米）	重复次数	间歇时间	速度
50	2～6	4～6	100%～110%
75	2～4	4～6	100%～110%
100	2～4	6～8	100%
200	2～4	8～10	100%
400	1～2	12～15	95%～99%

（3）磷酸原训练—速度/爆发力训练

比赛速度或比赛速度以上速度，目标要达到比赛成绩甚至超出比赛成绩。是适应各种能量代谢效率为目的的练习。下一个练习游时几乎完全恢复疲劳后再开始训练。大约 3～10 分钟比较适当。

磷酸原训练可改善肌肉利用和贮存能量的能力，提高磷酸肌酸的再合成能力。提高绝对速度和比赛技术。最长持续训练时间 10 秒左右，消耗的三磷酸腺苷可达 90% 以上（表 4－2－12）。

表 4－2－12　磷酸原训练的练习内容

50～100 米项目比赛速度训练			
距离（米）	重复次数	间歇时间	速度
50×2	2～4 组	5～10 秒（每组间隔 2～3 分钟）	比赛速度或以上
200 米项目的比赛速度练习			
50×4	3～5 组	10 秒（每组间隔 3～5 分钟）	比赛速度或以上

二、游泳训练的具体操作方法

（一）持续训练法

持续训练法是指每次练习持续时间相对较长，负荷量较大，负荷强度较小，保持稳定的速度或者变速，训练时中间无休息进行训练的方法。它往往采用长距离或超长距离，使机体适应持久负荷。这种方法主要是用来提高心脏功能和发展有氧耐力，是发展耐力最有效的训练形式，也是训练中打基础的一个重要组成部分。

持续练习的时间较长，也就是一次连续练习的量比较大。由于强度不大，对机体刺激所产生的影响比较缓和，所以持续训练法的训练效果出现得较缓慢，但是比较稳定。

当前持续训练法分为 3 个类型，其特点如下。

第一类短时间持续训练：负荷时间 5～10 分钟，距离 400～800 米。心率 170 次/分左右，无间歇时间，一般采用爬泳、混合泳、非主项泳姿。供能方式为无氧、有氧系统，可促进肌纤维和肺泡上微血管开放数量增多，提高运氧能力，血液中红细胞增多约 20%，从而加强运氧和气体交换过程。

第二类中时间持续训练：负荷时间 10～30 分钟，距离 800～2500 米。心率 160 次/分左右，无间歇时间，一般采用爬泳、非主项泳姿。供能方式为有氧代谢功能为主，可促进心脏发展，提高心肌工作耐力，心室扩大，增加充盈血量和搏出量，安静时呈现心率徐缓现象。

第三类长时间持续训练：负荷时间30分钟以上，距离3000米以上，心率150次/分左右，无间歇时间，一般采用爬泳。供能方式为有氧代谢功能为主，能源消耗以脂肪和糖为主，因脂肪必须在有氧条件下转化为糖才能利用并且每克可产热9.1大卡。

持续训练法在全年各训练周期中都可以使用，只是所占比例不同。训练准备期更多地采用中时间持续训练。主要训练期就要加入短时间和长时间持续训练。赛前训练期一般采用短时间持续训练。

由于采用距离较长，动作频率较慢，为了消除中枢神经系统长时间接受单一刺激的不良影响，可在持续训练结束后安排适当的短冲练习。

根据运动员竞技状态合理采用持续训练法能有效提高有氧、无氧系统混合功能的能力和功能状态下的运动强度，有效提高专项耐力和技术动作的稳定性。

用中、长持续训练法时应注意保持良好的技术动作，避免错误技术定型。对少儿运动员应多使用短时间持续训练法，较少采用长时间持续训练法。

进行持续训练法可给速度训练打基础，并且有利于乳酸堆积的消退。持续训练时的强度应根据个人的条件、年龄、运动水平制定。

（二）间歇训练法

间歇训练法是指某一练习距离进行多次重复，练习组之间的间歇时间做出严格规定，使机体处于不完全恢复状态下进行练习的训练方法。

间歇训练是利用分段完成更大的运动量并要求每段训练必须用某种强度完成，各段之间要求一定时间的休息也就是间歇，在间歇时可采用消极的休息，也可采用基本内容、性质和作用相同或不同的轻微放松活动。此时，运动员往往带着因训练而引起的、未完全消除的疲劳和氧债坚持训练，因而能有效地提高心脏机能和机体组织氧的利用率，对无氧能力也有良好的影响。在间歇时，心率虽有所下降，但呼吸、循环系统和收缩压仍能维持较高水平，只是肌肉得到短暂休息，使乳酸能系统与有氧代谢系统混合功能能力得到提高，使机体耐酸能力得到提高，使机体各机能产生适应性变化，以适应比赛强度变化的需要。是提高速度耐力和专项耐力的较好手段。

间歇训练一般多采用主项距离和短于主项距离。由于间歇训练是将大于主项几倍或几十倍的距离分做若干段进行，段落短，可以提高强度，因此在相同时间内，它比持续训练法能完成更大负荷量，可以提高运动员承担负荷量的能力。

间歇训练法分为 3 个类型，其特点如下。

第一类发展性间歇训练：负荷时间 5 分钟以上，负荷强度为中等，心率指标 160 次/分左右，间歇时间不充分，间歇方式池边放松，功能形式为有氧代谢为主的混合代谢功能。有效发展有氧代谢系统供能能力和有氧供能强度。

发展性间歇训练具体操作方法如下。

（1）慢速间歇。训练强度在 75% ~85% 或无氧阈强度，训练距离 400 米以内，间歇时间 10 ~20 秒，重复次数较多。多用于长距离耐力项目提高心血管系统储备能力。

（2）快速间歇。训练强度 85% ~90%，训练距离 50 ~300 米，间歇时间 20 ~45 秒或练习休息比 1∶1，重复次数较多，主要是有氧和无氧混合的训练，发展专项耐力和力量耐力，对心脏和骨骼肌也都有益。可采用任何泳式或混合泳或打腿、划手等技术进行训练。

第二类强化性间歇训练Ⅰ：负荷时间 40 ~90 秒，负荷强度低于比赛强度 5% ~10%，心率指标 180 次/分左右，间歇时间不充分，间歇方式池边放松，功能形式为糖酵解功能为主的混合代谢功能。

第二类强化性间歇训练Ⅱ：负荷时间 90 ~180 秒，负荷强度较大，心率指标 170 次/分左右，间歇时间不充分，间歇方式池边放松，功能形式为糖酵解功能为主的混合代谢功能。有效提高乳酸能系统混合供能能力，有效提高速度耐力和力量耐力。

强化性间歇训练具体操作方法如下。

（1）变换间歇训练Ⅰ。在保持训练强度、训练距离不变的情况下，逐渐缩短或逐渐延长间歇时间，训练距离 50 ~400 米，重复次数 10 ~60 次（距离长重复次数则少）。

（2）变换间歇训练Ⅱ。在保持训练距离不变的情况下，逐渐提高强度，逐渐延长间歇时间。训练距离 50 ~400 米，重复次数 10 ~60 次（距离长重复次数则少）。

（3）变换间歇训练Ⅲ。间歇训练的训练距离不固定，训练距离可以由短到长或由长到短进行组合。训练距离 50 ~1500 米，重复次数 2 次或以上（距离长重复次数则少）。

（4）快慢交替间歇训练。训练距离固定，间歇时间固定，完成强度快慢交替。强度低时可计时也可不计时，主要目的是恢复。

（5）相同距离规定时间的包干训练。在规定的时间内完成一定的距离和间歇，间歇时间随完成成绩变化。完成强度高可以多休息，完成强度低则少休息。这种方法便于集体训练中运动员水平不一时使用，它便于发挥运动员的潜力；如果有了池边计时钟，运动员也可以自己完成练习，训练距离 50 ~ 400 米，重复次数 10 ~ 60 次（距离长重复次数则少）。

第三类高强性间歇训练：负荷时间 20 ~ 40 秒，速度负荷强度大，力量负荷强度较小，心率指标 190 次/分左右，间歇时间很不充分，间歇方式池边放松，功能形式为糖酵解功能为主的混合代谢功能。有效提高磷酸盐与乳酸系统的混合供能能力，有效提高有关肌群的速度耐力和力量耐力。

高强性间歇训练具体操作方法如下。

（1）相同距离不同强度的间歇训练。训练时一般采用主项比赛距离或短于主项比赛距离，训练时将训练距离和训练间歇时间固定，逐步提高每次训练的强度，训练距离 50 ~ 1500 米，重复次数 2 ~ 40 次（距离长重复次数则少）。

（2）不同距离不同强度的间歇训练。间歇训练的训练距离不固定，间歇时间也不固定，随着距离的变化，间歇时间也相应变化，完成强度也随之变化。训练距离 50 ~ 1000 米，重复次数 2 ~ 40 次（距离长重复次数则少）。

训练就是从身体疲劳到恢复，从恢复又到疲劳的不停转化中得到提高和超量恢复的，在一定速度要求下间歇时间越短越容易疲劳，因此掌握好恰当的间歇时间是非常重要的。比较实用确定间歇时间的方法是用心率控制间歇时间，在每次强度训练后心率可达 160 次 ~ 180 次/分，恢复至 120 次 ~ 100 次/分后开始下一个强度训练，这种方法可使运动员身体处于缺氧条件下进行反复游练习能最大限度地增强心血管功能，心脏、血管系统机能在每次练习之后的间歇时间里心搏量达到最大，对心肌能力的增强是最好的刺激，可利用氧来氧化乳酸。

间歇时间还应按照运动员水平而确定，间歇时间长有利于氧化乳酸增加训练效果，但密度小了又不易积累疲劳，错过了机能的高峰阶段得不到应有的训练效果，如果运动员能保持原有练习速度，又能保持住技术动作那就说明间歇时间可以缩短，反之则应暂停或延长间歇时间。

间歇时间应控制在 1 分 30 秒之内效果最好，因为心脏最大射血量在运动后 30 秒至 1 分钟。

采用不同类型的间歇训练，应依据个人体能状态而确定，所累积的运动时间应在 20 ~ 30 分钟，改变训练距离或间歇时间或重复次数都会使训练手段的性质发生变化。它既可以调节成为主要发展无氧供能系统（高能磷化物系统和乳酸系统），又可以调节成为主要发展有氧系统，还可以使 3 个系统得到均等的发展。

间歇训练对提高心脏功能具有见效快的特点，但它的提高是不稳定。间歇训练后糖原耗尽程度比持续训练大，大负荷后48小时才能恢复（持续训练后24小时即可恢复正常），不会造成糖原不足。因此，发展有氧耐力，必须把间歇训练法和持续训练法结合起来使用。

使用间歇训练法加大负荷时，密度应由小到大，数量由少到多，速度由慢到快。应先增加数量，再加大密度，然后再提高强度，循序渐进地进行。

（三）重复训练法

重复训练法是指按规定的强度，多次重复同一距离，练习之间安排比较充分的休息时间的方法。它的目的是发展速度、速度耐力、肌肉力量，还可以培养比赛速率，学习体能分配，感受比赛技术，增加经验。

重复训练是以强度为核心的训练方法，对中枢神经系统的兴奋与抑制的转换、大脑皮层与肌肉的协调能力要求较高。重复训练法可以促进磷酸盐系统和乳酸能系统混合代谢功能能力得到发展和提高，使无氧能力得到提高。如果采用50米以下的距离进行重复训练，则主要是发展肌肉力量和速度；采用较长距离的重复游（75～400米），主要是发展速度耐力。

重复训练法分为3个类型，其特点如下。

第一类短时间重复训练：负荷时间30秒左右，负荷强度110%，间歇时间比较充分，间歇方式水中放松游进后岸上休息，功能形式磷酸盐代谢系统为主供能。训练距离25～50米，重复次数2次或2次以上。血乳酸12毫摩尔/升以上，心率200次/分以上。有效发展专项肌群收缩速度和爆发力。

第二类中时间重复训练：负荷时间30秒～2分钟，负荷强度100%，间歇时间比较充分，间歇方式水中放松游进或规定慢游泳式然后岸上休息，功能形式糖酵解代谢系统为主供能。训练距离50～200米，重复次数2次或2次以上。血乳酸13毫摩尔/升以上，心率190次/分以上。有效发展专项乳酸系统储能和供能能力，提高专项肌群的速度和力量耐力及机体的抗酸能力。

第三类长时间重复训练：负荷时间2～5分钟，负荷强度95%，间歇时间比较充分，间歇方式水中放松游进或规定慢游泳式然后岸上休息，功能形式有氧、无氧比例均衡的混合代谢供能。训练距离200～500米，重复次数2次或2次以上。血乳酸14毫摩尔/升以上，心率180次/分以上。有效发展专项速度耐力和力量耐力。

重复训练是提高训练强度的主要方法，主要用于训练基本期的后期和赛前减量期。重复训练的安排要分散，不要过于集中，要根据运动员的训练水平及年龄来安排每周练习的次数，一般每周安排1~2次为宜。

从手段的组织形式上来看，重复训练应该属于间歇训练范畴，但不同的一点是重复训练的间歇时间较长，要达到基本恢复时才开始下次练习，由于强度高，也只能游很少的次数。在采用50~200米的距离时，练习休息比为1∶4~1∶8。至于重复游距离较长时，如300米、400米或更长的距离，则间歇时间不必那么长，在心率减少到100~110次/分时就可以开始下一次练习。

根据训练目的选择距离。发展速度，选择50米以下距离，并要提高每游一个的速度。发展速度耐力，要加长距离，如4×100米或3×200米。如果同时发展速度和速度耐力，就可采用逐渐缩短距离增加强度的办法，如200~100米-2×50米。

重复训练前应有充分的准备活动与充分的休息，可安排得与比赛时相似。重复练习时，教练员对强度要有明确的要求。为了完成强度要求，可视疲劳程度延长间歇时间，当不能完成强度时可减少次数。

进行重复训练时应保持正确技术，尤其是在疲劳时保持正确技术对提高冲刺能力极为重要。

（四）短冲训练法

短冲训练法是指运动员全力以最高速度进行较短距离练习的方法。短冲训练可以有效地提高运动员肌肉中高磷化合物的储备（ATP-CP）和无氧代谢酶的活性，使糖酵解速度加快，从而提高无氧代谢的能力。也有研究表明，大量的短冲训练可以引起骨骼肌有氧代谢中某些酶的活性增加，同时使最大吸氧量增加。

短冲训练能够有效地发展速度和肌肉力量，改善肌肉利用贮存能量的能力。采用短冲训练法，对神经系统的灵活性也是非常好的锻炼，对提高和改进快速技术也是一种好办法。

短冲训练法分为3个类型，其特点如下。

第一类磷酸原供能系统为主的短冲训练：负荷时间20秒以内，负荷强度100%~110%，间歇时间应充分，间歇方式水中放松游进或规定慢游泳式然后岸上休息。功能形式无氧代谢能力，并以磷酸原供能系统为主。训练距离：蹬边出发10~25米，起跳出发15~50米，重复次数4~6组。心率200次/分以上，乳酸值2~3毫摩尔/升。以发展运动员的绝对速度为目的。发展绝对速度还可采用快速打腿、划臂训练，快速的技术分解练习，强化了局部动作的快速力量和动作速度，是快速配合游的保证。

第二类采用牵引设备的短冲训练：运动员在附加外力（牵力）或导游装置诱导

下，最大限度地提高动作速度，使游进速度得到突破，达到预定的目标，获得新的速度感。牵引训练要认真研究和设计牵引力与导游的速度，保证运动员发挥最高速度。牵引训练的距离不超过 50 米，重复次数上限为 10 次。练习速度应控制在比本人最高速度快 10% ~20% 的范围。太快，运动员会失去游进的速度感，会产生一种被拖着游的感觉。

第三类提高动作频率的短冲训练：训练距离 25 米以内，可以采用握拳和正常游进的技术方法进行训练以加快动作频率，也可要求运动员在保持动作效果的前提下，加快动作频率的短冲速度训练，加快频率训练方法是游泳速度训练的重要手段。

短冲训练法能够提高运动员的兴奋性及动员能力，所以各种年龄的运动员都可以使用，在全年各阶段中都可以安排。在距离比赛时间较远的阶段，主要用于发展速度能力。而临近比赛时是培养频率意识和实用技术（分配体力、体会战术），找到实用速度的感觉。

发展速度的短冲训练法多安排在准备活动后，每次课的前部，发展最后冲刺能力主要放在课的后部进行。

采用短冲训练法必须使用熟悉的练习手段，否则运动员的注意力将首先集中在动作的技术上，而不是强度。

进行以提高绝对速度为目的的短冲练习时，间歇时最好进行放松游，这有助于维持血流的强度，尽快从组织中消除代谢产物，使中枢神经系统的兴奋性维持在适宜的水平上。要根据运动员的技术水平和训练水平来选择重复次数。

发展速度还应与培养反应能力结合进行，特别是出发反应能力是游泳训练工作中不可忽视的一个方面。

（五）比赛训练法

比赛训练法是指以近似比赛场景，在模拟比赛的条件下，按照比赛时的心率、技术和目标成绩为模式的训练方法。通过比赛训练法进行训练可以体会比赛技术和战术，培养速度感，预测运动员的比赛成绩，提高运动员心理承受能力。

比赛训练法分为 4 个类型，其特点如下。

第一类教学性比赛方法：其是指在训练条件下，根据教学的规律或原理、正式比赛的规则，进行专项练习的训练方法。教学性比赛方法的应用特点是：可采用比赛距离分段进行训练的方法。短于比赛距离的组合：比赛距离为 100 米项目时可采用 50 米 +50 米或 75 米 +25 米的全力游，比赛距离为 200 米项目时可采用 4 ×50 米或 100 米 +50 米 +50 米等方法。强度：各段落成绩相加要等于或高于最好成绩。血乳酸与心率与比赛项目相同。间歇时间 5 秒或 10 秒。

比赛环境相对封闭，便于集中精力训练；比赛过程可以人为中断以便指导训练；运动员的心理压力小，利于正常发挥技术水平；可激发运动员的训练激情、提高运动负荷强度。

第二类检查性比赛方法：其是指在模拟或真实的比赛条件下，严格按照比赛规则，对赛前训练过程的训练质量进行检验的训练方法。检查性比赛训练方法适用的范围很广，包括专项运动成绩、主要影响因素、运动负荷能力、运动技术质量及训练水平检查性比赛等。检查性比赛方法的应用特点是：可采用正式比赛规则的全部或部分进行比赛；比赛环境可以封闭或开放；运动员的心理压力较大；可以设置检查设备进行赛况监控。

第三类模拟性比赛方法：在训练的条件下，模拟真实比赛的环境和对手，并严格按照比赛规则进行比赛的训练方法。模拟性比赛方法的应用特点是：比赛环境类似真实比赛环境，按照比赛规则严格进行，模拟对手类似比赛对手。通过模拟性比赛可提高运动员科学训练的目的性；增强运动员对心理压力的承受性；检验教练员训练指导思想的正确性；加强训练的实战性和针对性；提高对真实比赛状况的预见性。

第四类适应性比赛方法：是指在真实比赛条件下，力求尽快适应重大比赛环境的训练方法。适应性比赛训练方法与模拟性比赛训练方法的不同在于，前者在正式比赛的环境下进行，后者则在人为模拟比赛环境下进行。适应性比赛训练方法的应用形式较多。

这种训练方法强度大，连续使用会造成疲劳的积累，要有节制地使用。在赛前减量期使用效果好。

（六）缺氧训练法

缺氧训练法是指在正常进行的训练中，有计划、有目的地减少呼吸次数，限制人体对氧气吸入的训练方法。

在划臂和配合游时都可以采用逐渐减少呼吸次数的方法，每段要求减少的次数需要根据运动员水平来确定。由于减少了呼吸次数，可以减小呼吸动作对技术的影响，在游进中保持较好的流线型以减小阻力，对培养最后的冲刺能力是一种较好的方法。

进行缺氧训练时应注意以下问题。

（1）进行缺氧训练时，教练员应仔细观察运动员的反映，以免发生危险。如发现头痛，要立即停止缺氧训练或者增加呼吸次数。

（2）要做好准备活动，缺氧训练前后要安排一些速度练习。

（3）要注意循序渐进地安排缺氧训练，逐渐增加距离和减少呼吸数。

（4）禁止在憋气的情况下能游多长距离就游多长距离的试验。

（5）在中长距离比赛时，不应使用平时缺氧训练的呼吸节奏，这会更严重地造成人体缺氧，增加负荷而影响运动成绩。

第三节　游泳运动员柔韧训练方法

一、站立式练习

练习（一）

两臂伸直上举，手掌掌心相对并拢。两臂的整个前臂应紧紧压靠在一起然后向身体后方屈肘，直至拇指触及肩胛骨之间的脊柱部位，头部尽量后仰，保持5秒左右（图4－3－1）。

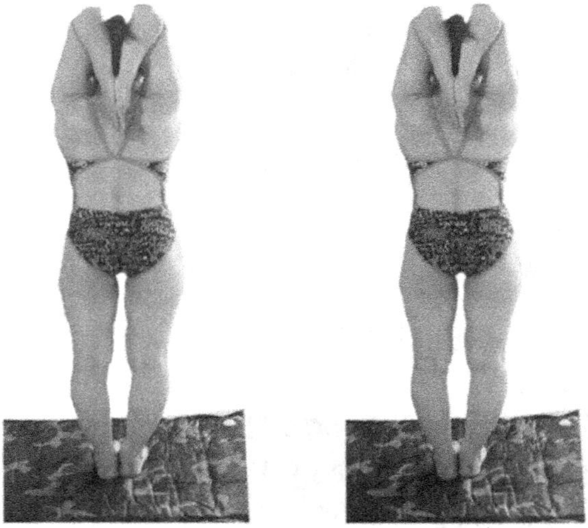

图4－3－1

练习（二）

左腿向前跨一大步右腿伸直成弓箭步。左大腿尽量与地面平行，左手掌触及地面。右臂向头上方伸出，右臂伸出方向与右侧腿在一条直线上。换方向重复上述动作（图4－3－2）。

图4－3－2

练习（三）

右臂上举伸直，左臂自然下垂，右手慢慢向头后方屈肘至于背部中间，左手由下向背部屈肘与右手相握，向上和向下拉臂。拉臂动作要连续、圆滑、用力适度。换手臂重复上述练习（图4－3－3）

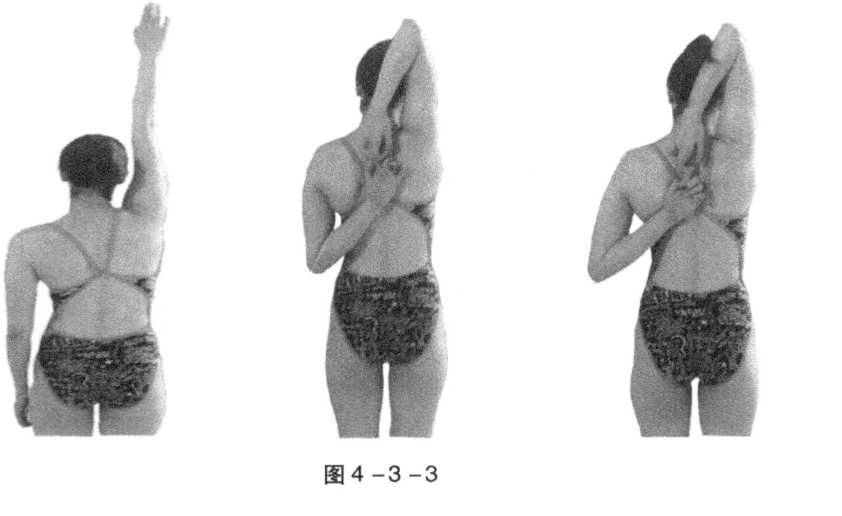

图4－3－3

练习（四）

两臂在头后方向上伸直，两手手指交叉相握，向上、向前、向头后下方来回慢慢移动。移动到不同部位时需保持5秒左右的停留时间（图4－3－4）。

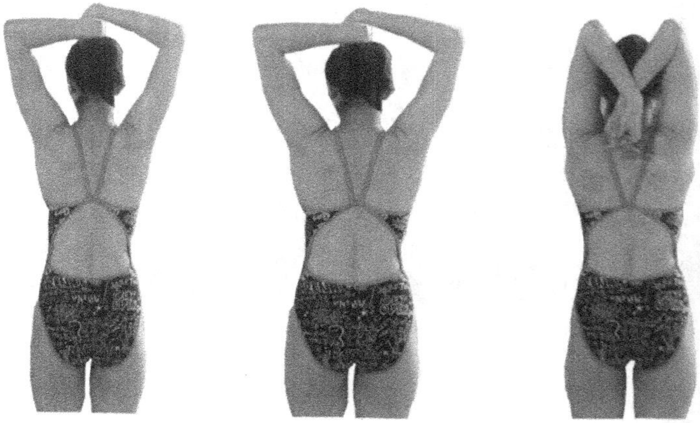

图4－3－4

练习（五）

下蹲脚趾着地，双手触及地面，背部正直一腿向一侧伸出，膝关节锁住，踝关节及脚尖绷直，保持约5秒上身保持原有姿势变换另外一条腿，可重复练习（图4－3－5）。

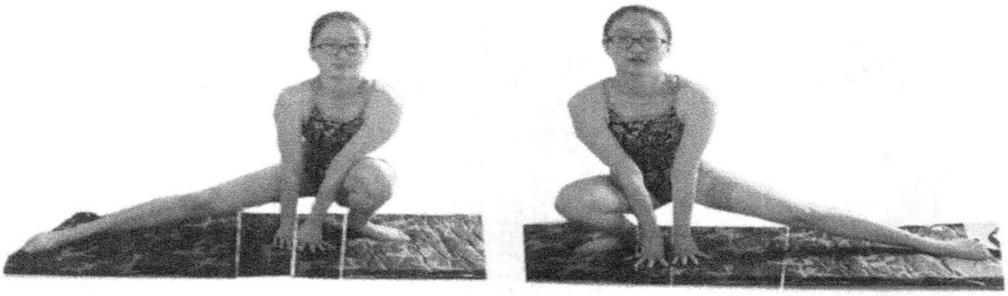

图4－3－5

练习（六）

身体直立两脚并拢，双臂伸直上举，身体各个关节处于放松状态。手臂向上伸并向头后方震动，头部向前送出（图4－3－6）。

图 4－3－6

练习（七）

右臂尽量向上伸直，而后向身后屈肘使手指触及背部脊柱，左手握住右肘尽量向头后和左臂方向拉，保持约 5 秒钟，换手臂重复练习（图 4－3－7）。

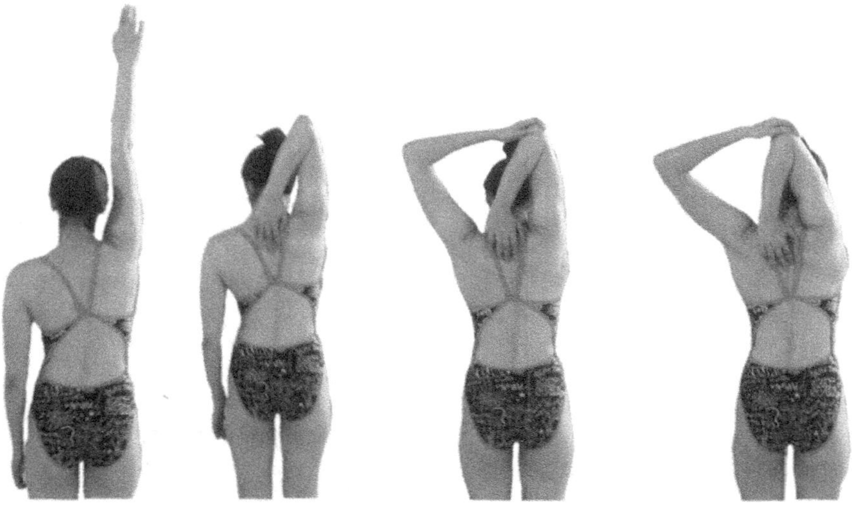

图 4－3－7

练习（八）

上体正直，两腿前后分开约 50 厘米。体前屈两手手指在背后交叉相握，两膝始终保持伸直状态，两臂在体后伸直屈体向下震动身体和双臂，使头部接近前腿的膝关节，手臂向下震动接近地面（图 4－3－8）。

图 4－3－8

练习（九）

身体直立，上体正直，两腿并拢，两臂前平举掌心向下，而后两臂柔和、放松、稳定地向后平摆臂 3～5 次，向后摆臂的幅度逐次递增。摆臂时应始终保持两臂与肩部齐平，练习后两臂在体侧下垂放松。然后可多次重复此练习（图 4－3－9）。

图 4－3－9

练习（十）

身体前倾两脚稍微分开，两手置于踝关节部位，上体向腿部震动，尽量使头部触及膝关节（图4－3－10）。

图4－3－10

练习（十一）

两腿稍微分开，两手触及大腿后部然后沿着大腿后部向下滑动，使身体逐步后仰，保持最大后仰约10秒（图4－3－11）

图4－3－11

练习（十二）

腿部伸直并拢，上体前屈，双手向地面方向震动直至手掌触及地面（图 4－3－12）。

图 4－3－12

练习（十三）

双手在身体后握紧，腿部伸直，身体前屈向下震动带动手臂向地面伸展，震动时手臂必须伸直不得弯曲（图 4－3－13）。

图 4－3－13

练习（十四）

身体直立，双手在身体前手指交叉握紧，两臂伸直上举，掌心向上用力向后震动双臂（图 4 - 3 - 14）。

图 4 - 3 - 14

练习（十五）

双手扶墙或肋木，也可双人搭肩。直臂向下震动身体逐渐用力伸展肩部肌肉和韧带（图 4 - 3 - 15）。

图 4 - 3 - 15

练习（十六）

左脚向前迈出一步，两腿伸直，上体直立两臂侧举，身体前屈柔和的扭转髋部，左手臂下摆至右腿外侧保持 10 秒。再反方向做此练习（图 4－3－16）。

图 4－3－16

二、坐、卧式练习

练习（一）

跪于垫子上，上体正直，两手分别握住两脚各自的踝关节部位，慢慢地向前送髋，同时头部后仰，后仰弯腰保持 10 秒（图 4－3－17）。

图 4－3－17

练习（二）

俯卧于垫子上，身体伸展，手臂用力前身触及标志物。标志物放置的位置约 7 厘米，随着柔韧水平的提高标志物的位置可放得远一些（图 4－3－18）。

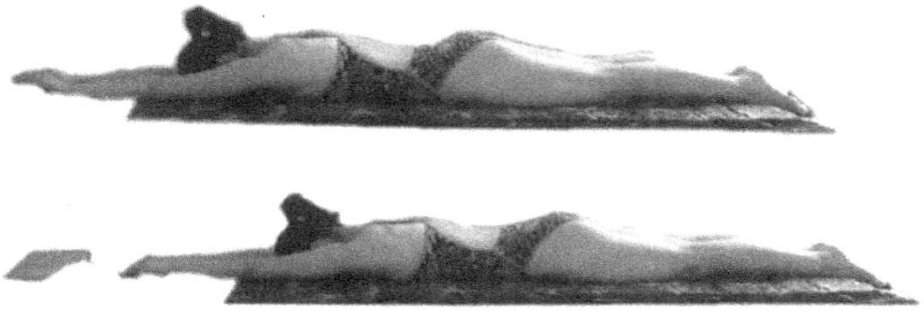

图 4 -3 -18

练习（三）

俯卧于垫子上，身体伸展，双手置于胸部位置的垫子上，慢慢将身体向上撑起，同时头部尽量后仰，保持背部完全拱起的姿势约 10 秒（图 4 -3 -19）。

图 4 -3 -19

练习（四）

俯卧于垫子上，两臂和两腿慢慢地抬起，然后屈膝两手和两脚慢慢地同时向一起靠拢，双手分别握住两脚踝关节部位，用力同时拉起上体和腿部使腰部弯曲，保持约 10 秒（图 4 -3 -20）。

图 4 -3 -20

练习（五）

跪坐在垫子上，臀部坐在自己的脚后跟上，保持 30 秒。身体后仰，用两手支撑，保持 10 秒。身体后倒，用两肘支撑，保持 10 秒。上体倒地平躺于地面上，两臂向两侧伸出。身体尽量放松保持 10 秒（图 4－3－21）。

图 4－3－21

练习（六）

上体正直坐立于垫子上，两臂伸直在身后撑于地面，左脚置于右大腿的外侧。屈右膝直至脚跟触及左臀。身体慢慢向左转动右肘贴靠在左膝的外侧，左手握住右脚腕部，用左臂做横杠顶住右膝，加大扭转动作，使之达到极限幅度，保持 15 秒。然后换方向重复上述练习（图 4－3－22）。

图 4－3－22

练习（七）

上体正直坐立于垫子上，将左脚踝关节放在右膝下面，身体前屈两臂向前伸出两手紧握右脚踝关节。头部向下压尽量触及右膝。然后换方向重复上述练习（图4－2－23）。

图4－2－23

练习（八）

坐姿两腿伸直分开，两手分别握住两脚踝关节，两臂上提肘关节身体前倾，头部向下力图触及地面，保持15秒。然后两手向前伸直，身体前屈头部触及地面保持15秒（图4－3－24）。

图4－3－24

练习（九）

身体直立双手在身后撑于地面，腿部伸直两脚用力向上钩，然后脚尖向下绷直力图脚尖触及地面。重复练习5～10次。要求在极限位置保持3秒钟（图4－3－25）。

图 4-3-25

练习（十）

俯卧于垫子上，右手握住右脚，柔和地朝地面下压。保持 5 秒后换方向练习。然后两手同时握住两脚踝关节做上述练习（图 4-3-26）。

图 4-3-26

练习（十一）

跪于垫子上，两脚外翻脚掌里缘平放在垫子上保持 10 秒。然后两臂伸直撑于身后保持 10 秒。然后屈肘用肘部撑于身后保持 10 秒。然后身体向后平躺于垫子上保持 10 秒（图 4-3-27）。

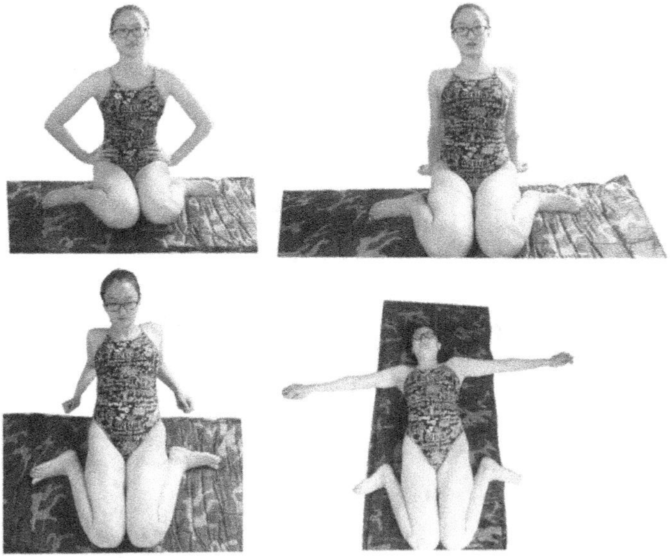

图 4－3－27

练习（十二）

仰卧于垫子上，两臂伸直置于身体侧面，两腿慢慢向上抬起伸直与上体成 90 度角。两手撑于腰部将身体撑住，形成肩肘倒立。身体平衡后再将两臂伸直平放在地面上。保持膝关节伸直，两脚圆滑地轮流触及地面 10 次。然后恢复到平衡位置，两腿伸直慢慢地一起下降直至两脚尖触及地面保持 15 秒。可重复做练习（图 4－3－28）。

图 4－3－28

练习（十三）

仰卧于垫子上，两腿伸直并拢向上举起，两臂侧伸平放在地面上，两腿慢慢地向左落下直至触及地面，此时两肩尽量置于垫子上。然后换至右侧。可重复练习（图 4－3－29）。

图 4-3-29

练习（十四）

仰卧于垫子上，两手掌心向下分别置于头部两侧平放在垫子上，两脚逐步向臀部靠近，手腿慢慢向上用力将身体推起形成背弓形，保持 10 秒（图 4-3-30）。

图 4-3-30

练习（十五）

仰卧于垫子上，两臂伸直置于身体两侧，两腿慢慢向上抬起与地面形成 90 度角，成肩臂倒立平衡 5 秒。然后将整个身体抬至过垂直线，两膝慢慢落到地面上，放松地保持 10 秒。然后再恢复到肩臂倒立姿势。可反复练习（图 4-3-31）。

图 4－3－31

练习（十六）

跪姿身体靠于墙面，上体前倾两手掌贴靠在墙上，两臂向后慢慢上抬然后两手互相握住，两臂伸直上体挺起压迫两臂，使肩部有拉伸感觉（图 4－3－32）。

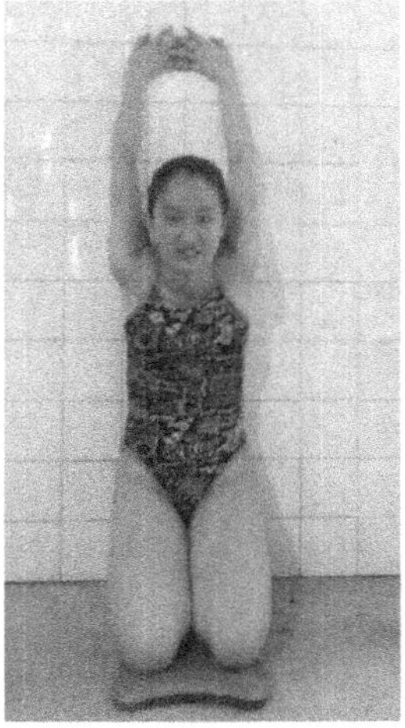

图 4－3－32

练习（十七）

坐于垫子上，两腿伸直脚掌勾起，两臂前摆手掌触及脚尖，使腿部有拉伸感觉。要逐步加大幅度。可重复练习（图 4－3－33）。

图 4-3-33

练习（十八）

坐于垫子上，两腿伸直脚掌勾起，手掌沿着地面向身体后方滑动，使肩部有拉伸感觉（图 4-3-34）。

图 4-3-34

练习（十九）

仰卧于垫子上，屈右膝双手抱住尽量将小腿向大腿方向压紧，同时向胸前压紧，然后换左腿练习。而后以两腿方式完成上述练习（图 4-3-35）。

图 4-3-35

三、强力伸展练习

练习（一）

练习者跪于垫子上，臀部坐于脚后跟，帮助者站在练习者身后，两手分别握住练习者两手腕部，尽量上提练习者双臂。然后将练习者双臂在身体后上方交叉做伸展手臂和肩部至极限位置（图4－3－36）。

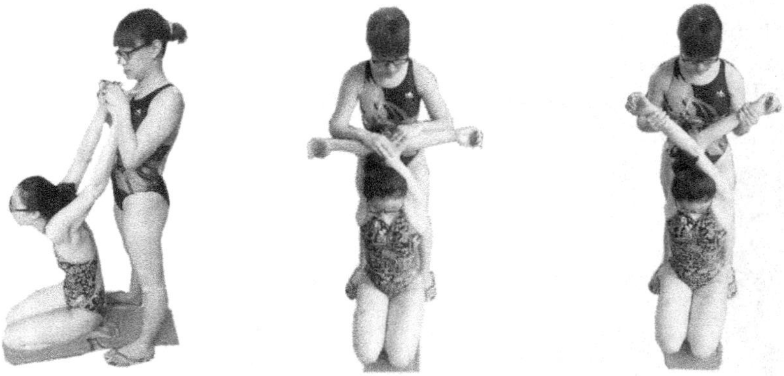

图4－3－36

练习（二）

练习者跪于垫子上，臀部坐于脚后跟，帮助者站在练习者身后，两手分别握住练习者两手腕部，练习者手臂必须伸直，帮助者从身体后面逐渐用力上提练习者双臂，上提幅度逐渐升高至极限位置（图4－3－37）。

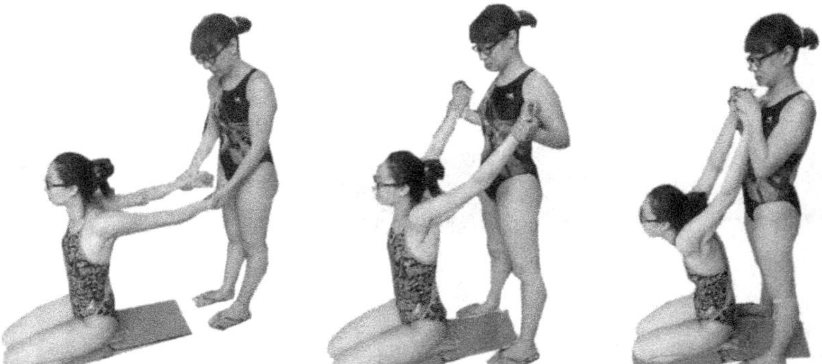

图4－3－37

练习（三）

练习者跪于垫子上，臀部坐于脚后跟，帮助者站在练习者身后，两手分别握住练习者两手腕部，练习者手臂必须伸直，帮助者将练习者两臂交叉至极限位置保持5秒。然后调换两臂位置（图4－3－38）。

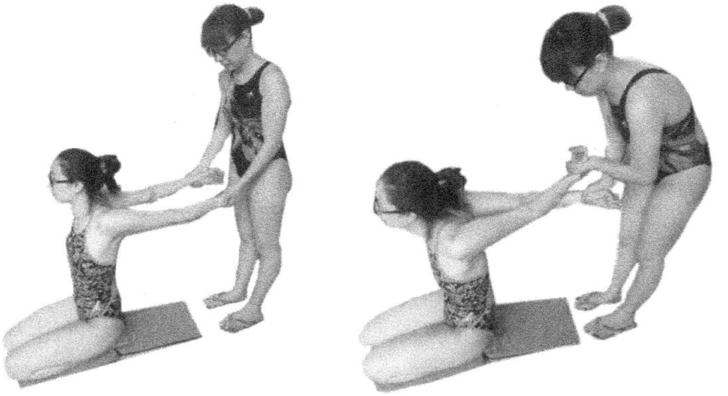

图4－3－38

练习（四）

2人站立，帮助者在练习者身后握住练习者手腕，将练习者两臂交叉拉伸至极限位置保持5秒，调换两臂位置（图4－3－39）。

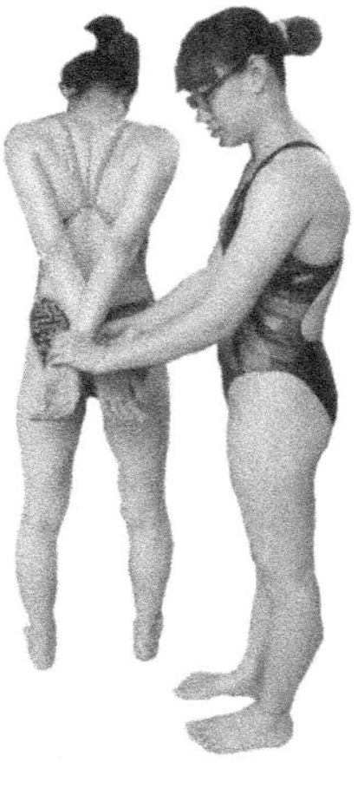

图4－3－39

练习（五）

练习者跪于垫子上屈体团身，两手臂从身后伸直，帮助者握住练习者手腕在练习者身后逐渐用力压伸练习者手臂至极限位置保持5秒（图4－3－40）。

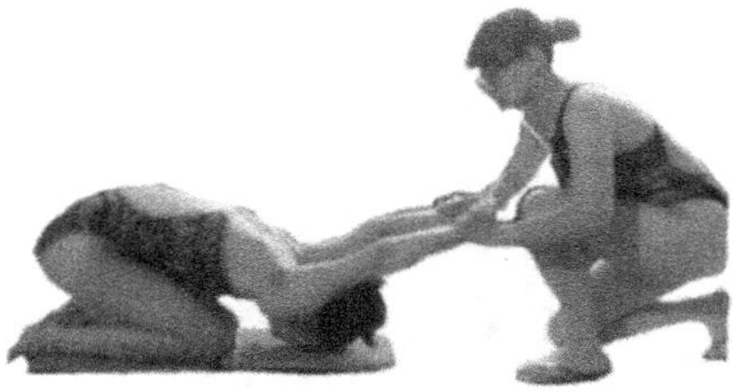

图4－3－40

练习（六）

练习者双手抱住自己的后脑，手指朝向下方，帮助者柔和而用力推压练习者两肘使其两肘尽量靠拢（图4－3－41）。

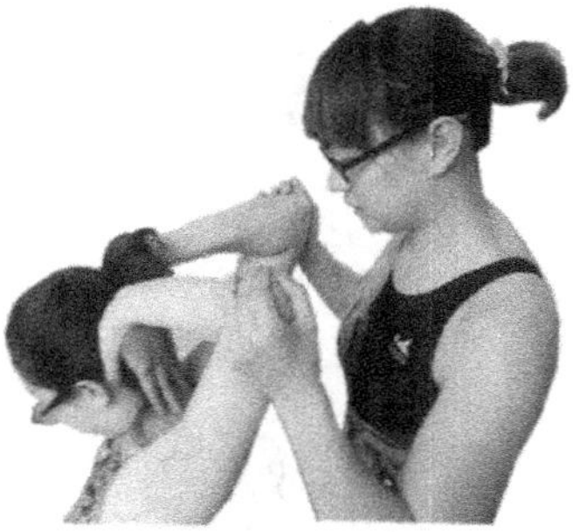

图4－3－41

练习（七）

练习者双手抱住自己的后脑，手指朝向上方，帮助者柔和而用力推压练习者两肘使其两肘尽量靠拢（图4－3－42）。

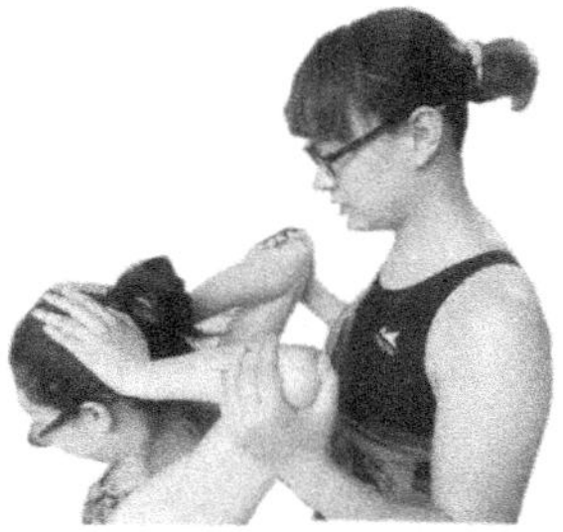

图 4 –3 –42

练习（八）

练习者双手手背贴于自己的脸颊，帮助者柔和而用力推压练习者两肘使其两肘尽量靠拢（图 4 –3 –43）。

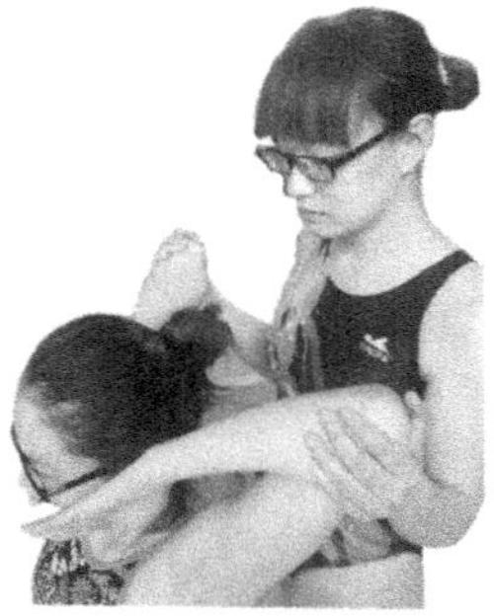

图 4 –3 –43

练习（九）

练习者和帮助者面对面站立，练习者将双手被置于自己的腰部侧面，帮助者推压练习者的两肘使其两肘尽量靠拢（图 4 –3 –44）。

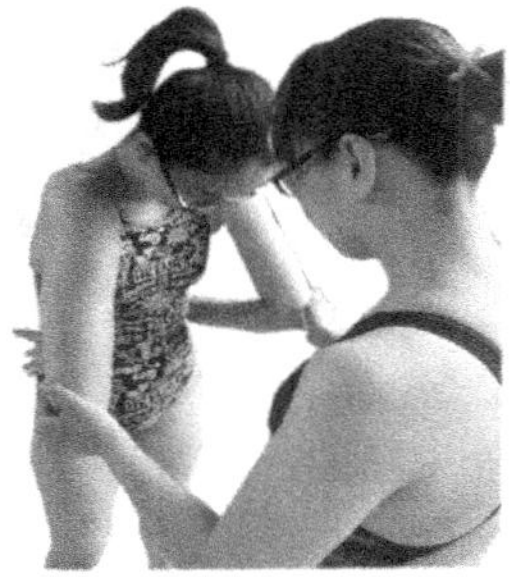

图 4 –3 –44

练习（十）

练习者和帮助者背对背站立，练习者两臂上举握住拇指，帮助者握住练习者两肘部上方，将其练习者臀部置于自己臀部下方，然后将练习者背起，帮助者身体前屈使练习者成背弓姿势保持10秒（图4－3－45）。

图4－3－45

练习（十一）

练习者跪于垫子上，帮助者在练习者身后，可做抱住练习者肘部直臂或屈臂的柔韧性练习（图4－3－46）。

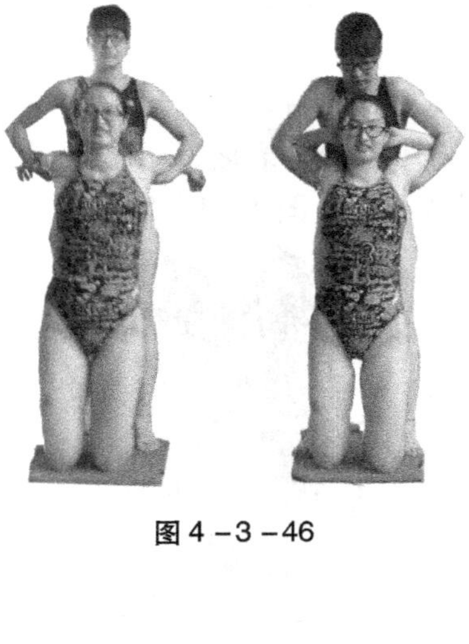

图4－3－46

练习（十二）

放松练习，练习者仰卧于垫子上，帮助者握住练习者两手腕，向各种方向轻轻转动和抖动练习者手臂，使练习者手臂和肩部感觉轻松为止（图 4－3－47）。

图 4－3－47

第四节　核心稳定性力量练习

一、核心稳定性力量练习的意义

20 世纪 90 年代初，一些欧美学者开始认识到躯干肌的重要作用，将这个以往主要用于健身和康复的力量训练方法扩展到竞技体育领域。它们从力学、神经生理学等不同角度对躯干肌肉的稳定姿态 ，提出了“核心稳定性”问题。“核心稳定性”是指在运动中控制骨盆和躯干部位肌肉的稳定姿态，为上下肢运动创造支点，并协调上下肢的发力，使力量的产生、传递和控制达到最优化。人体大多数运动都是多关节和多肌群（肌肉）参与的全身运动，在运动中，如何将不同关节的运动和肌肉收缩整合起来，形成符合专项、力学规律的肌肉“运动链”为四肢末端发力创造理想条件，是所有运动项目共同面对的问题。所以，尽管骨盆、髋关节和躯干部的肌肉并不像四肢肌肉那样直接完成人体的运动，但是，它们的“稳定性收缩”可为四肢肌肉的收缩建立支点，提高四肢肌肉的收缩力量，同时，还可协调不同肌肉之间的运动，加快力量的传递，整体上提高运动效率。

结合核心力量训练理念与游泳泳式划分，分成 2 类：一类是身体一直保持水平位置的自由泳和仰泳，另一类身体保持波浪起伏的蛙泳和蝶泳。这 2 类泳式对游泳核心部位力量训练有所侧重。自由泳和仰泳，其核心部位力量要求以相对静止、保持内敛和流线型为主，身体基本姿态强调平、直、紧、尖，其核心力量的练习以相对静力性练习为主。蛙泳和蝶泳项目，与自由泳、仰泳不同的是，核心部位以波浪起伏为特点，双手、双腿同时发力，其用力特点更是需要动力性的核心部位的发力为主，因此在核心力量练习上与自由泳、仰泳静力练习不同，应以动力性核心力量练习为主。

在教学和训练中，人们多注重对臂腿技术动作的培养与完善，对于躯干在游泳推进力方面的贡献却忽视了，除去滚翻转身和转头吸气，往往仅强调躯干在水中的身体位置和身体的稳定性。由此而限制了整个脊柱的适度的扭转发力和浪状的摆动。躯干是一个潜在的、尚未被众多教练员所意识到的动力源和发动机。

人们熟知投掷运动员是如何利用躯干的扭力来协同上肢发力提高投掷成绩，但是，在游泳中，除去蝶、蛙泳利用躯干的浪状摆动来协调臂腿动作的配合之外，在爬泳，尤其是仰泳中，如何利用躯干的扭力释放来协助划臂和打腿，则至今未被多数教练和运动员所重视。

身体姿势在游泳技术动作中占有重要地位，身体姿势正确与否决定外形姿态阻力的大小与游速的快慢。身体在不影响四肢动作的前提下应尽可能保持高位而舒展的姿势，呈现流线型体态。

由于各泳式动作结构不相同，身体在水中位置各有差异。爬泳和仰泳，身体在水中都具有较高、较平和相对稳定的位置，身体的纵轴线与水平面夹角很小；蝶泳和蛙泳虽无固定的身体姿势，但在游进时身体波浪状幅度应保持在一定的范围之内，在动作周期的某个环节上仍可保持相对高而且平的身体姿势。

基于游泳身体位置保持流线型体态的因素，游泳运动员需要加强核心稳定性力量的训练是必要的。

二、核心力量训练实验研究相关概念界定

（一）核心力量

核心力量是指附着在人体核心部位的肌肉和韧带在神经支配下收缩产生的力量。而核心力量训练是指针对身体核心肌群及深层小肌肉进行的力量训练。

核心力量存在于所有运动项目中，所有体育动作都是以中心肌群为核心的运动

链，强有力的核心肌群对运动中的身体姿势、运动技能和专项技术动作起着稳定和支持作用。任何竞技项目的技术动作都不是依靠某单一肌群就能完成的，它必须要动员许多肌肉群协调做功。核心肌群在此过程中担负着稳定重心、环节发力、传导力量等作用，同时也是整体发力的主要环节，对上下肢体的协同工作及整合用力起着承上启下的枢纽作用。实验证明，核心力量训练有助于提高运动成绩，例如：在对 12 名挪威足球运动员进行为期 8 周以稳定性为主的悬吊训练后发现，运动员合眼单腿站立身体重心瞬时晃动速度有所下降，双腿瞬时晃动差平均从 51% 降低至 3%；运动员踢球一步起脚最大速度明显增加，骨盆旋转稳定性明显提高。由此得出，在特殊不稳定的悬吊绳上进行的稳定性训练可以明显提高静平衡能力，可以有效地提高足球运动员的踢球速度。其具体作用包括稳定脊柱和骨盆核心区域、改善控制力和平衡性、提高能量输出、提高肢体协调工作效率、降低能量消耗、预防运动损伤。

（二）核心区域的界定

对于核心区域的认定问题，国内与国外专家学者的观点仍存在争议，有相当一部分学者认为，从解剖学角度出发应将核心区域划定为腰椎——骨盆——髋关节部位，同时还认为核心部位的顶部为膈肌，底部为骨盆底肌和髋关节肌。但是另外有一些研究认为，核心部位包括胸廓和整个脊柱，将整个躯干视为人体的核心区域。我国学者林华认为人体的核心部位是以重心来界定的，这里所说的重心是指人体全部环节（即整个人体）所受重力的合力作用点。

（三）核心稳定性定义

目前国外众多体能训练专家、教练员、康复师等已经将核心稳定性研究的作为一个关注热点，但是至今“核心稳定性”还没有一个普遍接受的定义。核心稳定性的概念最早被应用于人体康复和健身领域，这一概念的提出源于 Panjabi 在 1985 年首次提出的脊柱稳定性（spinal stability）概念。他认为，脊柱稳定性涉及 3 方面的问题或系统：被动脊椎骨、主动脊柱肌肉和神经控制单元。1992 年，又提出了核心稳定性的概念，认为人体的核心稳定是一种“稳定人体系统，以使椎间的中部区域保持在生理极限范围内的能力”。Willson 等人提出，核心稳定性是腰、骨盆和髋构成的复合系统预防脊柱弯曲的能力。Kibler 的研究将核心稳定性的概念引入到竞技体育运动训练中来。他在阐述核心稳定性的竞技功能时提出，核心稳定性是指在运动中控制骨盆和躯干部位肌肉的稳定状态，使力量产生、传递和控制达到最佳化的一种能力。我国学者对核心稳定性概念的研究也在不断深入，黎涌明、陈小平等的研究认为，核心稳定性是指人体在运动中通过核心部位的稳定为四肢肌肉的发力建立支点，为上下肢力量的传递创造条件，为身体重心的稳定和移动提供力量的身体姿态，即在运动中控制骨盆和躯干部位肌肉的稳定状态，使力量的产生、专递和控制达到最佳化的一种能力。

三、关于核心稳定性力量的基础

（一）解剖学基础

核心部位的解剖学特点决定了核心部位的功能，但对于核心肌肉的具体位置和数量问题仍没有一个明确的定论。Bergmark 根据解剖位置关系将核心肌肉分为 2 类：第一类为整体肌肉，包括竖脊肌、臀大肌等。它们大多处于身体浅表位置，多为长肌，有的连接着胸廓和骨盆，这些肌肉收缩通常可以产生较大的力矩并引起大幅度的运动，包括多裂肌、椎旁肌等，这些肌肉通常起于脊柱或分布于脊柱深层。他们可以控制脊柱的曲度以及维持腰椎的稳定性，收缩时一般不会造成肌肉长度的变化和运动范围的改变。Ian Hasegawa 认为，核心肌群由腹直肌、腹横肌、背肌、腹斜肌、下背肌和竖脊肌，并且髋关节周围的肌肉——臀肌、旋髋肌、股后肌群也属于人体的核心肌群。

（二）生理学基础

在生理功能上，核心力量强调的是稳定和平衡，是深层小肌群的固定作用，是神经对多块肌肉的支配和控制能力。Panjabi 在 1992 年时曾提出“三亚系模型”理论。“三亚系模型”包括被动亚系、主动亚系和神经控制亚系，被动亚系特指关节和韧带，主要由锥体、椎骨关节突和关节囊和脊柱韧带等组成。主动亚系特指相关肌肉和肌腱，受神经系统的控制，它通过深层和浅层肌群间（即稳定肌和运动肌）协调活动来维持脊柱的稳定性。神经亚系特指神经肌肉运动控制系统，它接受来自主动亚系和被动亚系的反馈信息，判断用以维持脊柱稳定性的特异性需要，然后控制主动亚系的有关肌肉实现稳定性的维持，脊柱就是通过 3 个亚系之间相互协调作用实现稳定性。另外，Hodges 等人运用肌电研究的结果表明，核心肌肉肌电早于上下肢，因此，他们认为，核心肌群提前动员使身体做好准备，为四肢发力建立支点。

（三）生物力学基础

躯干是人体生物运动链上的枢纽环节，在运动中对技术动作的发挥和力（动）量的传递起着至关重要的作用。人体在运动期间，躯干始终处于一种平衡稳定——失衡不稳定——平衡稳定的动态变化中，在这个变化过程中人体依靠核心力量来调整姿势和维持躯干的平衡稳定。由于“核心”位于运动链的中心位置，通过它可以将来自身体某部位对外界的支撑反作用力有效传递至四肢，也可以使上、下肢的力量相互传递，调整对外界支撑点的作用力度，从而提高技术动作间的协调工作效率，如果核心部位没有足够的稳定能力，力量在上下肢的传递过程中被减小或分散，最终影响运动完成的质量。

四、核心稳定性力量练习方法

（一）核心力量练习

1. 小腿搁凳仰卧起坐

仰卧在地上，两小腿搁在凳上，两手抱于胸前或头后。两臂向上使身体离开地面，保持这种姿势 2 ~ 3 秒钟，然后复原并重复完成规定的次数。这个练习也可增加难度，可在斜板上进行练习，双脚固定于高端。也可负重练习。

练习数量与时间：每组 20 ~ 30 次或 30 ~ 60 秒。

2. 仰卧举腿

仰卧于垫子上，两脚并拢两腿伸直，双手置于头后。两腿伸直双脚并拢，慢速上举，腿与上体折叠，使脚尖举至头后，然后慢速还原成预备姿势，反复进行。这个练习也可增加难度，可仰卧于斜板上，上体位于高端，两手抓握板端，身体伸展。也可在踝关节处负重进行练习。

练习数量与时间：每组 20 ~ 30 次或 30 ~ 60 秒。

3. 悬垂举腿

两手握距与肩同宽或稍宽于肩，正握单杠或肋木，两臂伸展，下肢自然放松，身体悬垂。依靠收腹的力量直腿上举，使脚腕触及单杠或肋木后再返回原位，反复练习。开始练习时，腹肌差者可屈膝举腿。为增强练习效果，可在脚踝上负重练习。也可将腿举至与上体呈直角，进行静力性练习。

练习数量与时间：每组 15 ~ 30 次；静力练习根据能力控制在 10 ~ 30 秒。

4. “两头起”

身体仰卧垫上，上体保持流线型。上体与腿同时向上举，手触及脚尖，然后轻轻将身体姿势复原。也可在手触及脚尖的位置，进行静力练习。

练习数量与时间：每组 15 ~ 30 次；静力练习根据能力控制在 10 ~ 30 秒。

5. 屈腿仰卧起坐

仰卧在地上，两小腿与大腿折叠，脚后跟与臀部距离越近越好，两手抱头。上身离开地面抬至与地面成直角，然后复原并重复完成规定的次数。

练习数量与时间：每组 20 ~ 60 次或 30 ~ 60 秒。

6. 双人仰卧起坐

练习者仰卧垫上，另一人双手压住对方踝关节，练习者双手抱头，将上体抬离地面，达到与大腿平行后复原。根据个人能力也可进行负重练习。

7. 双人背肌练习

练习者俯卧垫上，另一人双手压住对方踝关节，练习者双手抱头，将上体抬离地面，达到最高点后复原。根据个人能力也可进行负重练习。

练习数量与时间：每组 20 ~ 60 次或 30 ~ 60 秒。

8. 凳上双人背肌练习

练习者俯卧凳上，上体探出凳外悬空，另一人双手压住对方踝关节，练习者双手抱头，将上体向上抬至最高点后复原。根据个人能力也可进行负重练习。

练习数量与时间：每组 20 ~ 60 次或 30 ~ 60 秒。

9. 背肌两头起

身体俯卧垫上，上体保持流线型或双手抱头。上体与腿同时向上举，手与脚同时达到最高点，然后轻轻将身体姿势复原。

练习数量与时间：每组 20 ~ 60 次.

（二）核心稳定性力量练习

每项练习组数为 3 组负荷强度根据个人承受能力，由易到难，随各周期逐步提高。

1. 静力核心力量

练习目的：主要针对自由泳、仰泳的身体姿势，以及转身、出发后的流线型滑行姿态的控制。具体方法介绍以下 3 种。

第一种身体直线控制：练习前臂与上臂呈 90°，肘支撑地面，腿拉伸，背要直，身体呈一直线。绷紧腰腹，保持 30 ~ 60 秒（图 4 – 4 – 1）。

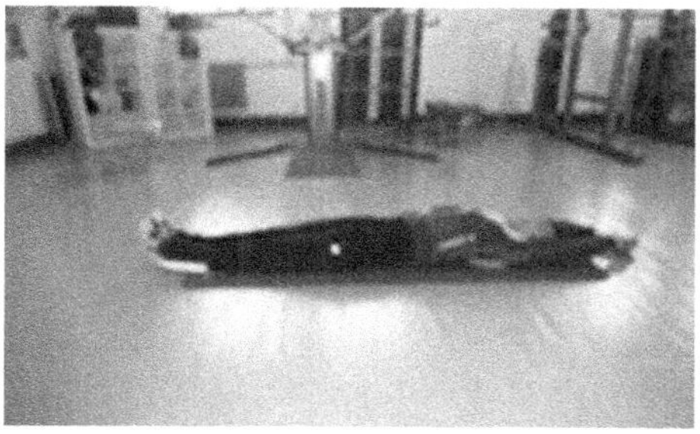

图 4 -4 -1 身体直线控制

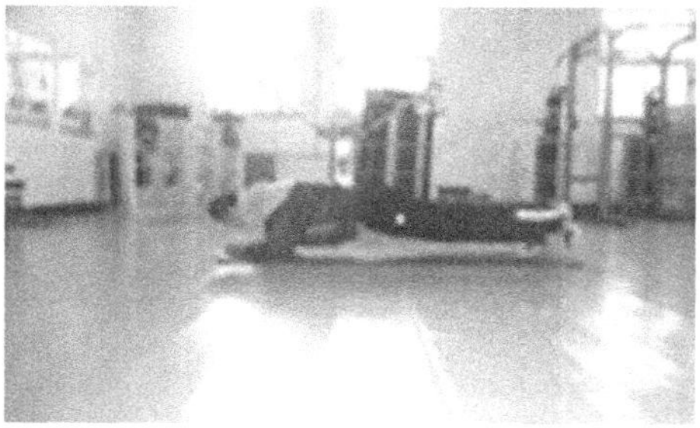

图 4 -4 -2 流线型拉伸

第二种流线型拉伸：准备，双臂高举伸直、紧夹耳朵后部，大拇指扣住前掌，全身挺直，双足踮地，脚并拢，脚后跟分开，身体呈流线型。动作：身体往下、往上两个方向拉伸；拉伸到极限时后保持 30 ~ 60 秒（图 4 -4 -2）。

第三种侧面直线控制练习（图 4 -4 -3）。

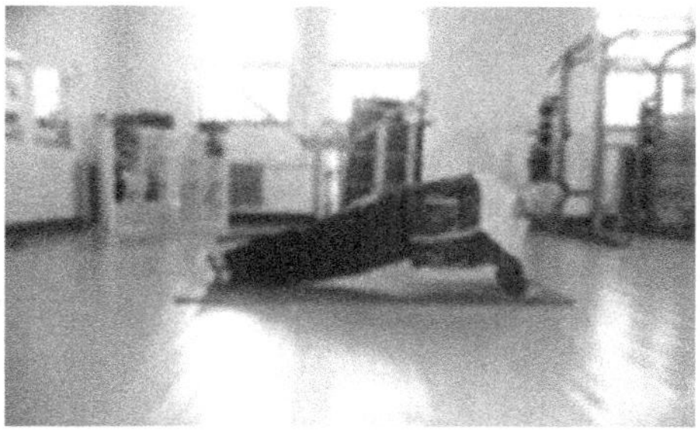

图 4 -4 -3 侧面直线控制练习

2. 一般性腰腹练习

一般仰卧起坐、两头起、仰卧举腿、仰卧剪式打腿、悬垂举腿、各种背肌练习等（图 4 -4 -4 ~ 图 4 -4 -7）。

图 4 -4 -4 仰卧举腿流线型拉伸

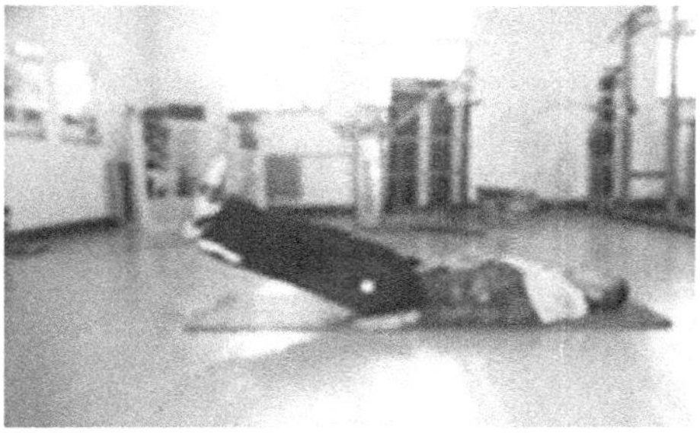

图 4 -4 -5 仰卧剪式打腿

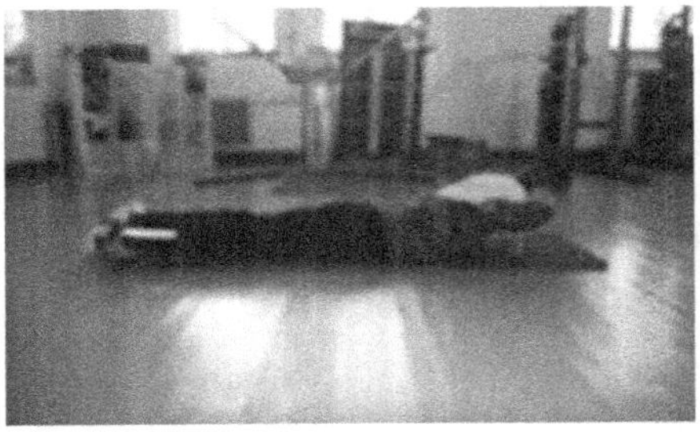

图 4 -4 -6　背肌抬上体练习

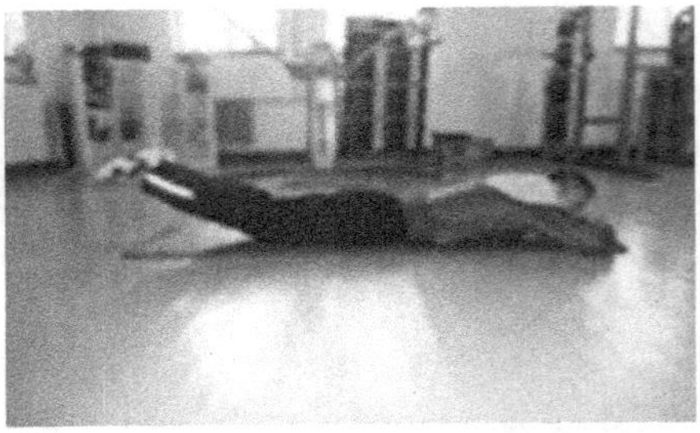

图 4 -4 -7　背肌抬腿练习

3. 瑞士球上核心力量练习

练习目的：在身体重心不稳定的情况下，进行练习。这种练习最接近游泳流动的水环境。具体方法如下。

第一种：平衡球上做身体各种控制练习、收腹练习、V 字练习（图 4 -4 -8、图 4 -4 -9）。

图 4 -4 -8　双腿夹球滚动

图 4 -4 -9　球上背桥举腿

第二种：平衡球上做俯卧撑（图 4 -4 -10）。

第三种：脚在平衡球上做俯卧撑（图 4 -4 -11）。

第四种：平衡球上做仰卧举腿，即手握肋木，做类似平地的仰卧举腿练习（图 4 -4 -12）。

图 4 -4 -10　球上俯卧撑

图 4 -4 -11　脚在球上做俯卧撑

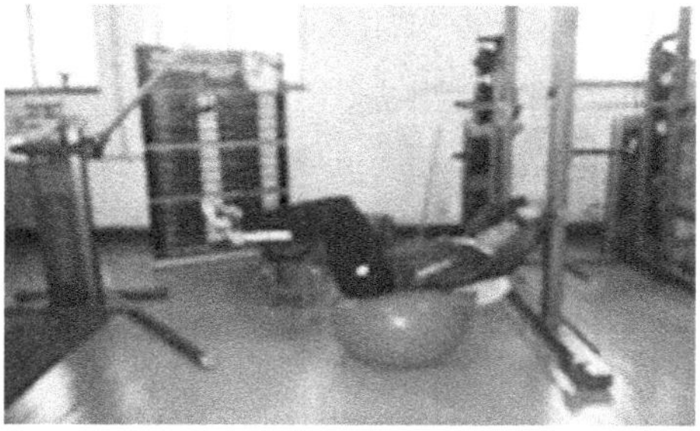

图 4－4－12　平衡球上做仰卧举腿

第五种：平衡球的滚动，即跪在地上，双手放在平衡球上，慢慢地把球向前滚动，当球到达肘部位置的时候停住，然后往反方向滚动球，回到起始位置（图 4－4－13）。

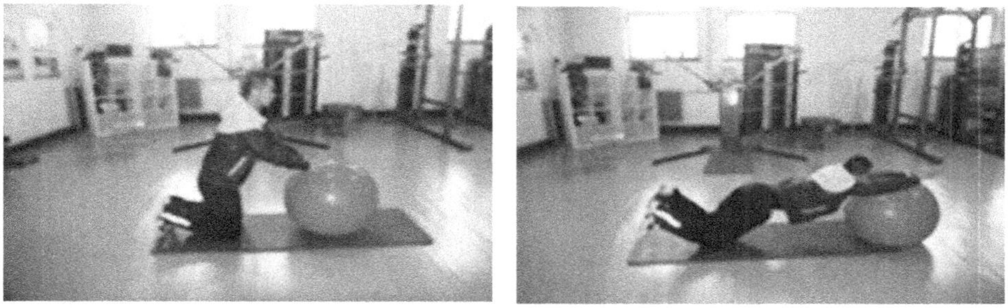

图 4－4－13　平衡球的滚动

综上所述，由于游泳运动要求快速有力协调顺序的肌肉发力。因此建议在力量训练中应多采用核心力量训练，以达到充分刺激稳定肌群和动力肌群的训练效果。游泳运动中身体的流线型是至关重要的，因此建议采用核心力量训练可以进一步提高运动成绩。建议核心力量训练不可替代游泳专项训练，但可以作为游泳专项训练手段之一，融于游泳陆上专项训练之间。

第五节　游泳科学训练方法的应用

一、注重游泳训练方法的引进与创新

竞技游泳水平的不断提高，对科学训练也提出了更高的要求，由此游泳训练方法的引进与创新，引起了众多教练和科研人员的高度重视。为了探索和引进新的、行之有效的训练方法，国家各级体育科研单位，投入了一批力量，做了大量的情报资料和训练方法的研究工作，采取走出去、引进来的方针，通过理论与实践相结合，提出了一些新的训练方法，并取得了很好的效果。例如，多周期训练、以能量代谢的学说安排游泳训练负荷、力量训练专项化、高原训练等等。

二、注重训练负荷的评定

目前我国游泳界对训练负荷评定的办法主要是采用有关生理生化指标，对运动员负荷适宜程度进行生物学判定，在有条件的地方，都有科研人员下队进行医务监督和训练监控。另外，还进行心理学判定和教育学判定，这主要由教练员通过观察来完成，内容包括了解运动员的心理活动、训练的欲望（强弱）、训练指标的完成情况以及食欲、睡眠等。大家认为，训练负荷的评定是当前训练的关键，谁能在这方面领先，谁的训练就会出现质的飞跃，因为合理的训练负荷，能有效地提高训练效率，杜绝伤病和疲劳的发生。

三、注重运动员的营养

营养和运动员的训练、机能状态、体力恢复有着密切的关系。因此，运动员的营养研究在我国游泳界十分热门，其中包括药物的研究以及根据游泳运动的消耗特点、肌肉特点的合理营养膳食比例的研究。

四、注重力量训练器材的研究

用使用兴奋剂来提高运动成绩的愚蠢做法已受到严厉禁止，提高成绩的唯一出路在于科学训练。很多游泳教练非常注重专项力量训练。游泳是一项对运动员的肌肉质量和专项力量要求很高的项目，因此符合游泳项目特点的辅助训练器材是大家感兴趣的问题，目前我国虽然对训练器材的研究工作非常重视，但研究力量较为薄弱。

总体来说，科学研究的成果和应用，在指导训练实践中，受到了极大的重视。但是我国由于起步晚、起点低，整体水平还不够高，还有待于游泳工作者与科研人员密切配合，使之尽快赶上训练实际的需要，进而走在训练的前面。

作为科研的发展趋势，直接为训练实际服务为主要方向，无论是方法、手段、恢复、药物等均是如此，也只有这样，才能引起教练员的重视，才能为教练员所接受，才能尽快取得实际效果。

五、游泳科研的展望

有专家从技术训练、力量训练、训练平衡、训练监控和训练周期等方面进行研究发现，目前我国游泳技术训练和水上力量训练是一个薄弱环节，技术训练缺少必要的仪器，如通过水下摄影机来观察动作技术、通过水下传感得知划水效果等，几乎没有通过科学仪器来协助训练，水上辅助训练手段缺乏，还没有建立不同泳姿的优秀运动员理想技术模式，在训练监控方面也比较薄弱，极少进行生理生化指标监控等等，在很多方面期待着得到重视和投入。

目前游泳训练的主要特点如下。

（1）重视训练量与强度的合理结合。

（2）高原训练和在特殊环境下的训练在游泳训练中的应用。

（3）用能量代谢的基本原理确定训练的强度，使训练负荷更为精确。

（4）运动员的恢复越来越被教练员和运动员所认识，已成为游泳训练不可分割的一部分。

（5）运动员专项能力的训练更为细化。

（6）由于比赛的增多，运动员开始采用多周期以及 3 ~ 4 天形式的小周期训练，并取得良好的效果。

技术发展的主要方向为强调运动员的技术有利于减少阻力；重视划水技术的效果，保持合理的划频与划幅；重视“核心力量”的训练及身体协调用力在技术中的运用。

现代体育运动的竞争也越来越激烈，随着科技的进步并且渗透到体育运动的每个领域，科学技术的支撑也是必不可少的，游泳训练也不例外。游泳运动成绩的提高越来越依赖于科学技术的发展水平，人体生物科学的发展揭示了能量代谢的基本规律，在游泳训练中引入了能量代谢理论后，训练负荷的方向性就更加明确，而依照这一理论制订的训练手段也更为科学。划频、划幅与个人特点和身体状态的结合，即划频与划幅的合理配合，使技术更加合理化、经济化；“核心力量”训练是游泳力量训练的核心，发展专项力量不仅应采用负重的专项技术练习，更重要的是改进力量训练的理念，使其在练习形式、负荷和力度上尽可能接近游泳专项要求。合理有效的恢复是游泳训练的理念，使其在练习形式、负荷和力度上尽可能接近游泳专项要求。合理有效的恢复是游泳训练的主要组成部分，恢复手段的使用在很大程度上也要依靠生物科学的发展水平，特别是基因技术的发展，通过基因技术加快运动员机体的恢复速度，运动员的成绩已经越来越同相关学科的科技发展水平紧密联系。科学的游泳训练是建立在科技的进步、游泳训练理论和手段的不断创新的基础之上，需要教练员和科研人员充分利用现代科学技术，积极探索“运动员个性化的训练手段和方法”，但这是一个长期探索和创新的过程，需要不断地努力。

第五章　游泳竞赛组织与裁判工作方法

第一节　游泳比赛赛前组织工作

游泳比赛是开展游泳运动的重要内容，是各个参赛队伍之间互相交流和学习，展示运动员运动技术风采以及促进游泳水平的提高，培养顽强的意志品质和团队精神一个平台。游泳比赛的规模有大有小、规格有高有低，但基本的工作方式和流程是一致的。

一、成立游泳比赛的组织机构

组织委员会：设主任、副主任、（主办或承办单位领导担任）委员（主办和承办单位工作人员、总裁判、各队领队担任）。

组织委员会是比赛大会最高领导机构，全面负责本次比赛的竞赛工作。具体工作包括以下内容。

（一）确定竞赛组织工作方案

内容包括竞赛名称；竞赛的目的；竞赛的任务；竞赛规模；竞赛的时间、地点；竞赛的人员安排；竞赛经费预算；竞赛的组织机构。

（二）组织委员会下设工作机构

竞赛办公室；竞赛组织部；场馆器材部；媒体运行部；安全保卫部；综合保障部；体育展示部。

（三）综合性运动会下设机构

竞赛办公室；竞赛组织部；新闻宣传部；对外联络部；大型活动部；场馆工程

环境部；市场开发部；信息技术部；人力资源部；接待服务部；后勤保障部；财务管理部；法律事务部；医疗卫生部；监察审计部；安全保卫部；志愿者部；兴奋剂检查检测部。

各机构按工作职责明确分工，以竞赛为中心，团结协作做好比赛大会的工作。

二、制定竞赛规程

竞赛规程是指导性文件，是组织者和所有参加者必须共同遵守的章程，是整个竞赛工作的依据。竞赛规程是主办单位根据比赛的目的和任务及具体条件而制定的。规程内容应具体明确并于赛前发放给个参赛单位以便报名和参赛。规程的内容包括大会的名称；比赛时间和地点；竞赛项目；竞赛日程（大型比赛在报名前制定竞赛日程）；参加单位；参加办法（年龄分组的方法、每队限报人数、每人限报项数、参加比赛的资格等）；竞赛办法（比赛所采用的规则以及有关的特殊规定）；录取名次及奖励办法；报名时间、报名办法及报到时间和地点；技术代表和裁判员的选派；其他有关要求和注意事项。

制订各个部门的工作计划。各部门按工作职责明确本部门工作范围，一切工作以竞赛为中心，各个部门必须团结协作做好为竞赛工作服务。

三、竞赛组织部工作

（一）竞赛组织部成员（图5－1－1）

竞赛组织部主任，竞赛组织部副主任。

• 下设：竞赛技术主管。

下属：编排记录专员、编排记录员、计时计分操作专员、仲裁录像操作专员。

• 下设：竞赛服务主管。

下属：裁判员服务专员、运动员服务专员、运动员引导专员、运动员检录专员。

• 下设：场地服务主管。

下属：场地器材专员、比赛场地管理专员、热身场地管理专员。

• 下设：兴奋剂检测主管。

下属：兴奋剂检测专员、运动员陪护专员。

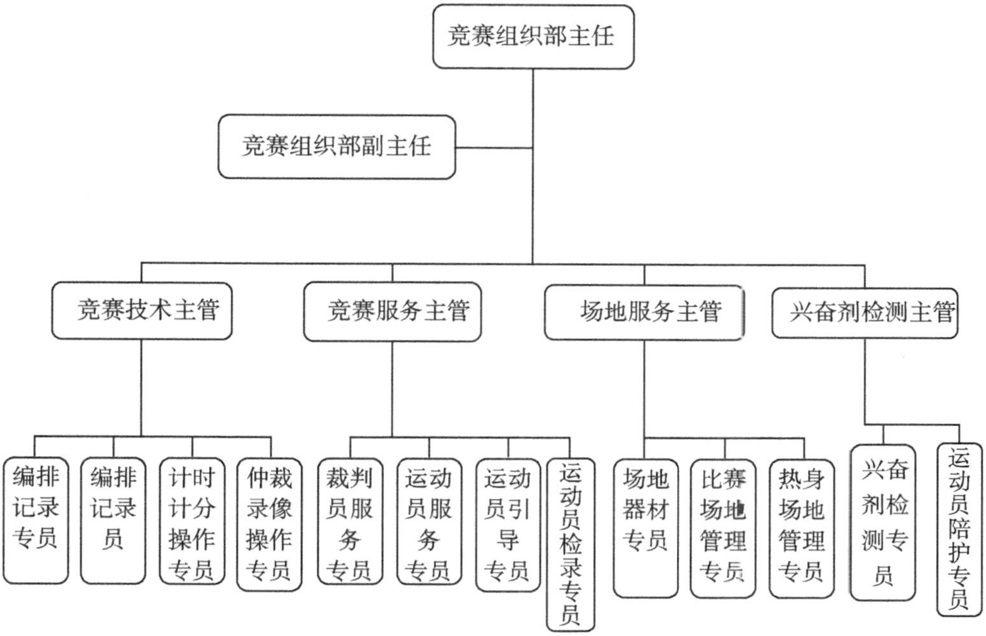

图 5－1－1　游泳竞赛组织委员会

1. 主要职责

在组委会主任的领导下，在技术代表和中国游泳协会的指导下，全面负责游泳竞赛运行的组织和管理工作。

安排、沟通、协调、处理游泳竞赛事务；向组委会报告游泳竞赛工作；与组委会其他业务口协调与沟通。

2. 主要任务

按照中国游泳协会审定的游泳竞赛规则和要求完成竞赛组织保障工作。与组委会其他部门保持密切联系和沟通，确保各项工作顺畅，及时处理涉及游泳竞赛的各种问题。每日各项比赛结束后，汇总当天比赛的情况，重要信息和问题的处理情况提交竞赛组织部主任审批后上报组委会。

（二）制订比赛运行方案

1. 确定具体日期和时间安排重要工作节点包括以下基本内容

×月×日×时检查落实场地、器材、办公用品、附属房间。

×月×日×时确定选派境内、外技术官员。

×月×日制定游泳竞赛工作运行方案。

×月×日邀请技术代表来津考察。

×月×日参赛项目报名接收工作。

×月×日第一次各部门联调。

×月×日参赛项目人员姓名报名接收工作。

×月×日监督竞赛器材验收以及安装调试竞赛器材。

×月×日封闭比赛场馆，全员进入赛时阶段。

布置检查赛事各项准备工作。

检查比赛器材、用品等。

×月×日裁判员报到。

×月×日×时裁判员培训。

×月×日×时运动队赛前训练、开幕式。

×月×日×时比赛开始。

×月×日×时闭幕式。

2. 组织报名和编排竞赛秩序册、竞赛日程和竞赛分组表工作

根据各参赛单位报名的项目和报项人数情况计算每项预赛的组数，计算每一组比赛的时间。

不同距离编排参考时间：100 米 3 ~ 4 分钟；200 米 5 ~ 6 分钟；400 米 7 ~ 8 分钟；800 米 11 ~ 13 分钟；1500 米 19 ~ 21 分钟。

决赛场颁奖时间每次颁奖约 6 分钟。

编排原则：

（1）一天安排两场比赛，基层比赛基本上是一次性决赛。上午下午（晚上）各一场。大型比赛上午为预赛场次，下午或晚上为半决赛或决赛场次。

（2）考虑运动员兼项和长、短距离情况，先安排自由泳项目，四种姿势短距离项目分开安排到不同场次。

（3）每场比赛要安排不同姿势、不同距离、不同性别的比赛项目。

（4）发放比赛报名表，将竞赛规程、竞赛日程、报名表应于赛前 60 天前发放给参赛单位，

（5）报名截止日期：一般为赛前 20 天。收到报名表按规程的要求严格审查各单位报名表，认真核对各单位报名人数、报名资格、报名项数。对违反规程、规则的情况做出处理。

3. 检查比赛场地和比赛所用器材（主要包括以下设备）

泳道线；出发台；出发抢码召回线；出发抢码召回杆；仰泳转身标志旗绳；仰泳转身标志杆；自动计时装置（两端触板、主机、出发台（含喇叭）、发令装置、话筒、成绩公布板、接力出发判断器、自动计趟器、分段成绩、总成绩排列、误触板纠正器、自动电器充电器、蓄电器）；对讲机（带耳麦）；计时秒表；音响设备（立式麦克、台式麦克、CD 扩音机、光碟等）；报趟牌（单数 1－29）；铜铃；裁判哨；泳道指示板；裁判及官员用椅；运动员候检凳椅；发令台；衣箱；手提喇叭；号码贴 1－8 号 8 组；水桶；长条桌；发令枪（备用）；子弹（备用 200 发）；救生器材（椅、圈）按摩床等

4. 确定裁判员名单

根据比赛级别选派不同等级裁判员担任总裁判、副总裁判和裁判长以及各个岗位裁判员。

5. 比赛经费预算

一般包括以下预算内容：电动计时租赁费；易损器材、设备费；裁判员、工作人员文具费；裁判员差旅费、补贴费；工作人员补贴费；组委会人员补助；安保和物业餐费补贴；裁判员、工作人员、志愿者饮用水费；参赛队伍伙食费、住宿费；秩序册、成绩册印刷费；布标、背景制作费；前期编排补助费；官员、裁判员茶歇费；不可预知费用；各部门所需费用。

6. 制订突发事件预案

一般包括以下内容：（1）技术官员伤病应急预案。（2）运动员伤病应急预案。（3）停电事故应急预案。（4）计时记分系统、显示屏故障应急预案。（5）器材损毁应对预案。（6）运动员、教练员打骂裁判应急预案。（7）重要申诉、抗议应急预案。（8）颁奖时运动员未到场应急预案。（9）恶劣天气应急预案。（10）运动员比赛迟到事故应急预案。（11）观众滋事影响比赛应急预案。

（三）竞赛组织赛中工作

遵照大会要求，根据比赛规程和游泳竞赛规则，按照比赛日程组织比赛。赛中应与裁判员和各参赛队保持密切联系，与各部门协调配合，制订好每日竞赛运行流程，以确保比赛顺利进行。

1. 每日竞赛运行流程基本内容

赛前 3 天流程：

倒数第一天：（×月×日×时）竞赛组委会全体人员到达赛场开会，宣布分工，

学习各自岗位职责，熟悉本岗位工作方法和流程。

倒数第二、三天：（×月×日×时）志愿者到达赛场对工作流程和工作方法进行培训。其他所有办事机构按照安排做好赛前工作。运动队训练和裁判员赛前工作时段安排应量精细。（参照下列安排表5－1－1）；比赛期间竞赛流程（以上午预赛、晚上决赛场次为例，参照下列安排表5－1－2）

表5－1－1　运动队训练和裁判员赛前工作时段安排

（×月×日－×月×日）
7:00（13:00）场馆开门：开放比赛馆、热身馆、健身馆及备器材设备
8:00（13:30）竞赛组委会全部办事机构到达赛场；为运动队赛前热身训练做好准备
8:01（13:31）工作人员及志愿者到岗服务
8:02（13:32）摆放热身标志牌
8:03（13:33）挂上仰泳转身标志旗和15米标志线
8:04（13:34）检查水线松紧度。检查出发台
8:05（13:35）布置领队、教练员技术会议会场
8:06（13:36）布置检录处
8:07（13:37）布置技术官员会议室
8:08（13:38）调试自动计时设备和大屏幕
8:09（13:39）检测比赛池、热身池水温
8:10（13:40）巡查男女更衣室设备、巡查比赛用房及设备
8:11（13:41）器材专员准备赛前裁判所用器材、运动员所用训练器材
8:15（13:45）竞赛部召开赛前通气会
8:30（14:00）对搬箱员、引导员、检录志愿者进行赛前培训
8:31（14:01）技术官员到达赛场。召开赛前裁判会
8:35（14:05）体育展示播报开始
8:40（14:10）检查触板及出发犯规设备
8:45（14:15）运动员赛前班车到达
9:00—11:30（15:00—18:00）运动队热身。各岗位按照各自的工作要求进行工作
11:31—12:30 裁判员赛前实习。各岗位配合实习工作
12:30（18:30）整理场地。工作人员、志愿者午餐（晚餐） 闭馆

表 5-1-2　比赛期间竞赛流程

（×月×日-×月×日）
7:00（16:00）场馆开门：开放比赛馆、热身馆、健身馆及准备器材设备
竞赛团队到达赛场召开团队通气会；运动队赛前热身训练开始；工作人员及志愿者到岗服务
7:30（16:30）志愿者到达（热身池、比赛池）工作人员和志愿者服务开始。挂好 5 米旗、摆放泳道标志牌、摆放计时钟等设备。布置竞赛各个房间，整理比赛所用器材
7:31（16:31）竞赛部主任、副主任召集主管召开通气会
7:35（16:35）竞赛部主任、副主任赛前检查各个岗位工作准备情况
7:40（16:40）调试自动计时及大屏幕等设备
7:41（16:41）调试音频、视频等设备
7:42（16:42）救生员、医务人员到岗
7:44（16:44）体育展示开始
7:50（16:50）竞赛部副主任检查编排赛前准备工作
8:00（17:00）检测自动计时设备；开放竞赛工作用房；裁判员会议室、休息室等
8:15（17:15）裁判员到场。布置检录处；裁判员领取比赛用具和器材
8:17（17:17）总裁判和竞赛部主任检查场地器材设备情况
8:30（17:30）裁判员会议
8:35（17:35）竞赛主任、副主任检查竞赛准备工作
8:40（17:40）比赛池热身结束，宣告员宣布热身结束。介绍本场比赛项目。比赛池工作人员和志愿者清场摆放裁判用各种设备、用水等；回收泳道指示牌、根据项目要求摘或挂 5 米旗。摆放裁判座椅。检查自动计时设备。调整泳池水线。竞赛主任全面检查情况。本场比赛有关信息介绍
8:50（17:50）竞赛主任确认比赛可以开始
8:55（17:55）裁判员入场
8:58（17:58）介绍本场执行总裁判和发令员
9:00（18:00）比赛正式开始。裁判组按照竞赛日程和分组表的要求进行工作 第一项开始前检录长注意观察执行总裁判入场手势将第一组运动员引领到场内 从第二组开始，按照前一组最后一名运动员到达终点前 20 米左右时将下一组运动员带进场地，直至该场比赛结束。大屏幕显示刚结束该项比赛运动员的成绩后开始下一组比赛
×：××本场比赛结束后：运动队离场；整理比赛场地、工作区域及回收器材；裁判员会议；整理比赛成绩送信息台；团队本场小结会议（工作人员、志愿者）工作人员、志愿者午餐。下午休息 晚场决赛流程
16:00—17:58 参照上面履行职责进行工作
18:00.00　第一项：男子 100 米蝶泳决赛，16 人，A\B2 组宣告员按照执行总裁的手势，宣布决赛运动员入场。引领员将参加决赛运动员代入场地。宣告员介绍运动员姓名、单位。总裁判组织该组比赛。该组比赛结束大屏幕显示运动员成绩。宣布员宣告比赛结果
18:03.00 宣告员按照执行总裁的手势，宣布决赛运动员入场。引领员将参加决赛运动员代入场地。宣告员介绍运动员姓名、单位。总裁判组织该组比赛。该组比赛结束大屏幕显示运动员成绩。宣告员宣布比赛结果
18:12.00　第二项：女子 200 米蝶泳决赛，16 人，A\B2 组宣告员按照执行总裁的手势，宣布决赛运动员入场。引领员将参加决赛运动员代入场地。宣告员介绍运动员姓名、单位。总裁判组织该组比赛。该组比赛结束大屏幕显示运动员成绩。宣告员宣布比赛结果

决赛场次如有颁奖仪式，一般程序是：第一、二项比赛结束开始进行第一项的颁奖仪式。以后均是隔项颁发上一个项目的颁奖仪式。全部场次比赛结束后举行闭幕式和集体颁奖活动，编印成绩册、总结比赛、安排离会等事宜。

第二节　裁判员工作

一、总裁判赛前应准备的工作

（一）制定裁判活动日程

根据竞赛组织竞赛日程制定裁判员日程表（参照表5－2－1）。

表5－2－1　大会活动日程表

时间 日期	上午	下午	晚上
×月×日	总裁判、副总裁判、编排记录长报到		总裁会议
×月×日	1. 裁判员报到 2. 技术代表、总裁判、副总裁判、编排记录长检查场地、器材		全体裁判长会议
×月×日	1. 9:00 全体裁判员会议 2. 裁判员分组学习 3. 运动队报到、赛前训练		
×月×日	1. 9:00 裁判员考试 2. 10:00 组委会会议和技术会议（新闻发布厅） 3. 11:30 裁判员实习 4. 运动队赛前训练		
×月×日	9:00 第一场比赛	休息	18:00 第二场比赛
×月×日	9:00 第三场比赛	休息	18:00 第四场比赛
×月×日	9:00 第五场比赛	休息	18:00 第六场比赛
×月×日	9:00 第七场比赛	休息	18:00 第八场比赛
×月×日	休息	休息	16:30 第九场比赛
×月×日	离会		

（二）进行裁判员岗位分工（参照下列内容）

裁判员分工表

总 裁 判：×××　负责全面工作
副总裁判：×××　负责场地器材、裁判员联络、总结
　　　　　×××　负责发令、计时
　　　　　×××　负责检录、电动计时、编排记录
发　　令：2～4人。技术检查：4～6人。编排记录长：1人。
副编排发录长：2人。编排记录员：4～8人。自动计时长：1人。
自动计时员：4～6人。计时长：1人。副计时长：1～2人。
计 时 员：16人或20人。
　　　　　（采用8条泳道设16人，采用10条泳道设20人）
转身端检查长：1人。
转身端检查员：8或10人。
　　　　　（采用8条泳道设8人，采用10条泳道设10人）
终点端检查长：1人。
终点端检查员：8或10人。
　　　　　（采用8条泳道设8人，采用10条泳道设10人）
检录长：1人。副检查录长：2人。检录员：6～8人。
宣告：2～3人。替补：2～4人。

（三）制定裁判员工作纪律（参照下列内容）

裁判员纪律要求

1. 严格履行裁判员职责，做到严肃、认真、公正、准确地执行裁判工作。

2. 作风正派，坚持原则，不徇私情。不接受各队或有关人员的宴请、礼金或礼品，整个比赛期间与各参赛队不要有工作之外的联系。

3. 裁判员之间互相学习，互相尊重，互相支持，加强团结。

4. 凡裁判员内部未经公布的决定或不同意见，绝不外传。关于规则、裁判法未明文规定的问题，要有总裁判解答，裁判员个人不能随便回答与表态。

5. 服从领导，遵守纪律，执行裁判工作时精神饱满，注意力集中，比

赛期间不行接听手机。比赛期间所有裁判员不准请假。

6. 每场比赛前禁止饮酒。外地裁判晚上如需外出，返回驻地不太晚，以保证充沛精力投入第二天的裁判工作。

7. 全体裁判员在每场比赛前40分钟必须到达游泳馆，换好衣服，参加赛前裁判会并做好赛前准备工作。

大会裁判组

××××年×月×日

（四）制定有关竞赛问题的说明（参照下列内容）

有关竞赛问题的说明

1. 本次比赛执行中国游泳协会审定的2010—2014《游泳竞赛规则》。

2. 本次比赛采用美国生产的COLRADO（科罗拉多）系统6型自动计时装置，同时配置半自动计时装置及人工计时作补充。

3. 比赛前运动员可以比赛池做赛前准备活动，不得使用划水掌。池两侧1道和8道为冲刺泳道，运动员在此泳道练习，必须从出发端向另一端游进，禁止逆向游进。运动员在比赛池2道至7道做赛前准备活动时，禁止跳水。比赛前15分钟停止练习。

4. 单项分段成绩创纪录申请表（50米不予受理）应在该场比赛前30分钟交执行总裁判，过时不再受理。

5. 每项比赛前20分钟，参赛者须携带本人注册证到检录室参加检录，第二次点名不到者或未出示注册证者不能参加该项比赛，并以无故弃权论处。如因病情假应有大会医生证明并须填写弃权表经总裁判签字后在该场比赛前交检录处（弃权表到检录处领取）。

6. 决赛项目点名时，如有运动员弃权，将按规则进行依次替补，请替补运动员在检录处等候，做好参赛准备。

7. 本次比赛预赛采用快节奏竞赛方法，蝶泳、蛙泳、自由泳、个人混合泳项目运动员到达终点后在原地站立（200米以上项目听从裁判员指挥起水），待下一组运动员出发后迅速由泳池两侧起水。仰泳项目每组比赛需待所有运动员到达终点后，可从泳池两侧起水。决赛每组比赛需待所有运动员到达终点后，方可从第一泳道一侧起水，任何情况下，不得从池端起水。

8. 预赛在出发后介绍运动员，决赛在出发前介绍运动员。介绍运动员时请运动员起立并有礼貌地向观众、裁判示意。

9. 本次比赛采用英语发令，出发信号是电笛声，召回信号是连续电笛声和哨声。

10. 预赛后不宣告成绩，请教练员、运动员看大显示屏。决赛后宣告成绩。每项预赛结束后，大屏公布前 10 名运动员名单，请参赛运动员等候宣布决赛名单后再离馆。如有重赛，请重赛运动员或其教练员立即到检录处进行泳道抽签，重赛将在该场最后一项比赛结束后进行（或协商确定时间）。

11. 本次比赛在检录处设有编排记录接待处，凡是各队需要开成绩证明或领取运动员名次奖状，请派领队或教练员前往办理。

12. 本次比赛不为各队提供成绩公告单，敬请各队自行到成绩公告栏查阅。如确有需要，裁判组可提供电子版成绩公告，请到检录处编排接待处考取。

13. 对裁判组的判决有异议时，其领队或教练员应先口头向总裁判提出询问。如仍有异议 ，须在该组、项比赛后 30 分钟内填写抗议书交总裁判（抗议书向总裁判索取），交纳抗议费人民币 500 元。总裁判按抗议程序将抗议书及有关材料上呈技术代表，仲裁的判决为最终判决。

14. 比赛中各队领队、教练、运动员及工作人员，请到指定位置就座，不得进入比赛场地，发令时请保持安静。

15. 本次比赛对弃权、故意慢游、故意出发犯规、未游完全程等的处罚，将按照竞赛规程的有关规定执行。

大会裁判组

××××年×月×日

（五）召开裁判、领队、教练联席会（一般包括以下内容）

1. 主持人介绍参加会议的领导和担任本次比赛的总裁判。
2. 请有关领导致欢迎词。
3. 竞赛主任介绍大会准备工作事宜。并对各参赛队提出大会规定和要求。
4. 总裁判介绍裁判队伍情况，对竞赛中有关问题进行说明。
5. 与参赛各队核对参赛项目和竞赛分组表（单）。

6. 编排记录组按技术会议核对后各参赛队准确信息编制竞赛分组表。

二、裁判工作方法

（一）总裁判的工作方法

总裁判 1 人。同时设副总裁判 1 ~2 人，协助总裁判领导裁判工作。

1. 总裁判和副总裁判的工作位置

游泳比赛时，总裁判席一般设在靠第 9 泳道一侧的游泳池边离出发端 8 ~10 米处。但有些比赛，由于场地、电源线路、池边空间等原因，总裁判席也可设在靠第 1 泳道一侧。如采用自动计时，总裁判席应设在自动计时控制室一侧（图 5 －2 －1）。

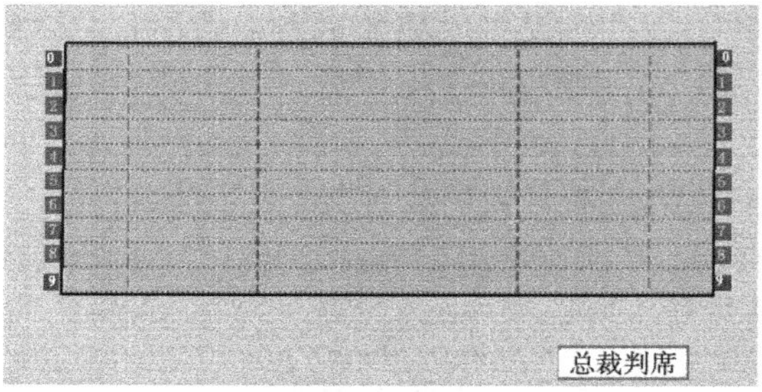

图 5 －2 －1　总裁判和副总裁判的工作位置

2. 总裁判和副总裁判的分工

在总裁判和副总裁判中，通常每场安排 2 人轮流担任执行总裁判工作，负责组织该场比赛并全权处理比赛中出现的各种问题。2 人可以按性别分工，一人担任男子项目的执行总裁判，一人担任女子项目的执行总裁判。当一人执裁时，另一人则为助理执裁。两人要密切配合，相互支持。

现场工作时，通常由男子项目的执行总裁判负责召集该场赛前裁判员准备会，并组织裁判员的入场、退场。

当只采用人工计时时，通常还要安排一人（后台总裁判）协助审核成绩等。

3. 总裁判临场工作

（1）认真学习竞赛规程、竞赛规则和大会有关文件，了解大会概况和组织机构，明确大会对裁判工作的要求。

（2）了解报名情况，对运动会规模做到心中有数；了解编排和秩序册的编印情况。

（3）召开正、副总裁判预备会，明确正、副总裁判的分工；根据大会日程，制定裁判组学习、实习工作计划；根据裁判员的业务水平和工作需要，分配全体裁判员的工作；讨论决定总裁判、教练员联席会议要明确的问题，编写“比赛有关问题的说明”。

（4）召开裁判长会议（技术检查员全部参加，发令员和宣告员指定一负责人参加），使各裁判长了解大会情况及自己的职责，对各组工作预先做好准备。

（5）参加由竞赛处组织的总裁判、教练员联席会议，提出本次大会执行规则、裁判法及有关问题的说明。编排记录长要列席总裁判、教练员联席会议，说明和处理有关报名的各种问题。

（6）总裁判赛前检查场地器材设备

总裁判须与大会有关领导一起，带领各组裁判长检查场地、器材和设备，明确赛场功能布局。如采用自动计时装置，还应指定专人负责检查自动计时装置。

大型竞赛还要求大会提供比赛池长证明。（证明必须是国家级测量单位出具的证明证书）

（7）总裁判组织全体裁判员学习

召开全体裁判员动员会，讲清比赛的性质、任务、特点，提出裁判工作要求，宣布裁判分工及纪律要求，讲清裁判工作流程，提出学习、实习计划，使全体裁判员明确自己的职责、任务和工作程序。

总裁判和副总裁判要按分工深入各裁判组，了解赛前学习情况，解释有关规则、裁判方法的问题。

组织好裁判实习。实习内容应包括裁判员进场、若干组不同项目的比赛、颁奖、裁判员退场等必要的过程。通过全面实习，使裁判员进一步熟悉比赛流程，检查各裁判组和各部门的工作是否符合竞赛要求，对存在问题要及时解决，为正式比赛做好充分的准备。

4. 总裁判的现场工作

（1）执行总裁判每场赛前 1 小时到达赛场，检查赛前各项工作。重点检查场地、自动计时、检录和宣告的赛前准备工作。

了解各队交接力棒次表的情况，必要时提醒宣告员通过广播催促各单位迅速递交接力棒次表。

受理单项比赛分段成绩的创纪录申请。如果同意，则在代表队递交的“分段成绩创纪录申请表”上签注意见并签名，然后将申请表转交检录组。如果采用自动计时，则还须将“分段成绩创纪录申请表”复印一份交自动计时长。

（2）赛前30分钟，召开全体裁判员准备会。由上一场执行总裁判小结上一场情况，由本场执行总裁判提出本场工作要求。编排、检录、宣告派代表参加。

各裁判组随后可分开，由裁判长布置本组有关事宜，各组裁判长检查场地器材，摆好裁判用椅。做好各自的赛前准备。

（3）赛前10分钟，召集全体入场裁判员在指定地点按预定队形集合，准备入场。

（4）赛前3~5分钟，向宣告员示意，在宣告员宣布“……第×场比赛现在开始，请裁判员入场”并播放入场音乐后，带领裁判员入场，在各自岗位前站好。

（5）宣告员介绍本场比赛执行总裁判和发令员后，执行总裁判用手势示意全体裁判员就座。

（6）各项准备工作均已就绪，执行总裁判每场的第一项（组）比赛准备开始前，如果是预赛赛次，执行总裁判先示意内场检录员带领运动员入场，然后示意宣告员宣布“现在进行第____项________组____米____泳预赛第____组”。后续各组比赛，内场检录员按规定程序带运动员进场。

如果是决赛赛次每项（组）比赛前执行总裁判先示意宣告员宣布“现在进行第____项________组____米____泳决赛（第____组）”并播放运动员入场音乐，内场检录员或志愿者随即带领运动员进场，宣告员再介绍运动员或运动队。

（7）每组比赛开始均有执行总裁判组织，执行总裁判站立池边，先用连续短促哨声示意运动员脱外衣，然后用长哨声示意运动员站到各自的出发台上。两次哨声要有明显的区别。

此时，执行总裁判要密切注意运动员上出发台的情况，看是否有故意延误比赛、蓄意不服从命令情况，并注意是否有上错道、缺人等情况（要预先记住该组的空泳道和弃权泳道）。

仰泳项目和混合泳接力项目，执行总裁判发出第一声长哨时运动员应立即下水；执行总裁判随后发出第二声长哨，此时运动员应迅速游回池端做好出发准备。

（8）当所有运动员做好出发准备和裁判员进入工作状态时，执行总裁判用向外伸展的手臂动作通知发令员，以示所有运动员已准备完毕，请发令员组织出发。发令结束后执行总裁判再收回手势（图5-2-2）。

图 5－2－2

执行总裁判在发出长哨声（仰泳比赛为第二声长哨）后，应放下口哨，不要手持口哨靠近嘴边，更不要嘴含口哨，以免误吹召回哨。

（9）在发令员发令时，执行总裁判应认真观察，准确判断运动员是否有抢跳犯规。

（10）在比赛进行中，执行总裁判应注意观察比赛的全程，及时处理比赛中出现的各种问题。例如，要注意观察运动员游进中的动作是否犯规；转身和抵达终点的动作是否犯规；接力比赛交接棒时出发运动员是否犯规等。

执行总裁判还要注意观察每组运动员抵达终点的名次，尤其是竞争激烈时的名次，以作为处理计时与终点交叉时最后判定的依据。

（11）每组比赛最后一名运动员抵达终点后，执行总裁判应用手势与技术检查员和转身检查长联系（顺序为：同侧技术检查员—转身端转身检查长—对侧技术检查员—终点端转身检查长），了解是否有犯规。

如果没有犯规报告，应给后台总裁判（和自动计时长）一个确认正式成绩的手势。

如果有犯规报告，应先通知后台总裁判（和自动计时长），然后迅速向有关裁判员了解犯规情况。执行总裁判应当根据本人的观察或发令员、检查员的报告，判定运动员是否犯规。如判定运动员犯规，应在检查表及竞赛卡片上写上处理意见并签名，然后通知自动计时长将犯规运动员显示在大屏幕上。

（12）每组比赛结束，执行总裁判要审核计时长和终点长交来的竞赛卡片和终点名次报告表，并在竞赛卡片上签名。然后将竞赛卡片交给宣告员宣布成绩。如果采用自动计时，则审核自动计时长交来的“自动计时成绩卡”并在其上签名（此项工作可委托后台总裁判负责）。

如果计时成绩顺序与终点名次不一致，执行总裁判应做出以终点为准或以计时为准的判定。若判定以计时成绩为准，则修改终点名次并签名。若判定以终点名次为准，则将交叉的成绩相加后平均，作为各自的正式成绩，将原决定成绩划去，写上新的决定成绩并签名。

（13）每项预赛、半决赛结束，执行总裁判要审核由编排记录组呈送来的半决赛、决赛或重赛名单，然后交宣告员宣布。（此项工作可委托后台总裁判负责）

（14）每项半决赛、决赛开始前，执行总裁判如收到检录组报送来的弃权报告单和替补名单，应迅速审核，并交给编排记录长重新编排。

（15）助理执行总裁判协助执裁位于执裁对侧靠终点端的池边，协助执行总裁判组织好本项比赛。

每项、每组比赛开始前，检查与核对上泳道运动员。

每组比赛出发时，协助观察运动员出发有无抢跳犯规。重点观察 5 ~8 道的运动员的情况。

协助执裁观察本侧 4 条泳道运动员游进、转身、抵达终点、接力交接棒的动作是否犯规。

如有 A、B 岗（5 ~8 道）技术检查员和两端转身检查长报告有运动员犯规时，及时前往了解情况，然后报告本项执裁。

长距离自由泳项目比赛开始前，提醒终点端转身检查长准备好铃铛。

仰泳、个人混合泳及混合泳接力项目比赛的前、后，提醒终点端转身检查长安排好挂、撤仰泳转身标志线的工作。

50 米项目的比赛，运动员的游速快，每组比赛时间短。此时，执裁负责出发端工作，助理执裁站于执裁同侧池边离终点 5 ~10 米处，负责终点端工作（包括与自动计时长的联系）。两人密切配合，避免频繁地来回走动。

5. 执行总裁判组织裁判员退场

一场比赛各项全部结束时，执行总裁判站立池边，先示意宣告员宣布“……第×场比赛结束，请裁判员退场”，然后以手势示意全体裁判员起立转向入场的反方向，在播放退场音乐时，自动按入场的相反顺序退场。男子项目执行总裁判站在总裁台目送裁判退场，女子项目执行总裁判站在退场口向裁判员表示谢意。每场比赛结束裁判员退场后，各组裁判长到记录台集中，由执行总裁判负责召开小结会。

（二）技术检查员的工作方法

技术检查工作是保证比赛公平进行的重要环节。技术检查员必须非常熟悉规则中关于比赛和泳式的各项规定，工作时要求全神贯注，仔细观察，公正准确地做出判断。

1. 技术检查员的工作位置

技术检查员 4 人，分别位于游泳池两侧靠近召回线处，称为 A、B、C、D 岗（图 5－2－3）。

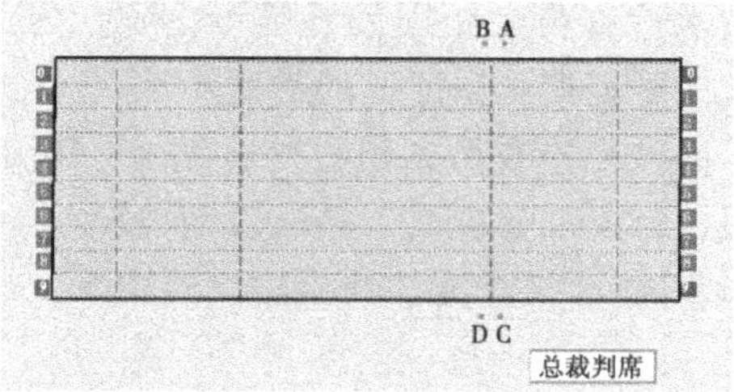

图 5－2－3

2. 技术检查员的工作分工

技术检查员在总裁判的直接领导下进行工作，负责检查运动员游进中的泳式和动作是否符合规则，协助两端转身检查员检查运动员转身、到达终点和接力交接棒的动作是否符合规则。

运动员平行游进的情况下，技术检查员的分工如下。

A 岗：1、2 泳道。

B 岗：3、4 泳道。

C 岗：7、8 泳道。

D 岗：5、6 泳道。

若运动员游进速度相差较大，则同侧的技术检查员，一人观察相对在前的运动员，另一人观察相对在后的运动员。在前行的运动员转身后，两名技术检查员交换观察对象。

3. 技术检查赛前准备

（1）认真学习竞赛规程、竞赛规则和裁判方法，重点理解规则中的“技术检查员职责”“比赛和犯规”“各项泳式的比赛规定”等条款。

（2）明确分工和工作配合要求。

（3）深入赛前训练现场，了解运动员的技术情况；熟悉各种犯规动作，统一判罚尺度。

（4）熟悉游泳犯规检查表的格式、内容和填写方法。

（5）领取所需的工作用具和表格。

（6）每场比赛开始前15分钟，检查并摆好本组座位。检查15米召回线。

4. 技术检查现场工作

（1）当总裁判发出长哨声信号（仰泳为第一声长哨）时，技术检查员应迅速起立，前往各自的观察位置，准备履行技术检查员的职责。

自由泳：A、C岗技术检查员到距出发池端15米处，B、D岗技术检查员到距转身池端15米处。每人都要观察4条泳道的情况。

仰泳、蝶泳：A、C岗技术检查员到距出发池端8～10米处，B、D岗技术检查员到距出发池端15米处。每人都要观察4条泳道的情况。

蛙泳：A、B、C、D岗技术检查员都到距出发池端5～8米处。每人按分工观察2条泳道的情况。

位于距出发池端5～8米处的技术检查员，应注意观察运动员出发入水后的水下动作是否符合规则。

位于距出发池端15米处的技术检查员，应注意观察运动员出发后在水下的潜游动作是否超出15米。

（2）比赛进行中，技术检查员按分工认真巡视，检查所负责的泳道运动员的技术动作是否符合规则。

在终点端，A、C岗技术检查员应巡视到距池端5米以内处，协助转身检查员观察运动员转身、接力出发和抵达终点的动作有无犯规；B、D岗技术检查员应巡视到距池端15米处，注意观察运动员转身或接棒运动员出发后头部是否在15米之前露出水面。

在转身端，B、D岗技术检查员应巡视到距池端5米以内处；A、C岗技术检查员则巡视到距池端15米处。

自由泳比赛时，技术检查员可在游泳池两侧距池端15米处，4位定点观察。

混合泳接力比赛时，技术检查员可不到池端观察交接棒情况，按个人项目比赛的要求进行观察。

（3）每组比赛最后一名运动员抵达终点后，技术检查员应及时向执行总裁判做出是否发现犯规的手势。

如有运动员犯规，在出示犯规手势与执行总裁判取得联系后，应立即到执行总裁判处报告详细的犯规情况（哪条泳道运动员、哪段距离、哪个动作、依据哪条规则判犯规）。

技术检查员的判定必须明确，不能模棱两可。

执行总裁判在了解情况后，如果判定犯规，技术检查员应迅速填写游泳检查表，签名后及时送交执行总裁判。填写游泳检查表要准确、清楚，一定要将犯规运动员的姓名、泳道、组别、项目和犯规情况（犯规地点、动作和程度）写清，尽量使用规则中的规范语言来表述。

在大型比赛中，往往事先将各种犯规情况整理编印成游泳检查表。比赛中发现运动员犯规时，只需在相应条款上打个勾并简单填写有关信息即可。这种方法准确、快捷、方便，可以提高工作效率。

5. 技术检查赛后工作

（1）每场比赛结束后，及时做好小结，交流、分析比赛中出现的情况，提高观察判断能力，改善配合方法。

（2）全部比赛结束后，做好本组工作总结。

（3）及时归还借用的器材。

（三）转身检查员的工作方法

转身检查工作也是保证比赛公平进行的重要环节。转身检查员必须非常熟悉规则中关于各泳式转身动作的规定，工作时要求全神贯注，仔细观察，公正准确地做出判断。

游泳池的两端分别称为终点端和转身端，各设转身检查长 1 人，转身检查员 8 人。

1. 转身检查长的工作位置

转身检查长 2 人，分别位于总裁判对侧距游泳池两端 1 ~2 米处，称为终点端转身检查长和转身端转身检查长（图 5 –2 –4）。

2. 转身检查员的工作位置

转身检查员分别位于每条泳道两端出发台后 2 ~3 米处。

如采用人工计时，则终点端转身检查员（兼计时）坐在每条泳道计时小组三表的位置上（图 5 –2 –4）。

3. 转身检查长的工作分工

转身检查长全面领导本端转身检查员的工作，确保本端转身检查员完成规则赋予的职责。

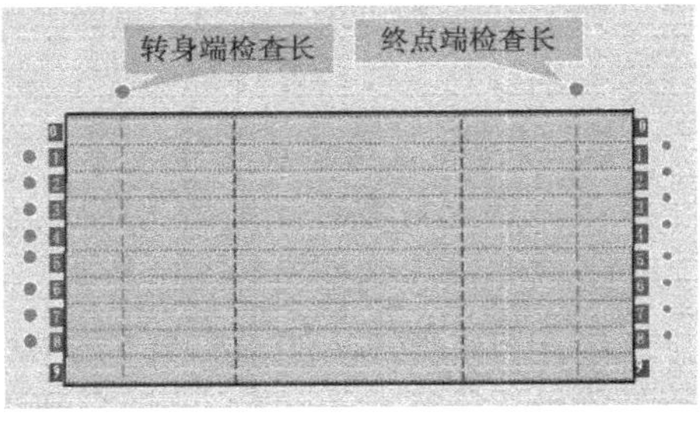

图 5 –2 –4

转身检查长在比赛中还要全面检查各泳道运动员在出发、转身、接力交接棒和抵达终点时的动作是否犯规。

转身检查长根据自己的观察发现运动员犯规，应及时报告总裁判并填写检查表上交。

4. 转身检查员的工作

（1）负责检查运动员从触壁前最后一次手臂动作开始至转身后第一次手臂动作结束的整个转身动作是否符合规则。

（2）终点端转身检查员还要负责：检查运动员出发后至第一次划水动作结束时的动作是否符合规则；在接力比赛交接棒时检查出发运动员是否犯规；在 800 米和 1500 米个人项目中向运动员发出“只剩最后一段”的信号。半自动计时或人工计时时兼做计时员的工作。

（3）转身端转身检查员还要负责：在 800 米和 1500 米个人项目中向运动员报趟。

5. 转身检查员的赛前工作

（1）认真学习竞赛规程、竞赛规则和裁判方法，重点理解规则中的“转身检查员职责”“比赛和犯规”“各项泳式的比赛规定”等条款。

（2）领取所需的工作用具和表格。

（3）转身检查长分配转身检查员的工作，必要时安排好各场比赛岗位轮换表，明确工作配合方法。

（4）深入赛前训练现场，了解运动员的技术情况；熟悉各种转身犯规动作，统一判罚尺度。

（5）熟悉游泳犯规检查表的格式、内容和填写方法。

（6）终点端转身检查长还要与计时长联系，组织本端转身检查员与计时组配合，熟悉计时工作。

（7）每场比赛开始前 15 分钟，检查并摆好本组座位。如果该场有长距离项目比赛，则应准备好铃铛（终点端）和报趟牌（转身端）。

6. 转身检查长现场工作

（1）每组比赛开始前，当总裁判发出长哨声信号时，两端的转身检查长都应起立，走到靠近池端处。待该组全部运动员都抵达终点后，再回原位就座。

出发时，终点端转身检查长要注意观察运动员出发后至完成第一个手臂动作止的过程是否犯规；运动员出发后，检查长要注意是否有转身检查员报告犯规情况。

（2）在每组比赛中，当运动员游到距离池端 15 米时，本端转身检查长要全面观察运动员转身、接力出发和抵达终点的动作是否符合规则。同时，要密切注意是否有转身检查员报告犯规情况。

（3）如果有转身检查员报告犯规，转身检查长应立即到发现犯规的检查员处，了解详细情况，准确判断是否犯规。

（4）在800米和1500米自由泳比赛时，转身端转身检查长要注意本端转身检查员的报趟是否准确无误、符合要求；终点端转身检查长要提醒本端转身检查员在运动员还剩105米（25米池为55米）时按要求摇铃。

（5）每组比赛最后一名运动员抵达终点后，及时向总裁判做出是否发现犯规的手势。如有犯规，则立即到执行总裁判处报告犯规情况。如执行总裁判判定犯规，转身检查长即通知转身检查员填写检查表，审核后签名，然后迅速将检查表交执行总裁判。

7. 转身检查员现场工作

（1）每组比赛开始时，总裁判发出长哨声信号后（仰泳为第一声长哨），两端转身检查员都应起立，走到本泳道出发台的侧后方，准备履行转身检查员的职责。预赛时当观察结束出发动作后，回位就座。决赛时本组运动员全部抵运终点后，再回原位就座。

（2）比赛若采用人工计时，终点端转身检查员在每组出发时要按对计时员的要求开表。运动员出发后，迅速上前站到池边检查运动员从出发至第一次划水动作结束的动作是否符合规则。

（3）当运动员游至距离转身池端15米时，转身检查员应上前站到池边，仔细观察运动员从触及池壁前的最后一个手臂动作起至转身后完成第一个手臂动作止这一过程的动作是否符合规则。然后按赛次要求退回 。

（4）接力项目比赛交接棒时，转身检查员应上前站到池边，仔细观察出发运动员是否在前一名运动员触及池壁后，脚才蹬离出发台。

（5）转身端转身检查员，在800米和1500米个人项目中运动员在转身端转身的前后，应用报趟牌向运动员报所剩的趟数。

池长距离报趟顺序：

① 50米池。

② 800米15、13、11、9、7、5、3、1。

③ 1500米29、27、25、…、9、7、5、3、1。

④ 25米池。

⑤ 800米31、29、27、…、9、7、5、3、1。

⑥ 1500 米 59、57、55、…、9、7、5、3、1。

（6）终点端转身检查员在 800 米和 1500 米个人项目中，运动员到达终点前 105 米（25 米长游泳池为 55 米）时，用铃声或哨声向运动员发出“只剩最后一段”的信号，信号应持续到运动员转身后游出 5 米时才停止。

（7）转身检查员如发现运动员犯规，应立即用手势向本端转身检查长示意并详细报告犯规情况。转身检查长向执行总裁判报告后，若执行总裁判判定犯规，转身检查员应迅速填写检查表并签名，然后将检查表交给转身检查长。（检查表的填写方法与要求见技术检查一章）

（8）采用自动计时装置时，终点端转身检查员在本泳道运动员出发抢跳被召回时，或接力前 3 棒运动员抵达终点后，应站在出发台一侧引导运动员在就近泳池的一侧起水。对于接力比赛，要注意观察前 3 棒运动员在起水过程中是否把其他泳道的触板触停。如发生上述情况，应立即确定犯规运动员并报告转身检查长。

（9）采用自动计时装置时，终点端转身检查员在本泳道运动员抵达终点后，应站在出发台一侧等待全部运动员都到达终点，然后引导运动员起水。如果比赛采用人工计时，引导运动员起水的工作由内场检录员负责。

（10）如采用人工计时，终点端转身检查员在运动员抵达终点时按计时要求按停秒表。回原位就座后将自己计取的成绩报给二表计时员。

（11）当由其他项目转为仰泳、个人混合泳及混合泳接力时，或由仰泳、个人混合泳及混合泳接力转为其他项目时，如果需要，可由游泳池两端最外侧泳道（1、8 道）的转身检查员负责挂、撤仰泳转身标志线。

8. 转身检查赛后工作

（1）每场比赛结束后，及时做好小结，交流比赛中出现的情况，分析判罚案例，提高观察判断能力，改善配合方法。

（2）全部比赛结束后，做好本组工作总结。

（3）及时归还借用的器材。

（四）发令员的工作方法

发令工作主要是为运动员提供一个良好的出发环境，以保证公平、公正地开始各项比赛。

发令员应有稳定的心理素质，较高的观察、判断和控制能力，工作中要做到准确、果断。根据比赛的规模，可设发令员 1～3 人。

1. 发令员的工作位置

发令员应站在发令台上发令。发令台位于游泳池的侧面离出发池端 5 米以内处。发令员发令时要能全面观察到 8 条泳道的运动员，能使运动员和计时员听到或看到发令信号。

发令员可以位于总裁判同侧，也可以位于总裁判的对侧。但若采用自动计时装置，发令员应位于总裁判的同侧，以方便工作联系（图 5－2－5）。

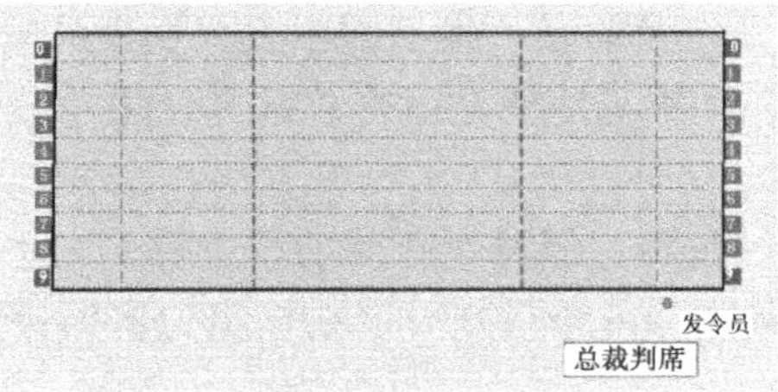

图 5－2－5

2. 发令员的工作分工

正式比赛要设 2～4 名发令员，每场比赛设 2 名发令员，一人担任男子项目的发令，另一人担任女子项目的发令。

比赛中，担任该项发令的即执行发令员，非该项发令的即为助理发令员。

3. 发令员赛前准备

（1）认真学习规则，深入研究执行发令的要领，统一发令方法和出发犯规判罚尺度。

（2）熟悉比赛场地的情况，准备好发令器材（发令枪、子弹、口哨、电笛、烟屏、发令台等）和维护工具，反复练习，熟悉使用方法。

如果使用自动计时装置，应与自动计时组密切配合进行设备调试。如果同时配备了出发指示灯，应确保计时员可以清晰地看到指示灯的显示。

（3）与人工计时组密切配合进行裁判实习，使计时员熟悉发令员的口令，掌握好开、停表技术。

（4）采用自动计时装置时，每场赛前 30 分钟，要对电笛进行必要的检查。如果自动计时装置采用无线装置的发令枪，必须检查所配备的信号转换器，确保设施正常可用。

4. 发令员现场工作

（1）每组比赛开始，当总裁判吹连续短促哨声示意运动员脱外衣时，发令员即上发令台做好发令准备。

(2) 当总裁判发出长哨声时（仰泳为第二声长哨声），发令员应观察所有运动员是否在出发台上或在水中做好出发准备，并注意总裁判的手势。

(3) 当总裁判做出向外伸展手臂的示意动作后，发令员即开始组织出发。在所有运动员都做好出发准备时，即用清晰、平稳的声音发出“各就位”的口令。

当所有运动员都处于静止状态时，发令员立即发出“出发信号”——鸣枪或按动电笛。

(4) 如有运动员在“出发信号”发出前出发，发令员应立即用短促、连续、响亮的哨声将运动员召回，并将犯规情况报告总裁判，由总裁判取消抢码运动员比赛资格后再重新组织出发。

如“出发信号”已经发出，但发现有运动员抢跳，则不再召回，继续比赛，只是应将抢跳情况报告总裁判，由总裁判决定在该组比赛结束后取消犯规运动员的录取资格。

有几名运动员在出发时抢跳，就应取消几名运动员的比赛资格或录取资格。

(5) 如果发现运动员延误比赛、蓄意不服从命令或在出发时有任何犯规行为，发令员应鸣哨中止比赛并立即向总裁判报告，待总裁判处理后再行发令。

(6) 比赛进行中，如果发现在所有参加比赛的运动员还未游完全程之前，有未参加比赛的运动员下水，或在接力比赛中各队所有运动员还未游完之前，除了应游该棒的运动员外，有其他接力队员进入水中，应立即核实该运动员姓名、单位，并向总裁判报告，由总裁判按规则的规定进行处理。

助理发令员应协助执行发令员观察运动员出发的情况，核实抢跳运动员及其泳道。如总裁判判定运动员犯规，助理发令员应迅速填写检查表交总裁判。

助理发令员还应协同填写“发令正、误及运动员犯规统计表”。

5. 发令员赛后工作

(1) 每场比赛结束后，及时做好小结，重点分析发令正误情况及判罚情况，不断提高发令水平。

(2) 全部比赛结束后，做好本组工作总结。

(3) 及时归还借用的器材。

(五) 计时员的工作方法

游泳竞赛规则规定，人工计时、自动装置计时和半自动装置计时，均被承认为正式的计时方法。

计时工作是客观反映运动员成绩的重要环节。计时员必须具备高度的工作责任感、熟练的工作能力和实事求是的工作态度。工作时应精神贯注，准确地计取运动员的成绩。

1. 人工计时组的工作位置

计时组一般设计时长 1 人，副计时长 1 ~ 2 人，计时员每条泳道 2 人 +1 名终点端检查员。计时组位于距终点池端后约 3 米的位置。

计时长位于第四和第五泳道计时小组之间（第四泳道三表计时员左侧）；副计时长位于计时组靠近候赛席的一侧。如果有两名副计时长，则另一名副计时长也位于第四和第五泳道计时小组之间（第五泳道一表计时员右侧）（图 5 - 2 - 6）。

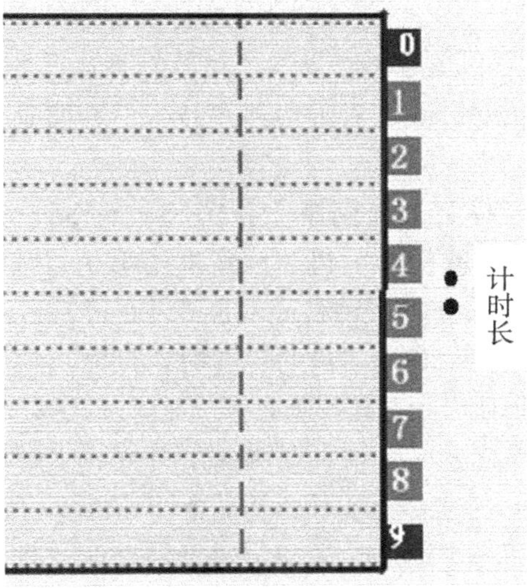

图 5 - 2 - 6

每条泳道的 2 名计时员 +1 名终点端检查员组成 1 个计时小组，分别称为一表、二表计时员 + 终点端检查员。

面对本泳道的出发台；一表计时员位于右侧；二表计时员位于中间，终点端检查员位于左侧。

2. 人工计时组的工作分工

计时长负责领导和分配计时员的工作。副计时长协助计时长工作。

副计时长负责领取、分发计时组所需的秒表、夹板等各种用具，保管比赛用表；负责与检录组、编排记录组联系，及时解决竞赛卡片有误的各种问题。

每条泳道的计时小组，一表计时员为小组长，负责计时小组的全面工作。赛中计取运动员最终成绩，兼计取 100 米以上距离项目的分段成绩，同时负责核对运动员。

二表计时员为记录员，赛中计取运动员最终成绩，并负责小组的成绩记录和统计工作。

终点端转身检查员主要履行转身检查员的职责，兼计取运动员最终成绩。

3. 人工计时组的赛前工作

（1）计时长要检查秒表是否准确可用，向计时员介绍秒表的性能、特点和使用方法。

（2）计时长要做好计时员（一表、二表）的分工；明确计时长、副计时长之间的分工与配合。

（3）组织好赛前学习和实习，使全体计时员熟悉自己的职责和工作过程。与发令员密切配合，练好听信号开表和看触边停表技术，并明确“回表”信号是执行总裁连续的短哨声。

开表的正确姿势：身体直立，两眼平视前方，右手（或左手）持表靠在右侧（或左侧）腰部，听到“各就位”的口令后将拇指第一指节按在开表钮上，集中注意力，听到“出发信号”后立即按动秒表（图 5－2－7）。

在 50 米长的游泳池进行 50 米项目的比赛时，计时员应当集中注意力看“出发信号”。一看见枪烟（或闪光）立即按动秒表（图 5－2－8）。

停表的正确姿势：在出发台旁边，两脚前后开立，上体稍前倾，视线对齐池壁垂直面，右手（或左手）持表靠在右侧（或左侧）腰部，拇指第一指节按在停表钮上，高度注意运动员最后一个动作，运动员触及池壁时立即按停秒表。采用自动计时时应注意计时员的脚不要踩踏触板边缘（图 5－2－9）。

每场比赛开始前 15 分钟，检查并摆好本组座位。

图 5－2－7

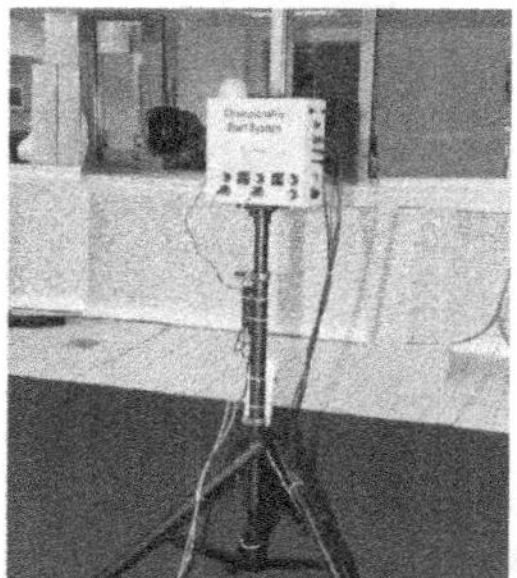
图 5－2－8

图 5－2－9

4. 人工计时组的现场工作

（1）计时长（副计时长）

①每场赛前，向全体计时员介绍本场比赛项目的特点，提出要求。必要时可进行数次集体听信号开表、停表的练习。

②每组比赛开始前，副计时长将检录组交来的竞赛卡分发给各泳道计时小组长。如该组有运动员申请单项分段成绩破纪录，应通知计时长，并提醒相关泳道计时小组做好计取分段成绩的准备。

③每组赛前，总裁判发出短哨声信号时，提醒计时员回表。

④每组比赛，计时长、副计时长与计时员一样按要求开表。运动员出发后，注意检查计时员开表情况。如有计时员的秒表出现故障，计时长应迅速将空道的计时员调整过来，或自己亲自持秒表替补该名计时员。

⑤接力比赛时，提醒计时小组 3 名计时员到池端，计取第一棒运动员的成绩。

⑥运动员抵达终点时，计时长、副计时长可计取第一名或有关泳道运动员的成绩，作为检查、校对、补充之用。

⑦运动员抵达终点后，计时长即开始收集竞赛卡片。边收边检查计时员计取的成绩、填写的内容是否准确清楚，发现错误或不清楚时要求计时员立即更正，必要时核查计时员的秒表。同时，将竞赛卡片按决定成绩的优次顺序排好。

⑧计时长收齐竞赛卡片后，即到终点组处与终点裁判长核对名次。然后将竞赛卡片与终点名次表交总裁判。如比赛未设终点组，则直接将竞赛卡片交总裁判。

⑨凡出现平纪录、超纪录或在达标赛中成绩达标时，计时长应到相关泳道计时小组处，认真检查核实秒表成绩并签名。

（2）计时员

①每组比赛开始前，计时小组长接到副计时长分发的竞赛卡片后，立即根据《秩序册》或“竞赛分组表”核对运动员相关证件和竞赛卡片，发现问题及时报告计时长。

②计时小组长将卡片交给二表计时员。二表计时员随即在卡片的计时员一栏签本计时组成员姓名。

③当听到总裁判发出短哨声信号（或出发犯规召回信号）时，计时员应立即回表。没有得到规定信号，计时员不得擅自回表。在计时长或总裁判要求时，必须出示秒表受检。

④在总裁判发出长哨声信号时（仰泳项目为第一声长哨），全体计时员应迅速起立，集中注意力，听到发令员发出“出发信号”立即按动秒表。

在 50 米长的游泳池中进行 50 米项目的比赛时，发令在另一池端进行，此时计时员应当看光信号（枪烟或闪光）按动秒表。

开表后立即坐下，查看秒表走动情况。在计时过程中如发现秒表发生故障，应及时报告计时长处理。决赛场是全程站立计时。

⑤在 100 米以上距离项目的比赛中，运动员在终点一端每次转身前距池端 15 米时，或接力比赛交接棒时，一表计时员和终点端检查员应同时起立走到池边，一表计时员计取分段成绩，终点端检查员执行转身检查员的职责。

二表计时员随后将一表计时员计取的分段成绩填入竞赛卡片。

接力比赛的第一棒，或有运动员申请单项分段成绩创纪录时，在该分段，计时小组 3 名计时员都要到池端计取该段成绩。二表计时员要将 3 个秒表计取的成绩和决定成绩填写在竞赛卡片或创纪录申请表上。

⑥当本道运动员游到终点前 15 米时，计时小组 3 人应同时起立，走到池端（一、二表在出发台右侧，终点端检查员在出发台左侧）做好计取成绩的准备。当运动员抵达终点（触壁）后立即按停秒表。

⑦停表后立即返回坐下。3 人出示秒表，由二表计时员将成绩填入竞赛卡片（按二表、一表、三表的顺序填写），并确定正式成绩。在记写成绩时，小组长要认真检查，防止记错。

记写成绩要求按标准的 8 位格式填写，中间及两端的“0”均不能省略，如“01：03. 50”。

3 名计时员中，有 2 个以上的秒表所计取的成绩相同时，此成绩应为正式成绩。如 3 个秒表所计取的成绩都不相同，应以中间的成绩作为正式成绩。

在 3 个秒表中只有 2 个正常运行的情况下，应以平均成绩作为正式成绩。平均成绩只取到 2 位小数。

⑧二表计时员随后立即填写“计时存查表”。其中“误差”栏是填写 3 块秒表中最差成绩与最优成绩之差。

⑨二表计时员随即将登记好的竞赛卡片交一表小组长。小组长检查无误后，在计时长收取卡片时交出。

注：如果比赛采用自动计时装置但同时使用人工计时作为补充时，计时组的人员配备与工作方法与单纯的人工计时相同。但每组赛后的竞赛卡片不用交给总裁判，而是在该场结束后交给编排记录组。如未使用竞赛卡片，则将成绩登记在“计时存查表”上。

⑩决赛场次计时员进退场方法。当宣告员介绍到第八泳道时，计时长带领计时

组入场，该项决赛结束后带领计时组退场。目的是突出运动员是比赛的主角。

当计时组到位后总裁判才组织运动员开始比赛。

5. 人工计时组的赛后工作

（1）每场比赛结束，二表计时员及时做好计时存查表的统计工作，然后将计时存查表交副计时长保管。

（2）每场比赛结束，副计时长及时收齐各泳道秒表，妥善保管。全部比赛结束后，收齐秒表和文具交回有关部门。

（3）每场比赛结束，计时长均应进行小结，及时发现问题、解决问题，努力提高计时准确性和工作速度，必要时可适当调整计时小组，更换秒表。

（4）全部比赛结束后，做好本组工作总结。

（六）自动计时

游泳比赛自动计时，即利用自动计时装置，“出发信号”一发出，即自动启动计时系统，运动员到达终点触壁时，计时自动停止，自动打印（显示）运动员的比赛成绩和名次。自动计时由于能客观、准确、迅速地提供运动员的成绩和名次，比人工计时准确、快捷，因而在现代游泳竞赛中已被普遍采用，成为游泳竞赛中最基本的裁判计时方法。

半自动计时，即利用自动计时装置，“出发信号”发出时自动启动计时系统，运动员到达终点触壁时，由计时员按动按钮停止该泳道的半自动计时运行，记录运动员的比赛成绩。由于开表采用自动计时方法，而停表采用人工方法，所以称为半自动计时。半自动计时是作为自动计时装置失灵时的一种补救。由于计时员按动按钮时，看不到成绩，因此半自动计时也被称为“盲表”。

国际游泳竞赛规则规定，在采用自动计时装置而未使用录像计时系统时，须使用半自动计时装置或人工计时作替补，并配备相应数量的计时员。半自动计时员按动按钮的方法和要求同人工计时的停表方法。

在我国，全国综合性运动会的游泳比赛、全国游泳锦标赛、全国游泳冠军赛和全国短池游泳锦标赛必须采用自动计时。只有自动计时装置和半自动计时装置记录的成绩，方可申请为全国纪录。

1. 自动计时的分工

自动计时长负责领导和分配自动计时员的工作，协调好自动计时、大显示屏、计算机打印系统、视频输出各组操作人员的工作配合。赛前参与检查和调试设备，赛中负责监督自动计时装置的运行情况，收集、处理和提交自动计时装置记录的成绩。

自动计时员在赛前负责安装、调试全部的自动计时设备；比赛中负责操作主机及有关设备，及时向自动计时长提交自动计时装置记录的成绩。

2. 自动计时赛前工作

自动计时员同其他操作人员一起，安装自动计时设备，按设备说明书的技术要求，全面调试，反复检查，确保设备能正常运行。

重点对主机、触板、盲表及接力抢跳判断器的线路、接口、传感器的灵敏度进行检查和测试。触板的不应期，对 50 米分段拟调为 20 秒，对 100 分段拟调为 40 ~ 45 秒。

对设备的所有线路进行安全检查，尽可能合理地铺设线路，尤其注意对终点端的线路要铺盖得当，防止意外影响正常运转。每道 3 块盲表应按序编号。

请发令员配合，对电笛进行调试。

根据竞赛规则和竞赛规程的要求，对自动计时系统的运行程序及大显示屏的显示内容、格式、顺序进行审核，提出修改意见。

重点内容有：对屏幕显示的每一幅板面信息进行检查、校对（须与秩序册、秩序单校对）。对输入计算机系统的各项纪录进行检查和确认。创（超）纪录后应能自动调整。

自动计时长统一并协调好主机、计算机、大显示屏等操作人员的工作流程，组织相关人员认真参加赛前实习和联合调试，及时发现问题和解决问题。

准备好有关工作用具（胶水、小刀等）。

自动计时员按秩序册或秩序单预先填写好各项目的自动计时卡片，以便比赛中粘贴打印出的各组成绩单（表 5 - 2 - 2）。

表 5 - 2 - 2　自动计时成绩

第____场第____项________子____米____泳____赛第____组
贴触板成绩　　　贴分段成绩
自动计时长________　　　总裁判________

3. 自动计时现场工作

每场比赛前一小时，全体自动计时人员应到现场，检查和调试自动计时装置的所有设备、线路和接口，保证设备正常待用。

赛前15分钟，运动员起水后，应再作一次检查。主要是检查触板、盲表和电笛。每组比赛前，主机和显示屏应回至待用状态（显示屏显示出0.00，以示准备完毕可以开始一组比赛）。比赛若备有两台主机，应采用双机运行。可用一台主机重点记录盲表成绩。

比赛进行中，自动计时员应高度集中注意力，特别是主机操作员应根据比赛项目、距离、泳道分布情况开启和关闭有关线路。自动计时长应全面观察场上赛况和设备运转情况，提醒操作人员规范操作，防止人为的操作失误。特别要注意观察每组运动员转身和到达终点时的触板情况。

每一组比赛结束，执行总裁判给自动计时长做出无犯规的手势后，自动计时长即通知主机和大显示屏操作员对成绩予以确认。此时大显示屏应切换至成绩确认板。

主机操作员立即打印出的成绩单，自动计时员将成绩单粘贴在预先准备好的自动计时成绩卡上，交给自动计时长。自动计时长审核无误后签字。如有大显示屏，则将成绩卡直接传送至编排记录组留存备查（如主机未与成绩处理计算机联网，则编排记录组根据自动计时成绩卡输入计算机编印成绩公告）。如无大显示屏，则应打印两份成绩单，一份交给编排记录组，另一份交给宣告员报告成绩。

如出现犯规，自动计时长应立即通知主机操作员清除犯规泳道的成绩并改换成“DQ”（犯规）符号，然后重新排列名次。有犯规的成绩卡应送交执行总裁判签字确认。

如出现创（超）纪录，成绩卡也要送交执行总裁判签字确认。

每项预赛结束后，大显示屏应尽快显示该项成绩的大排序。特别要注意8、9名（争决赛）和10、11名（争第二替补）是否有成绩相同需要重赛的情况（有半决赛的项目应注意16、17名和18、19名）。如有这种情况，应及时报告执行总裁判。

每组比赛结束后，如有触板失灵或操作失误情况发生，自动计时长应立即向执行总裁判报告情况并按规则规定补入成绩和调整名次，然后重新打印调整后的成绩单并在大显示屏显示。

如无触板成绩和名次，立即从主机中提取盲表成绩补入。如每条泳道未设3个盲表，补入前应核对盲表排列的名次，如无矛盾，补入成绩可以给予确认。如无盲表成绩，应从该泳道人工计时的正式成绩中提取补入。无论提取盲表或人工计时成绩，都应按规则第二章第四条中的正式成绩和名次判定方法处理。自动计时失灵失误情况和处理办法应填入“自动计时技术统计表”，以利总结（表5－2－3）。

表 5－2－3　自动计时技术统计表

第____场

项次	项目	组次	道次	失灵失误情况	处理办法	备注

自动计时长________

应注意的是，预赛或半决赛后，不得因个别泳道自动计时失灵而全部改用人工计时成绩进行大排序。

应按各组运动员正式成绩的优、次顺序进行大排序，确定半决赛或决赛人选。正式成绩相同者名次并列。

凡有自动计时成绩的运动员（包括“二次触板”成绩），均不得用半自动计时或人工计时的成绩替补，除非执行总裁判判定该泳道自动计时装置失灵、故障或该成绩是别人触停的。

接力比赛时，前三棒运动员如在退场过程中触停了其他泳道的触板，应判其犯规，取消该接力队的录取资格。自动计时裁判员要密切注意，出现这种情况时应及时报告执行总裁判。

自动计时装置设有接力出发判断器（F. D. 显示）。如果 F. D. 显示出现负数（－）且其绝对值大于 0. 03 秒（不包括 0. 03 秒），应判定运动员抢跳犯规。此时，自动计时长应将 F. D. 显示表交执行总裁判审核签字后按抢跳犯规处理。

要特别注意的是，自动计时长对人工干预的成绩必须反复核对，确保无误（包括纪录的输入和纪录更新的核查）。全部运作过程还要按总裁判对比赛现场指挥的节奏变化予以调整。

4. 自动计时赛后工作

每场比赛结束后，全组及时进行小结，对比赛中所发生的问题特别是设备失灵的情况进行认真分析，查明原因，及时修复。如出现人为的操作失误，更要强调集中注意力，规范工作程序，不断提高工作质量，减少差错。

全部比赛结束后，做好本组工作总结。注意对设备运行情况作一次全面评定，对各环节的配合以及计算机程序提出改进意见。

及时归还借用的器材。

（七）编排记录员的工作方法

编排工作是保证比赛按计划有条不紊顺利进行的关键环节。编排人员必须认真负责，头脑冷静，有吃苦耐劳的精神，在工作中应始终做到周密、细致、准确、及时。

编排记录组裁判员人数的多少应根据竞赛的规模和需要来确定。一般设编排记录长1人，副编排记录长1~2人，编排记录员6~10人。

1. 编排赛前的准备工作

（1）熟悉竞赛规程和竞赛规则：编排记录组开始工作后，首先应当认真学习竞赛规程和大会有关文件，明确各项有关规定，如竞赛项目、参加办法、竞赛办法等。对条款不清、难以理解的问题，应及时向主办单位请示，不得擅自做出决定。同时，要认真学习规则中有关编排的各项规定，了解场地情况，以便依据这些进行具体编排工作。

（2）审查报名表：审查报名表是一项极其重要的工作，主要是检查各单位的报名是否符合竞赛规程的规定。审核报名单一定要认真细致，坚持原则，发现违反规程或不清楚的地方，应设法及时与有关方面联系，在正式编排前予以解决，不能留有尾巴，以免在比赛开始后造成意想不到的麻烦。

审查报名表主要应注意以下几个方面。

①检查运动员的代表资格有无问题。

②检查运动员的姓名、性别、出生年月、注册号等是否填写清楚。

③检查运动员的年龄分组是否正确无误；有没有重报、混报或错报组别。

④检查各单位有没有多报人数；检查运动员有没有多报项数。

（3）统计各项参加人（队）数：各项参加人（队）数既是编排竞赛分组的依据，又是工作中检查核对的依据。因此，应根据报名表按组别、按项目、按性别进行认真的统计，并仔细核对，保证统计数字准确无误（表5-2-4）。

表5-2-4　各项参加人（队）数统计表

甲组

单位	50米自由泳		100米自由泳		……	小计	备注
	男	女	男	女			
北京	3	3	3	3		34	
天津	3	3	2	4		42	
上海	2	3	3	3		38	
重庆	4	2	2	4		36	
山东	1	3	3	3		25	
河北	4	2	2	3		28	
……	……					……	
合计	32	36	24	26		856	

（4）统计各单位人数：各单位参加人数是做好比赛会务工作（食宿、交通、材料分发等）的重要依据。应根据报名表按身份、性别分类统计（表5-2-5）。

表5-2-5　各单位人数统计表

序号	单位	运动员			其他人员							合计
					领队		教练		工作人员		小计	
		男	女	小计	男	女	男	女	男	女		
1	北京	20	16	36	1		3	1	1		6	42
2	天津	18	16	34	1		2	2	1		6	40
3	上海	28	24	52	1		3	2		1	7	59
4	重庆	14	20	34		1	2	2		1	6	40
5	山东	16	16	32	1		2	1	1		5	37
6	河北	20	12	32		1	2	1		1	5	37
……	……	……	……	……	……	……	……	……	……	……	……	……
合计		200	180	380	12	4	36	18	11	5	86	466

（5）编排竞赛日程：在没有预先排定竞赛日程的情况下，编排记录组应根据实际报名情况编排出竞赛日程。这是一项细致、复杂的工作，需要综合考虑多方面

的因素，反复权衡，慎重调整，以使日程编排得合理，有利于运动员技术水平的发挥。

计算竞赛所需时间：竞赛规程一般规定了比赛天数，但还要根据具体情况确定每场的平均时间，算出实际需要进行几场比赛。首先，根据泳道数和统计出的每项参加人数，计算每项有几组预赛、半决赛、决赛。然后，将组数乘以不同距离项目每组比赛所需时间，既得出各项比赛所需时间（表5－2－6）。

表5－2－6 不同距离项目每组比赛所需时间距离（米）时间（分）

距离（米）	时间（分）
50、100	3～4
200	5～6
400	8～9
800	13～14
1500	21～23
颁奖	5

每组比赛所需时间包括运动员游完该项距离的时间和裁判工作的时间，可以根据所举行的竞赛中运动员和裁判员的水平加以调整（表5－2－7）。

表5－2－7 比赛时间统计表

			50米自由泳		100米自由泳		……	400米个人混合泳		……	小计	场数
			男	女	男	女		男	女			
甲组	预赛	人数	25	34	32	18		22	16			每场约180分钟
		组数	4	5	4	3		3	2			
		时间	16	20	16	12		24	16		240	
	半决赛	人数	16	16	16	16						
		组数	2	2	2	2						
		时间	8	8	8	8						
	决赛	人数	8	8	8	8		8	8			
		组数	1	1	1	1		1	1			
		时间	4	4	4	4		8	8	80		
……			……								……	
合计											1080	6

将各项所需时间相加得出总时间后，可根据每场预定的时间，算出实际需要的

场数。

如总时间为1080分钟，以每场180分钟计，则需进行6场比赛。

①编排原则

编排原则是指在编排过程中应综合考虑的问题，其中心是要有利于运动员创造优异成绩。

一般一天只安排两场比赛，上午一场，下午或晚上一场。上午场次安排预赛项目，下午或晚上场次主要安排决赛项目，亦可安排少量的预赛。上午场次时间可稍长，下午或晚上场次时间可稍短，但各场的时间不宜悬殊太大。

每场中各种姿势和男、女项目应交错安排；长、短距离项目要兼顾，一般应先短后长。

同项的预赛和决赛不要排在同一场，但也不宜间隔太远，最好在同一天内完成。

尽量不要把可能有运动员兼项的项目编排在同一场进行。

例如，100米蛙泳不要和200米蛙泳安排在同一场；4×100米混合泳接力不要和四种泳式的短距离项目安排在同一场。

一场中如有不同项目的预赛、决赛时，应当先安排决赛，后安排预赛。

如规程要求某项为每个运动员的必报项目，可以考虑安排专场进行。

在开幕式、闭幕式等重要场次，可考虑安排一些可能创造优异成绩的项目或接力项目，以活跃赛场气氛。

②编排步骤

制作项目卡片。卡片长约10厘米，宽约3厘米，男、女用不同颜色的纸加以区别。在项目卡片上要写明组别、项目、赛别、人数、组数和所需时间。每一项目的每一赛次（预赛、半决赛、决赛）各写一张，不可遗漏（表5－2－8）。

表5－2－8　制作项目卡片

男子组	100米自由泳	预赛
30人	4组	16分

排列项目卡片。项目卡片全部写好后，根据前述编排原则，将卡片一张一张排到各场中去，边排边注意调整好每场中各项的先后顺序，直至把所有的卡片都排完为止。可按组别，排完一组，再排另一组。

调整项目卡片。初步排出竞赛日程之后要进行认真的检查。发现有不合理之处时，要全面考虑，谨慎地进行调整。特别注意不要漏排了项目，不要把同一项目预赛、半决赛、决赛的顺序排颠倒了，并注意使各场的时间大体上相同。所有项目都确定下来后，即可按场次、项次编制成竞赛日程表（表5－2－9）。

表5－2－9　竞赛日程表

第1场

2007.03.02　　09：00.00

1.	男子组	400米	个人混合泳	预赛	50人	7组	09：00.00
2.	女子组	400米	个人混合泳	预赛	44人	6组	09：42.00
3.	男子组	100米	蝶泳	预赛	39人	5组	10：18.00
4.	女子组	200米	蝶泳	预赛	39人	5组	10：33.00
5.	男子组	200米	自由泳	预赛	40人	5组	10：53.00
6.	女子组	100米	自由泳	预赛	58人	8组	11：13.00
7.	女子组	800米	自由泳	预赛	41人	6组	11：37.00

③编排竞赛分组表

分组方法和分组原则：

只有1组时，其赛次应为决赛。

2组或3组时，报名成绩最好的运动员或接力队应编排在最后一组，次好的编排在倒数第二组。从最后一组编到第一组后，再以同样的方法编排每个组的第二个运动员或接力队。以此类推，把所有运动员或接力队编到各组中去。

超过3组时，报名成绩最好的24名运动员或接力队按上述方法编到最后3组中，其余的按报名成绩顺序编满倒数第四组。如果还有剩，再编满倒数第五组。以此类推。

2组或2组以上的任何预赛组内至少应有3名运动员或接力队。但若编排后有运动员（或接力队）弃权，则该预赛组内可少于3名运动员（或接力队）。

不得将不同项目、不同距离、不同性别的运动员混合编组。

没有填报名成绩的，作为成绩最差的安排比赛次序。若这样的运动员（接力队）超过1人（队）时，应以抽签方法决定其先后次序。

④编排模式

分组决赛：比赛如果采用无预赛的“分组决赛”模式，则按报名成绩顺序，将成绩最好的运动员或接力队编满最后一组；所剩运动员或接力队，按其成绩顺序编满倒数第二组。以此类推，将所有运动员编排完毕。

预赛—决赛：比赛如果采用“预赛—决赛”模式，则按报名成绩顺序，根据上述分组原则编排预赛。取预赛前8名编排决赛。

预赛—半决赛—决赛：比赛如果采用“预赛—半决赛—决赛”模式，则按报名成绩顺序，根据上述分组原则编排预赛。

取预赛前16名编半决赛：将成绩第一的运动员或接力队编排在第二组；成绩第

二者编排在第一组；成绩第三者编排在第二组；成绩第四者编排在第一组。以此类推，把所有参加半决赛的运动员或接力队编到两组中。取半决赛前 8 名编排决赛。

预赛—决赛 A、B 组：比赛如果采用“预赛—决赛 A、B 组”模式，则按报名成绩顺序，根据上述分组原则编排预赛。

预赛后，将预赛成绩排列 9 ~ 16 名者编入决赛 B 组（第一组），将预赛成绩排列 1 ~ 8 名者编入决赛 A 组（第二组）。A 组运动员争前 8 名，B 组运动员争 9 ~ 16 名。

预赛（分组决赛）—决赛：比赛如果采用“预赛（分组决赛）—决赛”模式，则按 1 模式编排预赛。取预赛前 8 名编排决赛。

决赛慢组—决赛快组：比赛如果采用无预赛的“决赛慢组—决赛快组”模式（在某些比赛的长距离项目中采用），则按报名成绩顺序，将成绩最好的运动员编满决赛快组（1 组）；所剩运动员全部安排在决赛慢组（可多组），按 1 模式编排。决赛慢组和决赛快组在不同时段进行，两大组合并录取名次。

⑤泳道安排方法

使用 6 条泳道时，同一组按报名成绩优次顺序依次安排在第三、四、二、五、一、六泳道。

使用 8 条泳道时，同一组按报名成绩优次顺序依次安排在第四、五、三、六、二、七、一、八泳道。

使用 10 条泳道时，同一组按报名成绩优次顺序依次安排在第四、五、三、六、二、七、一、八、零、九泳道。

泳道数为奇数时，同一组报名成绩最好的运动员（或接力队）应安排在中间的泳道，成绩次好者应安排在其左侧泳道（面向游泳池），再次好者应安排在其右侧泳道，以此类推。

⑥编排步骤

填写竞赛卡片：按报名表填写竞赛卡片。每人每项填 1 张，接力每队填 1 张。男、女应使用不同颜色的卡片加以区别。卡片上的各项内容要填写清楚，不可遗漏或错填。

卡片填好后按项目归类，必要时填入该项的纪录。然后，与各项参加人数的统计数字核对，每项有多少人参加比赛，就应有多少张卡片。最后，将卡片按报名成绩的优次顺序整理好。

排列竞赛卡片：竞赛卡片填写整理好后，即可根据分组方法和泳道安排方法把每一项的卡片排列起来。

⑦半决赛、决赛

50 米、100 米、200 米距离的项目进行预赛、半决赛、决赛。其他距离项目只进行预赛和决赛。

半决赛项目，根据预赛成绩的排列顺序，按照本条“一”款“（二）”项和“二”款的规定编组和安排泳道。

决赛项目，根据预赛或半决赛成绩的排列顺序，无预赛时根据报名成绩的排列顺序，按照本条“二”款的规定安排泳道。

如果游泳池设有 10 条泳道，当 800 米和 1500 米自由泳预赛出现第八名有 2 人成绩相同时，决赛将启用第九泳道，用抽签的方式决定第八和第九泳道的运动员。当 800 米和 1500 米自由泳预赛出现第八名有 3 人成绩相同时，决赛将启用第九和第零泳道，用抽签的方式决定第八、第九和第零泳道的运动员。

比赛如采用分组决赛，则根据报名成绩的顺序编满最后一组，再编满倒数第 2 组，以此类推。同一组的运动员或接力队，按本条“二”款的规定安排泳道。800 米和 1500 米自由泳项目的最后 1 组可安排在决赛时段进行。

填入组次和泳道号：卡片排列好后，即将相应的组次和泳道号填入每一张卡片。然后，按组次和泳道顺序把卡片一组一组整理好（表 5－2－10）。

表 5－2－10 填入组次和泳道

组别		男子甲组	项目	100m 蛙泳
姓名		李大为	单位	福州
报名成绩		01:02.36	纪录	
赛别		预赛	半决赛	决赛
决定成绩		: .	: .	: .
名次				
组		3		
道		4		
成绩	①	: .	: .	: .
	②	: .	: .	: .
	③	: .	: .	: .
计时员	①	: .	: .	: .
	②	: .	: .	: .
	③	: .	: .	: .
备注				
总裁判				

⑧编制竞赛分组表

一个项目的分组分道完成后，即可根据该项目各组的竞赛卡片编制该项分组分道表（表5－2－11）。

表5－2－11　编制竞赛分组表

4. 女子组　200米蛙泳　预赛　25人4组　2006.07.10　00:10:20

组次	泳道	姓名	单位	出生年	报名成绩
1	1				
1	2				
1	3	张继凤	南京	1984	
1	4	徐维蔚	南京	1982	
1	5	赵瑾	太原	1982	
1	6				
1	7				
1	8				
2	1				
2	2	王然迪	大连	1981	
2	3	张丹	深圳	1985	
2	4	罗男	大连	1983	
2	5	张鑫	淄博	1984	
2	6	谭静雯	广州	1984	
2	7	刘佳	珠海	1985	
2	8				
……					

所有项目都编好后，按竞赛日程的场、项顺序整理成完整的竞赛分组表。

最后，将所有竞赛卡片按场、项的顺序整理好，由专人保管，在每场赛前交给检录长。

⑨编制秩序册

秩序册内容包括以下内容：

●封面：包括比赛名称、主办单位、承办单位、协办单位、时间、地点；●目录；●比赛有关事项的通知；●竞赛规程；●比赛补充通知；●竞赛组委会；●办事机构；●仲裁委员会；●技术代表；●裁判员名单；●代表队名单；●代表队人数统计；●大会活动日程；●竞赛日程；●根据比赛级别设置的纪录；●运动员等级表；●比赛场地平面图等；●竞赛分组表草稿。（在技术会上核对后确定准确分组表）

⑩秩序册的编排方法

指定专人分别准备好上述有关材料（大部分内容由大会办公室、竞赛组等相关部门提供），按顺序汇集整理成完整的《秩序册》，经大会负责人审阅后，即可付印。

基层小型比赛可能并不需要内容完备的《秩序册》，可以只印竞赛日程和竞赛分组表，甚至只印竞赛分组表即可。

国际比赛的惯例是，《秩序册》不含竞赛分组表。而是等代表队报到后召开裁判长、教练员联席会议时，进行报名表的确认，此时仍允许已报名的运动员改项或相互替代。报名表经确认签名后，编排组再正式编排竞赛分组表，并在赛前将印制好的竞赛分组表分发给各代表队、裁判员和有关部门。

2. 比赛现场记录工作

记录工作的任务是准确、迅速地记录、公布、统计、汇总比赛的所有成绩。记录工作是保证比赛顺利进行的重要环节，不允许出现任何差错。

要做好记录工作：一是要在赛前做好充分的准备；二是要有明确的分工，各司其职；三是要严格按规定程序办事，一环扣一环，有条不紊地开展工作；四是在每个环节都要进行反复的检查核对。

（1）记录工作的位置及分工：比赛期间，记录组应有相对独立的工作空间。一般应安排在靠近总裁席和自动计时控制室的地方，以方便工作的联系。

不论记录组在什么位置，在比赛现场，都必须有一名记录员（通常是编排记录长或副编排记录长）位于宣告员旁边，随时处理成绩、名次等的记录、公告的有关事宜。记录工作人数及分工见表5－2－12。

表5－2－12　记录工作的位置及分工

岗位	人数	工作内容	备注
A	1	核对成绩与名次，处理重赛，编排半决赛、决赛	编排记录长担任
B	2	编排竞赛成绩公布表、半决赛和决赛名单公布表	按男、女项目分工
C	2	统计破纪录情况、登记前×名成绩、统计加分和扣分、累计团体总分	按男、女项目分工
D	1	编印各场成绩公报	
E	1	积累有关材料编制成绩册	
F	1	公告栏公布各项信息	
G	2	填写或打印奖状、成绩证明单	

（2）记录组赛前准备工作：准备各种记录和公布成绩的表格（表 5-2-13～表 5-2-19）。

表 5-2-13　竞赛成绩公布表

____子____组____米____泳____赛　　　第____组

泳道	1	2	3	4	5	6	7	8
姓名								
单位								
成绩								
名次								
备注								

____年____月____日第____场

表 5-2-14　半决赛名单公布表

____子____组____米____泳____赛

组次	泳道	1	2	3	4	5	6	7	8
1	姓名								
	单位								
2	姓名								
	单位								

时间：____年____月____日第____场第____项

表 5-2-15　决赛名单公布表

____子____组____米____泳____赛

泳道	1	2	3	4	5	6	7	8
姓名								
单位								

时间：____年____月____日第____场第____项

表 5-2-16　前×名成绩记录表

名次		一	二	三	四	五	六	七	八
50 米自由泳	姓名								
	单位								
	成绩								
	得分								
100 米自由泳									

表 5-2-17　团体总分记录表

男子甲组

单位	50 米 自由泳	100 米 自由泳	200 米 自由泳	400 自由泳	……	团体 总分	团体 名次	备注
北京								
上海								
天津								
重庆								
山东								
河北								
辽宁								

表 5-2-18　创纪录统计表

序号	项目	姓名	单位	成绩	原纪录	时间
1						
2						
3						
4						
5						
6						
……						
合计	项	人	单位	次		

表 5－2－19　游泳比赛成绩证明单

<table>
<tr><td>项目</td><td colspan="2"></td><td>成绩</td><td colspan="2"></td></tr>
<tr><td>姓名</td><td></td><td>性别</td><td></td><td colspan="2">出生年月</td></tr>
<tr><td>单位</td><td colspan="3"></td><td>运动等级</td><td></td></tr>
<tr><td>竞赛名称</td><td colspan="5"></td></tr>
<tr><td>竞赛日期</td><td colspan="5"></td></tr>
<tr><td>竞赛地点</td><td colspan="5"></td></tr>
<tr><td>池长</td><td colspan="3">米</td><td>水温</td><td>℃</td></tr>
<tr><td>计时方式</td><td colspan="5"></td></tr>
<tr><td>自动计时装置</td><td colspan="5"></td></tr>
<tr><td>总裁判（签名）</td><td colspan="3"></td><td>裁判等级</td><td></td></tr>
<tr><td colspan="6">组委会审核意见：

（盖章）
年　月　日</td></tr>
</table>

（3）各裁判组使用的表格

计时存查表、游泳检查表、终点存查表、终点综合名次登记表、比赛名次报告表接力棒次表、分段成绩创纪录申请表、弃权申请（报告）表、抗议申请书、总裁判意见书及仲裁委员会决议书。

（4）布置公告栏

在赛场比较醒目且较空旷处，布置好公告栏，以便在比赛中公布及张贴各种竞赛信息（图 5－2－10）。

图 5－2－10

（5）现场工作程序

某组预赛后的工作步骤，见图 5－2－11。

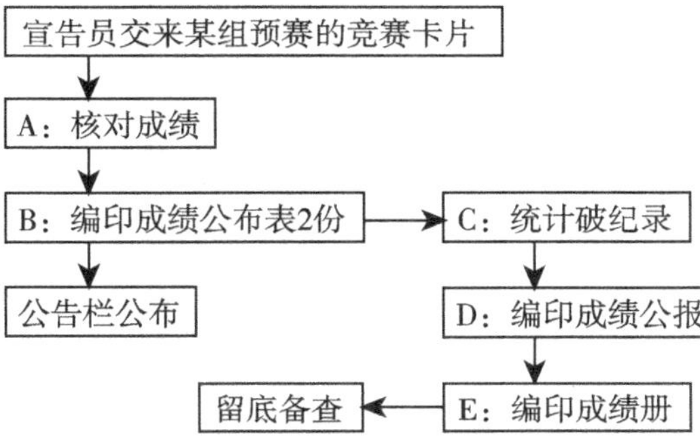

图 5－2－11

某项各组预赛结束后的工作步骤，见图 5－2－12。

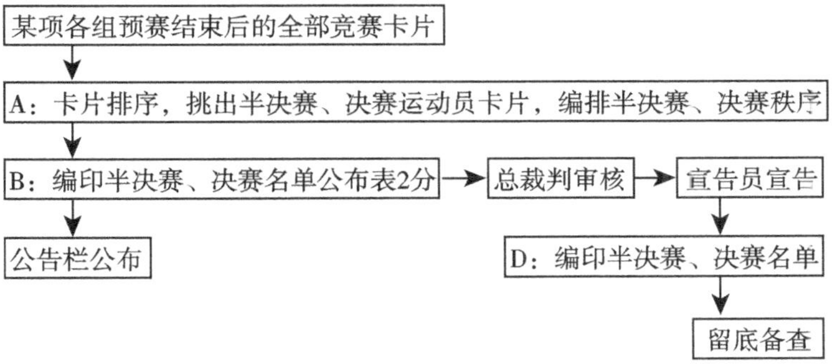

图 5－2－12

某项决赛后的工作步骤，见图 5－2－13。

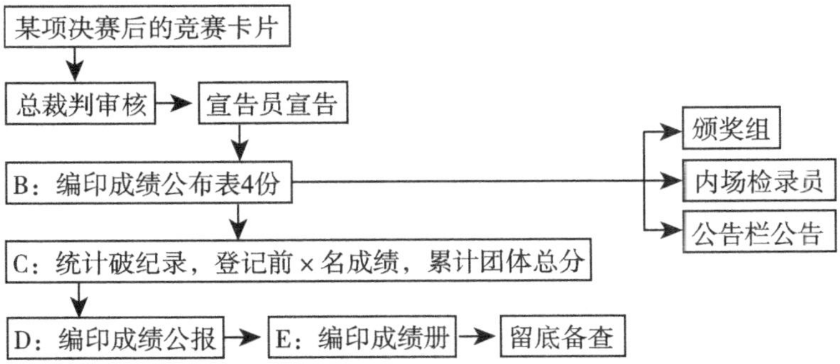

图 5－2－13

重赛的处理：

预赛、半决赛结束后，如有运动员成绩相同而涉及参加半决赛、决赛人选的确定时，应区分不同情况分别处理。

如果采用自动计时装置，或每条泳道有 3 块秒表计时但未设终点裁判，则同组或不同组的运动员成绩相同者，都必须重赛。按重赛的名次确定参加半决赛、决赛的人选。

如果采用人工计时并设置了终点裁判，且成绩相同者都为同组的运动员，则不重赛，按预赛、半决赛的名次确次参加半决赛、决赛的人选。

如果采用人工计时并设置了终点裁判，且成绩相同者有不同组的运动员，则可采用下述“简明判定法”确定参加重赛的运动员，再按重赛的名次确定参加半决赛、决赛的人选。

例：某项预赛后要按成绩录取 8 人参加决赛。但第七名有 4 人成绩相同，A1、A2、A3 来自第一组且按其终点名次排列；B1 来自第二组。现需从 4 人中选 2 人参加决赛。具体步骤如下。

①将所有成绩相同者按组列出，各组按终点名次的顺序从左向右排列。

②需要录取几名参加下一轮比赛，就在第几列的右边画一条“淘汰线”。位于该线右边的运动员是“绝对无资格者”，将其划掉。本例需选 2 人参加决赛，故在 A2 之右侧画出“淘汰线”，将 A3 划掉。

③计算除本组以外其他各组所剩运动员人数之和，有几人就在各组第一人之前打上几个“▲”号。这一步骤是假设当剩下的所有运动员都参加重赛时，出现了“其他各组所有运动员的重赛名次都优于该组第一名”的极端情况。本例，对于第 1 组，打上 1 个“▲”号（除本组外只有 B1 一人）；对于第二组，打上 2 个“▲”号（除本组外有 A1、A2 等 2 人）。

④根据所需人数分别对各组试录取（即处理各种极端情况）。1 个“▲”号代表 1 个人。先录取以“▲”号代表者，再录取本组运动员。各组中凡能被录取上的是“绝对有资格者”，不必重赛而直接进入下一赛次，将其圈出。本例需选 2 人参加决赛，则第一组 A1 可圈出。

⑤各组剩下的运动员必须重赛。重赛后按名次取若干名与“绝对有资格者”一起参加下一赛次的比赛。

（4）重赛应在所有有关运动员游完预赛或半决赛至少一小时后（或经有关方面协商确定时间）进行。以抽签的方法安排泳道。重赛后若名次仍相同则再重赛，直至分出胜负。

某项预赛后需重赛的工作步骤，见图 5－2－14。

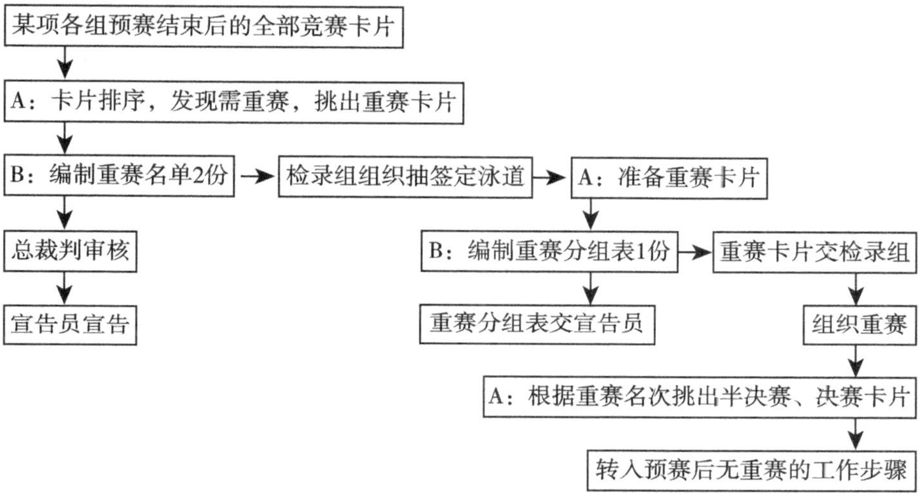

图 5－2－14

替补的处理：

在半决赛、决赛检录时，如果有运动员弃权，根据规则精神应进行替补。如果替补运动员已到场，编排记录组必须立即重编该组半决赛、决赛秩序。

处理替补的工作步骤，见图 5－2－15。

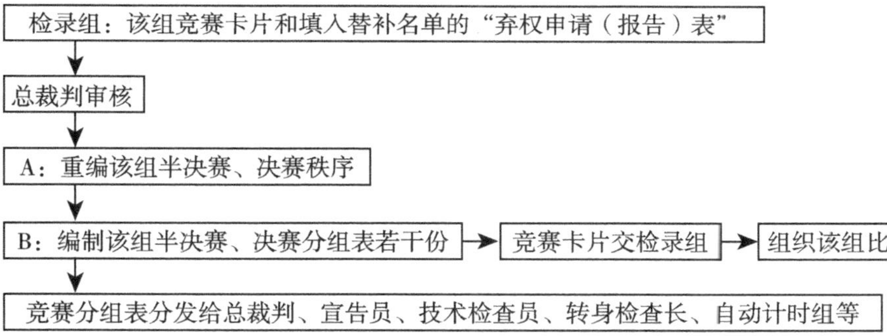

图 5－2－15

（5）接收各代表队交来的“接力棒次表”，并将其附在接力项目各队竞赛卡片的后面（表 5－2－20）。

表 5－2－20　接力棒次表

单位：________　　____子____组____米____泳接力____赛　　第____组

棒次	姓名	泳式	备注 1
2			
3			
4			

领队或教练签名：________

检录处收到接力棒次表时间：____年____月____日____时____分

3. 记录组赛后工作

（1）每场赛后，及时统计并公布前×名成绩、全能成绩、团体总分等。

（2）每场赛后，及时印制成绩公报（含决赛名单）或下一场竞赛分组表，并分发给各有关单位、人员和裁判组。

（3）每场赛后，及时填写或打印比赛成绩证明单，并尽快分发给各有关单位。

（4）全部比赛结束后，准确、及时地统计出团体总分与团体名次，送交总裁判宣布。

（5）尽快编印出《成绩册》，并及时分发给各有关单位和人员。

《成绩册》一般包括：①封面；②目录；③总裁判、副总裁判签名；④获体育道德风尚奖名单（代表队、运动员、裁判员）；⑤破纪录统计表；⑥团体总分表；⑦各项比赛成绩。

（6）各项比赛成绩的排列顺序为：性别：先男后女；泳式：自由泳、仰泳、蛙泳、蝶泳、个人混合泳、接力；距离：先短后长；赛别：决赛、半决赛、预赛。

（7）整理好全部竞赛资料，送交竞赛主办单位存档备查。

（8）全部比赛结束后，做好本组工作总结。

（9）及时归还借用的器材。

（八）检录员的工作方法

检录工作是保证各项比赛按计划准时进行的重要环节。检录员工作时要和蔼热情，认真细致，积极主动，有条不紊。

检录组一般设检录长 1 人、副检录长 1 人、检录员 3～5 人，可分为外场检录和内场检录。

1. 检录员的赛前准备

（1）研究和统一检录方法，明确分工、职责和工作方法。

（2）根据赛场条件布置好外场第一检录处和第二检录处以及内场候赛席。

外场检录处一般设在靠近泳池出发端且比较宽敞、明亮的地方，以便于运动员就近休息和召集运动员。可设置3～4排座椅，标上泳道号。在外场检录处还须准备好挂钟和公布检录信息的黑板等。

内场候赛席一般设在泳池出发端和终点端的一侧，以便于运动员就近上道参加比赛。可设置2排座椅，标上泳道号。

（3）向编排记录组领取有关表格，以备代表队填写。主要是“接力棒次表”“弃权申请（报告）表”。

（4）每场赛前，向编排记录组领取该场竞赛卡片，依照秩序册认真核对，妥善保管。

（5）每场赛前，将该场比赛项目、组数、人数、比赛时间、点名时间、气温、水温等公布在外场检录处，并核准时间。

（6）大会如安排志愿者负责搬运参赛运动员衣物时，由检录组负责对志愿者的工作提出要求，并对志愿者进行培训。

2. 检录员的现场工作

（1）外场检录员的工作

每场比赛前1小时到达赛场，如有运动员申请单项分段成绩创纪录并获总裁判批准，应将总裁判转交来的“分段成绩创纪录申请表”附在该运动员竞赛卡片的后面。

每项比赛前15分钟第一次点名，按规程要求检查运动员的有关证件，同时检查运动员服装是否符合规则规定。

每项比赛前约5分钟第二次点名，并请运动员按泳道顺序就座。第二次点名未到者按弃权处理。

如在预赛时出现弃权，应将弃权运动员的竞赛卡片抽出并注明“弃权”字样。如运动员递交了“弃权申请（报告）表”，检录员须在申请表上填入接收时间并由检录长签名。如运动员没有递交“弃权申请（报告）表”，则由检录员填写该表并由检录长签名。随后，立即将抽出的竞赛卡片和“弃权申请（报告）表”交总裁判（表5－2－21）。

表5-2-21　弃权申请（报告）表

<table>
<tr><td>单位</td><td></td><td>姓名</td><td></td><td>性别</td><td></td></tr>
<tr><td>组别</td><td></td><td>项目</td><td></td><td>赛别</td><td></td></tr>
<tr><td colspan="6">____年____月____日第____场____第____项____组____道</td></tr>
<tr><td>弃权原因</td><td colspan="5">申请人：________　　____年____月____日</td></tr>
</table>

检录处收到弃权申请表时间：____年____月____日____时____分

替补运动员：________　　检录长：________

如在半决赛、决赛时出现弃权，应点第一替补运动员补上。如第一替补运动员未到，则点第二替补运动员补上。然后立即将该组竞赛卡片及填入替补运动员名单的弃权申请（报告）表报送总裁判审核。

如第一、第二替补运动员均未到场，则不再替补，按预赛时的弃权处理。

如运动员已进入内场，再有运动员弃权，则不再替补。

根据赛程情况，及时将运动员带入内场候赛席，并将该组竞赛卡片交给内场检录员。一般保持内场有两组运动员候赛即可。

（2）内场检录员的工作

内场检录员请运动员按泳道顺序坐好，将竞赛卡片与运动员进行核对，若是接力项目，需核对棒次顺序。

当前一组运动员出发后，将下一组卡片交给副计时长。如该组有运动员申请单项分段成绩创纪录，应提醒副计时长。

预赛时，当前一组运动员游程还剩25米左右时，将下一组运动员带入各自泳道就座。预赛时运动员的座位一般在计时员的后面。

决赛时，在宣告员宣布“请运动员入场”后，检录员再将运动员带入各自泳道就座。决赛时运动员的座位一般在计时员的前面。

检录员在带领运动员入场时，一般1人在前面带，1人在后面跟。前面的检录员到位后即转身。两人都要注意察看是否有运动员上错道。然后再返回内场候赛席。

接力比赛中，配合终点端转身检查员督促前三棒运动员迅速起水。一组比赛运动员全部抵达终点后，配合终点端转身检查员督促运动员起水、退场。

若在每项决赛后立即发奖，内场检录员应负责召集并引导获奖运动员到候奖处将给颁奖组，等候参加颁奖仪式。

大会如有安排兴奋剂检测，内场检录员应协助检测人员召集待检运动员。

3. 检录员赛后工作

（1）每场比赛结束后，及时做好小结，不断改进工作。

（2）全部比赛结束后，做好本组工作总结。

（3）及时归还借用的器材。

（九）宣告员工作方法

宣告员在总裁判的直接领导下，及时介绍比赛项目和运动员、代表队，宣布比赛成绩和相关信息。

宣告工作不仅起着引导比赛进程的重要作用，在创设比赛氛围、宣传游泳运动、激励运动员创造优异成绩等方面也发挥着重要作用。

宣告员必须口齿清楚，语调饱满热诚。工作时注意力要高度集中，沉着冷静，有条不紊。

宣布成绩和相关信息时，要认真查阅，做到准确无误。

1. 宣告员的位置

宣告员席位于总裁判席旁边。

2. 宣告员的分工

根据比赛的规模，宣告员可设1～2人。如设2人，在比赛中可适当分工，如一人负责男子项目宣告，另一人负责女子项目宣告；或一人负责介绍比赛项目和运动员、代表队，另一人负责宣布比赛成绩和相关信息等。

3. 宣告员赛前工作

（1）了解大会概况，熟悉规则、规程、日程和具体安排，熟悉参赛优秀运动员和各单位情况，准备好有关的宣传材料，以简练文字制成简况卡片，适时播讲。

（2）准备好各种情况的广播用语、创纪录贺词，适时播讲，以激发观众热情，活跃赛场气氛，激励运动员创造优异成绩。

（3）熟悉各种竞赛表格，了解需要播报的各种信息和播报时机，核查运动员姓名的正确读音。

（4）熟悉音响设备的使用方法，准备必要的音乐资料（主要是裁判员入场、退场的音乐，运动员入场的音乐，长距离比赛的音乐，颁奖的音乐等）。

（5）与竞赛组、总裁判及负责音响设备的工作人员联系，了解裁判员入场、退场及颁奖等的程序和配合方法，形成工作上的默契，做到临场不乱，保证有条不紊地进行工作。

4. 宣告员现场工作

（1）每场赛前1小时到达赛场，认真检查和试用广播器材。

（2）每场赛前40分钟左右，配合检录组，广播催促有关代表队递交接力棒次表。

（3）每场赛前15分钟，广播通知在水中做准备活动的运动员起水，退出比赛场地。然后介绍本场比赛项目。

（4）赛前约5分钟，根据总裁判的手势，用广播引导裁判员入场。

（5）裁判员就位后，介绍本场执行总裁判和发令员。

（6）每组比赛时，根据不同的赛别，采用不同的方法介绍该组项目和运动员（队）。在介绍运动员（队）前，要核实各泳道是否有弃权。

预赛时，每组运动员入场按泳道就座后，根据总裁判的示意，介绍该组项目。待运动员出发后，再按泳道顺序介绍运动员（队）。

决赛时，根据总裁判的示意，先介绍该组项目，并用广播引导运动员入场。待运动员按泳道就座后，再按泳道顺序介绍运动员（队）。

（7）在每组最后一名运动员抵达终点后，如比赛采用人工计时，则按成绩顺序报告前一组成绩。如果该组是决赛，则须播报名次。

如该组运动员创造了新纪录，则应先播报创纪录情况和贺词，再报告成绩。

如比赛采用自动计时装置，但无大显示屏显示成绩，则按成绩顺序报告当组成绩；若有大显示屏显示成绩，则预赛、半决赛不报告成绩，决赛报告当组成绩。

采用自动计时装置时，报告成绩要根据自动计时成绩卡，对照《秩序册》或“竞赛分组表”，准确无误地报告名次、姓名、单位、成绩。

（8）某项预赛、半决赛结束后，及时宣布经总裁判审核的半决赛、决赛名单。

（9）某项预赛、半决赛结束后，如需重赛，则尽快宣布经总裁判审核的重赛名单。

（10）长距离项目比赛中，可穿插介绍游泳知识和比赛进行情况，或播放节奏感较强的音乐，以活跃赛场气氛。如采用人工计时，也可报告上一组的成绩。

（11）举行颁奖仪式时，用广播进行引导。颁奖时的宣告工作，一定要按有关部门赛前制定的程序进行。

（12）每场最后一项比赛结束并宣布所有成绩和半决赛、决赛名单后，根据总裁判的示意，用广播引导判员退场。

5. 宣告员赛后工作

（1）每场比赛结束后，及时征求总裁判及有关方面的意见，做好小结，不断改进工作。

（2）注意休息，保护好嗓音，以保证工作的顺利进行。

（3）全部比赛结束后，做好本组工作总结。及时归还借用的器材和音乐资料。

（十）司线的工作方法

司线的工作就是控制位于游泳池侧面距离出发端15米处横跨游泳池的出发抢跳召回线，目前这一项工作由游泳池两侧的技术检查员担任。

技术检查员4人，位于游泳池两侧各2人，分别位于游泳池距出发一端15米处召回线的两侧。

游泳池两侧的技术检查员由同侧的一名技术检查员担任。

（1）与发令员一起学习，共同研究配合方法。

（2）每场赛前认真检查召回线的设备，熟悉其特点，熟练掌握操作方法。

必须做到：召回线系得牢，不致发生在比赛过程中自行跌落而影响比赛的现象；召回线应使用灵活，必要时能迅速将召回线放下。

（3）司线的现场工作。

每一组比赛，在总裁判发出长哨声信号（仰泳为第一声长哨）时迅速起立，做好操作召回线的准备。

发令员发出“各就位”的口令时，注意力要高度集中，密切注视运动员的出发动作。

当有运动员出发抢跳犯规，听到召回信号后，应立即将召回线放下，将运动员拦回。

召回线放下后要能完全覆盖所有泳道，避免因两侧出现悬垂斜角而让运动员游出的现象。

未听到发令员或执行总裁判的召回信号，在任何情况下都不能自作主张放下召回线。

（4）司线的赛后工作。

每场比赛结束后，及时做好小结，不断改善配合方法。

全部比赛结束后，随发令组一起进行工作总结。

（十一）替补裁判员

举行大型游泳竞赛时，通常还在两端转身检查长旁边各安排 2 名替补裁判员。终点端的为 1、2 号替补裁判员，转身端的为 3、4 号替补裁判员。也可将替补裁判员位置设在总裁判席后侧方，便于总裁判安排工作。

当任何一名裁判员发现犯规经总裁判同意后进行处理时（报告犯规情况、填写检查表等），或有裁判员因各种原因须暂时离岗时，为了保证比赛的正常进行，就近的一名替补裁判员应立即到该裁判员处，顶替其工作，直至该裁判员返回履行职责。

第六章　游泳科学研究

第一节　我国竞技游泳科研的发展现状及意义

20 世纪 50 年代以来，我国的游泳运动发生了翻天覆地的变化，完成了攀登亚洲游泳高峰的长征，在第 30 届伦敦奥运会上，我国年轻选手杀出重围，成绩斐然，实现了“中国游泳健儿走向世界”的历史性跨越，使中国真正成为世界泳坛一支不可轻视的力量。

新中国游泳运动的发展离不开科研，科研是中国游泳腾飞的有力的翅膀。跨入新世纪，有必要对 60 年来我国游泳运动的科研状况进行系统、全面地剖析与研究，从而为制定新世纪我国游泳运动的科研发展规划提供理论依据，以期实现中国游泳的再度辉煌。

按照对我国竞技游泳发展历程的划分，我国游泳运动的科研状况分为 6 个阶段：（1）初步发展阶段（1949—1965 年）；（2）停滞下降阶段（1966—1972 年）；（3）迅速发展阶段（1973—1980 年）；（4）提高阶段（1981—1999 年）；（5）上升阶段（2000—2011 年）；（6）迈进阶段（2012 年至今）。随着我国进一步重视竞技游泳项目在奥运战略中的地位以及游泳运动在人们日常生活中的作用不断提高，关于竞技游泳的研究方兴未艾。依据有关竞技游泳运动论文内容，可将游泳科学研究分为以下 3 大类。

一、有关国内竞技游泳现状方面的研究

通过对研究区域内与竞技游泳有关的多个方面进行调查研究，分析我国或某个省市竞技游泳的发展现状，从中发现该研究区域内竞技游泳当前面临的各种问题，在经过理论性的探讨后提出相应的改进对策。从以上类型的研究中我们可以发现，我国当前竞技游泳的发展现状不容乐观，导致这种情况主要可以归结为 2 大方面：一方面是与竞技游泳发展有密切关系的体制出现的问题，如管理体制、人才培养体

制、竞赛体制、训练体制等；另一方面是直接参与竞技游泳相应事务的人员出现的问题，如管理人员、教练员、运动员、裁判员等，而这种情况不仅出现在处于金字塔顶端的国家队，并且处于基层的各省市也有类似问题，同时对上述问题的研究不仅是我们探索我国竞技游泳可持续发展道路上必须涉及的问题，同时也有助于加深我们对当前国内竞技游泳所面临问题的理解和认识。

二、针对竞技游泳训练或比赛的实用性研究

国内学者针对在训练或比赛等情景下，对于我国游泳运动员可能遇到的关于技术、战术、心理等较为现实的问题，通过设计对应的实例性研究方案以及相关仪器的帮助，经过大量的实证分析最终得到了关于该问题的解决办法。从以上这类研究成果我们可以看出，国内学者对于我国游泳运动员在训练或比赛中可能遇到的现实问题关注度较高，通过使用多种不同的研究方法去解决某个问题是这类论文较为相似的方面，但是关注点的不同使得论文研究的内容也较为丰富，如研究技术动作中某个细节、对于运动员在训练或比赛的某个阶段进行研究以及利用各种仪器设备进行定量性的分析。通过梳理上述针对我国游泳运动员在训练或比赛中现实问题的研究，使得我们对于国内关于竞技游泳应用性的研究有了一个较为全面的了解。

三、对竞技游泳相关体制方面的研究

从体制层面对我国竞技游泳进行探讨的较少，涉及这方面的论文仅有数篇，其中较为有代表性的论文有：陈立新、郭爱民、程燕的《我国游泳训练管理体制发展研究》（体育科学研究，2007 年第 4 期）一文中，在对国际游泳强国（美国、澳大利亚、德国、俄罗斯以及日本）的游泳训练管理体制进行分析的基础上，从中发现了各国的特点以及优势所在，再经过与我国相应方面进行对比研究，得出了我国游泳训练管理体制应在保持举国体制的指导下，进一步拓宽资金的来源，同时注重与训练有主要关系人员的选拔和培训工作，加强整个团队的凝聚力。

马吉光的《对游泳训练体制及后备人才培养现状的调查与分析》（上海体育学院学报，2002 年第 1 期）通过对上海市游泳一二三线队伍以及全国部分开展游泳重点项目的高校进行调查研究，发现目前我国的游泳训练体制以及一线和二线运动队的容量太小，是一直造成运动员的大量流失的关键因素。并针对上述问题提出了几点具有参考价值的改进建议，如建立一个全社会性的游泳训练立体网、支持更多的

中学、大学、俱乐部建立游泳队伍以及制定相应的竞赛制度和奖励政策。

黄力、吴霞君、马光华的《对浙江省少儿游泳竞赛体制的分析》（浙江体育科学，1999 年第 3 期）在通过了解浙江省的竞技游泳成绩在国内呈上升趋势的同时，发现了浙江省游泳运动员在短距离上面仍存在不小的差距，因此从浙江省少儿游泳竞赛体制这个独特的视角分析问题的所在。通过研究分析发现，要培养优秀的短距离游泳选手不仅要从少儿抓起，而且必须通过竞赛才能脱颖而出，但是当时浙江省少儿游泳竞赛在比赛的次数、计入名次的方式以及奖励政策上都有一定的不足，最终提出了相应的改进措施并再次强调了竞赛对于成绩提高的重要性。

郭隆珠、郝红忠的《亚洲泳坛两强　中日游泳训练、竞赛体制的比较研究》（体育科技文献通报，2006 年第 3 期）通过对于我国和日本的游泳竞赛、训练体制进行比较研究，发现我国主要由政府管理并以单一的体校系统为主导，而形成三级训练竞赛体制的局限性在新形势下越发突出，而日本游泳训练竞赛体制主要是以学校为主导，形成学校与俱乐部相结合的多元化游泳训练竞赛体制是其称霸亚洲的关键所在，因此借鉴他国的成功经验对改革我国竞技游泳训练体制有一定的理论和现实意义。综上所述，国内学者从整体到局部，从理论到实证，针对我国竞技游泳相关方面出现的一系列问题，进行了全方位、多角度的研究，这些优秀的研究成果为我国竞技游泳的可持续发展提供了大量行之有效的建议以及对策，对我国竞技游泳相应问题的解决有着较强的指导意义。

当前，对于竞技游泳相关体制的研究得到了国内学者一定的重视，同时在业界也取得了一些较好的效益，使我们逐渐认识到体制的优越与否在竞技游泳发展过程中的重要性。但是目前为止从体制层面直接去研究竞技游泳的成果还是较少，有关竞技游泳体制方面的研究不是进行描述性的论述，就是只注重于某一个重点问题或某一个时间阶段，对于我国竞技游泳体制的研究缺乏系统性和全面性，可以说这方面的研究还处于起步阶段。本研究旨在对于我国竞技游泳体制发展与改革研究的全面性、系统性等方面给予补充。同时在充分了解美国竞技游泳体制成功经验的基础上，揭示出当前我国竞技游泳体制下的管理体制、训练体制以及竞赛体制需要完善的方面，并且在充分考虑我国当前国情的基础上，通过有选择性地学习和借鉴，为我国竞技游泳体制的变革提供有价值的参考建议，力求为我国竞技游泳体制不断完善和发展尽微薄之力。

目前我国游泳科研论文的研究领域已涉及方方面面。训练理论与方法的研究所占比例较大，多学科的综合研究太少，选材理论与方法没有得到应有的重视，管理体制的研究比较薄弱，反映出论文数量在不同研究领域的发展不平衡，尤其是对游泳发展中的一些重大问题尚缺乏从社会学、经济学、历史学和哲学等角度进行深入、全面的研究。游泳科研论文运用了多种研究方法，但单一的简单易操作的研究方法较普遍，而以高新科技为理论依据的现代科研方法及多种学科理论综合运用的研究论文不多。

总而言之，游泳运动从运动员选材、训练到竞赛无不需要科学理论的指导。对竞技游泳运动项目规律的认识；对运动制胜因素的把握需要理论上的指导；对运动技术的诊断和改进、泳衣及训练辅助器材的改进需要运动生物力学、材料学的帮助；对运动员训练负荷、疲劳恢复需要运动生理学、运动医学知识的指导等。可以说，科学理论、科学研究无时无刻不在影响游泳运动的发展。

第二节　研究内容方法与手段

游泳运动从运动员选材、训练到竞赛无不需要科学理论的指导。对竞技游泳运动项目规律的认识；对运动制胜因素的把握需要理论上的指导；对运动技术的诊断和改进、泳衣及训练辅助器材的改进需要运动生物力学、材料学的帮助；对运动员训练负荷、疲劳恢复需要运动生理学、运动医学知识的指导等。可以说，科学理论、科学研究无时无刻不在影响游泳运动的发展。

另一方面，因为科学知识是为适用多数对象而被法则化的东西，从人类发展角度上而言，尖端科学成果是有意义的，然而针对竞技运动员而言即使我们将最尖端的科学成果运用在其身上也未必立竿见影。因此，针对强化竞技游泳训练中出现的问题，提供相关科研知识，实施必要的检查和测定，使以后的训练效果更佳。为解决现场各种问题而采用的检查、测定手法由两个部分组成。形态、身体组成，肌肉力量、能量，呼吸循环、代谢功能等和选手的体能及身体状况相关的约占整体的1/3，而以视频为主的竞赛分析、比赛分析、动作分析等和选手的表现相关的约占整体的2/3，这个比例反映了现场的需要。

一、游泳运动的科学训练

简言之，游泳运动的科学训练就是力求利用科学的理论、方法和手段指导训练，迅速提高运动技术水平的过程。只有正确运用了科学技术，才能准确地发现游泳人才，才能有效地利用先进合理的技术，才能充分地挖掘运动员的身体潜能，提高运动员的心理素质。

近年体育科研得到飞速发展。为了迅速提高运动水平，在选材与训练中直接应用国内外的体育科研成果，能够达到省时省力的效果。回顾我国的游泳历史，新中国成立后，我国游泳从很低水平起步，20 世纪 50—60 年代中，我国学习和引进国外先进的训练理论与方法，聘请了匈牙利、苏联游泳专家执教，尽管当时我国游泳基础十分薄弱，但部分项目已达到世界水平（如前所述）。20 世纪 60—70 年代，因“文化革命”的影响，我国的游泳事业受到很大冲击，一些项目不但没有提高，甚至下降。直至 1980 年我国恢复了国际游联的合法席位后，国际游泳比赛的频繁交流，以及学术交流，使我国泳坛开阔了眼界，与此同时，我国的游泳水平又有所提高。1986 年我国游泳队聘请了国际泳坛强国之一的民主德国教练克劳斯先生执教，使一些先进的科学训练理论与方法在我国得以实施（例如：新的选材标准，用能量代谢的学说指导训练，以血乳酸浓度为主要指标控制运动强度，高原训练等），根据比赛周期，使训练的目的性大大加强。这些先进的训练手段与方法，在我国游泳教练和科研人员的发展下，使我国游泳水平在较短的时间内，取得了很大进展，获得了以下成绩。1986 年第十届亚运会，我国游泳队夺得了 10 枚金牌，取得了历史性的突破。1988 年在第三届亚洲锦标赛上，又以 24∶6 的金牌数，战胜了亚洲泳坛强国日本，女选手杨文意以 24 秒 98 的成绩打破了 50 米自由泳世界纪录。同年在洛杉矶举行的第二十四届奥运会上，我国有 8 名运动员在 9 个项目中取得了决赛权，获得了 3 枚银牌、1 枚铜牌。1992 年在第二十五届巴塞罗那奥运会上，我国选手平 1 项世界纪录，打破 2 项世界纪录，夺得了 4 枚金牌、5 枚银牌，为我体育代表团金牌榜上取得第 4 名的排位，做出了显著的贡献。

进入 19 世纪中后、期开始有现代游泳竞赛活动，在这一百多年的发展过程中，我国的竞技游泳从无到有，取得了长足的进步，成为世界泳坛不可忽视的一支队伍，北京奥运会游泳比赛中，中国队以 1 金、3 银、2 铜总计 6 枚奖牌、打破 1 项世界纪录、刷新 1 项奥运会纪录和 11 项亚洲纪录，使游泳成为我国竞技体育争夺奥运会金牌的一个重要项目。随着人们对于游泳运动本质的更深入地研究和认识，世界游泳训练发展到了身体条件和技术能力并重的发展阶段，把握竞技游泳训练的发展趋势，创新适合本国运动员的科学训练手段，希望为提高游泳运动员的竞技水平提供可参考的依据。

这些成绩的取得，终将都归功于科学训练的结果，由于直接应用了国内外的体育科研成果，大大缩短了我国游泳项目的成才周期，为赶超世界水平，节省了时间，并且大大减少了不必要的人力，物力和财力的浪费。游泳训练的科研特点游泳是属于周期性、耐力性的个人项目，以速度快慢决定胜负，由于它动作重复，姿势持续，加上水中运动的特殊环境，使人体散热加快，能量消耗大于陆上运动。根据游泳运动的特点，游泳运动的研究内容，较其他项目而言，就更为复杂和更加丰富。概括起来有以下几方面的内容：水中游泳技术的力学分析，智能化训练器材的研制（既能训练，又能进行测试和专项能力分析的仪器，如游泳速度导游仪，接力出发练习器，游泳训练测试仪等）。模拟优秀运动员早期选材，心理与战术意识的培养，符合游泳运动特点的现代化训练原则，游泳运动员的营养与疲劳消除，与机能评定等等。

游泳训练是指在教练和科医人员以及后勤保障的指导与监控下运用各种训练的方法和手段对运动员进行游泳的技战术训练、体能训练、智力训练、心理训练、恢复训练以及道德和意志品质的训练等等，各种利于技术和体能提升，并最终参加比赛取得胜利的一个科学化的操作过程。所以，游泳训练的过程是一个系统、全面、科学的综合过程，每个环节都显得十分的重要。

二、游泳运动的技术研究

游泳分蝶、仰、蛙、爬四种姿势，作为周期性运动项目，技术动作相应较少。从 1896 年第一届奥运会至今，具有近百年的历史了，游泳技术的发展日趋完善，尽管新技术时有出现（如自由泳 2 次、4 次、6 次打腿，蛙泳的高航、半高航、平航技术等），游泳技术总体来说，在一个相当长的时期内处于相对稳定状态。但是根据优秀运动员个体情况，用高速摄影的技术，流体力学的原理进行游泳技术的分析，使其更加合理与完善技术动作的研究，还是受到普遍重视。

游泳技术的合理性对于运动员的游进速度起到关键的作用，运动员要用正确的技术来最大化地利用水的推进力而要尽可能地减少水的阻力，加强运动员的水中力量的效率，同时，合理的技术动作是要符合运动员的生理和解剖学的特点。当今世界优秀游泳运动员的技术都较为重视技术的效果，即划频与划幅的合理配合，划频和划幅是决定游泳速度快慢的主要因素，运动员追求的目标是能够使游进速度达到最快的最佳划频和划幅的组合。战术是决定比赛胜负的重要因素之一，游泳竞赛的基本战术主要有匀速、加速、减速游 3 种，对近年世界性游泳比赛游速的研究得出的结论大致是一致的，在这些比赛中，虽有少量选手采用加速（负分段）游法，然而多数选手采用匀速游法，一般认为，比赛的最佳游速就是指匀速游完比赛全程。研究第 3 期游泳训练科学化水平的分析与展望表明，200 米比赛时，前程游速较最佳游速快 2 秒，比赛的最终成绩将比应达到的成绩慢 4 秒以上。又如出发技术训练的手段主要有确定入水点的出发训练、确定起跳高度的出发训练、15 米出发实战训练等。

三、游泳是以提高体能为主要内容的项目

游泳到底是以技术为主，还是以体能为主，长期以来都存在着争议。竞技游泳发展至今，随着游泳技术的不断完善，以提高体能为主要训练内容已成为游泳训练的一个重要特点。所以，在围绕游泳训练而进行的相应研究中，也绝大部分是以提高体能为课题而制定和进行的。这些研究可归纳有以下方面。

（1）游泳运动员的体能发展水平是由其形态、身体机能及运动素质说决定的，而其中的身体形态是我们在选材阶段就应该解决好的问题，需要注意的是一般体能训练和专项体能训练要相互结合、合理分配。

（2）游泳体能训练，多采取有氧、无氧，水中、岸上相结合的训练方式。

（3）重视“核心力量”的训练及身体协调用力在技术中的运用。

（4）在当今的游泳训练中，恢复训练已成为专门的练习被安排，恢复手段有多种多样，在游泳训练后常用的恢复手段主要有水疗、按摩、药物等医学、生物学恢复手段。

（5）运用心理学、教育学、营养等手段加速机体的恢复。

要保证运动员能够承受训练负荷、保持良好的竞技状态、避免产生过度疲劳，就要求教练员和运动员在训练中采用合理的训练负荷并积极采用有效的恢复措施，才能保证运动员完成训练任务。

四、心理、智力、道德和意志品质的训练

现今阶段，心理训练在竞技运动训练中越来越受到重视，运动员心理训练的水平对比赛成绩的影响越来越显著，游泳运动员的心理训练的主要任务，是培养超常的心理能力。根据游泳项目的特点，游泳运动员的心理训练应抓 3 个方面：消除或延缓运动员的厌水感；调节和控制运动员的焦虑状态；充分做好赛前心理准备；游泳比赛中心理战术在比赛中同样具有不可忽视的作用。游泳运动不仅是体力的竞技，也是智力的较量，只有具备较高的智力水平的运动员才能深入的认识和运用游泳训练规律和游泳特有的规律，才能提高游泳技术和战术的能力，理解和执行竞赛规则，

配合教练员有效地控制整个训练过程，从而更好地提高竞技能力；在教学训练中应注意加强道德情感教育，培养运动员的爱国主义情感、集体主义感、义务感、荣誉感，有效地提高他们的道德观念，培养运动员不怕艰辛、吃苦耐劳的品质，间接地培养了运动员良好的意志品质。

五、游泳训练的方法与手段

（一）训练周期的划分

以参加比赛为目标，合理划分训练周期，有利于运动员在重大比赛中，以最佳的身体状况夺取更好的成绩。过去我国年度训练一般人为两个周期进行，这样使周期太长，运动员易产生疲劳，而不利于在重大比赛中培养最佳竞技状态。目前通过有关研究，提倡多周期训练。多周期的划分、实施，由于周期时间较短，有利于控制和掌握运动员的体能状况，提高训练强度，保证训练质量，对运动员有目的地针对重大比赛培养最佳竞技状态。现在我国根据国内外比赛安排，年度训练一般人为3~4个周期进行。

（二）训练分类法的改进

在一个较长的时间内，我国游泳界都沿用诸如：长游训练、间歇训练、重复训练、短冲训练等方法。到20世纪80年代中期，新的训练分类法引起了我国游泳教练的普遍重视，近几年来得以实现，并取得了辉煌的成就。这种新的训练方法的核心，就是以能量代谢的学说来安排训练负荷，以心率（次/分）和血乳酸浓度（毫摩尔/升）来划分有氧无氧代谢区域，这些方法包括有氧训练（心率为150次/分，血乳酸浓度在4毫摩尔/升以下）、有氧无氧混合训练（心率为150~180次/分，血乳酸浓度6~10毫摩尔/升）、无氧训练（无氧训练又分为非乳酸无氧训练和无氧糖酵解训练2种。非乳酸无氧训练，主要供能系统为高能磷化物，由于时间短，故心率和乳酸浓度较低；无氧糖酵解的训练，心率在170~180次/分以上，血乳酸浓度12毫摩尔/升以上）、模拟训练等。以上训练形式在各种不同的训练周期，它们的比重有所不同，根据项目和个人特点而又各具特点。

（三）训练数量与强度的合理结合

大运动量训练理论的主要理论依据是运动成绩建立在良好的耐力基础上，提出了耐力出速度的观点。运动生理学理论指出有氧代谢是无氧代谢的基础，高水平的无氧代谢是建立在高水平的有氧能力基础之上的。在20世纪50年代初期间歇训练开始应用于游泳训练，这为增加训练量提供了主要方法。但是，大运动量训练也带来了一些负面的影响，其结果是中长距离项目成绩提高很快，而短距离项目的成绩则停滞不前。随着对游泳运动训练规律的不断认识，逐渐发现单纯地强调大运动量或者运动强度都是不好的，而应根据运动员的具体情况及训练目标，将运动强度和运动量合理地结合。

(四) 高原训练理论

高原训练理论在游泳训练中的运用在高原环境下，大气压力随海拔高度增加而下降，使得单位体积中的氧减少，在这种环境中进行训练，给运动员额外地增加了难度。20世纪80年代以后，我国游泳教练员、运动员开始进行高原训练，科研人员对进行高原训练时游泳选手的身体机能、运动能力的变化做了深入的研究，研究发现高原训练可视为一种承受高乳酸的训练，在同样游速和距离的条件下，高原训练的血乳酸值明显高于平原，但是这种增高，可以逐周逐次地下降。高原训练的超量恢复，从乳酸速度曲线右移、心血管功的改善、血红蛋白的回升，提示为运动成绩提高打下了物质基础。但是许多教练员和运动员发现高原训练有时也并不能达到理想的效果，高原环境给运动员在完成训练时带来很大的生理、心理上的负荷，训练的强度也很难提高，因此，目前有许多运动专家建议采用“高养低训”的方式进行训练，即采用特殊的装置模拟高原环境，如高压氧舱，使运动员在高原环境下生活，在平原环境下训练，国外有运动员进行了这样的训练，也取得了理想的效果。

(五)“核心力量”训练理论在游泳技术中的运用

核心力量训练本着运动链理论，在完成技术动作过程中，将参与完成动作的肢体连成一个链，参与动作完成的身体的每一个部分则是链上的一个环节，技术动作的完成是依靠动量在各个环节间的传递实现的，核心力量就是在动量在动力链的传递过程中发挥着核心作用，在上下肢的动量传递过程中起承上启下的枢纽作用。游泳运动是在水中的水平方向运动，人体在水中运动时所产生的力的情况和陆上有很大的不同，在水中由于多了一个方向的力，所以要保持力的平衡就要随时控制身体在水中的姿势。我们在陆上的姿势和水上姿势的不同在于，陆上站立时头胸髋部的脊柱形成了一个S型的形态，而水中如果想要减少阻力而得到最大推动力则需要把

S型变为直线，这样的姿势使部分肌肉在水中得到了放松状态，要在这种状态下发出最大力量，因此这就需要我们通过陆上及水上的训练来达到这一要求同时，能够构架好正确的游泳技术，可见游泳运动员的核心力量的重要性。

核心力量训练方法的建立是在基于传统力量训练上形成的，与传统力量训练的关系是互补的，都属于现代体能训练的基本训练方法。核心力量训练注重深层肌群力量的发展和多肌群间的协调用力，对肌群紧张度的良好控制有助于运动员高质量地掌握技术动作及完成训练任务，而深层小肌肉群在有效训练后，更是能够在快速游进中起到良好的维持身体稳定功能，这也同时预防了急性损伤的发生，避免了损伤对训练任务完成的影响。核心力量训练不仅具有一般力量训练的性质，同时具备专项力量训练的作用以及康复性体能训练的理念。

（六）新训练方法的产生

奥运会游泳31枚金牌中，50米2项、100米12项、200米1项、中长距离6项。从项目分部情况来看，短、中距离占整个比赛项目的80.6%。因此，只有在中短距离项目中具有实力的队伍，才具有真正的实力。根据游泳项目的分布特点和训练目的的要求，近年来又产生了一些快速提高速度和速度耐力的新方法，诸如负分段训练法、包干训练法、重力量练习法、专项力量练习法。

第三节　游泳训练运动中的机能评定

运动员机能状态的评定，是训练科学化的一个重要组成部分。通过机能评定能够使教练员清楚地了解运动员的未来潜力进行预测。游泳运动员机能评定常用的生理生化指标为脉搏、血压、尿蛋白、尿素氮、血乳酸、酮体及血寒酮等。

一、血乳酸测试法的应用

血乳酸测定近几年来在游泳项目中应用得十分广泛，根据血乳酸值与运动强度的高度相关性，以及它与最大吸氧量、无氧阈、心率的密切关系，被大家视为是评定身体机能的一个好方法。作为科研人员，笔者在游泳、划船、田径等项目中作了大量的测试工作，并收到了很好的效果。

有关血乳酸的运用方法，见《湖北体育科技》（1989年第3期）《血乳酸指标在训练中的应用》一文。游泳运动员在训练中和训练后的生理生化指标监控，游泳训练生理生化监控体系根据优秀运动员的心率、血乳酸、体重、红细胞系指标、血尿素、血清肌酸激酶、血清睾酮与皮质醇等指标的测试结果，对比优秀运动员的数据，进而调整运动训练的具体手段、方法，使运动训练更适合于每一名运动员的个体特点。运用心率和血乳酸控制游泳强度负荷，以血色素、尿蛋白、血清肌酸激酶、血清睾酮与皮质醇等生化指标监测运动员完成训练后的身体反应，鉴定运动员的疲劳程度，提出合理的恢复措施、膳食安排、营养品补充计划，这些都成了当今游泳科学训练的一部分。

二、加强体能的恢复措施

依照现代科学训练理论，训练过程也就是获得超量恢复的过程，是提高运动员体能能力、防止伤病、迅速提高运动成绩的重要前提。为此，研究加速身体恢复的措施，是当前的热门研究课题。恢复的方法很多，在游泳界主要有以下几种。

（1）肌肉按摩。负荷后以按摩的形式帮助恢复。

（2）物理方法恢复。桑拿浴、电刺激、理疗等。

（3）药物恢复。利用药物的作用、加速机体恢复。

（4）增加营养加速恢复。根据消耗的需要，增加相应的营养。

（5）心理恢复。利用自我暗示、气功，放松以及转移注意力等方法进行。

三、药物（强壮剂）的研制

以提高体能为目的，利用药物的作用提高运动能力，是目前国内外一种常用的措施。国内近年来十分重视中草药研制运动员营养食品和保健饮料。常用的有人参、白芍、刺五加、五味子、银耳、田七、冬虫夏草、当归等。省、市以上的运动队，在重大比赛时，以及大运动量训练期，十分强调利用药物（强壮剂）的作用，来维持运动员身体内环境的稳定，改善运动员的产能反应，达到提高运动能力的目的和延缓疲劳的发生。

游泳训练既然具有提高体能为主要内容进行的特点，那么也决定了围绕游泳训练的科学研究也是以此为主要目的进行的。以上提到的训练周期的安排、训练分类法的改进、训练方法的更新、机能评定的监测、疲劳消除的措施以及药物的研究，都是为了达到提高运动员的体能而展开的，这也构成了游泳科研的主要特点和内容。

四、游泳运动技术优化与创新的前景

从第二十六届奥运会到第二十七届奥运会，从第二十七届奥运会到2001年福冈世界游泳锦标赛以及2003年的巴塞罗那世界游泳锦标赛，游泳项目的运动成绩表现出大面积、大幅度、短时间内提高的特点。游泳成绩的提高，特别是自由泳、蝶泳、蛙泳项目成绩的提高，其中的一个重要原因是游泳运动技术的发展。

游泳运动成绩取决于体能和技术两部分，体能是基础，技术是保障，技术训练和体能训练是相辅相成、缺一不可的。研究表明，奥运会游泳比赛前8名与未进入决赛的运动员相比，差距不在划水力量上，而是在技术上，前者比后者身体更趋流线型。

俄罗斯的科研人员把游泳称为："是一项以生物力学与生理相结合的运动，生物力学效率是游泳运动员成功最重要的因素。"澳大利亚的教练员认为，游泳是一项技术驱动的运动。游泳训练首先是技术，训练必须以技术为中心，训练的强度、数量、间隙时间、时间多少都要取决技术。训练强度过高，数量过多，破坏了技术，反而对成绩产生负面影响。俄罗斯著名教练员图列斯基到澳大利亚后，带去了"通过改进技术，提高效率，减小阻力"的训练思路。为此，澳大利亚游泳科研人员在俄罗斯比赛技术分析法的基础上，研制了一套比赛技术分析系统，在国内和国际重大比赛中，收集了大量的数据资料，通过分析研究，总结出理想技术的六大要素，使澳大利亚在第二十七届奥运会游泳比赛上取得了巨大成功。

多年以来，游泳教练员认为，要提高速度，就要提高训练量，增强力量，因此，花费大量的精力增加运动量，尝试各种力量训练的方法，开始时效果不错，可到达一定数量后，效果并不显著。

有些中国教练员看到国外部分优秀运动员完成的训练强度很高，认为中国运动员的差距就在强度上。从表面上看，中国运动员的差距是强度，但实际上，中国运动员的差距是保持正确技术的能力。

近几年，教练员和运动员真正认识到技术对游泳的重要性，已逐渐意识到生理对游泳成绩提高的作用是有限的。我们以为，生理必须与生物力学相结合，生理才能产生积极影响。例如，当青少年运动员在生长发育阶段，骨骼生长得很快，肌肉生长跟不上骨骼生长，此时如果不加强力量训练，就会影响正确技术；又如，有些世界优秀成年游泳运动员很重视力量训练，这些力量训练的目的是保证在高强度训练中技术的正确性，以及防止伤病。通过科学研究和运动实践，游泳技术和训练方法不断革新与创新，才使得游泳成绩不断提高，游泳新纪录不断涌现。游泳运动发展的经验表明，随着科学技术的发展与进步，游泳运动员的训练方法每隔 10 ~ 12 年就周期性地发生一次重大变化。游泳技术的发展已经经历了多次变革，每次变革都与科学技术的发展以及人们对流体与肢体动作之间的相互作用的认识或规则的变更有很大的关系。

日本游泳运动员北岛康介在第十四届亚运会上打破男子 200 米蛙泳世界纪录，技术的改进是其成功的重要因素之一。同时，北岛康介的成功也给人们一个提示，游泳是一项技术含量很高的项目，亚洲人种在这个项目上完全可能运用技术上的突破取得成功。

中国游泳界也有不少成功的经验，20 世纪 50—60 年代，中国游泳运动员多次打破世界纪录，正是得益于技术创新。但是，从整体认识来看，我们对游泳运动的本质以及技术效率对运动成绩的重要性的认识还存在着一定的片面性和偏差，而理论认识上的不足反过来又限制了对先进技术的理解、接纳与掌握。因此，技术训练的科学化是当前我国游泳训练的重中之重。计算机技术、系统论、控制论、流体力学以及生物科学理论逐步引入到游泳运动训练中，大大促进了游泳运动技术的提高。我国的游泳运动虽然在近十几年来取得了长足的发展，但与世界先进水平相比还有很大差距，要改变我国游泳水平落后的状态，不仅要重视研究和改进训练方法，还要研究技术动作的合理性和有效性。

第四节　游泳科学训练方法的应用

一、运动员的科学选材

游泳科研的发展，是随着游泳竞技水发展而发展，逐渐走向多学科综合研究、综合发展阶段。科学选材的核心，就是根据游泳项目的特点，把具备游泳运动特殊先天条件的人才选拔出来，从小给以专门的训练，使他们的天赋得到充分的发展和显示，加大成才率。

目前科学选材在我国得到高度的重视。科学选材的重大突破，就是排出了过去只凭借教练员的经验和直观印象，主观、片面地选材，以多种客观测试数据和指标为依据，综合地、动态地进行选材，并建立了符合我国国情的一整套游泳选材标准。

有关科学选材的方法主要由优秀运动员模式、科学观测、科学诊断3 部分组成。通过三级选材网进行动态选材，通过初选、中选和精选，把先天条件优越的儿童少年选拔出来。我国的优秀游泳选手杨文意、庄泳、钱红、林莉、王晓红、黄晓敏等都是通过科学选材系统输送到优秀运动队伍来的。科学选材的方法，随着游泳水平的提高，及人们科学认识水平的提高，还会不断发展和改变。

二、注重游泳训练方法的引进与创新

竞技游泳水平的不断提高，对科学训练也提出了更高的要求，由此游泳训练方法的引进与创新，引起了众多教练和科研人员的高度重视。为了探索和引进新的、行之有效的训练方法，国家各级体育科研单位，投入了一批力量，做了大量的情报资料和训练方法的研究工作，采取走出去、引进来的方针，通过理论与实践相结合，提出了一些新的训练方法，并取得了很好的效果。例如，多周期训练、以能量代谢的学说安排游泳训练负荷、力量训练专项化、高原训练等等。

三、注重训练负荷的评定

目前我国游泳界对训练负荷评定的办法主要是采用有关生理生化指标，对运动员负荷适宜程度进行生物学判定，在有条件的地方，都有科研人员下队进行医务监督和训练监控。另外还进行心理学判定和教育学判定，这主要由教练员通过观察来完成，内容包括了解运动员的心理活动、训练的欲望（强弱）、训练指标的完成情况以及食欲、睡眠等。大家认为，训练负荷的评定是当前训练的关键，谁能在这方面领先，谁的训练就会出现质的飞跃，因为合理的训练负荷，能有效地提高训练效率，杜绝伤病和疲劳的发生。

四、注重运动员的营养

营养和运动员的训练、机能状态、体力恢复有着密切的关系。因此，运动员的营养研究在我国游泳界十分热门，其中包括药物的研究以及根据游泳运动的消耗特点、肌肉特点的合理营养膳食比例的研究。

五、注重力量训练器材的研究

用使用兴奋剂来提高运动成绩的愚蠢做法已受到严厉禁止，提高成绩的唯一出路在于科学训练。很多游泳教练非常注重专项力量训练。游泳是一项对运动员的肌肉质量和专项力量要求很高的项目，因此符合游泳项目特点的辅助训练器材是大家感兴趣的问题，目前我国虽然对训练器材的研究工作非常重视，但研究力量较为薄弱。

总体来说，科学研究的成果和应用，在指导训练实践中，受到了极大的重视。但是我国由于起步晚、起点低，整体水平还不够高，还有待于游泳工作者与科研人员密切配合，使之尽快赶上训练实际的需要，进而走在训练的前面。

作为科研的发展趋势，直接为训练实际服务为主要方向，无论是方法、手段、恢复、药物等均是如此，也只有这样，才能引起教练员的重视，才能为教练员所接受，才能尽快取得实际效果。

第五节　游泳科研的展望

有专家从技术训练、力量训练、训练平衡、训练监控和训练周期等方面进行研究发现，目前我国游泳技术训练和水上力量训练是一个薄弱环节，技术训练缺少必要的仪器，如通过水下摄影机来观察动作技术、通过水下传感得知划水效果等，几乎没有通过科学仪器来协助训练；水上辅助训练手段缺乏，还没有建立不同泳姿的优秀运动员理想技术模式；在训练监控方面也比较薄弱，极少进行生理生化指标监控等等，在很多方面期待着得到重视和投入。

目前游泳训练的主要特点如下。

（1）重视训练量与强度的合理结合。

（2）高原训练和在特殊环境下的训练在游泳训练中的应用。

（3）用能量代谢的基本原理确定训练的强度，使训练负荷更为精确。

（4）运动员的恢复越来越被教练员和运动员所认识，已成为游泳训练不可分割的一部分。

（5）运动员专项能力的训练更为细化。

（6）由于比赛的增多，运动员开始采用多周期以及3～4天形式的小周期训练，并取得良好的效果。

技术发展的主要方向为强调运动员的技术有利于减少阻力；重视划水技术的效果，保持合理的划频与划幅；重视“核心力量”的训练及身体协调用力在技术中的运用。

现代体育运动的竞争也越来越激烈，随着科技的进步并且渗透到体育运动的每个领域，科学技术的支撑也是必不可少的，游泳训练也不例外。游泳运动成绩的提高越来越依赖于科学技术的发展水平，人体生物科学的发展揭示了能量代谢的基本规律，在游泳训练中引入了能量代谢理论后，训练负荷的方向性就更加明确，而依照这一理论制定的训练手段也更为科学。划频、划幅与个人特点和身体状态的结合，即划频与划幅的合理配合，使技术更加合理化、经济化；“核心力量”训练是游泳力量训练的核心，发展专项力量不仅应采用负重的专项技术练习，更重要的是改进力量训练的理念，使其在练习形式、负荷和力度上尽可能接近游泳专项要求。合理有效的恢复是游泳训练的理念，使其在练习形式、负荷和力度上尽可能接近游泳专项要求。合理有效的恢复是游泳训练的主要组成部分，恢复手段的使用在很大程度上也要依靠生物科学的发展水平，特别是基因技术的发展，通过基因技术加快运动员机体的恢复速度，运动员的成绩已经越来越同相关学科的科技发展水平紧密联系。科学的游泳训练是建立在科技的进步、游泳训练理论和手段的不断创新的基础之上，需要教练员和科研人员充分利用现代科学技术，积极探索“运动员个性化的训练手段和方法”，但这是一个长期探索和创新的过程，需要不断地努力。

第六节 科学选材研究

科学选材就是为竞技体育服务，科学选材是利用现代科学技术成就，在经验选材的基础上运用目前所掌握的各种科学方法选拔符合本专项优秀的参与竞技比赛的运动员，因此竞技运动员选材成了一门综合学科，同时又是现代科学训练中的一部分。

竞技运动员选材就是根据不同运动项目的特点和要求，用现代科学的手段和方法，通过客观指标的测试，全面综合评价和预测，把先天条件优越、适合从事某项运动的人才从小选拔出来，进行系统的培养，并且不断监测其发展趋势的过程，为少年儿童运动员的定向培养提供可靠的、科学的依据，减少财力、人力、精力等方面的浪费。

目前国内外学者经过多年研究后认为，竞技运动员选材包括 2 个方面：一是少年儿童运动员的定向培养；二是为参加重大比赛选拔优秀选手在比赛中取得优异成绩。前者是中级选材，后者是高级选材。只有中级选材的方法准确了才能谈到高级选材，因此本章重点对中级选材进行阐述。

一、选材指标选择依据

（一）形态类

1. 身　高

身高臂长在游泳竞赛中占有明显优势，特别是在短距离项目上表现尤为突出。因此，身高在竞技游泳运动员选材中占有很重要的位置，世界级短距离选手的身高男子平均186厘米，女子平均173厘米以上。身材高可减少水中阻力增大划臂的动力，有利于提高其出发距离和到达终点时的触池壁的竞争能力等。

2. 克托莱指数

体重在一定程度上能反映身体的充实度。由于游泳运动员是以肌肉力量耐力为主的项目，要求运动员有良好的肌肉力量。克托莱指数又可以间接反应营养状况和肌肉体积重量。一般来说，指数越大，表明肌肉质量和肌肉力量的优势。世界优秀游泳运动员这个指数都较大，距离越短越突出。

3. 指距指数

指距反映人体上肢长短和肩部宽窄的重要指标。世界级优秀游泳运动员的指距普遍超过身高的4～6厘米。按流体力学的原理，手臂长向后划水的截面积相对的大，获得的有效推进力就大。从生物力学的角度看，自由泳划水时，手臂是在绕肩关节做近似圆周运动。根据公式，线速度＝半径×角速度，若划水时的角速度相等，那么手臂越长（即半径）线速度越大，有利于提高划水速度。另外，手臂长（做功距离长）有利于增长划水路线，提高划水实效。因而指距指数越大，对游泳技术的发挥就越有利。

4. 体形指数［（肩宽－髂宽）/髂宽×身高］×100（%）

该指数反映游泳运动员体形好坏。该指数小说明体形趋向桶形，在髂部划水时产生漩涡，增加阻力；指数越大，说明体形趋向于三角形、流线型较好阻力小。故宽肩窄髂是游泳运动员最理想的体形。

5. 手面积指数（手掌×手长）×100（%）

该指数越大、划水面积越大，划水效果越好。

（二）机能类

1. 心功指数

反映运动员心血管系统功能，指数越小越好。心血管功能好坏，直接影响游泳运动员承担训练或比赛负荷能力及体力恢复能力。

2. 憋氧时间

反映运动员肺功能强弱，同时反映运动员对缺氧的耐受能力和意志品质，该值越大，表明对缺氧引起的内环境剧烈变化耐受力高，这对运动员来说是非常重要的。

（三）素质类

1. 纵 跳

反映腿部爆发力的指标。爆发力的大小不仅取决于力量，而且取决于肌肉用力时的速度。游泳时腿的动作、出发、转身蹬壁等都需要腿部爆发力。据国外研究资料，通过纵跳的测试，可以间接确定运动员快肌纤维和慢肌纤维的数量比，进而确定每一个运动员所适宜从事的比赛距离，以使他们达到个人的最好成绩。

2. 立位体前屈

反映运动员腰背和腿部后群肌肉、韧带的柔韧性。它的好坏直接影响运动员腰部腿部的运动效果。

3. 体后屈

反映运动员脊柱的柔韧性和腰背肌群力量。各种泳式游进过程中，都要求腰背肌群保持一定的紧张度，所以它对任何一种泳式都很重要，特别是对蝶泳更为突出。

4. 踝关节屈伸度

反映运动员踝关节的灵活性与柔韧性。它的好坏直接影响游泳时打腿（蹬腿）的效果。

（四）专项类

通过四式各种距离的测试成绩，综合反映游泳运动员的专项能力，全面观察运动员的速度、速度耐力、耐力等素质，了解运动员的动作连贯性、协调性和节奏感以及全身各部力量发展是否均衡。

（五）教练员评定

重点考察运动员的水性和专项能力。

二、选材模式的使用

使用说明：

（1）各项指标的评定，一律按当年最近拍摄的骨龄片所确定的生物年龄，查相应骨龄的评分表。

（2）各项指标的得分之和为总分。总分在 85 分以上为优秀；总分在 75 ~ 84. 9 分为良好；总分在 55 ~ 74. 9 分以下为不及格。

游泳运动员中级选材模式标准见附录表 1 ~ 表 36。

第七章　休闲游泳

第一节　水上休闲运动

休闲运动这个概念最早被一些发达国家所使用。休闲运动是随着国家经济发展、人民生活水平提高，特别是精神生活需求的增加而产生的。它所具备的功能和特征以及丰富的活动形式和内容，能够在一定程度上满足人的精神需求，所以受到越来越多人的喜爱。

水上休闲运动是一种以水上运动休闲方式为主的体育活动，是休闲运动中的一类。通过在水上、水中和水下特殊环境的运动，可以让人们缓解压力、松弛紧张情绪、张扬个性、追求品位与情趣。涉及的内容和形式广泛包括水上竞技项目、船类竞技项目、划水运动和潜水运动。本节将介绍以下几种目前最流行的水上休闲运动。

一、皮划艇运动

图 7－1－1

皮划艇运动是用无支点的桨按一定的规则推进各种类型的船。皮划艇分为皮艇和划艇 2 种。2 种艇外形上都是两头尖，没有桨架的船艇。皮艇运动员是坐在前后都有甲板的座舱内，握一只两端都有桨叶的桨，在艇两侧左右轮流划桨。划艇则是桨手前腿成弓步，后腿跪着，两手握一支单面桨在艇的一侧划水，分左桨和右桨。皮艇有尾舵，由桨手两脚操纵；划艇无舵。皮艇只能用双叶桨推进，划艇只能用单叶桨推进。因此，皮艇是对称性而划艇是非对称性运动。由于这 2 种艇的比赛场地、比赛距离、比赛规则和裁判方法基本相同，因此皮艇和划艇统称为皮划艇运动。但是它们在船型结构、划桨器材、握桨方法以及技术动作等方面存在着相当大的差异。（图 7－1－1）

（一）起 源

人类为了生产与生存，早在上万年前就开始将独木舟作为水上劳动工具广泛使用于渔猎和运输的，原始的独木舟在世界许多地方发现过，非洲的埃及、南亚的印度和西欧的荷兰都有它的记载。我国是一个历史悠久的文明古国，在我国新石器时代遗址浙江余姚河姆渡、福建连江、广东化州等地都出土过独木舟或船桨的残骸，这些文物已有5000～9000年的历史。

几千年来，由于生产的发展和社会的进步，独木舟已被更为先进的船艇所替代。但是在一些边远偏僻地区独木舟仍有其独特的生命力，如南太平洋的萨摩亚群岛人、哥伦比亚的海达人、加拿大的印第安人，以及我国西藏、云南、广西等一些少数民族地区至今仍在制造和使用独木舟，并且还组织民间的独木舟竞渡比赛。

（二）现代皮划艇运动及国内外发展概况

皮划艇作为现代的独木舟运动是1715年开始的。当时英国演员托马斯·多格特组织了世界上第一次皮划艇比赛。1865年开始的。苏格兰人麦克格雷戈以独木舟为蓝图，仿制了一条名为“诺布·诺依”号的小船，长4.57米，宽0.76米，重30公斤。麦克格雷戈从1865—1867年划船周游了法国、德国、瑞典等欧洲国家，编写了《诺布，诺依千里行》一书，从而积极推广了皮划艇运动。1857年他所创建的英国皇家皮划艇俱乐部，举办了第一次皮划艇比赛。

此后，皮划艇运动逐渐兴起，19世纪末，皮划艇运动已成为欧美各国广泛开展的一项体育活动。1871年美国在纽约的斯特旦岛上成立了第一个皮划艇俱乐部。

皮划艇运动的开展过程中，为了提高船速，不少人对艇的形状进行不断的改造。19世纪末德国工程师赫曼根据自己的飞行经验，将皮艇制造成鱼形，提高了船速。以后，英国造艇家弗龙德发现船体越长阻力越小，速度也越快，因此造船者纷纷加长船体。1923年，丹麦、瑞典、奥地利等国组成了一个工作委员会，规定了艇的长度为5.2米，宽度为51厘米，一直沿用至今。

1956年又出现了凹形船体。到1960年，横向的凹形轮廓线达到了顶点。1964年，国际划联又制定了“无凹面”的规则，使艇设计标准化。但是人们又设计了菱形皮划艇，1972年出现了玻璃钢艇。近年来，又出现了蜂窝结构的碳素纤纸艇，而美国造船家为了提高船速，在皮艇外壳，制造了人工鲨鱼皮，其表面有一层平行的“里布勒特”沟纹，这些又细又密的沟纹，能使水平稳地流过，而不会形成旋涡。但是这种设计未被国际划联通过。

随着皮划艇运动的广泛开展，各国相继成立了皮划艇俱乐部。1924 年 1 月，由丹麦、瑞典、法国和奥地利发起在丹麦首都哥本哈根成立了“国际划艇代表会”，缩写为 IRK，拟订了代表大会的章程和第一个皮划艇竞赛规则，规定比赛的艇种有皮艇、划艇和风帆艇，比赛的距离为 1500 米和 10000 米，比赛的形式有普通比赛和接力比赛两种。

1924 年在法国巴黎举行的第 8 届奥运会期间，加拿大和美国运动员曾在塞纳河上进行划艇表演赛，当时的比赛要求同一条划艇用双叶桨比赛 1 次，再用单叶桨比赛 1 次。

1936 年在柏林举行的第十一届奥运会，皮划艇开始被列为奥运会正式比赛项目，共进行了 9 项比赛。有男子 1000 米单人皮艇、双人皮艇、单人划艇、双人划艇，10000 米单人皮艇、双人皮艇、双人划艇，以及可拆卸的 10000 米单人皮艇和双人皮艇。这种拆卸式皮艇用木架和防水帆布制作，携带比较方便，系德国人所发明。但由于速度不如木制艇，所以只在第十一届奥运会上露了一次面就销声匿迹了。到第十四届奥运会，增加了 10000 米单人划艇和女子 500 米单人皮艇。1964 年又把接力比赛改为男子 1000 米四人皮艇。

1976 年又增加了男子 500 米单人、双人皮艇和划艇项目。1984 年洛杉矶奥运会又增加了女子 500 米四人皮艇。因此，目前奥运会皮划艇比赛总共为 12 项，而世界皮划艇锦标赛，则趋向于发展较短的距离，增加了 200 米比赛项目，长距离也将 10000 米改成了 5000 米。

皮划艇运动的出现比我国的“龙舟竞渡”晚了将 2000 年。现代皮划艇运动是于 1930 年前后传入中国的。英国人首先在上海设立了“划船总会”，后来俄国人又在东北设立“水上俱乐部”，那时的皮划艇运动是专供外国人娱乐的。1952 年底，中国首次制造出自己的皮划艇。1954 年在北京市水上运动会上，设立了男子 1000 米和女子 500 米皮艇比赛项目。1955 年国家体委提倡在我国开展皮划艇项目，北京开始有萌芽性的皮艇活动，并举行了“青年杯比赛”。1956 年我国体育总会已有申请加入国际皮划艇联合会的意向。1957 年中国第一代皮划艇问世。1958 年首次在武汉举行全国七城市划船锦标赛。“文化革命”期间，皮划艇运动被迫停止开展，直至 1972 年才得以恢复。1974 年中国加入国际划联。1975 年皮划艇被列为全运会正式项目，同年中国开始参加世界锦标赛。2004 年雅典奥运会，孟关良和杨文军取得男子 500 米双人划艇金牌，标志中国皮划艇运动已经有部分项目步入世界最先进行列。

（三）运动项目介绍

1. 皮划艇的器材

国际规则对皮划艇的长度、窄度及最小重量均有限制。舟艇长：单人为5.2米，双人为6.5米，四人艇为11米；最轻重量：单人为12千克，双人为18千克，四人为30千克。皮划艇桨的长短视各人习惯，没有统一的规定。一般男子皮艇桨的长度为2.22~2.28米；女子为2.16~2.22米。4人皮艇3、4号桨位比1、2号桨位的桨长些。单人划艇的桨比双人划艇的桨要长些。

根据划船者滑行的水域不同，皮划艇还分为静水皮划艇、激流皮划艇和海洋皮划艇等几类，划船者所使用的船艇外形相似，但功能上差异很大。（图7－1－2）

（1）皮划艇静水项目（Canoe/Kayat Flatwater）

皮划艇静水：现代皮艇和划艇的艇身大多为木制船架，用航空胶合板或玻璃钢做艇壳，外形呈流线型，表面光洁，又轻又窄，狭长如梭子一般。艇上除运动员的座舱敞开外，前后所有甲板完全封闭。静水皮艇，主要附件有脚蹬板、坐板、舵杆、舵绳、舵等。国际规则对皮艇的长度、窄度及最小重量均有限制（表7－1－1）。

图7－1－2

表7－1－1　皮划艇的种类

艇的种类	单人划艇	双人划艇	四人划艇	单人皮艇	双人皮艇	四人皮艇
艇的长度（厘米）	520	650	900	520	569	1100
艇的宽度（厘米）	75	75	75	51	55	60
艇的重量（公斤）	16	20	30	12	18	30
桨的长度（厘米）	160~185	160~185	155~175	215~222	218~224	220~226

静水划艇：划艇运动员在艇上单腿成跪势，另一条腿成方步，两手上下握一支单叶桨。有左右桨之分，例如左桨运动员的右手在上握住“丁”字形的手柄，左手在下靠近桨叶处握住桨杆，右腿向前成方步，左膝跪在跪垫上。划艇没有舵，运动员靠桨来维持平衡和控制方向。制造艇壳的原材料是航空胶合板或玻璃钢。划艇的长度、最少重量均有限制。规则规定划艇制造时必须使船体纵轴的两侧对称，不能

图 7 –1 –3

有舵及任何能指导航向的设施。划艇可以完全敞开，如果有覆盖的甲板，则单人划艇封闭部分从船头量起不能超过 150 厘米，从船尾量起不能超过 75 厘米；双人划艇的敞开部分不少于 295 厘米；四人划艇的敞开部分不少于 410 厘米。单人划艇和双人艇可以完全敞开，最少敞开长度为 280 厘米；船的边缘（船舷上缘）可沿整个限定的敞开处延伸，最多在船上延伸 5 厘米。舟艇最多可有 3 个加固条，每个加固条的最大宽度为 7 厘米。（图 7 –1 –3）

（2）皮划艇激流回旋项目（Canoe/Kayat Slalom）

图 7 –1 –4

皮划艇激流回旋的器材共有 3 种型号，规格尺寸不同。单人皮艇至少长 3.5 米，宽 0.6 米；单人划艇至少长 3.5 米，宽 0.65 米；双人划艇至少长 4.1 米，宽 0.75 米。艇的最轻重量（以艇处于干燥状态时重量为准）：单人皮艇 9 千克；单人划艇 10 千克；各种型号的双人划艇均为 15 千克。艇上的装饰是附件，不是艇的一部分。参赛艇的艇头和艇尾部分的最小半径，水平方向为 2 厘米，垂直方向为 1 厘米。艇上不允许装舵。皮艇是带舱盖的艇，运动员坐在舱内用双叶桨划动；划艇不是带舱盖的艇，运动员跪在舱内用单叶桨划动。（图 7 –1 –4）

（3）其　他

还有一种 7 人划艇，长度 1100 厘米，宽度 85 厘米，重 50 千克。这种艇只限于少年比赛，不属正式比赛项目。

2. 静水项目竞赛规则简介

（1）比赛起航

应通过抽签方式决定参赛艇参加预赛的道次，依次排序。运动员应按时，以便做好起航的准备工作。

皮划艇比赛起航比赛一般采用固定起航方式。如不具备这种条件时，可以采用活动式起航，在起航线后将舟艇排齐出发。起航前5分钟，发令员第1次召集。运动员开始进入航道，以后每隔1分钟报1次时间，起航前2分钟点名，起航应不受任何缺席者的影响，取齐员负责协调各艇在起点的位置，应使参赛艇的船头处于起航线上。起航的口令为“预备”“划”或“预备”鸣枪。在“预备”口令与鸣枪或“划”口令之间的间歇约为2秒。在“划”或鸣枪的同时，发令员落下红旗，比赛即开始。运动员在“划”的口令或鸣枪之间动桨，即判为抢航犯规，由发令员召回，重新组织起航前2分钟内，各舟艇已开始排队时，进入航道的迟到舟艇，警告1次。连续2次抢航的舟艇，或已受警告1次又抢航1次舟艇，应取消其该场比赛资格，此时如果其他的舟艇在起 航正确，可以继续比赛，只通知已被取消比赛资格的舟艇，在不妨碍其他舟艇比赛的情况下，立即离开航道。每组比赛的抢航总数不得超过3次，如在第三次起航仍有抢航者，所有抢航舟艇均被取消比赛资格，其余舟艇继续进行比赛。抢航后，凡拒绝发令员召回至起航线重新起航者，可取消其比赛资格。起航后，在15米区域内出现断桨时，运动员应即举手或桨示意，由发令员摇令召回。待换桨后重新组织起航。

（2）比赛途中规定

皮划艇在有航道标志的场地中比赛，应自始至终严格按 照自己的航道划行，禁止逗留，不准串道或妨碍他人前进，皮划艇的任何部分越出自己的航道就算犯规，取消比赛资格，而且任何舟艇不得在任何方向靠近另一舟艇5米以内，也不得尾随其他舟艇的航迹划行。航道主裁判应及时向可能违反5米规则的舟艇提出警告，经2次警告仍不改正者，可取消该舟艇比赛资格。由于某舟艇犯规而影响其他舟艇比赛成绩时，航道主裁判也有权决定是否要重新比赛。如比赛不中止，则应令犯规的舟艇立即离开航道。同时不得妨碍其他舟艇划行。如航道上出现特殊情况，一些舟艇为了避开它而引起聚集时，不能算犯规，由于这样而影响某些舟艇比赛成绩时，应进行重赛。在1000米以上距离的皮划艇比赛中，舟艇可以采用借浪战术，但不得阻碍其它舟艇划行。比赛进行中，禁止不参加该次比赛的舟艇穿行终点或停留在航道中，禁止任何舟艇在航道外伴划或进行技术指导，但允许鼓励运动员，同时运动员不得以任何方式把桨固定在船上划行。

在15米起航区以外发生断桨时，运动员不得从他人处接受新桨继续划行。在比赛航道上，由于本身原因而翻船的舟艇，允许运动员不依靠他人帮助重新上船继续比赛，但不得越出本航道。并应在下一组比赛开始前划到终点才有效。参加比赛的舟艇必须以正常速度划完全程，如没有特殊情况，又不以正常速度划进，航道主裁判可以中止其比赛。在长距离比赛中，当每1名运动员通过离终点线1000米的转弯标示时，裁判员应以音响信号通知运动员。在没有标志的航道上比赛，原则上也应按以上规则精神进行。舟艇在航道上由于受他人干扰而影响自己成绩或认为航道主裁判的判决不合理时，应在到达终点后立即向总裁判或检查裁判长提出申诉。

（3）比赛绕标

皮划艇长距离比赛，可在有转弯标志的航道上进行。一律以左舷弯标志的外侧通过转弯处（即逆时针方向划进）。在转弯时，处于里航道舟艇的艇首正横线与处于外航道舟艇座舱前缘（双人皮艇和4人皮艇均指第一名运动员的座舱。单人划艇指运动员的躯干，双人划艇以前边1名运动员躯干）相连或已超出，处于外航道的舟艇必须给里航道的舟艇留出足够的水域进行绕标。在绕标时，为了给本队同伴造成有利条件而故意犯规者，应取消全队成绩。比赛舟艇不是因取巧而碰撞转弯标志时，可以继续比赛。但所有运动员必须绕过规定的所有标志，如有遗漏，应取消比赛资格。

（4）通过终点

当艇首到达终点线时，即为划完全程，但必须全部艇身通过自己航道的终点线，此时，终点裁判长应用音响设备发生声响告知全组运动员。比赛舟艇通过终点线，艇上应有航道牌，如因故航道牌失落，运动员应向终点裁判长说明情况并报告航道号码。

二、帆板运动

帆板运动是人们通过一块近似船型的板体和经万向接头与板体相连接的一套帆具，借助风力作用于帆上产生的动力进行的一种水上运动。帆板是世界上最简单的小帆船。它是一种介于帆船和冲浪板之间的新兴水上运动。帆板运动又称为“风帆运动”。

帆板属于帆船的一部分，它运动综合了帆船、冲浪、滑水运动的一些技术特点，可以做腾空、大回转等各种技巧动作，更富有娱乐性、观赏性、竞技性的特点，因器材简单、竞赛场地要求不高，容易开展，已成为当今世界上最时髦的体育运动之一，成为沿海国家和地区最普及、最受人们喜爱的项目。

目前世界上已有包括美国、法国、德国、澳大利亚、日本等80余个国家和地区开展了这项运动。国际奥委会在1984年将帆板纳入奥运会的比赛项目。

（一）帆板运动的起源与发展

1. 运动的起源

帆板运动最早出现于20世纪60年代末的美国加利福尼亚南部，为赫莱·斯维

图 7 －1 －5

茨和杰姆·德雪克两人创始，并很快得到欧洲的假期俱乐部的宣传推广。最先被吸引的是一些热衷滑雪运动的年轻人；在不能滑雪的季节里，他们可以在海上充分体验那高速度带来的惊险等感觉。这项运动老少皆可从事，有的国家一些六七十岁的老人也乐于参加此项活动。(图 7 －1 －5)

2. 发展历史

(1) 国外发展的历史

帆板起源于 20 世纪 60 年代末世界冲浪圣地夏威夷群岛。1967 年美国加利福尼亚马里纳德海港出现一种加长冲浪板，上面装有能转动的桅杆，受到青年人的青睐。后逐渐形成一种体育运动，在欧美国家广泛开展。

美国一位冲浪爱好者电脑技师豪卫尔·修万斯在 1968 年—1970 年的时间里，试造出世界第一条带有万向节的帆板，获得专利权，并命名为“风力滑行板”。此后在当地很快兴起帆板热，不久便流传到欧洲、大洋洲和东南亚一带，现在全球性的帆板热方兴未艾。

1970 年 1 月，马里布帆船俱乐部举行了帆板冬季邀请赛，这是世界上第一次帆板比赛。1972 年在加拿大举行了第一次帆板世界锦标赛。1981 年帆板作为帆船的一个级别被接纳为奥运会大家庭的一员，1984 年洛杉矶奥运会第一次把帆板列为正式比赛项目，也是迄今唯一的一次。1992 年第二十五届奥运会列入男、女帆板两个项目。第 29 届奥运会帆船帆板项目设 9 个级别 11 项比赛。NP 级将作为新的帆板级别，分男子和女子两项。其他项目为 470 级男子双人艇、激光级男子单人艇、芬兰人级重量级艇、星级男子龙骨艇、470 级女子双人艇、激光镭迪尔女子单人艇、鹰铃级女子龙骨艇、49 人级快艇、托纳多级双体船。现在所有大型综合性运动会如奥运会、亚运会、全运会都有帆板比赛，每年世界各地还举行经常性的职业选手系列赛。

(2) 国内发展历史

帆板运动在中国的发展，中国在 1979 年由国家体委青岛航海运动学校成功试制出第一条国产帆板，1980 年举办了第一次全国帆板教练学习班。现在每年有 4 次全国性的比赛（分别为全国国际米氏级锦标赛、全国“翻波板”锦标赛、全国帆板冠军赛和全国青年帆板锦标赛），每 4 年 1 次的全国运动会都设帆板比赛项目，同时帆板也是亚运会、奥运会的正式比赛项目之一。1981 年 8 月，在青岛举行了我国首次帆板竞赛，有全国 11 支代表队 53 名运动员参加，使用国产器材，共设 6 个项目。

山东、安徽各获2项第一，广东、北京各获1项第一。

1982年我国帆板运动员首次在第九届亚运会亮相时排名第四，到第十届、第十一届和第十二届亚运会时，所设的帆板金牌尽收中国帆板运动员的囊中。1984年广东省湛江籍运动员张小冬（女）在国际上为我国夺得第一次帆板世界冠军，1992年第二十六届巴塞罗那奥运会上夺得银牌，实现了亚洲人在奥运会帆板项目中奖牌零的突破。目前中国男子、女子帆板水平已经达到世界级水准。1996年香港选手李丽珊在第二十七届亚特兰大奥运会上勇夺金牌，使世界认识到帆板是一项适合亚洲人的运动项目，它更是适合中国人发展的项目。李丽珊在2001年再次登上世界女子奥运板年终排名第一，也正是这一原因使李丽珊决定坚持参加釜山亚运会，并获得亚运会冠军女子帆板米氏级冠军。第十四届亚运会（韩国，2002）：周元国获男子米氏板轻量级冠军，孙茂春获男子竞赛板重量级冠军，沈圣获激光级帆船冠军，陆春风获女子欧洲级帆船冠军，徐莉佳获OP级帆船冠军，宋夏群、王燕获女子420级帆船冠军。2003年在德国举行的奥林匹克帆船赛上，23岁的周元国夺得了男子米斯特拉级帆板赛的冠军，这是中国男子帆板选手第一次在国际大赛中夺冠。2006年的青岛国际帆船赛上，年仅17岁的方镇南在男子帆板比赛中勇夺金牌，这也是中国在2006—2007两届奥运会测试赛中获得的唯一一枚金牌。2006年8月5日，在美国加利福尼亚州举行的激光雷迪尔级帆船世锦赛上，中国上海选手徐莉佳发挥出色，成为中国在帆船奥运会级别项目上的第一个世界冠军。这是中国帆船运动开展26年以来，首次在世锦赛中夺得奥运项目金牌。2008年奥运会上，来自四川的殷剑获得了女子帆板RS：X级冠军，为中国帆船帆板项目取得了奥运金牌零的突破。

（二）运动项目介绍

1. 帆板的分类

（1）从板体的横断面线型分类：平底板形、圆底板形（亦可称排水形）。

（2）从板体的长度分类：短板、长板。大多以板长3.5米为界。

（3）按有无稳向板分类：翻波板、竞速板。

（4）按用途分类：娱乐板、竞赛板。

（5）按板的几何形状分类：早期的翻板较多配A型帆，现在的帆板多配B型帆。

帆板是帆船运动中一个级别的比赛，是一项新兴的体育运动，可实际上是一个独立的体育项目。帆板器材简单轻便，国际统一型号的密斯特拉级帆板板体长3.72米、宽0.65米、厚0.2米，桅长4.95米，帆杆长2.2~2.4米，帆7.4平方米，全套重量20千克以下，比赛适合在大风大浪的海面上进行，也可以在内陆的江河湖泊中进行，只要有风的水面上都能开展。

帆板的构造很简单，由板体和帆具组成。板体包括航板（板体）、稳向板、尾鳍、脚套和桅滑轨。帆具包括帆、桅杆、帆杆、加长管和万向节等。

2. 竞赛项目形式

（1）场地赛

其是指在一定水域内分布下若干浮标，参赛船只统一起航，按照规定的顺序绕过所有标志通过重点后即为一轮结束。场地赛中又分个人赛、对抗赛、团体赛。

奥林匹克场地赛有以下几种形式。

①三角形航线：三角形的3个内角分别为45°、90°、45°或60°、60°、60°，全航程是起航—1—2—3—1—3—终点。男女分组。男子按体重分成若干等级，同级别者同赛。比赛在3个近似等边三角形的3个转弯标志组成的水域内进行。标志直线距离为1～1.5千米。比赛以到达终点先后次序排列名次。第一名分支最少，第二名次之，第三名以后所得分数与名次相同。比赛共进行7轮，取6轮最好成绩的总和评定名次，得分越少名次排列越靠前。

②P形航线：这种航线一般是：起航—1—2—3—4—5—1—2—3—4—5—终点。

③奥林匹克梯形航线：又称“不规则四边形航线”这种航线一般分内、外全航线。外航线是：—1—2—3—2—3—终点。内航线是—1—4—1—2—3—终点。

④迎风—尾风航线：从起点到1标为顶风航段，翻板不能顶风前进，需走“之”字形，航线由运动员掌握，判断哪种航向受风为佳，就要靠运动员的经验和技术。

（2）障碍赛

全航程是：起航—1—2—3—4—5—6—终点。

（3）长距离赛

分男女两组。比赛在开阔的水域内设置的固定标志之间进行。全程为20～30千米。航线可采用一次或重复多次驶完，启航线和终点线可设在一起，在岸上或水中不限。最先到达终点者为优胜，以到达的先后次序排列名次。

（4）自由滑比赛

也称“技巧比赛”。分男女组。分规定动作和自选动作比赛。比赛时按规定动作和自选动作在50米见方的水域内进行，运动员从规定的1C个动作中，选择3个动作，每个动作可以重复2次，2次得分的平均值是该动作的成绩。自选动作在3

分钟内完成，根据完成动作的数量和难度以及整个动作的连贯性和创造性评定成绩，以规定和自选两组动作的总分决定名次，得分高者名次列前。

（5）障碍滑行赛

也称“大回旋”。比赛在六个标志组成的水域内进行。从启航到第一标志的距离为500米，第一标志到第二标志的距离为200～300米，其他标志间的距离为200米。比赛前运动员按级别分成如干组，每组8～10人。每组前5名进入复赛，以此类推。比赛分预赛、复赛和决赛。

（6）远洋赛

远洋赛是从起点到终点一气呵成的长距离海上竞赛，整个航程少则几天，多则数月，参赛船只均是较大型的龙骨船。

3. 竞赛规则

（1）总　则

帆板方程式级别（FWC）应该是单人驾驶帆板的开发级别。

国际管理机构应该是国际帆板运动协会。该级别规则的解释权归国际帆板运动协会。

（2）管　理

该级别使用的官方语言是英语，一旦出现解释上的争议应以英文文本为准。

国家管理机构：在没有国家管理机构的国家或国家管理机构不愿意管理时，本规则中所规定的管理职能应该归由“国家帆板运动协会”。

（3）竞赛的资格

不遵守现行级别规则的帆板不得参加竞赛。船主应保证器材在所有时间都符合本规则。帆板的更改和更换不得与本规则相抵触。

（4）丈　量

确定选手器材是否符合丈量规定的首选办法是竞赛结束后，丈量排名在前的选手。在世锦赛及洲际赛事中采用此方法或者采用竞赛通知中规定的方法。

只有得到“国家帆板运动协会”、国家管理机构或丈量地点所属的国家帆板运动协会官方认可的丈量员才有资格丈量帆板及其桅杆、帆和器材。

当丈量员认为某帆板有违规时应向“国家帆板运动协会”、国家管理机构报告。以上机构可以拒绝其参赛。

根据“国家帆板运动协会”、国家管理机构、竞赛委员会的意愿丈量员可以在任何时间对任何帆板进行丈量检查。使用“米”制单位丈量。

（5）识别标志

帆上应贴国家字母、帆号和帆板标志。帆号及字母的最小尺寸应为：高 230 毫米，字间距 45 毫米。国家字母和帆号应是单色的。当贴在透明料上时，应是黑或红或蓝色。

分组比赛时，女子组应该在帆的两侧，靠近帆顶部分张贴等边菱形标记。它的每边最小尺寸为 150 毫米。

（6）结　构

只允许安装一块尾鳍，尺寸及结构不限。板体的尺寸、结构和材料不限。比赛帆板上禁止使用稳向极。桅杆的尺寸和结构不限。桅杆与极体之间的万向节和下拉索结构必须能使桅杆在任何方向至少倾斜到与水平面成 90°角。

帆的尺寸和结构不限。帆上应带有识别标志。制帆商的标志不得大于 300 毫米直径。

（7）乘　员

只允许有 1 名乘员。

（8）器材限制

一场系列赛使用不得超过一块帆板和 3 面帆。一轮竞赛中只可以使用一块帆板和一面帆。比赛中允许使用腰勾衣和使用风向标和风向线。但不允许穿着配重衣。选手穿着或携带的衣服或装备不得超过 9 千克。

（9）分　组

选手应分男子组和女子组。

（10）浮　物

如果规定使用个人浮物，每位选手应该在腰以上穿着一件救生衣、腰勾衣或背心。应至少在淡水中有 4 千克浮力，为不可充气式。

（11）广　告

比赛时允许做广告。在世锦赛和洲际比赛中，可能要求或引导选手在帆板、帆、衣服或器材上展示广告。

（三）帆板运动安全常识

1. 了解天气情况

在进行帆板活动前，一定要全面了解当天的天气变化，最好是察看天气预报，把握当天的风、浪状态才可出海。初学者适合训练的风况在 3 级以下，中级者适合 4 ~7 级之间，高水平者可以自行判断。夏天雷阵雨天气伴有短时的强降雨和大风，对此也要特别注意。打雷、雨天不能下水。

2. 检查装备是否齐全

事前应选择配合气温、水温的潜水衣。如感到水太凉时，可以加件运动衣。在海底石头多的水域滑行时，鞋子是必穿之物。初学者可依据自己的技术增加救生的装备。还有帽子和太阳镜。

3. 了解潮汐

喜欢帆板运动的人都应知道潮汐，算准“时辰”。潮起时，海流最急；涨潮时，水满好玩；退潮时，则礁石裸露多险情，稍不留心就会撞上。行到礁石凸角多的地方，也是水流最急处，是帆板最忌讳的进行区。

三、潜　水

潜水运动是在水下进行各种竞技活动的体育项目。它包括为掌握潜水基本技术而进行的各种潜泳、蹼泳以及水中定向、水下狩猎等内容。潜水运动能够锻炼人们的体质，增强内部器官和神经系统的功能，促进血液循环和加大肺活量，使身体全面发展；还可以深入海中探索水下世界的奥秘，开阔眼界，增长知识。（图 7 –1 –6）

图 7 –1 –6

（一）潜水运动起源与发展

1. 潜水运动的起源

神游海底是人们由来已久的愿望。早在 2800 年前，米索不达文化全盛时期，阿兹里亚帝国的军队用羊皮袋充气，由水中攻击敌军，这也许就是潜水的老祖宗了。距今 1700 年前的中国史书《魏志倭人传》中，就已经有了海边渔夫在海里潜水捕鱼的场面描写。到了 1720 年，一个英国人利用一只定做的木桶潜到水下 20 公尺深的地方成功地进行海底打捞。

而今天职业潜水的前身，则要算160年前英国的郭蒙贝西发明的从水上接帮浦运送空气的机械潜水，也就是头盔式潜水。这种潜水于1854年首次在日本出现。1924年开始使用玻璃做潜水镜，并利用帮浦从水面上吸取空气的“面罩式潜水器”，这是水肺潜水器材的前身。就在这年日本人使用面罩式潜水器潜入地中海底70公尺，成功地捞起沉船八阪号内的金块，震惊了全世界。在二次世界大战期间，开发了一种特殊军事用的“空气罩潜水器”，采用的是密闭循环式，并有空气瓶的装置。二战末期，法国开发了开放式“空气潜水器”，1945年前后这种潜水器在欧美非常流行。近几年来由于潜水器材的进步，带动潜水运动蓬勃发展，投身于潜水和喜欢潜水运动的人也越来越多。

古希腊和土耳其人被称为现代的“潜水之父”。他们早在两千年前就已经潜入爱琴海采摘海绵。后来人类发明了另一种潜水设备——潜水钟。1819年，德国工程师奥古斯·特西比发明了一种跟现在的潜水衣很相似的潜水设备，而潜水用的独立呼吸设备则在19世纪末和20世纪初出现。1930年，潜水者开始使用玻璃片橡皮镜和面罩。而对现代潜水运动贡献最大的是两个法国人，在1943年发明了“水肺”，也就是第一具带有自动呼吸调节器的呼吸设备。呼吸调节器能控制空气的流量，使潜水者肺部的气压始终与水压相等。

2. 潜水运动发展概况

1938年，在美国圣地亚哥成立了第一个水下运动俱乐部。俱乐部的成员用自己制作的简易潜水用具进行潜水活动。1943年，法国潜水者伊·库斯托和雅克制成压缩空气呼吸装具，为潜水运动的发展创造了有利的条件，潜水运动的发展，总是伴随着潜水装具的改进潜水运动内容丰富多彩，别具一格，具有强大的生命力和吸引力，在很短的时间里，世界各地迅速发展起来，涌现出各种类型的竞赛活动。1959年，建立了世界水下运动联合会，总部设在法国乌赛，现有会员100多个。

20世纪60年代采用的竞赛项目以实用潜水为主，如下水捞物，水下定向，背脱装具、潜泳等。20世纪70年代，采用呼吸调节器的潜水运动人数已上升到几百万，在竞赛方面也有了新的发展，出现了蹼泳、器泳（带压缩空气呼吸装具潜泳）、屏气潜泳、水下定向、水中狩猎和长距离蹼泳，以及水下球类等以速度为主的竞赛项目。要求运动员不但熟悉潜水技能和长时间水中生活习惯，还必须具有强健的体质，灵敏的反应，坚韧不拔和不畏艰险的意志。

由于潜水运动日益流行，许多潜水组织应运而生。目前世界上的潜水组织有好几百个，由于经营策略和方法上的不同，其知名度、普及率、国际化等的程度有所差异。以下介绍一些知名的国际潜水组织。

PADI（潜水教练专业协会）：成立于1966年，其教育系统普及地区为全世界各地区。PADI专注于开发与设计水肺潜水训练课程及其训练教材，详细维护并记录每一个等级潜水员的资料，期望建立具备全球公信力的潜水员资格认证体系。

NAUI（水中教练国际协会）：成立于1960年，其教育系统普及地区为全世界各地区。NAUI是由众多会员组成，其会员包括：潜水长、助教、浮潜教练、潜水教练。NAUI代表了“训练品质”“教练能力”“经由教育落实潜水安全”。

CMAS（世界水中活动联盟）：成立于1958年，其教育系统普及全世界各地区；大部分潜水组织与CMAS交叉认定潜水员资格、等级。小部分潜水组织为CMAS《技术委员会》会员。CMAS设立了3个委员会，“运动委员会”负责协调各会员国、共同订立钓鱼、蹼泳、水球、水中曲棍球等的国际竞赛规则。“技术委员会”负责订立“标准化”的水肺潜水训练规则及国际认证系统；它还负责推动、改善水肺潜水安全性之相关高科技材料与潜水装备的研发。“科学委员会”提供经费执行有关“潜水科技”方面的研究计划。

YMCA（基督教青年会）：成立于1959年，其教育系统普及地区为北美洲、中美洲、南欧洲、东北亚洲。依据CNCA（美国国家水中运动促进委员会）《水中呼吸器发展准则》，制定了高标准的安全潜水训练课程，简称“Y－SCUBA”。

ADS（国际潜水学校联盟）：成立于1980年，其教育系统普及地区为日本、中国台湾、太平洋岛国区域。其宗旨在于灌输正确的潜水知识技能和安全潜水的观念，是一个潜水教育的专门学校。

BSAC（英国潜水协会）：成立于1953年，其教育系统普及地区为大英国协国家，欧洲，东北亚洲地区。其性质类似财团法人机构，组织经营获得的利润必须用于潜水安全方面的研究与发展。BSAC于1954—1955年间在英国迅速发展，成为英国水中运动政策指导的权威性组织。它还于1976年建立了“BSAC潜水训练学校系统”，“BSAC潜水学校”是独立的商业团体，由BSAC授权训练、授予BSAC潜水资格认证。

（二）潜水运动项目介绍

1. 潜水的分类

潜水可以分浮潜与给气潜水两大类，浮潜又分为只浮在水面不潜入水中的“浮游”，与憋住呼吸期间潜入水中的“屏气潜水”。

给气潜水又可分为，潜水员自己携带在水中活动使用的气体，简称为自携式轻潜水。与潜水者在水下活动期间，依靠一条送气管从水面将空气输送给潜水员使用的“水面供气潜水”。

（1）浮　游

为最简单的潜水活动，潜水员戴面镜、呼吸管、脚蹼、潜水服及具浮力的背心，不潜入水中。利用呼吸管呼吸，头不必抬出水面吸气，经面镜可以清楚地观察欣赏水下的生态及景观，以脚蹼上下打水为推动力，浮在水面悠游。

（2）浮　潜

是时而浮游水面时而屏气潜入水中的活动，水下时间依个人屏气能力的差别而不同，在水中觉得不适应就上升水面换气。

（3）水面供气潜水

商业性水面供气潜水，是为了完成一件水下工程或作业任务，深度可能很深需要很长时间，潜水员在水下需要庞大的呼吸总量是潜水员不能自己携带的，必须由水面供应才能解决呼吸问题。

休闲性水面供气潜水，空气从外界吸入经压缩机压缩，经空气管接至气管末端的一个呼吸调节器上，供潜水员呼吸；有人称这种潜水的方式“HookahDiving”，意为如吸水烟筒方式的潜水。一般多为旅游胜地为游客提供的体验是潜水服务。

头盔式休闲潜水，在一浮台上面装在供气装置，以空气管送气，在管末端接一潜水头盔，潜水员戴头盔由导游带领在水中漫步，体验水中无重力状况欣赏海底景观。

（4）水肺潜水

潜水员携带可供呼吸的气瓶与呼吸调节器潜入水中活动，像鱼儿一样随心所欲地在水中悠游。优点是不受水面供气空气管的牵制，而空气量有限是其缺点，气体耗尽前就要浮出水面。可分为开放式、半闭路循环式与闭路循环式三大类。

开放式水肺潜水，潜水员携带呼吸气体和装备，空气被吸入体内使用后即排到水中。这种潜水常用的气体为空气，使用高氧分压氮氧混合气，简称高氧。

半闭路循环水肺潜水，潜水员携带呼吸的气体，呼气时一部分排到水中，一部分经过滤与补气的系统再呼吸使用。这种装备比开放式水肺潜水的历史长。

密闭循环水肺潜水，潜水员吸出的气体进入装备中，经过滤与补气的系统再供呼吸。此类装备有2种：一种使用氧气，使用浅深度；另一种使用两种或三种气体，多以氦气与氧气调配，用于大深度的潜水。这种装备比开放式和半密闭循环潜水的使用时间长，实用技术比较难，现多用于特殊的潜水。

2. 潜水运动器材

要潜水就会需要用到潜水装备，简单来说，潜水装备可以分为轻装备和重装备两类。轻装备指的是面镜、呼吸管和脚蹼——潜水三宝，浮潜时有这几件装备就可以了，而水肺潜水则还需要有重装备，指的是浮力调节装置（BCD）、呼吸调节器、潜水仪表、气瓶等。潜水装备有无数的款式和颜色，可根据潜水的形式、目的、自己的喜好和身体特点来选择不同特性的装备。

（1）呼吸调节器（REGULATORS）

呼吸调节器（简称呼吸器）是潜水员在水下的“生命线”，由一级减压器、二级减压器和中压管组成。其功能是通过两级减压装置，将气瓶内的高压气体自动调节为与潜水员所在深度相适应的压力，供给潜水员呼吸，它是保障潜水员在水下呼吸的关键设备。呼吸器的二级容易进泥沙，所以应特别保护，一旦进了泥沙则需要专业人员拆开维护（图7-1-7a）

a 呼吸调节器

b 气瓶

c 浮力调整背心

图7-1-7　潜水器材

（2）气瓶（SCUBA TANK）

气瓶是钢制或铝合金制的圆筒，能安全地储存高压空气供呼吸使用。气瓶的工作压力和尺寸大小的规格很多，气瓶内的容量通常以水容积的公升数来计算，常见的气瓶容积有8升、10升、12升、14升，工作压力有150千克、200千克、207千克、250千克。气瓶的重量（W）、容积（V）、工作压力（FP）、测压日期以及制造商标记等有关数据用钢印打在瓶肩上，供使用者了解（图7-1-7b）。

（3）浮力调整背心（BCD）

浮力调整背心是近年来国际上流行的潜水浮力调整救生装置，它形状像马甲，所以在英语也称 JACKET，通过用与气瓶的连接装置充放气来调整浮力，并兼有水中救生的用途。浮力调整背心也成为休闲潜水的必备设备（图 7－1－7c）。

（4）潜服（SUITS）及附件

分为干式和湿式，休闲潜水一般选择湿式，最好量身定做，以求合体。

潜服的作用：

首先是防止体温的大量散失，起到保持体温的作用。其次保护潜水员的皮肤免受伤害，另外潜服还具备一定的浮力（图 7－1－8）。

女款潜服男款潜服 潜服及附件

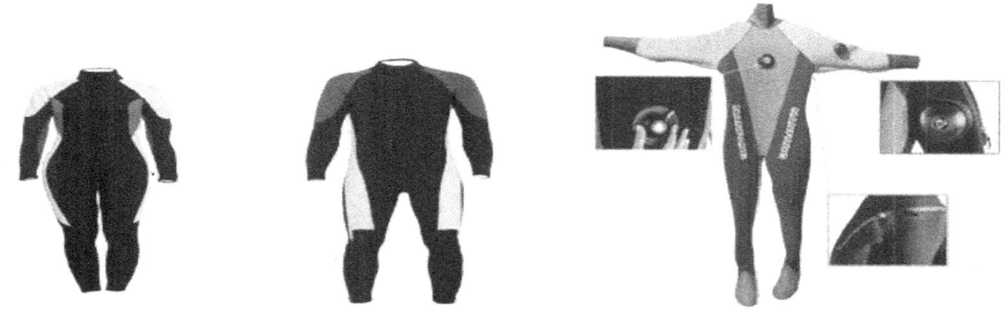

图 7－1－8　潜水服

（5）潜水手套

手在各种活动中是最容易被刺伤的。戴手套是最简单最有效的防护办法（图 7－1－9）。

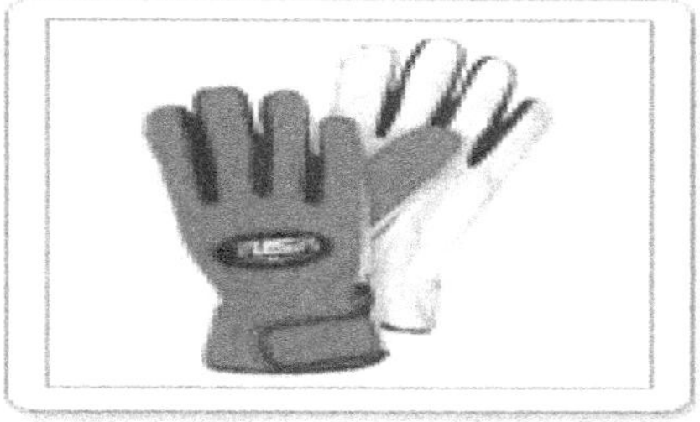

图 7－1－9　潜水手套

图 7－1－10　潜水面镜

（6）面镜——水底世界的窗口

尝试在水中睁开眼睛，能看见的只是一片模糊的景象，这是因为水的密度比空气大，光线到了水中会有折射。而眼睛的焦距是根据空气中的光线来调节的，因此，面镜使你的眼前保留了空腔，让你有清晰的视线。面镜与游泳眼镜最大的不同在于前者不仅罩着眼睛还罩着鼻子，这是因为潜水时为了防止挤压，需要平衡鼻腔内的压力，所以游泳眼镜不能用于潜水（图 7－1－10）。

一般的面镜由强化的安全玻璃镜片、贴合脸型的橡胶或硅胶群边及可固定位置的调整头带组成。强化的安全玻璃镜片可以防止破碎成有高度危险的细长玻璃碎片。群边的材质硅胶要强于橡胶，这是因为硅胶比橡胶耐用 3～4 倍，不容易使皮肤过敏，更为柔软和舒适。有些面镜设有排水阀，是个单向活门用来排除面镜内的积水。选择面镜的最重要的两点就是合适和舒适与否，其他器材也是如此。一个不合适的面镜可能会漏水还可能引起过敏，减少很多潜水的乐趣。

测试面镜合适与否，只要将面镜轻轻放在脸上（不必戴上头），然后用鼻子吸气，合适的面镜会紧贴在脸上直到你呼气。还有一点需要注意的是，要确定你能轻易地在面镜外捏住鼻子。面镜的样式多种多样，有单片镜片，两片镜片和多片镜片很多种，通常只有两片镜片的款式配有可矫正视力的镜片。

在面镜的第一次使用前可用沾有牙膏的软布轻轻擦拭镜片的两面以去除保护油膜。面镜在每次使用后需要用清水充分清洗，放置在干燥通风的地方，不要受到阳光直射。如果你是在海水中使用了面镜，最好能用温水浸泡数分钟，以防有腐蚀性的盐垢产生。如果你无法在使用后马上清洗，最好把面镜放在水中，因为干掉的盐分很难彻底清除。

（7）呼吸管——轻松呼吸

你也许会想，既然水肺潜水有气瓶和调节器，为何呼吸管也是标准装备之一呢？因为首先，当你的水面休息或游泳时，你的脸在水中向下看或找东西时，你可以通过呼吸管呼吸以减少气瓶中空气的消耗。其次，当水面有风浪时，可以利用呼吸管的管口高度通常高于波浪高度而避免让水涌进嘴里。最后，如果你在远离船只或岸边的地方出水，而气瓶中的空气又所剩无几，呼吸管能使你较轻松地游回船上或岸上，你的脸可以自然地放在水中。

而在浮潜时，呼吸管更是必需的装备，你可以不用抬头在水里待上整整一天。一般的呼吸管设计是一端开口，另一端是有咬嘴的弯管。呼吸管的上半部（管身）通常是半硬的塑料管，下半部的咬嘴多由硅胶制成。一个合适的呼吸管要有适当的曲度（适合你自己的脸型），内径 2 厘米左右，长度 30～35 厘米。合适的呼吸管除了舒适外还要呼吸容易。试用时，可以将咬嘴放在嘴唇与牙齿之间，将管身靠在左耳前，咬嘴应该合适舒服，不会擦伤嘴部或造成下巴疲劳，并且，含在嘴里是平直的（图7－1－11）。

（8）脚蹼——提供强大的前进动力

脚蹼宽大的面积能提供给你强大的动力，使你不必靠划动双手以产生动力，使得双手能解放出来从事其他工作。脚蹼主要分为无跟和套脚型两种。套脚型脚蹼一般用于温暖水域或浮潜。无跟脚蹼要与潜水靴一起使用。大而坚硬的脚蹼使用起来速度快，但容易疲劳和抽筋；小而柔软的脚蹼缺少推动的力量。

脚蹼有不同的材料、设计和特点。脚蹼的设计包括有：龙骨，用来增加脚蹼的硬度和平衡；排水孔，减低对脚蹼的阻力以增加效率；导流沟，让水平滑地滑过脚蹼，增加速度。选择脚蹼要根据你的体型、体力和潜水的环境，重要的是舒服和合适（图7－1－12）。

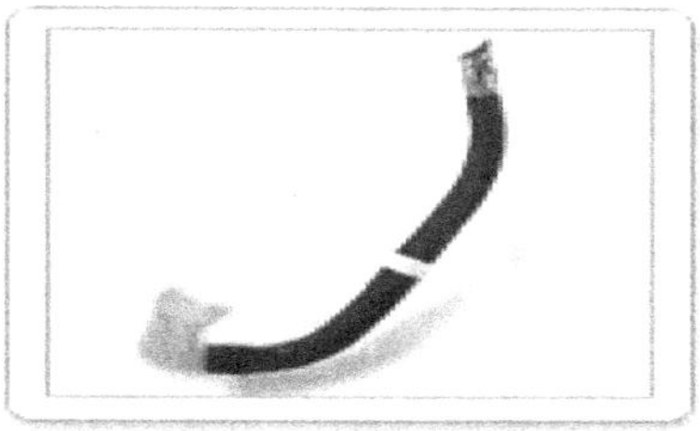

图7－1－11　呼吸管图

7－1－12　脚蹼

3. 潜水通则

（1）潜水员下水要结伴而行。

（2）一星级潜水员不能在没有教练的情况下潜水，同时两个一星级潜水员不能结伴潜水。

（3）不能在不熟悉的水域潜水。

（4）不要使用自己不能确定的器材。

（5）在自己感觉不正常的时候潜水。

（6）坐飞机前后12小时不要潜水。

（7）潜水前不能饮酒和大量吸烟。

（8）潜水员应保护水下环境。

4. 哪些人不适宜学习潜水

曾经接受过中耳手术，或眼角膜手术；有肺部受伤病史，尤其是自发性气胸者；严重的肺部阻塞性疾病，如慢性肺气肿或严重哮喘病者；肺泡有先天性憩室或肺部水泡病者；有癫痫或抽筋病史者；经常性的晕倒而原因不明者；有心脏冠状动脉疾病，如心绞痛或曾有心肌梗死病史者；有红细胞病变，如镰刀型红细胞贫血者；胰岛素依赖型糖尿病患者；长期酗酒或药物成瘾者；有精神疾病者。

第二节　水中健身运动

一、水中健身活动

水中健身是人类为了达到促进健康、增强体质、促进伤病康复、塑造体型或休闲娱乐等目的，利用水环境的特点，在水中进行的各种形式的锻炼活动。它广泛应用了运动解剖学、运动生理学、运动医学、流体力学、运动生物化学、运动心理学等方面的科学理论指导锻炼，通过练习提高肌肉力量、肌体柔韧性，改善心血管系统、呼吸系统等身体机能，具有很高的强身健体、康复医疗作用；同时还可以促进人与人之间的交流，达到陶冶情操、休闲娱乐的目的。

陆上体育活动是人类进行身体锻炼的主要形式，并具有良好的健身效果。但是，人们逐渐地发现，利用水的特性，在水中进行各种练习不仅具有避免陆上运动损伤的效果，同时还具有康复病痛的作用。因此，众多种类的水中健身练习在世界各地迅速地发展起来。

国外水中健身活动的发展已经历经了几十年，现代水中健身内容有水中有氧练习、水中柔韧练习、水中肌肉力量练习；练习方法包括水中行走、跑步、跳跃、游动、上肢运动、全身运动等；形成了目前的包括水中健身操、水中减肥、水中康复、水中娱乐等主要内容的锻炼体系。

游泳活动在中国一向受到广大群众的喜爱。近年来，随着游泳教学班的频繁举办，游泳人口的大幅增加，人们在水中的活动有了更丰富的需求。为推动水中健身活动在全国范围内开展，满足广大群众的需求、更好地利用水中活动来强身健体，拓宽游泳馆（池）新项目，国家体育总局游泳运动管理中心自 2001 年开始每年举办一至两期水中健身教员培训班，至 2009 年已培养了 11 期水中健身教员共 700 余人。水中健身教员的队伍正在逐步扩大并活跃在全国各地的水中健身场所，为推动水中健身活动在全国范围内开展做出了巨大的贡献。

（一）水中健身的特点和作用

1. 水环境特点及对水中健身练习的影响

（1）水的难以压缩性—浮力

在一般情况下，水在受到外界压力后体积不缩小。水的难以压缩性是人在水中受到浮力的根源。因此，进行水中运动时身体保持平衡的难度大于陆地上运动。

（2）水的黏滞性—阻力

液体的黏滞性产生于分子间相互吸引的作用。这是人在水中运动时受到阻力的根源。因此，在水中运动时肢体克服的阻力比陆地上大，水中运动的速度比陆地上慢。

（3）水的流动性—运动损伤

水具有流动的特性，人在水中运动时，得不到来自水的固定支撑，不会像陆地上表现出爆发式的用力。因此，水中健身活动的动作一般比较缓慢，不易出现运动损伤。

（4）水的导热性

游泳池的水温通常会大大低于水中运动者的体温。而且水的导热速度比空气快 20 余倍，人在水中散热较快。因此，以同样的时间和强度运动，在水中的能量消耗要比陆地上大。

（5）在水中受到压力的作用

因为水有压力，在水中进行健身活动时，增加了呼吸和循环系统的负担。呼吸肌需要增大力量克服水的压力，呼吸深度加大，心血管系统的运动强度也随之加大，对呼吸和循环系统是一种良性的刺激。

2. 水中活动时肌肉、骨骼系统的特点

（1）水中运动身体受到的震动和冲撞少

水的浮力使人们既能够保证较高的运动强度，又可以防止因震动冲撞导致的运动伤害。因为膝关节或肘关节疼痛而难以完成平时在陆地上进行的运动，都可以改在水中练习。利用水的特性，克服水的阻力来达到提高体能的目的，同时还能有效地避免损伤。

（2）失重可减轻关节的负荷

当在齐肩深的水中运动时，人们将体验到约 90% 的失重感觉。也就是说，体重为 100 千克的人，在齐肩深的水中体重大约只有 10 千克。大大的减轻关节承重体重的负荷。因此，水中健身是非常安全的健身方式。

（3）水中健身活动以肌肉的动力性工作方式为主

进行水中健身活动时，肌肉多采用动力性工作方式，克服水的阻力。但由于水的流动性，肢体在动作过程中遇到的阻力会随着水的流动以及肢体对水的角度而改变。因此，水中健身活动中，肌肉收缩既有长度的改变，也有张力的增减，与陆地上的等张收缩不同。所以，进行水中健身练习既可以增大力量，又能够使肌肉修长圆润而富有弹性，而肌肉的增粗并不明显。

（4）提高柔韧性的效果比陆地上明显

柔韧伸展练习对增大动作幅度、防止运动损伤起着非常重要的作用。但柔韧牵拉和伸展练习过程本身却带有一定的痛苦和不适感。但在水中当人们放松时，由于浮力的作用，肌肉的支撑作用减轻，肌肉可以更加放松。肌肉的放松使呼吸更加轻松、有节奏，这些都有助于提高牵拉伸展的效果。

（5）提高平衡和协调性

在水中练习时，练习者必须用腹背部和臂、腿的肌肉协同用力保持身体姿势和平衡。改善的平衡能力反过来又能够促进其他运动及日常生活中的活动能力。

水中练习活动的方式自然、节奏感强，而且有阻力感。在这样的条件下，即使练习者的动作有微小的不协调和不平衡，也能够轻易地察觉出来。随着在水中的动作越来越柔顺，身体位置趋于平衡，在陆地上不协调的动作会越来越少。

3. 水中活动时心理活动特点

（1）情绪调节

在进行水中健身练习过程中，可以充分利用活动调节、音乐调节、呼吸调节、颜色调节、转移调节等途径，调节练习者的情绪，舒缓压力。

水中一些健身活动，如水中健身操、水中太极拳、水中搏击、水中瑜伽等可以配合音乐完成。在锻炼身体的同时还能够陶冶情操，抒发情感，提高艺术素养，增强对音乐的理解和对动作把握能力。

（2）审美情趣

进行水中健身活动对人的审美情趣也有一定的提高。许多操类练习来源于舞蹈，动作具有对称、平衡、稳定，动静相宜的特点，可充分展示艺术表现力和美感，陶冶情操，培养审美情趣，改善气质。

（3）协作与交流

水中健身活动，特别是水中游戏和操类活动多以集体方式进行，可促进人与人之间的协作和交流，沟通情感，起到真情互动的作用。如祖孙同乐，亲子游戏，好友结伴等等，有助于打开现代人越来越封闭的情感世界。

（二）水中健身活动所需要的装备

水中健身所需要的基本装备非常简单。为了增加练习的趣味性和多样性，并起到保护、防止伤害事故、提高练习的科学性等目的，可根据练习目的和内容采用一些辅助装备。

1. 基本装备

水中健身的基本装备有游泳装、游泳帽和毛巾等。这里要注意，参加水中健身活动女士泳装不要穿分体式游泳衣并且要合体，不妨碍身体各部分的活动范围即可。

2. 补充装备

（1）水中健身鞋

游泳池的池底一般铺的是瓷砖，如果长时间进行水中健身活动，水中健身鞋可以保护腿部和脚部的肌肉、韧带和皮肤，避免滑倒（图 7－2－1）。

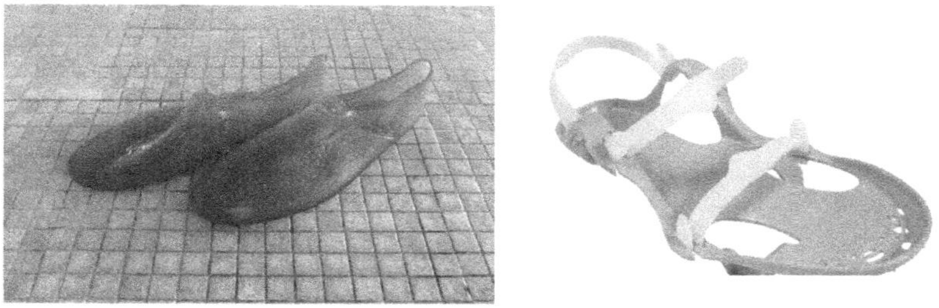

图 7－2－1　水中健身鞋

（2）阻力手套、手掌

在进行上肢力量练习时，为增大对水面积，增加阻力，可以戴水中健身的阻力手套。阻力手套一般由氯丁橡胶制成，持久耐用，形状像鸭蹼，可有效增大阻力（图 7－2－2）。

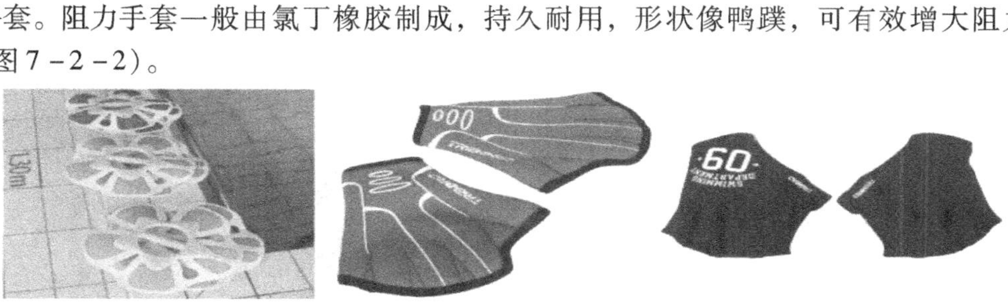

图 7－2－2　阻力手套、手掌

（3）水中练习专用浮板

这种浮板上有不同形状和大小的小孔，水流可以通过，在水中可调节阻力，增加稳定性。练习时，可以俯卧、仰卧、坐或站在浮板上进行各种平衡或力量练习，也可作为打水板使用（图7－2－3）。

图7－2－3　水中练习专用浮板

（4）深水跑步助浮腰带

一般由硬泡沫塑料制成，在深水池中系上助浮腰带，可以体会双脚悬空、太空漫步的感觉（图7－2－4）。

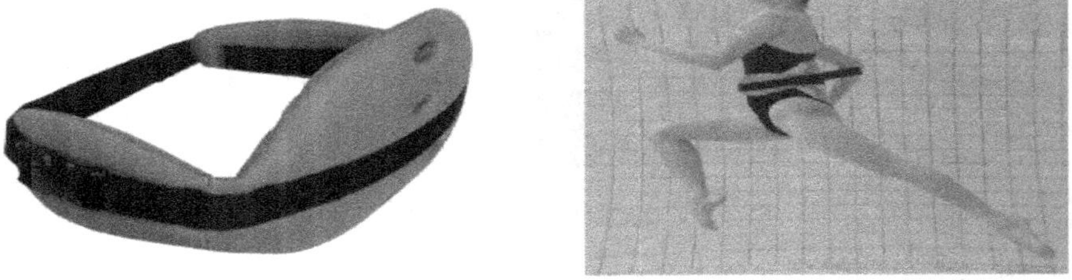

图7－2－4　深水跑步助浮腰带

（5）水中健身棒

水中健身棒是由软泡沫塑料制成的，柔软，可变换形状成条形、环形或半圆形。练习者既可以用健身棒做各种舞蹈或体操动作，也可用于在水中助浮（图7－2－5）。

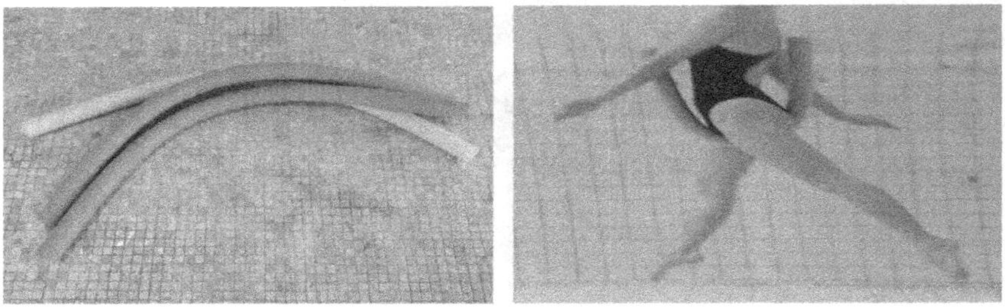

图7-2-5 水中健身棒

(6) 水中哑铃

由泡沫塑料制成，用于进行水中力量和平衡练习（图7-2-6）。

图7-2-6 水中哑铃

(7) 麦克风（教学用）

为教员和领操员准备好麦克风。因为教员要随时示范和纠正动作，应选择能够相对固定，不会因身体动作而影响扩音质量的麦克风。

(8) 音像设备（教学用）

包括录音机、录像机、影碟机、电视机以及盒带或光盘，以便教学时播放音乐或示范画面。

(三) 水中健身场地要求

1. 池 底

虽然水中健身练习本身是安全、对人体无害的，但游泳池底部的条件可能成为伤害事故的原因。较滑的池底很容易引发伤害事故。练习者在练习时脚如果滑动，容易使腿部或背部的肌肉和韧带拉伤。粗糙的池底常常导致足底皮肤磨损或破裂。因此，在池底较滑和粗糙的游泳池中练习时，建议练习者穿水中健身鞋。为避免足底磨损，在表面粗糙的池底上练习时应穿防护鞋。

水中健身活动应在池底比较平坦、高度一致的游泳池进行，倾斜的池底容易使身体失去平衡，破坏身体姿势，有一定的危险性，并容易造成局部组织劳损。所以最好不要在坡度大的池底练习。如果条件所限，不得不在有一定坡度的池底练习，应注意经常变换方位和方向，避免造成部分肌肉长时间过度紧张。

2. 水　温

适宜的水温是进行水中健身练习的一个重要条件。身体健康、体质较好、运动量较大的练习者最适宜的水温是在 27℃～30℃之间，以便于散热。水温低于 27℃时，必须增加热身练习的时间，才能转入动作幅度较大、负荷较高的有氧练习。

不同的水温适合不同类型的活动。如果水比较温暖（30℃以上），可以进行水中伸展练习，发展柔韧性，或者进行特定的水中康复练习。水温适中时（27℃～30℃），可根据自己的体质和体能水平进行各种形式、各种强度的水中健身练习。

3. 水　深

水中健身包括许多水中行走、跑步、跳跃、旋转的动作，因此多数练习是在浅水池进行的，水面高度可在中腹部和腋窝之间。一般情况下，水深在 1.3 米左右为宜，这样的水深范围可使练习者充分锻炼上肢肌肉，有效控制动作，保持平衡。而且在浮力作用下练习者的肌肉、关节、韧带、肌腱还可得到有效的保护和支撑，避免伤害事故。如果水太浅，上肢动作就难以利用水的阻力，练习效果就会受到影响。如水中康复练习的水深在胸部以下是比较合适的，这样不容易发生危险。

深水游泳池也可以进行水中健身锻炼，但需要练习者借助浮漂等浮具，可做一些深水太空跑步、肌肉力量强化、旋转或其他活动。但如果在深水练习，一定要注意安全，练习者应该会游泳，并能在水中掌握身体平衡，以免发生溺水事故。

4. 练习场地

游泳池的池边应有足够的空地供教员或领操员示范、讲解和组织练习。由于练习过程中经常有位置和队形的变化，为防止发生碰撞和伤害事故，建议每个练习者拥有不少于 6 平方米的水域面积。如在 20 米×25 米的水域中，同时参加练习的人数最好在 70 人以内。

二、水中健身活动的分类

现代游泳运动由竞技游泳、实用游泳、大众游泳 3 部分组成。水中健身是大众游泳中的一部分，包括水中健身操、水中娱乐、水中减肥、水中康复等内容。

（一）水中健身操

图7-2-7

在音乐的伴奏下或无音乐环境下，以体操或肌肉强化练习的形式进行锻炼。水中健身操主要是由准备活动、有氧练习、肌肉强化练习、整理活动等4部分构成。可以采用单人、双人或多人集体的形式。动作包括徒手或借助器械的水中行走、水中跑步、水中跳跃、水中柔韧与肌肉练习、健身操、舞蹈、武术等项目中的动作。（图7-2-7）

通过水中健身操的练习，可以改善心血管系统和呼吸系统的机能，增进肌肉的工作能力与关节的灵活性，治疗运动损伤。该运动同时具有促进人与人之间的交流、陶冶情操，达到身心健康的作用。

适宜人群：水中健身操适合不同年龄段的人群，最好是身体状况较好，无重大疾病和急性或慢性损伤的健身爱好者。

（二）水中康复

图7-2-8

水中康复是充分利用水的自然特性与水中运动的生理生化基础知识对练习对象进行治疗、训练，以达到缩短康复治疗期，尽早恢复生活、劳动能力的目的而采取的水中锻炼方法。（图7-2-8）

在水中康复练习的过程中，可利用适当的音乐，消除患者的焦躁与不安情绪，使之树立克服病症的自信心，进入轻松愉快的状态。

练习内容可以采用单人、双人或多人集体的练习形式，动作包括游泳、游戏、徒手及借助器械的单人与双人或多人的水中行走、水中慢跑、水中康复操、水中柔韧与肌肉练习等。进行此练习时必须注意加强医务监督。

适宜人群：适于更年期综合征、腰疼、膝疼、颈椎疾病、哮喘儿童、脑瘫儿童等患者进行的康复练习活动。需要注意的是应该得到主治医师的同意后并在有指导和监护人员的情况进行有计划的练习。

（三）水中减肥

水中减肥是为降低体重，改善因肥胖症引起的各种疾病症状而进行的水中练习。（图7－2－9）

图7－2－9

进行水中练习时，人体直立或横卧在水中，借助水的浮力与阻力，手、脚做一些动作就可使身体移动。陆上的步行、跑步、跳跃等动作因重力作用使腰、膝、髁等关节承受很大的负荷，水中因水的浮力作用不会对以上部位产生这样大的负荷，所以不会使这些关节受到运动损伤，从而更好地达到减肥练习的效果。

练习可以采用单人、双人或多人集体的练习形式，动作包括游泳、游戏、徒手及加负荷的单人与双人或多人的水中行走、水中跑步、水中跳跃、水中柔韧与肌肉练习等。

适宜人群：主要适用于肥胖人群。

（四）水中娱乐

水中娱乐是练习者为达到休闲娱乐与提到水中活动能力而进行的各种趣味性水中练习。（图7－2－10）

图7－2－10

水中娱乐练习不仅可以使人消除由工作与生活压力而带来的精神上的疲劳，改善情绪，而且还可使参加者更加熟悉水的环境，提高身体对浮力、阻力的适应能力，消除对水的恐惧感，特别是对不会游泳的人学会游泳与水平较低的人快速提高游泳技术水平有着良好的作用。水中娱乐活动还可利于人与人之间的交流增进友谊，树立集体观念。水中娱乐的形式包括水中游戏、亲子游戏、水下球类游戏等。

适宜人群：适用于各个年龄段的人群。但一些强度较高的活动不适合老年人和伤病者。

三、水中健身操

水中健身操是水中健身活动的主要锻炼形式之一，目前在国内外很受欢迎。由于健身操的运动形式活泼多变，组织容易，对场地设施条件要求简单，锻炼效果显著，将音乐、舞蹈、形体塑身、强身健体等流行元素融合在一起，可以满足不同层次人群的诉求，因此很快流行于全国各地。

根据当今世界和我国水中健美运动的发展状况和未来的发展趋势，按照练习者的年龄、目的、任务、性别、不同类型方法可细分。例如，根据练习者年龄不同，可分为少儿水中健身操、青年水中健身操和中老年水中健身操。

根据练习目和形式的不同，可分为水中有氧健身操、水中形体操、水中搏击健身操、水中太极健身操、水中减肥健身操和水中康复健身操等。

根据是否使用器械，又可分为水中徒手健身操、水中健身棒操、水中哑铃健身操和水中池边健身练习等。

一套水中健身操通称包括几个部分，即热身、水中有氧运动、水中肌肉强化练习及柔韧练习。

（一）水中有氧运动

水中有氧运动主要采用全身多处部位，多数大肌肉群参与的活动，如水中行走、水中跑步、游泳、水中健身操等，运动持续时间应不少于30分钟，运动强度应在有氧运动的心率范围内。

1. 走、跑及原地练习动作

走、跑、原地练习和跳跃练习是水中健身练习的基本动作。下面列举的练习可以根据练习者的情况重复20～30次，练习3～4组，每周练习2～3次。

练习1：前后行走

练习目的：体会在水中的平衡感，提高全身协调性，可用作热身、整理或过渡练习中。

动作描述：身体保持正直，收腹立腰，大步在水中向前行走一段距离后，再后退行走到原处。走路的步频要慢，向前迈腿时用后脚跟先着地，向后退时用前脚掌先着地。

动作提示：可摆臂、手叉腰、抱头、背手，张开双臂、向前、后滑手等动作分别体会在不同姿态下保持身体平衡、维持姿态的感觉。在后退时注意不要碰到别人或障碍物，以免碰伤或滑倒（图 7－2－11）。

图 7－2－11　水中行走的各种姿势

练习 2：侧向行走

（1）双手叉腰

练习目的：体会在水中的平衡感，提高全身协调性，可用作热身、整理或过渡练习中。

动作描述：身体保持正直，收腹立腰，单腿从身体里侧向身体外侧摆动画圆迈大步，身体重心随之下降，同时屈膝成马步；另一腿向同侧并步，同时伸膝。走路的步频要慢一些。

动作提示：抬头挺胸，目视前方，上体保持正直，不要翘臀保持身体平衡、维持姿态的感觉。注意不要碰到别人或障碍物，以免碰伤或滑倒（图 7－2－12）。

图 7－2－12　侧向行走（双手叉腰）

（2）双手体侧摆臂

练习目的：体会在水中的平衡感，提高全身协调性，可用作热身、整理或过渡练习中。

动作描述：身体保持正直，收腹立腰，大步在水中向一侧行走一段距离后，再向另一侧行走到原处。两腿先并拢伸直，一腿向一侧分开，同时屈膝成马步；另一腿向同侧并步，同时伸膝。走路的步频要慢一些。

动作提示：可摆臂、抱头、抱臂、背手，分别体会在不同姿态下保持身体平衡、维持姿态的感觉。注意不要碰到别人或障碍物，以免碰伤或滑倒（图7－2－13）。

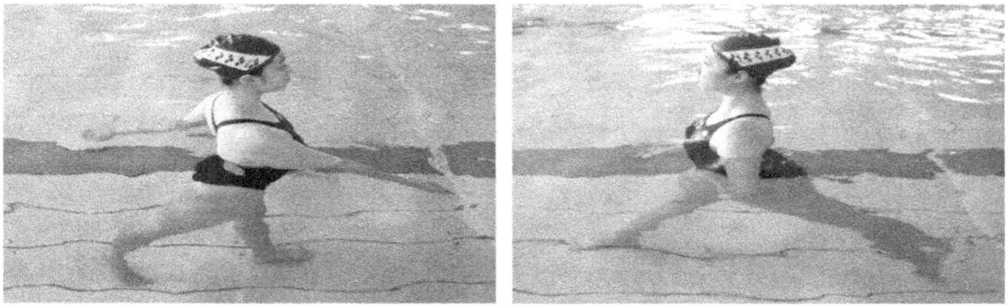

图7－2－13

练习3：高抬腿走

练习目的：体会在水中的平衡感，提高全身协调性，并可对下肢肌肉进行适度拉伸，可用作热身、整理或过渡练习中。

动作描述：身体保持正直，收腹立腰，左腿向前上方迈出，使膝关节贴近前胸，用双手抱膝，停留3秒钟后放开，推向前落地，再迈另一腿，重复抱膝、停留的动作。

动作提示：前腿尽量向上抬，后腿成后弓步伸展。注意不要碰到别人或障碍物，以免碰伤或滑倒（图7－2－14）。

图7－2－14　高抬腿走

练习4：原地踢腿

练习目的：体会在水中的平衡感，提高全身协调性，并可对下肢肌肉进行适度拉伸。可用作热身、整理或过渡练习中。

动作描述：

正吸踢：身体保持正直，手叉腰或背在后面，收腹立腰，右腿大腿向前上方抬高，小腿自然下垂，使大腿与水面平行，小腿与大腿垂直。之后小腿向前上方伸，使膝关节伸展，然后腿部保持伸直，缓缓下落到原处。换另一腿做相同的动作（图7－2－15a）。

侧吸踢：与正吸踢动作基本相似，只是腿向一侧吸腿和踢腿。

动作提示：前腿尽量向上抬，后腿成后弓步伸展。注意不要碰到别人或障碍物，以免碰伤或滑倒（图7－2－15b）。

图7－2－15a

图7－2－15b　原地踢腿

练习5：高抬腿跑

练习目的：体会在水中的平衡感，提高全身协调性，并可通过控制持续时间改善心肺功能，可用作热身或主要练习中。

动作描述：与陆地上高抬腿跑动作相似，但为保持身体平衡，身体要略微前倾，两臂配合跑的动作摆动，每次抬腿尽量使膝关节贴近前胸。

动作提示：前腿尽量向上抬，后腿成后弓步伸展（图7－2－16）。

图7－2－16　高抬腿跑

练习6：水中不同体位的变换行走和跑

练习目的：体会在水中的平衡感和水的阻力大小变化，提高全身协调性，并可通过控制持续时间改善心肺功能，可用作热身或主要练习中。

动作描述：身体保持正直，身体重心下降，肩与水面平齐，两手臂在体侧做好前后摆臂动作，当听到哨声开始行走，听到第二声哨响，由走变跑，体位不变，当听到第三声哨响，跑由低重心姿势变为正常体位姿势的跑动。还可以加长练习的距离，多次吹响哨声，高重心和低重心的走和跑互相交替，以增加练习的趣味性。

动作提示：走动和跑动时，两臂紧贴身体两侧，前后摆动，身体重心由低到高保持身体平衡，注意不要碰到别人或障碍物，以免碰伤或滑倒（图7－2－17）。

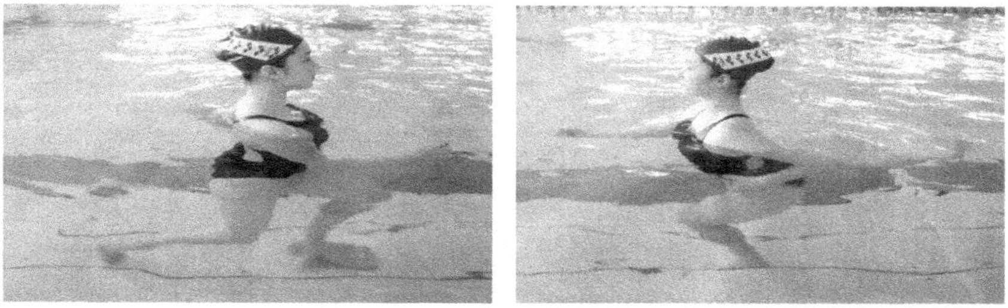

图7－2－17　水中不同体位的变换行走和跑

其他练习：在上述练习的基础时适当加以改变，可形成更多练习动作，如行走加转体、后踢腿跑、侧抬腿跑、侧身跑等多种练习。

2. 跳跃动作

练习1：收腿跳

练习目的：体会在水中的平衡感，提高全身协调性，提高腰腹及腿部肌肉力量，并可通过控制持续时间改善心肺功能，可用作热身或主要练习中。

动作描述：两腿并拢边向上跳起屈髋屈膝，使膝关节贴近前胸，两手在身体两侧向下划水，帮助腿部跳起，然后缓缓下落回到原处，可连续做20次左右。

动作提示：每次跳起抬腿时尽量使膝关节贴近前胸，跳起后身体在水面保持若干秒后再缓缓下落（图7－2－18）。

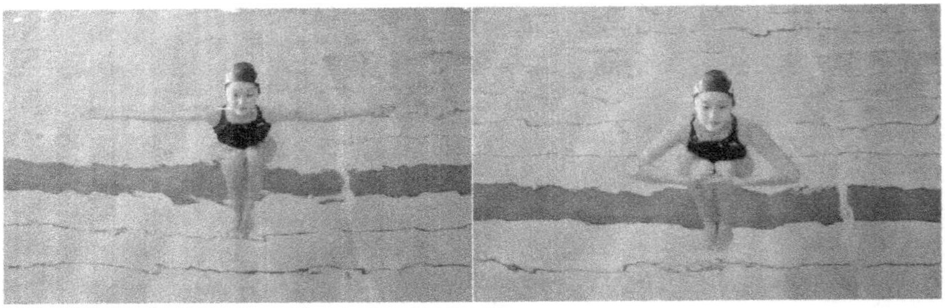

图7－2－18　收腿跳

练习2：分腿大跳

练习目的：体会在水中的平衡，提高全身协调性，提高腰腹及腿部肌肉力量，改善下肢肌肉灵活性，并可通过控制持续时间改善心肺功能。可用作热身或主要练习中。

动作描述：预备姿势是两腿分开比肩略宽，膝关节微屈，两臂侧平举。两腿向侧上方跳起，同时两臂向体前压水帮助维持身体平衡，之后两腿缓缓落下回到原处，可连续做20次左右。

动作提示：每次跳起抬腿时尽量使腿贴近水面，两手在体侧划水，帮助腿部跳起并维持身体悬浮（图7－2－19）。

图7－2－19　分腿大跳

练习3：跳起后转体

练习目的：体会在水中的平衡感，提高全身协调性，提高腰腹及腿部肌肉力量，并可通过控制持续时间改善心肺功能，可用作热身或主要练习中。

动作描述：前面的动作与收腿跳相同，两腿并拢边向上跳起边屈髋屈膝，之后利用水的浮力使身体悬浮在水中，髋部和腿部向两侧转动数次后，两腿缓缓落下。

可连续做 10 次左右。

动作提示：通过两手在身体两侧划水，帮助身体转动并维持身体悬浮（图 7－2－20）。

图 7－2－20　跳起后转体

练习 4：原地跳起腿屈伸

练习目的：体会在水中的平衡感，提高全身协调性，提高腰腹、手臂及腿部肌肉力量，并可通过控制持续时间改善心肺功能，可用作热身或主要练习中。

动作描述：两腿向上方跳起，同时两臂在体侧屈肘向后，跳起后双脚落地屈膝，同时双臂向前推水。可连续做 20 次左右。

动作提示：每次跳起时尽量两臂加紧，尽量跳高跳，通过腹部收缩用力帮助完成动作（图 7－2－21）。

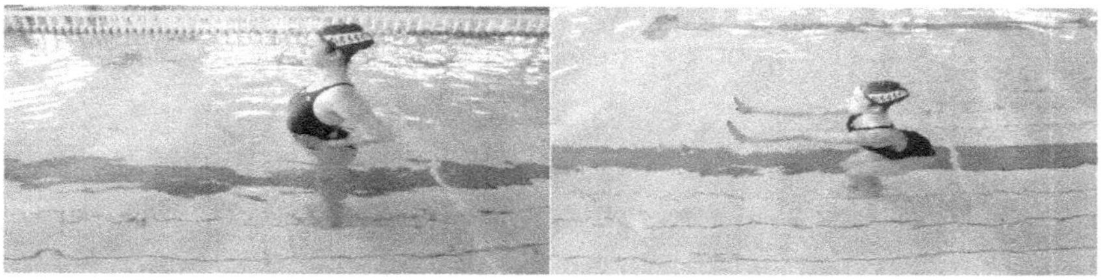

图 7－2－21　原地跳起腿屈伸

练习 5：旋转跳

练习目的：体会在水中的平衡感，提高全身协调性，提高腰腹及腿部肌肉力量，并可通过控制持续时间改善心肺功能，可用作热身或主要练习。

动作描述：与陆地上的纵跳相似，加上手臂在体侧的辅助划水，但需要一边跳一边旋转身体，每跳 1 次，身体旋转 180°。

动作提示：利用手臂在两侧的划水动作协助完成旋转动作，并维持身体平衡（图 7－2－22）。

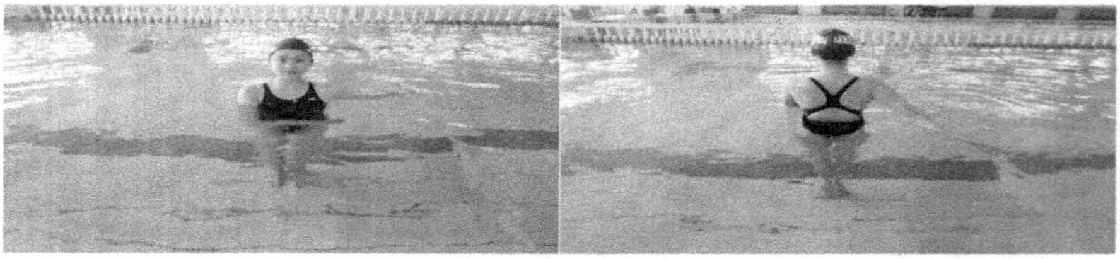

图7－2－22　旋转跳

其他练习：跳跃练习还有很多，可以根据练习需要增加诸如开合跳、前后跨越跳、纵跳、收腿前伸跳、蛙跳、兔跳、鹿跳等多种练习。

3. 深水练习

在深水中借助一些助浮器材进行的以直立体位为基本姿势的练习成为深水健身练习，主要形式为深水太空行走、跑步等，常用器材为助浮背心、助浮腰带、助浮裤、助浮靴、健身棒等。

由于在深水中双脚得不到固定支撑，身体是悬浮在水中的，因此保持平衡是练习的关键。身体重心的平衡需要肢体之间的相对运动来得到保持，而腹背部肌肉的用力是维持平衡的关键因素。因此，在深水中练习可有效提高腹背部肌肉的力量和耐力。

深水中的练习一般采用间歇形式进行，例如，一种练习重复3～4组，每组20～30次，或持续2～5分钟，组间休息30秒左右. 随着练习水平的提高可以逐渐增加练习次数或组数。

练习1：深水跑步

练习目的：体会在深水中的平衡感，提高全身协调性，提高腰腹及腿部肌肉力量，并可通过控制持续时间改善心肺功能，可用作热身或主要练习中。

动作描述：身穿助浮背心或腰带，身体保持正直，悬浮在水中跑步。与陆地上的跑步相似，头、胸正直，肩部自然放松。可连续练习2～5分钟。

动作提示：膝关节每次上抬到与水面平行（图7－2－23）。

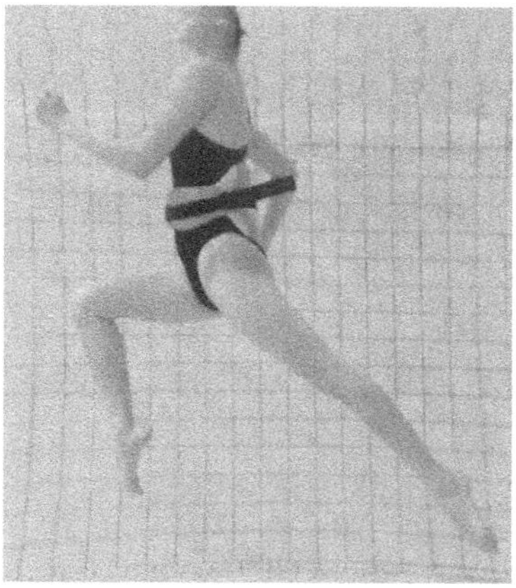

图7－2－23 深水跑步

练习2：深水行走

练习目的：体会在深水中的平衡感，提高全身协调性，提高腰腹及腿部肌肉力量，并可通过控制持续时间改善心肺功能，可用作热身或主要练习中。

动作描述：身穿助浮背心或腰带，身体保持正直，悬浮在水中行走，与陆地上的跑步相似，头、胸正直，肩部自然放松．可连续练习2～5分钟。

动作提示：双腿和双臂保持伸直。当适应练习后可加大强度，将步幅加大，同时手臂与水垂直，增大阻力（图7－2－24）。

图7－2－24 深水行走

练习3：抬腿转体

练习目的：体会在深水中的平衡感，提高全身协调性，提高腰腹及腿部肌肉力量，并可通过控制持续时间改善心肺功能，可用作热身或主要练习中。

动作描述：身穿助浮背心或腰带，预备时身体保持正直，悬浮在水中。左膝边上抬边向身体右侧转动，用右肘碰触左膝，然后还原。两臂和两腿交替进行。可连续练习2~5分钟。

动作提示：躯干保持正直，避免为使肘关节和膝关节接触而俯身（图7-2-25）。

图7-2-25　抬腿转体

练习4：深水直立交叉腿

练习目的：体会在深水中的平衡感，提高全身协调性，提高腰腹及腿部肌肉力量，特别是腿部旋转肌群的力量，并可通过控制持续时间改善心肺功能，可用作热身或主要练习。

动作描述：身穿助浮背心或腰带，预备时身体保持正直，悬浮在水中，两腿略分开。两腿快速进行交叉动作. 可连续练习2~5分钟。

动作提示：采用快频率、小幅度的练习（图7-2-26）。

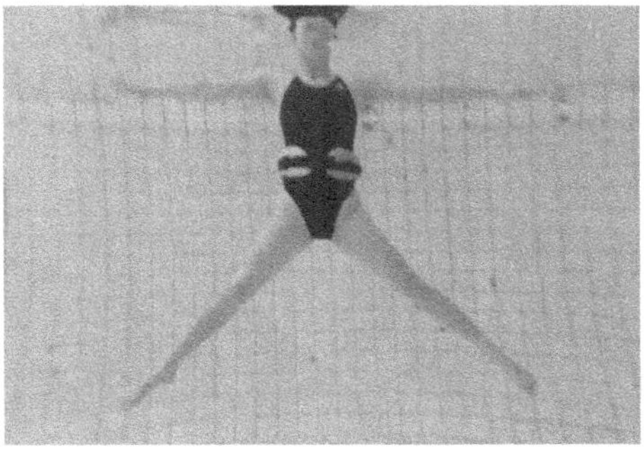

图 7－2－26　深水直立交叉腿

练习 5：深水腹肌练习

练习目的：体会在深水中的平衡感，提高全身协调性，提高腰腹肌肉力量，特别是躯干转动肌肉的力量，并可通过控制持续时间改善心肺功能，可用作热身或主要练习中。

动作描述：身穿助浮背心或腰带，预备时身体仰面在水中保持平衡，两腿伸直，头露出水面。收腹屈膝使膝关节靠近腹部，双手抱膝，然后再恢复到原来位置。可连续练习 20～30 次。

动作提示：为加大难度并增加趣味性，在收腿后可使腿部左右摇摆数次，再伸展，重复进行（图 7－2－27）。

图 7－2－27　深水腹肌

练习 6：深水臂腿开合

练习目的：体会在深水中的平衡感，提高全身协调性，提高上肢、下肢和腰腹肌肉力量，特别是下肢外展和内收肌群的力量，改善下肢肌肉柔韧性和灵活性，并可通过控制持续时间改善心肺功能，可用作热身或主要练习中。

动作描述：身穿助浮背心或腰带，预备时身体直立，两腿外分到最大的幅度。两臂在胸前伸直，两手掌心相对。两腿内收，同时两臂外展，然后还原到开始姿势。

可连续练习 20～30 次。

动作提示：手臂和腿动作的幅度越大越好（图 7－2－28）。

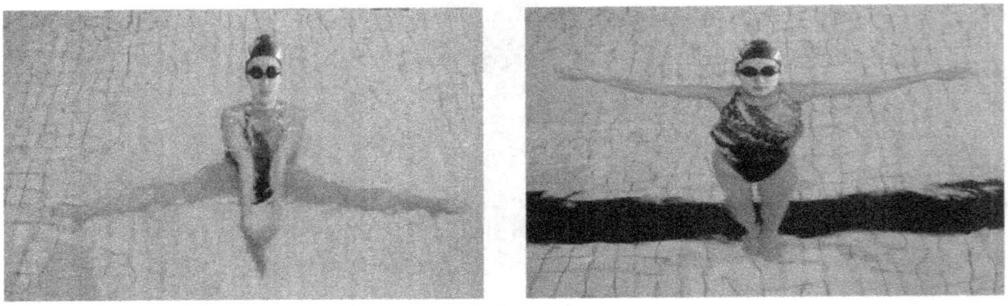

图 7－2－28　深水臂腿开合

其他深水练习：

除上述练习外，还可以借助其他器材进行其他形式的练习。例如可以采用打水板、哑铃、水中健身棒在深水进行分腿、收腿、大腿、跳绳等多种形式的练习（图 7－2－29）。

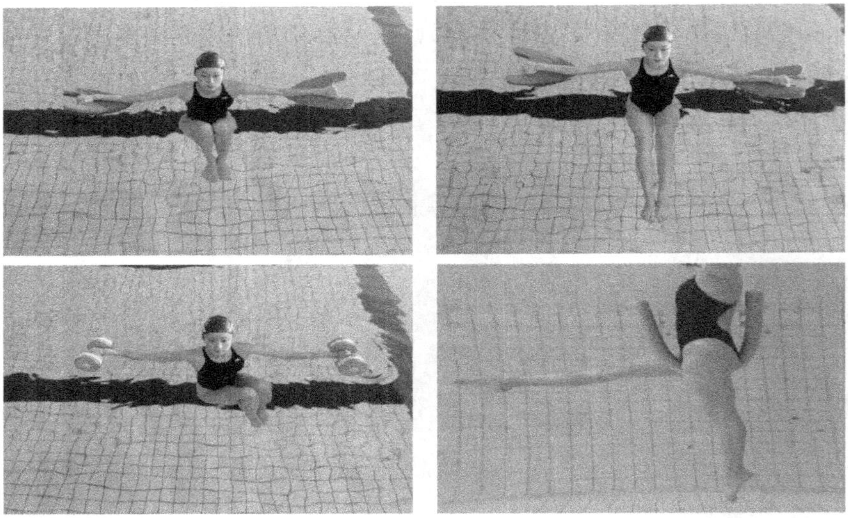

图 7－2－29　其他深水练习

4. 其他专门练习

在水中可以进行的练习形式多种多样，例如将网球、乒乓球的挥拍动作练习放在水中进行，体会阻力加大、速度减慢时技术肌肉的感觉；类似这样的练习动作还有武术的冲拳动作、排球接球动作、搏击动作、瑜伽动作、投掷动作等等。运动员在伤病期间可将专项动作放在水中进行，避免伤病加重。水中健身爱好者也可以采撷各项运动技术中或阳刚或柔美的动作环节，将其编排到水中健身操动作中，增强练习的趣味性。

（二）肌肉强化练习

在进行水中健身练习时，肌肉强化练习通常安排在有氧练习的后面，这样可以使要强化的肌肉得到充分的准备活动，提高练习效果，并预防损伤。

水中进行肌肉力量训练与陆地上进行力量训练有一定的差别。在水中练习，可以使身体各部分肌肉得到更全面、更均衡的练习，同时避免爆发式收缩或伸展，可以保护肌组织不受伤害。

在水中进行肌肉强化训练，可以采用徒手练习，也可以根据需要采用一些器械，增加练习强度。通常采用循环练习、间歇练习或重复练习。重复次数、练习强度、间歇时间可根据需要调整。

1. 上肢动作

练习 1：前后划水

强化的肌肉：胸大肌、背阔肌、三角肌、肱二头肌、肱三头肌等肌肉。

动作描述：两脚开立或成弓步，两臂一前一后，分别向后和向前划水。可连续练习 20～30 次。

动作提示：手臂的幅度越大越好，身体保持正直，手掌垂直对准划水方向，不要躲水，可以两臂交替划水，也可以两臂同时划水（图 7－2－30）。

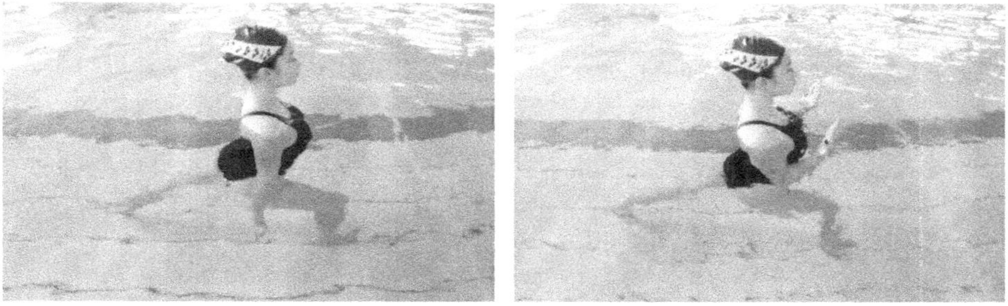

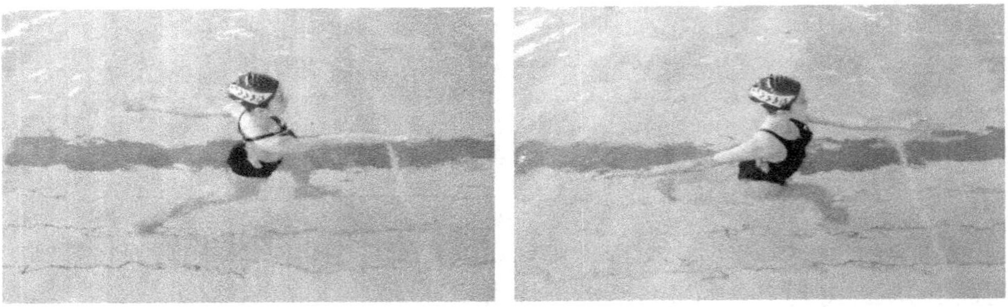

图 7－2－30　前后划水

练习 2：飞鸟

强化的肌肉：胸大肌、背阔肌、三角肌、肱二头肌、肱三头肌等肌肉。

动作描述：两脚分开站立成马步，或两腿交叉，两臂侧平举，掌心向前。手臂位于水面下。两臂同时向内前方合拢，直至两手在腹部前方合拢，然后再向外后方向展臂，回到开始姿势。可连续练习 20～30 次。

动作提示：手臂的幅度越大越好，身体保持正直，手掌垂直对准划水方向，不要躲水（图 7－2－31）。

图 7－2－31　飞鸟

练习3：环状推水

强化的肌肉：肱二头肌、肱三头肌、腕部屈肌和伸肌等上臂肌肉。

动作描述：两脚分开站立成马步，或两腿交叉，两手掌朝向胸部，指尖相对。保持肩、肘和腕关节水平，只用前臂肌肉使手臂外展至两臂侧平举，然后再向外后方向展臂，回到开始姿势。可连续练习20～30次。

动作提示：肘关节的位置要固定，不能移动。如果开始感觉有困难，可背靠池壁站立进行练习，用池壁阻挡肘关节移动。外展和内收用同样的速度和力量进行（图7－2－32）。

图7－2－32　环状推水

练习4：下撑池边

强化的肌肉：胸大肌、背阔肌、肱二头肌、肱三头肌等肌肉。

动作描述：站立在池边，面对或背对池壁。两手正扶或反撑池边，手臂向下用力撑池边使身体上升，脚离开池底，然后缓缓回落。根据自己肌肉力量情况安排练习次数，但不宜安排过多。

动作提示：下落时肌肉要控制，不要借助重力突然下落，避免受伤（图7－2－33）。

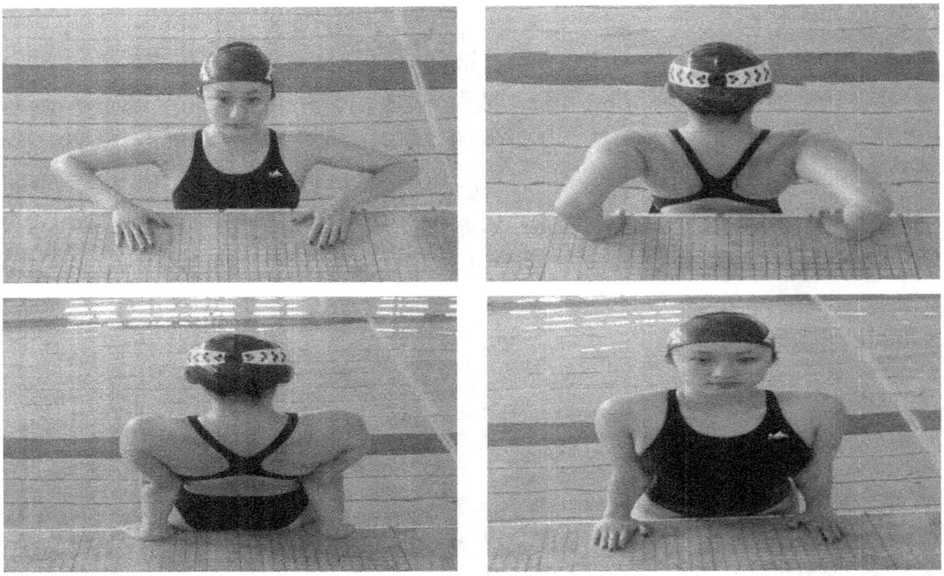

图 7 -2 -33　下撑池边练习

其他练习

利用打水板、阻力手套（手掌）、浮球、池边、专用力量架或橡皮条等简易器械可以增加挡水截面，或加大阻力，进行力量训练（参见第九章第三节游泳康复锻炼方法）。

2. 下肢动作

练习 1：举腿—下压

强化的肌肉：腰腹部肌肉、股四头肌、臀大肌等腿部前群和后群肌肉。

动作描述：身体背靠池边直立，两手侧后撑池边，将一腿缓缓上举至与水面平行，再缓缓回落到远处，两腿交替练习。

动作提示：身体姿势保持正直，下落时要克服水的浮力，因此要用力（图 7 -2 -34）。

图 7－2－34　举腿—下压

练习 2：腿侧举

强化的肌肉：躯干侧面肌肉、腿部外展和内收肌群。

动作描述：站在水中，一手扶池边保持身体稳定，对侧腿向外侧举起至与水面平行，之后缓缓下落，两腿交替练习。

动作提示：身体姿势保持正直，下落时要克服水的浮力，因此要用力（图 7－2－35）。

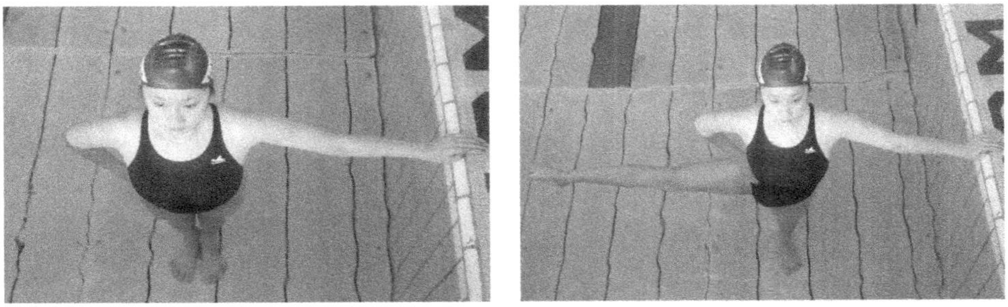

图 7－2－35　腿侧举

练习 3：侧平转

强化的肌肉：躯干侧面肌肉、腿部外展和内收肌群。

动作描述：站在水中，一手扶池边保持身体稳定，对侧腿大腿上抬至与水面平行，保持这个姿势从外向内转动膝关节，然后再向外转动。

动作提示：身体姿势保持正直，如果髋部曾有损伤或手术后，不要做这个练习（图7－2－36）。

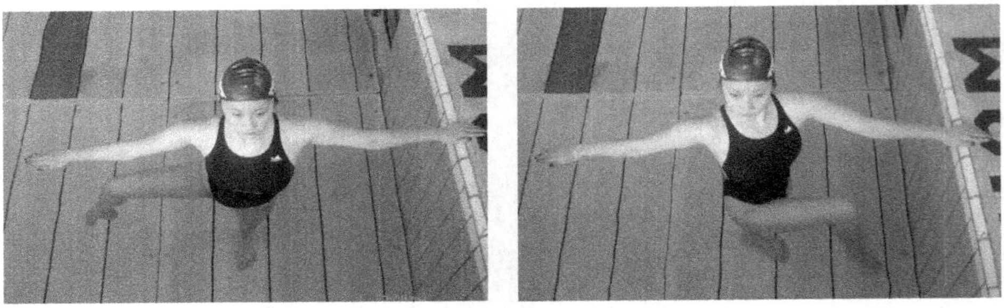

图7－2－36　侧平转

练习4：屈膝踢腿

强化的肌肉：屈髋肌群、股四头肌和腘绳肌。

动作描述：站在水中，一手扶池边保持身体稳定，对侧腿大腿上抬至与水面平行，保持这个姿势将小腿上举直至整个腿与水面平行，然后小腿再屈回到与水面垂直，两腿交替练习。

动作提示：身体姿势保持正直（图7－2－37）。

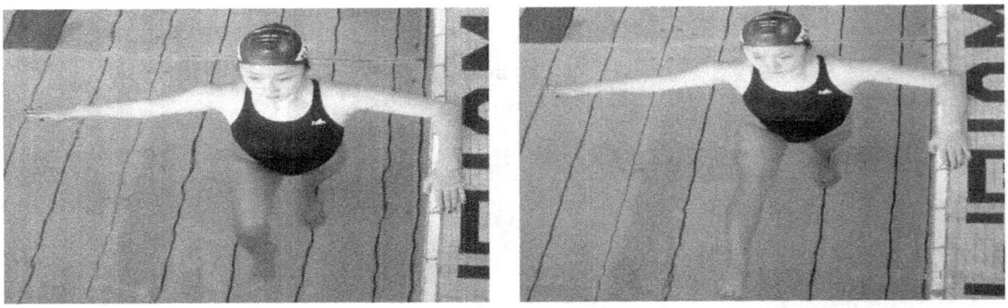

图7－2－37　屈膝踢腿

练习5：小腿屈伸

强化的肌肉：屈髋肌群、股四头肌和腘绳肌。

动作描述：站在水中，手扶池边保持身体稳定一腿的小腿后屈至与水面平行，然后克服浮力向下伸直，两腿交替练习。

动作提示：身体姿势保持正直，也可以采用坐姿进行小腿屈伸练习，但练习强度相应降低（图7－2－38）。

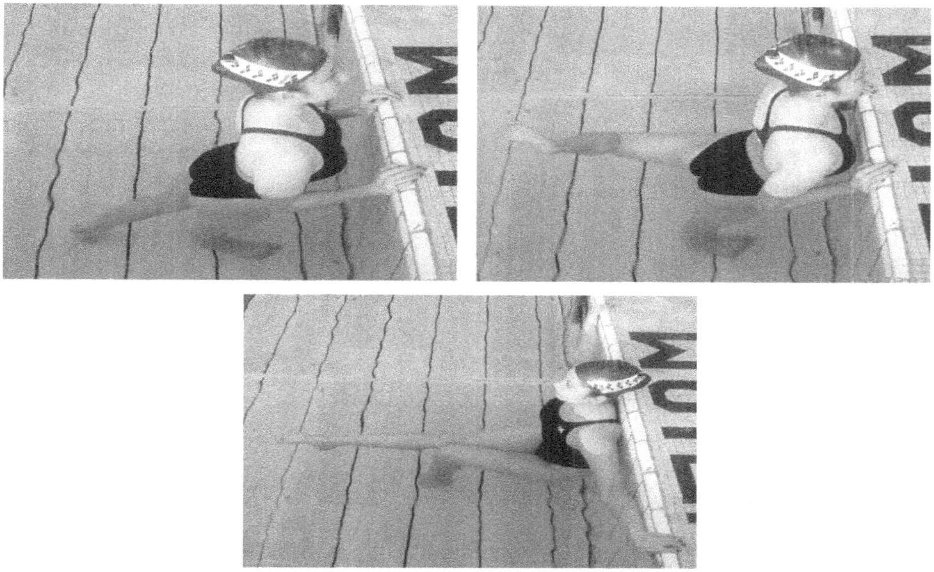

图7－2－38　小腿屈伸

练习6：两腿交叉

强化的肌肉：腰腹部肌肉、腿部外展和内收肌群。

动作描述：背对池壁，两手侧后撑池壁，两腿分开，然后同时内收使两腿在提前交叉，然后再分开。

动作提示：腿的动作幅度尽量加大，也可以采用坐姿进行交叉练习，但练习强度相应降低（图7－2－39）。

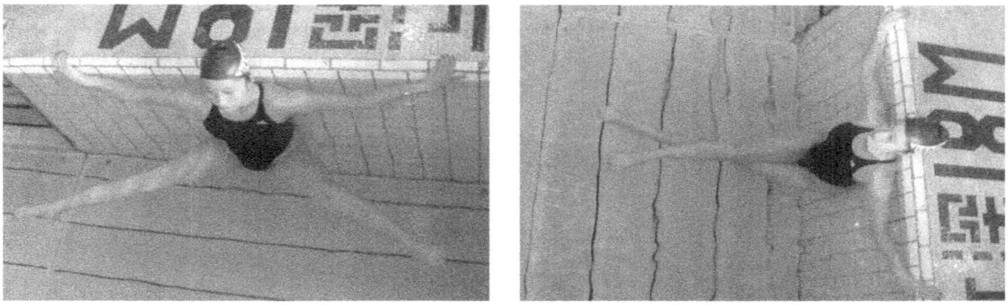

图7－2－39　两腿交叉

其他下肢肌肉强化练习：下肢肌肉强化练习的方法和手段还有很多，许多陆地上的练习可以“移植”到水中。利用池边、扶梯、练习器材、脚蹼等器械可以增加

或减低练习强度或难度。下面是一组其他下

肢练习方法的图式（参见第九章第三节水中康复锻炼方法）。

3. 躯干及全身练习动作

躯干肌肉被称为人体的核心肌肉群，是大肌肉群集中之处，也是维持体态、体型，确保身体平衡，维持人体正常运动功能的枢纽。

练习 1：收腿

强化的肌肉：腰腹部肌肉，以屈肌为主。

动作描述：背对池壁，两手侧后撑池壁，身体几乎仰卧于水面，两腿并拢伸直。屈髋屈膝使腿收向腹部，再缓缓前伸至开始姿势。

动作提示：动作幅度尽量加大，也可以采用坐姿进行收腿练习，但练习强度相应降低（图 7 –2 –40）。

图 7 –2 –40　收腿

练习 2：收腿加转体

强化的肌肉：腰腹部屈肌及旋转肌群。

动作描述：背对池壁，两手侧后撑池壁，身体几乎仰卧于水面，两腿并拢伸直。屈髋屈膝使腿收向腹部，然后向一侧转动到最大幅度，再转到另一侧，然后回到中间位置，再缓缓前伸至开始姿势。

动作提示：动作幅度尽量加大，也可以采用坐姿进行收腿练习，但练习强度相应降低（图 7 –2 –41）。

图 7－2－41　收腿加转体

练习 3：旋转大交叉

强化的肌肉：腰腹部旋转肌群及腿部。

动作描述：背对池壁，两手侧后撑池壁，身体几乎仰卧于水面，两腿并拢伸直。两腿交叉同时身体向一侧转动到最大幅度，然后两腿打开交换交叉位置，同时身体向另一侧转动。

动作提示：动作幅度尽量加大（图 7－2－42）。

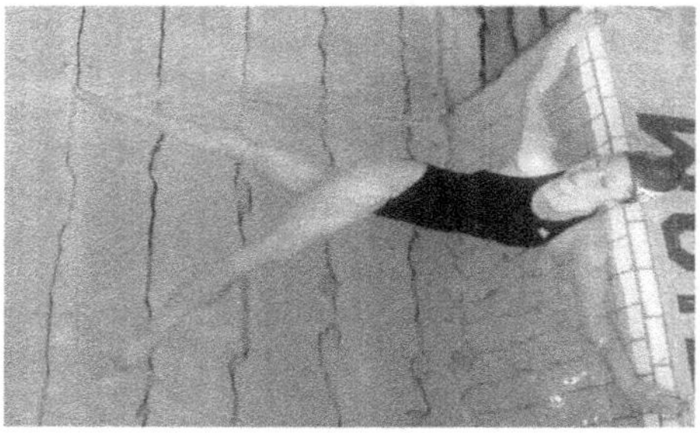

图7－2－42　旋转大交叉

练习4：直腿深打腿

强化的肌肉：腰腹部肌肉，以屈髋肌群为主，如臀大肌、股四头肌等。

动作描述：背对池壁，两手侧后撑池壁，一腿直腿上下打腿，幅度从水面至池底，两腿交替练习。

动作提示：动作幅度尽量加大，膝关节保持伸直（图7－2－43）。

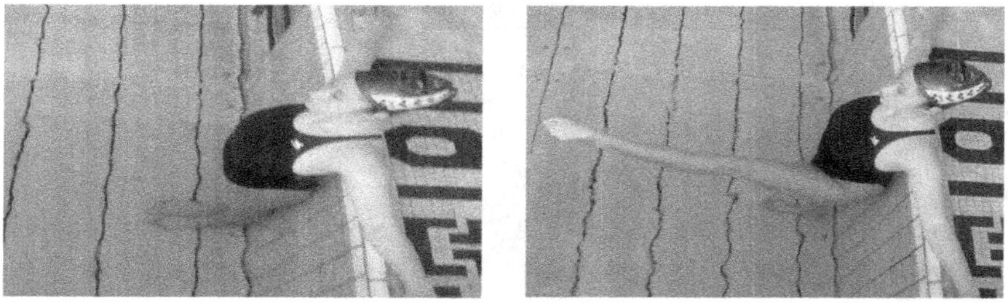

图7－2－43　直腿深打腿

其他练习

利用池壁、池边、浮板、拉力等练习器材，还可以设计更多的躯干及全身练习，并根据需要增加或降低难度。下面是一组其他练习图示。（参见第九章第三节游泳康复锻炼方法）

（三）柔韧和放松练习

柔韧练习的目的是增加肌肉运动的幅度，帮助肌肉消除疲劳，并预防损伤。在进行水中练习之前和之后，都应该安排一定时间的柔韧练习。特别是在肌肉强化练习之后，要安排相对较长的时间，以静力性牵拉为主的柔韧练习。

1. 上肢牵拉

练习1：头上拉肘

牵拉部位：肱三头肌。

动作描述：将一臂上举在头后侧，用另一手向下拉其肘部。

练习提示：向下牵拉到最大程度后停留 10 秒左右（图 7－2－44）。

图 7－2－44 头上拉肘图

练习 2：胸前拉肘

牵拉部位：上背部、肩部和上臂。

动作描述：将一臂平放胸前，用另一手向后牵拉其肘部，应感觉到上背部、肩部（三角肌）和上臂（肱三头肌）被拉长。

练习提示：牵拉到最大程度后停留 10 秒左右（图 7－2－45）。

图 7－2－45 胸前拉肘图

练习 3：背铐

牵拉部位：上背部、肩部和上臂。

动作描述：两臂在背后分别从头上和背下向中间靠拢，两手之间的距离越近越好，最好能够接触到。

练习提示：牵拉到最大程度后停留 10 秒左右（图 7－2－46）。

图 7－2－46　背铐图

图 7－2－47　反撑牵拉

练习 4：反撑牵拉

牵拉部位：胸大肌、三角肌等。

动作描述：两臂在背后反撑池壁，身体向下拉。两手距离越近，牵拉效果越好。

练习提示：牵拉到最大程度后停留 10 秒左右（图 7－2－47）。

练习 5：俯背压肩

牵拉部位：肩部和背部的肌肉。

动作描述：两手扶池边，俯背向下压肩背部。动作缓慢，逐渐加力。

练习提示：牵拉到最大程度后停留 10 秒左右（图 7－2－48）。

图 7－2－48　俯背压肩

2. 下肢牵拉

练习 1：池边压腿

牵拉部位：腿部后群肌肉、背部肌肉。

动作描述：面对池边，单腿放在池边上，两腿尽力伸直，身体下压，头尽力靠近小腿处。动作缓慢，逐渐加力。

练习提示：牵拉到最大程度后停留 10 秒左右（图 7－2－49）。

练习 2：抱膝抬腿

牵拉部位：大腿后群和小腿前群肌肉。

动作描述：将一条腿抬高到接近胸部，双手抱膝停留数秒钟。

练习提示：牵拉到最大程度后停留 10 秒左右。这个练习也可以采用坐姿进行（图 7－2－50）。

图 7－2－49　池边压腿

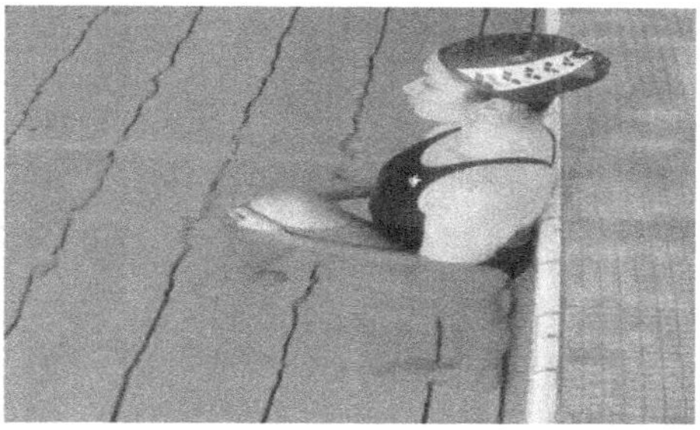

图 7－2－50　抱膝抬腿

练习 3：后摆腿

牵拉部位：腿部前群和腰腹部肌肉。

动作描述：面对池壁，两手扶池边，一条腿向身体后上方缓慢摆动到最大幅度。

练习提示：牵拉到最大程度后停留 10 秒左右（图 7－2－51）。

图 7－2－51　后摆腿图

图 7－2－52　屈小腿牵拉股四头肌

练习 4：屈小腿牵拉股四头肌

牵拉部位：股四头肌（大腿前群）。

动作描述：面对池壁，一手扶池边，对侧腿向后屈小腿，用同侧手抓住脚向上牵拉。

练习提示：牵拉到最大程度后停留 10 秒左右（图 7－2－52）。

3. 躯干及身体其他部位牵拉

练习1：肩颈斜拉

牵拉部位：肩部和颈部肌肉。

动作描述：背对池壁，两手侧后撑扶池边，身体保持正直，颈部先缓缓向右侧转动到最大位置，再以同样的方式向左转动。

练习提示：牵拉到最大程度后停留10秒左右（图7－2－53）。

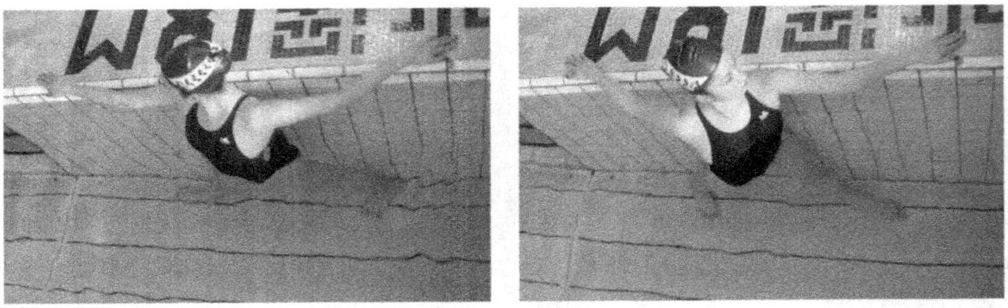

图7－2－53　肩颈斜拉

练习2：躯干侧拉

牵拉部位：躯干侧面肌肉。

动作描述：躯干一侧朝向池壁，身体距离池壁30厘米左右。一手扶池边，一手高举头上，身体相池壁方向呈弓形牵拉。两侧轮流进行。

练习提示：牵拉到最大程度后停留10秒左右，可采用水中俯卧方式和可双人互助牵拉（图7－2－54）。

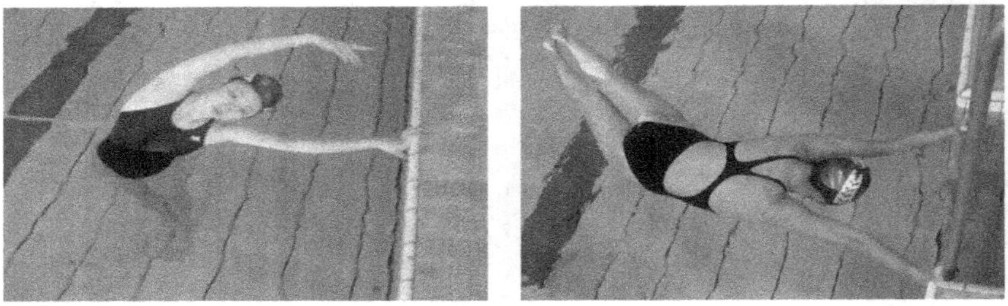

图7－2－54　躯干侧拉

练习3：反撑挺身

牵拉部位：躯干前部肌肉。

动作描述：背对池壁，身体距离池壁30厘米左右。两手反撑扶池边，身体向前呈弓形牵拉。

练习提示：牵拉到最大程度后停留10秒左右（图7－2－55）。

图 7－2－55 反撑挺身

4. 放松练习

放松练习常常被忽略。事实上放松练习绝不是可有可无的，而是非常重要，不仅可以帮助练习者尽快消除疲劳，还可以为后面的练习做好准备。

放松练习尽量采用俯卧或仰卧的姿势，利用一些助浮器材或由同伴帮助身体漂浮，促进血液向心脏回流（图 7－2－56）。

图 7－2－56 放松练习

（四）水中练习负荷的控制

任何身体练习都要承受一定的运动负荷，才能达到健身目的。运动负荷是指人们在健身锻炼中所承受的生理负担，是引起人体生理和心理变化的刺激因素和原动力。

1. 负荷量

负荷量指运动中完成练习的数量，一般用练习持续的时间或重复次数、个数、组数、距离等来表示。其中，练习时间是反映负荷量的基本指标。水中健身活动追求的主要是有氧锻炼效果，为达到有氧锻炼的效果，每次锻炼的持续时间应在 30 分钟以上，根据个人情况每次可持续 30 ~ 90 分钟。

2. 负荷强度

负荷强度指健身活动时机体用力的大小或机体的紧张度，如动作速度、密度、间歇时间、负重量等。

强度可以用最大摄氧量、血乳酸浓度、心率、用力程度感觉（RPE）等表示。其中最为简便实用的是心率和用力程度感觉。

水中健身活动一般以有氧负荷强度为主，练习中的心率应尽量保持在有氧练习的目标心率范围。不同年龄、体质的练习者该心率范围可能不同，可以根据下面的方法计算出适合自己的目标心率范围。

第一步：计算自己的最高心率：最高心率 = 220 - 年龄。

第二步：测量安静心率（晨脉）。早晨自然清醒后，不要起床，连续测量三个一分钟的心率，取最低值。

第三步：计算最高心率与安静心率之间的差值，即心率储备。

心率储备 = 最高心率 - 安静心率

最后确定自己有氧练习目标心率范围。

有氧练习目标心率的下限 = （55% × 心率储备） + 安静心率 - 10

有氧练习目标心率的上限 = （85% × 心率储备） + 安静心率 - 10

公式最后减去 10，是因为该公式来源于陆地上有氧练习的目标心率范围计算方法。由于在水中受到浮力的作用，对心血管系统的刺激强度低于陆上运动，因此减去 10 次。

根据上述计算方法，如果某人 35 岁，安静心率是 65 次/分，我们可以计算出其有氧练习的目标心率范围是 121 ~ 157 次/分。那么在进行水中健身活动中，只要其心率保持在上述范围内，就可以获得有氧练习的效果。为了在练习中测量方便，可以测量10秒钟的心率，然后乘以6。如上述某人每10秒针的有氧练习目标心率范围是20~26次。

3. 锻炼频度

通常指每周参加运动的次数。运动要经常化、定期化才能发挥作用。根据自己的余暇时间和机能水平，每星期最好能锻炼3~6次。每日锻炼或隔日锻炼的效果较好。

（五）全国水中健身操规定动作介绍

1. 规定动作创编原则

由于水中健身操的运动特点和练习环境的特殊性，就决定了水中健身操规定动作的创编原则既要结合健美操、水中花样游泳运动的动作和规则内容，又要突出水环境的特点，为了使其编排更加合理、准确，应遵循：（1）安全、有效的原则；（2）针对性原则；（3）突出提高心肺功能的原则；（4）紧密联系水的原则。为此将水中健身操的规定动作分为四个部分：躯干动作、上肢动作、下肢动作、全身运动。3大类：水平移动步伐类、垂直移动步伐类、定点类步伐。

2. 动作编排的特点

规定动作的编排意在考察团队成员对整套动作完成的质量和实效性。为此，在创编时考虑到以下几点。

（1）水中健身操规定动作的选取首先要考虑参加锻炼的群体差异，包括生理、心理、接受能力等。但总体上讲，动作不应过于复杂，要在动作丰富且简单易学的基础上体现现代性、韵律感、实效性。本套规定动作适合年龄为20岁至70岁。

（2）由于水中的浮力较大，要保持在水中的平衡，保证练习者的安全，水中健身操规定动作通常以健美操的无冲击类动作和低冲击类动作为主。

（3）水中健身操规定动作编排的要求在有实效性的基础上富有艺术性。但过多的手形变化会影响动作的实效性，为此规定动作中只用并掌。

（4）由于水中健身操是大众健身项目之一，动作命名贴近大众生活，便于大众健身者朗朗上口，更形象、生动的将动作表现出来。

综上所述，形成了现有版本的规定动作，该规定动作由10个动作组成，分别是长城万里（侧并步）、错落有致（交叉步）、大开大合（开合跳）、步步高升（韵律高抬腿）、翩翩飞燕（水中分腿跳）、团团圆圆（团身跳接左右体转）、踏雪寻梅（滑雪步）、马踏飞燕（俯身吸踢腿）、排山倒海（大拨水）、风中杨柳（躯干屈伸）。

3. 水中健身规定动作介绍（2012 年 7 月版，参照中国游泳协会官方网站）

（1）长城万里（侧并步）

动作：一脚迈出的同时身体半蹲，另一脚并拢的同时直立。手臂做侧平举打开，接掌心相对交叉。可做一边 1 次动作，也可一边 2 次或 4 次后反方向重复完成（图 7－2－57）。

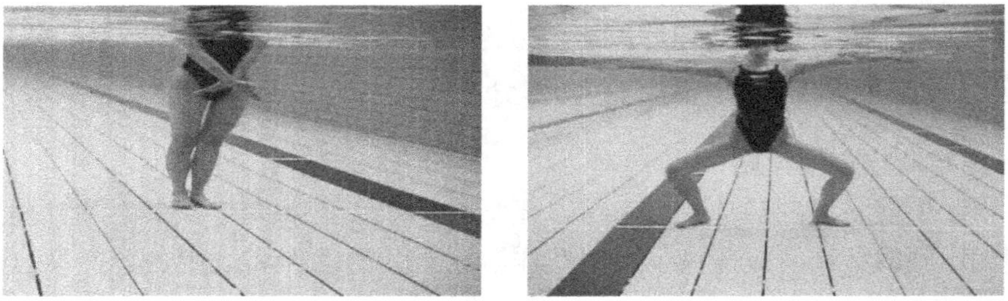

图 7－2－57　长城万里

要求：水中移动时，划手要与迈步配合，手部始终寻找水阻力。移动时注意保持身体的平衡。

（2）错落有致（交叉步）

动作：一脚向侧点地同时腿弯曲下蹲。迈出的脚向后（或前）立直交叉，随之再向侧迈一步点地，另一脚屈膝并拢点地。手臂做侧平举打开和掌心相对手腕交叉位的动作（图 7－2－58）。

图 7－2－58　错落有致

要求：第一脚脚跟先落地，身体重心快速随着脚步而移动，两脚交叉时注意身体的平衡。

手臂配合步伐做划水动作。

（3）大开大合（开合跳）

动作：由并腿跳起，分腿落地。再由分腿跳起，并腿落地（落地时还可以变换反向）。手臂做侧平举打开和掌心相对手腕交叉位的动作（图7－2－59）。

图7－2－59　大开大合

要求：分腿屈膝蹲时，两脚自然外开，膝关节沿脚尖方向屈，膝关节夹角不小于90度，脚跟落地。在收腿时，可变化反向。

（4）步步高升（韵律高抬腿）

动作：双腿进行高抬腿动作，双臂前后摆动，肘关节触膝盖，左右交替（图7－2－60）。

图7－2－60　步步高升

要求：尽可能做贴近水面的高抬腿，体会在水中的平衡感。熟练后可以逐渐加快速度，一边高抬腿，一边向前、后、左、右移动的动作。

（5）翩翩飞燕（水中分腿跳）

动作：两腿弯曲与肩同宽，跳起后两腿向侧上方踢起。完成踢起后两腿缓缓回落到原处，同时两臂配合身体划水帮助维持身体平衡（图7－2－61）。

图7－2－61　翩翩飞燕

要求：做每次跳跃动作时，跳起向两侧分开抬高腿部，尽量使足部贴近水面。两脚左右分开时必须尽力伸直。

（6）团团圆圆（团身跳接左右体转）

动作：双臂平举于水平面，膝盖向胸部收拢，双手抱膝。双臂平举于水平面，膝盖向胸部提起，接左右转动（图7－2－62）。

图7－2－62　团团圆圆

要求：保持身体重心，腹部收紧。跳跃时上体保持正直，下肢团身要紧，腰部尽量转动到位。在跳跃的过程中，双臂划水保持平衡。左右扭转的过程中腹部收紧保持身体重心平衡。

（7）踏雪寻梅（滑雪步）

动作：双腿直膝交替在池底滑动（前后）。双臂划水配合下肢动作交换进行（图7－2－63）。

图7－2－63　踏雪寻梅

要求：腿部尽可能地向前后方迈大步滑出去。双臂前后摆动，手掌时刻保持对水面。

（8）马踏飞燕（俯身吸踢腿）

动作：俯身，手掌对水双臂直伸向前，一腿做弓箭步，另一腿向后踢。双臂向后划水。同时后腿向前屈膝，膝盖靠近胸部。双臂前伸，同时换腿，双腿交替做动作（图7－2－64）。

图7－2－64　马踏飞燕

要求：吸腿时膝盖尽量触胸，后摆的动作要充分，保持大腿伸直。尽量大幅度地完成动作，手臂协调配合保持身体的平衡和稳定。

（9）排山倒海（大拨水）

动作：两腿与肩同宽半蹲位，掌心对水，双手自身体左侧拨水至右侧。左右交替（图7－2－65）。

图7－2－65　排山倒海

要求：手臂可稍弯曲，利用躯干力量，最大限度寻找最佳阻力感，头部及视线随双臂看齐。

（10）风中杨柳（躯干屈伸）

动作：两腿分开与肩同宽，勾手手腕向前推水，髋部及臀部反方向后蹲。勾手手腕往后收髋部及臀部，向前挺出，交替进行（图7－2－66）。

图7－2－66　风中杨柳

要求：髋部及两臂在动作中进行最大限度的伸展运动，水下始终进行划手。

（六）全国水中健身操竞赛规则（2012 年 8 月版）

第一章　总　则

1.1　宗　旨

通过竞赛杠杆的示范作用，推动水中健身活动在院校、健身场所、游泳场馆及俱乐部普及与开展。

1.2　目的

1.2.1　为水中健身竞赛提供统一的规则。

1.2.2　为裁判员公正、准确地评判提供依据。

1.2.3　为参赛者提供训练和比赛依据。

第二章　比赛通则

2.1　比赛项目

2.1.1　规定动作：10 个规定动作中，至少使用 8 个。编排成套路，并按照顺序依次进行。

2.1.2　自选动作：

（1）徒手操

（2）器械操（可使用水中健身棒、水中哑铃、打水板等水中健身专用器械）。

2.2　比赛组别

2.2.1　学校组。分高校组、中学组和小学组，可由 4～12 人组成。

2.2.2　分龄组。可由 4～12 人组成。

2.2.3　分龄组年龄划分

（1）50 岁以上组。所有成员年龄需在 50 周岁以上。

（2）35～49 岁组。成员年龄在 35 周岁以上，49 周岁以下。允许 1～2 人年龄超过 49 周岁。

（3）34 岁以下组。成员年龄在 34 周岁以下。允许 1～2 人年龄超过 34 岁。

2.3　出场顺序

比赛的出场顺序在赛前技术会上通过抽签确定。

2.4　比赛场地与设备

2.4.1　泳池，比赛可在 50 米或 25 米标准泳池中进行。

2.4.2　比赛区域，在池中 20 米长 20 米宽的区域内进行比赛。

2.4.3　水的温度，水温 27℃～30℃，比赛水深为 1.0～1.4 米。

2.4.4　比赛须配备音响设备，可使用分贝仪，以监测和保证每队伴奏盘音强平均声压级在 90 ~ 100 分贝内。

2.4.5　比赛需配备摄像设备

2.5　成套动作时间

规定动作、自选动作时间为 3 分 ± 10 秒。

2.6　比赛音乐

参赛者须自备高质量的音乐 CD 盘，要有备用音乐盘。

2.6.1　成套动作音乐允许有 2 × 8 拍的前奏，音乐的速度为 108 ~ 132 拍，音乐的强度在 90 ~ 100 分贝内。

2.6.2　音乐前的空白时间不能超过 5 秒，音乐结束后应有 20 秒空白。

2.6.3　计时应以伴奏开始和结束为准，不包括提示音。整套动作要求在水中开始和水中结束。

2.6.4　每一个盘上应只有一套成套动作的录音，而且必须清楚地标明音乐的时间、比赛项目、参赛队名称。

2.6.5　参赛队指定专人在第一次练习前，联络放音员并接受审查音乐盘。

2.6.6　抽签号确定后填写 CD 盘登记卡，并与每套动作备用盘一同交放音组。

2.7　比赛服装

2.7.1　男子须穿泳裤，女子须穿连体式泳衣。

2.7.2　规定动作各参赛队须带本队同色泳帽。

2.7.3　参赛队可以统一穿水中健身鞋或赤足。

2.7.4　领操员须着健身服、运动服和运动鞋。

2.8　裁判职责

2.8.1　总裁判和副总裁判

（1）总裁判在组委会领导下，全面领导和分配全体裁判员的工作，明确各裁判员的职责和任务，并组织裁判员进行裁判实习和总结。

（2）总裁判应严格执行竞赛规程和竞赛规则，解决比赛中的有关问题，并可决定规则中未详尽和没有明文规定的问题，但不能修改规程和规则。

（3）总裁判应于比赛前检查场地、器材是否符合规则的规定。

（4）总裁判可随时干预比赛，以保证规程和规则得以执行，有权裁定有关比赛进行时的各种异议。

（5）当出现最后得分相同时，可判定最后名次。

（6）总裁判为保证竞赛顺利进行，可随时指派替补裁判员上岗工作，在必要时有权撤换不称职的裁判员。

（7）总裁判根据自己的观察或其他裁判员的报告，有权取消犯规运动队、运动员的比赛资格和录取资格。

（8）各项、组的比赛成绩须经总裁判签名。

（9）每组比赛开始前，以单臂上举的手势对各参赛队比赛开始发出开始指令。

（10）副总裁判协助总裁判工作。总裁判、副总裁判可轮流担任各场比赛的执行总裁判，履行该场比赛总裁判的职责。

（11）按照本文第六章各款，对比赛中出界、时间和有关纪律等问题进行扣分。

2.8.2　编排裁判组

（1）编排裁判组设5名裁判，其中一名任组长。

（2）组长在赛前组长裁判员认真学习规则和规程，统一裁判尺度，并进行赛前实习。

（3）编排裁判组评价动作编排的艺术价值，包括音乐伴奏和动作编排（规定动作是否符合规则、身体动作的选择，器械动作的选择，科学性、有效性、一致性、多样性、创新性）。

2.8.3　完成裁判组

（1）编排裁判组设5名裁判，其中一名任组长。

（2）组长在赛前组长裁判员认真学习规则和规程，统一裁判尺度，并进行赛前实习。

（3）完成裁判组评价动作的完成情况，根据动作完成的准确性、动作幅度、美观程度、同步情况等，对任何偏离完美完成的所有动作错误给予减分。

2.8.4　其他裁判

（1）检录员

2～3名，按照比参顺序表及赛前确定的准确时间进行3次检录；听从总裁指导（检录员用表略）。

（2）记录员

2～3名，抽签后出印、发放比赛顺序表；计算各队各项比赛最后得分，填写成绩统计表；经总裁审后，录入电脑程序并出印、发布、发放成绩单。比赛结束后编辑印制成绩册。

（3）计时员

1～2名，负责记取各队比赛的时间，若有犯规，及时报告总裁判。

（4）放音员

1～2名，负责报到后各队音乐盘的审查和试盘；负责按顺序表播放比赛音乐；

负责与承办地音响师等联络，保证赛前相关器材、人员到位。

（5）宣告员

1～2 名，负责根据总裁判的指令和竞赛规则、规程编写播音脚本，经总裁判审核后按脚本在比赛开始及过程中介绍裁判员、运动队出场；介绍比赛项目、分组顺序、各队队员、各队得分、名次及团体总分等内容；介绍水中健身活动。

2.9　仲裁

2.9.1　仲裁人员由中国游泳协会选派，人数为奇数。

2.9.2　申诉：参赛者应遵守本规则，服从裁判，服从组委会安排。比赛现场如需裁决的问题，由参赛队指定专人向仲裁提出申诉。

第三章　编排裁判评分标准与办法

编排分总分为 10 分。

3.1　成套编排

3.1.1　成套动作

（1）设计应舒展、优美、大方、健康、有动感。

（2）利用水的特性，编排符合水中健身项目的特点。

（3）动作组合应体现出协调性与多样性，动作内容应体现均衡性与连接性。不符上述要求扣 0.20～0.50 分。

（4）规定动作少做一个，扣 0.2 分。未按顺序编排，扣 0.1 分。

3.1.2　开始和结束动作：开始和结束动作设计清楚，开始和结束允许出现托举动作。不符上述要求扣 0.20 分。

3.1.3　依次动作：参赛者可以依次或分批做动作，停顿节拍不超过 1×8 拍。不符要求扣 0.10～0.20 分。

3.1.4　场地及空间：成套动作应充分地利用场地区域和方向变化，方向变化不少于 3 次，队形变化不少于 3 次，不符要求扣 0.10～0.50 分。

3.1.5　违例动作：不允许将头潜于水下或倒立等危险动作，不符要求扣0.30～0.50 分。

3.1.6　器械运用：器械运用合理安全，不符要求扣 0.10～0.50 分。

3.1.7　身体动作：动作应符合人体解剖和力学特点，不应设计容易造成运动损伤的动作，不符要求扣 0.30～0.50 分。

3.2　音乐

3.2.1　音乐的选配：音乐应保持完整性，并与成套动作风格协调，有利于表现参赛者的个性特点与技术风格，不符要求扣 0.10～0.3 分。

3.2.2　音乐的速度与质量：成套动作音乐允许有 2 ×8 拍的前奏，音乐的速度为 108 ~132 拍，不符合要求扣 0.20 分。

3.2.3　动作与音乐：每个动作与音乐韵律保持一致，动作要充分表现音乐的情绪，不符合要求扣 0.20 分。

3.3　独创性

成套动作的编排要突出独特风格，不符合要求扣 0.20 分。

第四章　裁判评分标准与办法

编排分总分为 10 分。

4.1　动作的完成

4.1.1　身体姿态有控制能力，不符合要求扣 0.20 分。

4.1.2　动作的力度：成套动作的爆发力、耐久力。力度是通过动作快速准确到位的延伸制动控制来实现，不符合要求扣 0.20 分。

4.1.3　动作的准确性：动作规范、准确，不符合要求扣 0.20 ~0.50 分。

4.1.4　动作的熟练性：轻松流畅，完成规定动作时，动作熟练且无漏做动作，漏做一个动作扣 0.10 ~0.50 分。

4.2　表现力和团队精神

4.2.1　队形：队形变化清晰、流畅，不符合要求扣 0.20 分。

4.2.2　同步性：集体动作整齐，不符合要求扣 0.20 分。

4.2.3　表现力：参赛者要体现自信力、感染力，不符合要求扣 0.10 至 0.50 分。

4.3　出界

身体的任何部分出界，每次扣 0.3 分。

4.4　失去器械

器械脱手，每次扣 0.3 分。

第五章　总裁判长评分

5.1　音乐

时间不足或超过规定时间，不符合要求扣 0.2 分。

5.2　参赛者服装仪容

5.2.1　参赛者服装不符合规定、佩带危险或不健康装饰物，扣 0.20 分。

5.2.2　妆容表现出不健康向上的元素，扣 0.20 分。

5.3　参赛纪律

5.3.1　参赛者接到指令后才能入场，不符合要求扣 0.20 分。

5.3.2　参赛者拖延入场，扣 0.20～0.5 分。

5.3.3　参赛者不得在比赛场地内做准备活动，不符合要求扣 0.20 分。

第六章　评分与成绩

6.1　评分分值

6.1.1　编排裁判员 0.00～10.00 分。每种失误累计减分不超过 2 分。

6.1.2　完成裁判员 0.00～10.00 分。每种失误累计减分不超过 2 分。

6.2　评分计算

编排分（最高 10 分）：去掉 1 个最高、1 个最低分，其余 3 个分的平均值为所得分。完成分（最高 10 分）：去掉 1 个最高、1 个最低分，其余 3 个分的平均值为所得分。

6.3　最终成绩

编排分、完成分和总裁判评分之和。最高为 20 分。

第七章　纪律与处罚

7.1　裁判员

7.1.1　严格执行国家体育总局主管部门有关规定，按时报到并按要求参加学习、实习、会议等活动。

7.1.2　未经组委会同意，不得擅自向参赛队泄露不应公开的内容。

7.1.3　秉公执法，不得接受参赛队宴请或礼物。

7.1.4　违反裁判纪律者，取消裁判资格，所有经费自理，并将处罚结果通报其所在单位。

7.2　参赛者

7.2.1　裁判示意后 1 分钟未出场者，取消其比赛资格。

7.2.2　拒绝领奖者，取消其所有比赛成绩与名次。

7.2.3　检录 3 次未到者，取消其该项比赛资格。

7.2.4　不遵守大会有关规定、干扰比赛者将视情况给予警告、取消比赛资格的处罚。

第三节　冬泳运动

一、冬泳活动的意义与作用

人们在寒冷的冬季里，在祖国的北方破冰下水进行冬泳活动，是对大自然的挑战，对培养顽强的意志品质和自身价值的提高有着重要的意义。

（一）增进循环系统的功能

经常参加冬泳活动的人，能锻炼身体，提高御寒和抗疾病的能力。冬泳时，由于人体在冷水中不停地运动，体内能量的消耗就比较大。为及时地供应养料，要求心脏的收缩力量加大，次数增多，血液循环加快。经常参加冬泳，能使心脏肌肉增厚，收缩力量增强，每搏输出量加大。

（二）增进循环系统的功能

冬泳对呼吸系统的提高也具有重要意义。冬泳时人体需要大量的氧气，迫使呼吸器官加大工作量，从而提高呼吸器官的机能，使人的肺活量增大。胸围增宽，同时减少了呼吸的次数。

冬泳对支气管炎有显著的治疗作用。支气管炎是最常见的一种慢性疾病。随着机体的逐渐老化，呼吸系统的机能也在下降，但经常参加冬泳锻炼的人，就能改善和增强呼吸肌的收缩强度和耐力，增加肌肉的收缩力，增强身体的免疫能力。通过实验表明，参加冬泳锻炼一年以后，无一例病情恶化，病情缓解的占 23.6%，症状消失的占 76.4%。这是因为当人一接触冷水刺激时，就不由自主地急吸气，接着呼吸暂停数秒钟，然后转为深呼吸，就使那些平时得不到充分利用的肺泡也活动起来。

（三）增进肌体对外界环境的适应能力

经常参加冬泳锻炼的人，由于常受冷水的刺激，为使身体适应外界气温和水温的变化，大脑皮层需要加强对身体各器官进行调节，久而久之，提高了人体体温调节的功能，促进了神经系统的改善。

（四）冬泳对伤风感冒等多发病有一定的预防作用

经常参加冬泳锻炼的人，很少患伤风感冒等多发病。冬泳中，冷刺激可使交感神经活动增强，其末梢释放的去甲肾上腺素的增加，对有机体的适应起到了十分重要的作用。冬泳时，皮肤降温，毛孔收缩，控制散热，体内加速血液的流动速度，以提供能量转换来维持人体的温度，促进人的反应灵敏，以适应不同环境温度的变化，其结果人体就能有效地预防百病之源的伤风感冒的入侵，从而也就减少了疾病的发生。

（五）冬泳对关节炎患者的病症有一定的缓解作用

经常参加冬泳锻炼的关节炎患者，通过冬泳锻炼，关节炎病痛可好转或痊愈。关节炎是一种变化反应病，使关节局部器官功能损伤，血液循环失常。此病虽与冷、热相关，但冷、热不是直接病因。关节炎喜温热畏冷寒，中、西医普遍采用热疗法，结果好转一时，过后再遇风寒病情更重。冬泳锻炼对关节炎有治疗和预防作用是因为冷水浴的刺激直接促进局部肌肉的新陈代谢与血液循环，把血库的血动员起来，这样，使血液循环得到了改善，从而使关节炎症状得到了很好的缓解。

（六）冬泳能增进人的心理健康

冬泳者大都有泳后有十分明显的愉快的情绪体验。按照情绪的激活理论分析，个体对刺激的反应可分为强弱不同的阶段，当接近最强的反应阶段，即伴随情绪产生，此时，由于交感神经兴奋而导致个体各器官、腺体、肌肉等方面发生变化，同时对大脑也有激活作用。冬泳过程是全身性的强冷刺激，按其强度会伴随有情绪状态产生。水温越低，情绪兴奋性越高。根据情绪的两极化表现，对立的两种情绪在一定条件下可以互相转化。适应的冷刺激加上适量的全身运动，会使人有苦尽甘来的快乐感受；反之，若温度过低或时间过长，将造成恐惧与痛苦。因此，就情绪体验而言，掌握科学的方法尤为重要。

脑内儿茶酚胺能系统的神经结构与脑内自我刺激关系密切。脑内儿茶酚胺的含量与脑内自我刺激率成正比。有资料表明，人们在受到低温刺激时，由于应激反应，其儿茶酚胺的分泌量明显增加，冬泳后普遍有愉快情绪体验，唱歌、说笑，甚至于兴奋得大喊大叫。

（七）冬泳可以培养和锻炼意志

意志是人自觉地调节行为去克服困难以实现预定目的活动的心理过程，其特征为目的性和克服困难。实践证明，意志是一种极为重要的品质因素，在完成重大、艰巨的任务时尤为突出。然而，人的坚强意志不是与生俱在，而是靠在实践中培养和锻炼出来的，它与人的认知水平和情绪控制关系很大。人们的意志活动是智力高度发展的结果，其主要表现在自觉性、果断性、坚持性和自制性。联系冬泳过程，的确是一个培养和锻炼意志的好方法，它既强调了健身的目的，又包含了克服困难的决心。每天脱衣入水的过程，就是战胜自我的过程。在这一瞬间，包含着动机、情感、认识活动和自我调节等心理成分。在这一瞬间，要克服畏难情绪，必须有大脑的优势中心参与。

（八）冬泳的群体效应有利于人际交流

冬泳运动的蓬勃发展，除了有越来越多的人认识到冬泳健身的意义之外，一个重要原因是，通过积极宣传及人们相互之间的影响，形成了一个广泛的群体组织。所谓“群体”是大家有一个共同的行动目标，其中的成员能在该关系中得到满足。群体具有一个特征就是成员之间具有一种凝聚力，这种凝聚力使他们之间有一种特殊的亲近感，并有某种共同语言，彼此间能得到支持和安慰。

多年参加冬泳活动的人，对冬泳给其心理与生理上带来的反应总结出如下几项益处：吃饭香甜、睡眠甜深、思维敏捷、手足灵活、感冒减少、心肺正常、恩爱情深、增强信心。

二、冬泳活动的组织与指导

参加冬泳活动最好有组织地集体进行，为确保安全，不要单独进行。在组织冬泳活动时要注意以下几点。

（1）要选择好冬泳的水域，有条件时最好在游泳池内进行。如在江河或其他天然水域里进行冬泳，下水前必须选择好容易下水和容易上岸的起点和终点，便于冬泳后身体可能不灵活时上岸。

（2）冬泳前要准备好大毛巾，起水后要迅速将身体擦干并穿好衣服保暖。更衣处应选择在避风的地方，以免身体热量过度散失。

（3）在冰凌多的江河里冬泳，下水时不要猛跳，入水后不要潜泳，以防陷入冰层下或被冰割破皮肤。

（4）参加冬泳锻炼一定要从秋天开始过渡到冬天，使身体有一个适应过程，切不可三天打鱼两天晒网，贵在持之以恒。

（5）入水前如身上有汗或体表温度过高，不要急于下水，待把汗擦干后，过一会儿再下水，让身体对寒冷有一个适应过程

（6）每年冬泳前，应该去医院进行一次体格检查，患有心、肺、肝、脾功能疾病者，不能参加冬泳。

（7）冬泳的时间不宜过长，要针对个人的身体情况，气温、水温的变化，因人制宜，量力而行，要时刻注意自己的身体反应，在水中出现第一次冷的感觉（全身寒冷手指尖麻木）是回岸的信号。第一次寒冷感觉减轻或消失后，过一会儿，再出现第二次寒冷的感觉，这时应该立即起水，迅速保暖（也可以喝热姜茶，以利恢复体温）。

三、冬泳活动肌体对水温感觉变化规律与对策

平滑降温期：当冬泳者在冷空气中脱去衣服后，人体就开始热损失——体表降温。由于空气的热导系数是水的1/20，因而这种降温是渐进的、平滑的。他使脸部、手足部、胸腹部、背部及四肢的皮肤温度逐步降低并且均匀起来，皮肤由温热过渡到冷凉，缩小了与冷水的温差。

寒冷期：入水后，人体散热骤然增加，皮肤紧缩，周身寒冷。这时，神经系统迅速传递冷信息，命令全身血管收缩，以减少散热。

温暖期：经过一段运动后，血管开始放松，大量血液带着热能又重新流入体表。运动肌产生的新热能也开始补充，人体转入温暖期。

寒颤期：温暖期用大量散热作代价，保护人体在冷水中的“相对平衡”。人是恒温动物，其热量是有限的。当热量消耗到不能维持内脏各系统正常运作时，神经系统虽然再次命令血管收缩，但此时血管收缩疲劳无力，血液重新回流内脏受阻。于是全身颤抖，血液淤滞在体表，皮肤产生紫块，牙齿打颤，手脚发木，不听使唤，人体生理平衡遭到破坏。

恶寒期：如果寒颤期也得不到即保护，继续失热，就会进入恶寒期。由于内脏得不到足够的血液而运作受阻，产热 减，人体出现“能源危机”。呼吸困难，心慌气短，头昏脑涨，手脚由麻木转而失去知觉，局部肌肉僵硬，最常由紫变乌，胸腹透凉，浑身无力，恶寒不止。如果不采取紧急措施，就可能进一步因缺氧而昏迷，

危及生命安全。

即使在相同的水、气温度下，其五期反映的迟早、长短、强 都是不同的。切不可以游距为目标，盲目攀比。必须一切从实际出发，实事求是地细心体察各自前三期，临入水时，如何调神、调意、调息，从而以最佳的精神状态从容入水；如何预留一部分温暖期，以备上岸后的冷水沐浴净身、擦身、穿衣之用。这样，当温暖期即将结束时，正好穿好衣服，完成了冬泳。

四、冬泳活动的注意事项

（1）要注意自己的身体变化，特别是有些潜伏性的疾病和危险因素应尽早引起警惕。患病或身体不适应期间应立即停止冬泳，即便是轻微的感冒也同样。

（2）患有心脏病、高血压。皮肤病等疾病，不能冬泳。空腹、饱食时不要进行游泳，酒后严禁冬泳。冬泳后也切忌饮酒取暖。

（3）在冬泳后，特别是第二天，如有心跳加快、心律不齐、头部胀痛、食欲不振、恶心等不良反应者，应立即停止冬泳，并去医院请医生诊断和治疗，待恢复正常后再继续冬泳。

（4）女子在月经期间不要冬泳，最好在月经来到前 1 ~ 2 天就停止冬泳锻炼，月经过后 2 ~ 3 天运动量也应比平时的小些，以后逐渐地恢复到正常的运动量。

（5）不良情绪不宜于冬泳。如果遇到一些负性的社会性应激事件发生，如亲人病、故。婚变或天灾、车祸等，由于人已处于应激状态，其免疫功能及对环境的适应能力会大大降低。2 种应激源同时存在，会使人的应激反应加重。此时若进行冬泳，不仅不利于健身，反而有害。

第四节 水中游戏

在游泳教学和训练中，合理地安排一些游戏活动，可以使课的内容丰富多彩，帮助掌握和巩固游泳运动技能，可以使初学者在兴奋情绪中忘掉对水的畏惧，帮助他们克服怕水心理；可以有效地集中学生的注意力，提高他们的兴奋性和学习兴趣，可以培养学生的集体主义精神，使学生养成遵守纪律的习惯，提高自我控制的能力。

在游泳教学中，要根据不同年龄对象的生理、心理特征及不同教学阶段的要求来选择和安排游戏，并注意在游戏中贯串教学任务。

一、游泳教学中游戏的运用技巧

在熟悉水性阶段，教材内容比较简单，容易引起枯燥感，应安排较多的游戏，帮助初学者迅速熟悉水性，克服怕水心理。特别是对少年儿童的游泳教学，应设法把大部分教学内容都结合到游戏之中去。例如，初步学习了水中行走的方法后，可进行“火车赛跑”游戏，使学生在比赛的强烈气氛中进一步掌握行走技能。又如，在学习基本呼吸方法时，可进行“吹乒乓球”游戏，看谁最先将球吹至对岸。通过这个游戏，使学生学会用口用力呼气。

在各泳式技术教学的各个阶段，都可以将游戏作为学习和巩固技能的手段，与练习交叉进行，或将练习通过游戏的方式来进行，如练习爬泳扶板打腿，可采用“快艇比赛”的形式进行，既可提高练习者的兴趣，又可以达到改进和巩固技术的目的。

在教学和训练中，还可以运用游戏来进行积极性休息，如在进行较长距离的爬泳配合游后，可让学生试一试“双人蛙泳”，在轻松的活动中，既发展了蛙泳技巧，又使身体得到积极性的休息。

二、不同教学阶段的水中游戏

（一）熟悉水性的游戏

1. 水中赛跑

练习者成一排站立浅水中，听日令向前跑，看谁先到达对岸。可进行分组接力。

2. “游龙戏水”

练习者成一路纵队，后面的人把手搭在前面的人肩上，在池中走出各种花样（图7－4－1）。

图7－4－1　游龙戏水

3. 火车赛跑

练习者分成若干组，每组成一路纵队站立水中，后者双手搭在前者肩上，听口令开始前进，生逆向转圈练习者分成内、外两圈，各圈手拉手站立于浅水中。开始时内圈顺时针、外圈逆时针转动，听到口令后，内、外圈变换方向（图7－4－2）。

图7－4－2　火车赛跑

4. 逆向转圈

练习者分成内、外两圈，各圈手拉手站立于浅水中。开始时内圈顺时针、外圈逆时针转动，听到口令后，内、外圈变换方向（图7－4－3）。

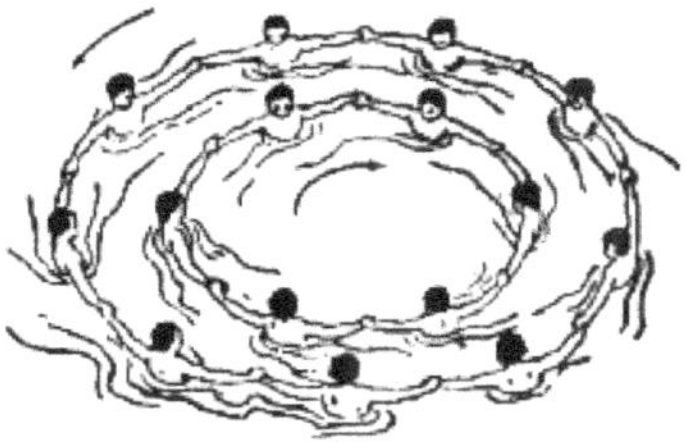

图7－4－3　逆向转圈

5. 穿山洞

练习者分成若干组，各成两行，面对面拉手上举成“山洞”。从排头起一对一对地从洞中穿过，到洞尾后再接成洞。最后一对先出洞的队为胜方（图7－4－4）。

图7－4－4　穿山洞

6. 结网捕鱼

指定一人当“渔夫”，其他人散开当“鱼”。被“渔夫”抓、拍到的人即与

"渔夫"手拉手结成"网"一起去捕"鱼"，直至将"鱼"捕尽（图7－4－5）。

图7－4－5　结网捕鱼

7. 吹乒乓球

站立水中，面前放一个乒乓球。深吸气后对准乒乓球用力吹气，把乒乓球向前吹出，看谁最先将球吹至对岸。这个练习可帮助学生体会用力呼气的动作要领（图7－4－6）。

图7－4－6　吹乒乓球

8. 跷跷板

2人1组，面对面手拉手站立水中。练习时，一人下蹲浸水没头顶，另一人起立看同伴。2人轮换进行上述练习，一组10～20次。

9. 头顶球前进

一列横队站立水中，每人面前放一只橡皮球。听到日令后，脸潜入水中，以头顶球前进，先到达终点者为胜。

10. 海底寻宝

在浅水区，把硬币或石子扔入水中。练习者听到口令后即潜入水中，睁开眼睛拾捡硬币或石子，看谁捞起的硬币和石子多（图7－4－7）。

图7－4－7　海底寻宝

11. 猎笠鱼

练习者分成2组。一组分散在外围当猎人，另一组分散在中间当“鲨鱼”。外面的一组用一个球掷中间的“鲨鱼”，“鲨鱼”可以连头钻入水中以躲避来球。凡被球击中的“鲨鱼”即退到边上。将“鲨鱼”猎尽后2组交换（图7－4－8）。

图7－4－8　猎笠鱼

12. 抓“水怪”

2人1组站立浅水中，相距2米以上。一人当“水怪”四处逃窜，另一人拿“藤圈”抓“水怪”，用圈把“水怪”圈住才算抓到。然后交换角色练习。

13. 打水仗

练习者分成2组，水中相对站立，间距约1米。听到信号后，用手朝对方撩水，要求不能前进也不能后退，不准用手捂脸或转身背向对方，体会在满脸淌水的情况下进行快速短促的换气（图7－4－9）。

图7－4－9　打水仗

（二）学习泳式技术的游戏

1. 扶板打腿接力

将练习者分成人数相等的若干个小组，分别站立于游泳池两端。听到信号后，各组第一人即扶板蹬壁出发，并接着做爬泳打腿（蛙泳蹬腿、蝶泳打腿等）动作向前游进。至对岸后，下一人接板蹬壁出发，以此类推。最先完成的组为胜。

2. 快艇比赛

练习者成一列横队站立于池边。听到信号后，立即蹬壁出发，并接着做爬泳打腿（蛙泳蹬腿、蝶泳打腿等）动作向前游进，看谁先到达对岸。练习时，双臂前伸并拢，中途可抬头换气。

3. 划臂比赛

练习者成一列横队站立于池边，每人双腿间夹一块游泳板。听到信号后，立即蹬壁出发，并接着做爬泳（蛙泳、蝶泳）划臂动作向前游进，看谁先到达对岸。

4. 对顶打腿

2 人 1 组，扶住同一块浮板。听到信号后，立即开始做爬泳打腿动作，看谁能将对方推向后。此游戏也可分成人数对等的两组，利用浮杆进行集体对抗（图 7－4－10）。

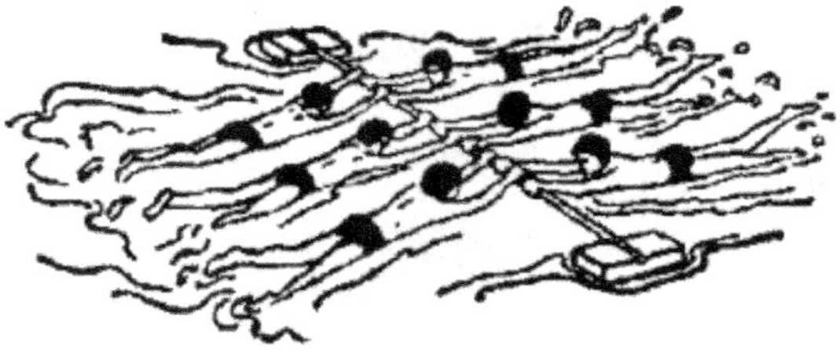

图 7－4－10　对顶打腿

5. 鲤鱼跃龙门

练习者成 2 列横队站立浅水中。第一排每相邻 2 人手举一藤圈；第二排的人面对藤圈站立，两臂上举。听到信号后，双腿用力蹬地，上体前倾鱼跃穿过藤圈，然后钻入水中；在水中，两臂自然前伸、挺胸、挺腹向前滑行，体会海豚式波浪动作。

6. 双人蛙泳

2 人 1 组，前面的人两腿并拢，只做蛙泳划臂动作；后面的人两手抓住前者双脚，只做蛙泳蹬腿动作。2 人相互配合，向前游进（图 7－4－11）。

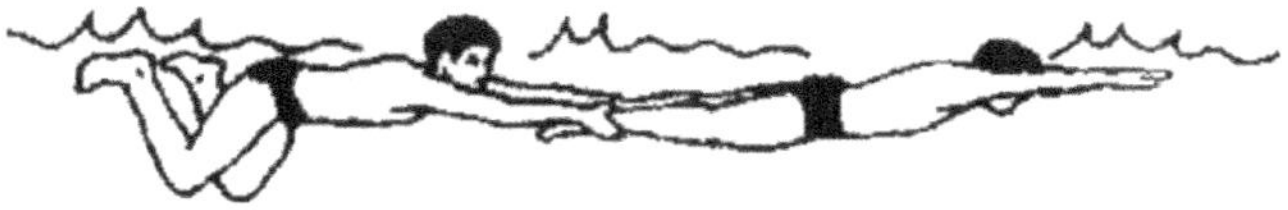

图 7－4－11　双人蛙泳

7. 青蛙追海豚

将游戏者分成人数相等的 2 队，前后相距 5 米左右站立，左右间隔约 1.5 米。前一队为“海豚”，后一队为“青蛙”。听到信号后，两队同时蹬池底滑行向前游进，“海豚”两腿做同时对称上下打水动作；“青蛙”两臂前伸做蛙泳蹬腿动作，去追赶“海豚”。抓到一个时该队得一分。然后，2 队互换角色继续游戏。

8. 跨下潜水

将练习者分成人数相等的若干组。各组成一路纵队站立浅水中，两腿分开，前后相隔约 2 米。排头之人仅用蛙泳的划水动作依次从站立者胯下潜过，站到排尾再成分腿立。先完成的组为胜。

9. 过杆入水

在深水区中距池边 1 米处设置一根高出水面 1 米左右的横杆（或拉一条橡皮筋）。要求练习者向前上方跃起越过横杆入水。该练习可以帮助练习者体会出发的“洞式入水”技术要领。

第八章　水上救生和现场急救

第一节　游泳池水上救生

游泳池施救是属于人工建造的各种游泳馆、游泳池、游泳场的施救技能。特点是由于泳池面积有限、水质较清澈、池底有规律、安全隐患容易控制、施救技能与海浪救生比较相对简单，但是也必须具备娴熟的救生技术才能在游泳池中进行施救。

一、溺水的观察与判断

救生员的施救工作是一项崇高的事业，是对人们的生命安全、健康负责的高风险工作，必须全身心地投入，专心致志、自觉地忠于职守，认真负责，真正做到“以防为本”清除不安全的隐患，杜绝意外，一丝不苟地去完成工作。

作为救生员要仔细观察自己观察区域（兼顾其他区域）的游泳者是否处在正常游泳还是非正常游泳，还要第一时间发现和判断游泳者是否将要出现溺水情况。因此，作为一名救生员用具备良好的职业素养和职业素质。应具有崇高的思想境界和优秀的品质，做到尽职尽责；应具备警觉的洞察能力；应具备机敏的快速反应能力；应具备果敢正确的判断能力；应具备冷静而不受外界干扰的心理承受能力；应具备沉着面对突发事态的应变能力；应具备娴熟的水中赴救和陆上抢救规范技术和程序工作的专业能力。

（一）对游泳者溺水的观察

首先要明确和熟悉自己的观察岗位和观察区域。每一名救生员观察的最大区域最大面积应在250平方米之内。然后根据泳池情况确定观察的方法。当前采用的观察方法有以下几点。

（1）扫视法：对自己责任区的远近左右直线不间断的观察。

（2）环视法：对自己责任区以某一点为起点进行圆周式的不间断的观察。

（3）跟踪观察法：对自己责任区内，游泳技术不佳者或处在危险区域者进行重点的跟踪观察。在观察时必须做到以下几点。①明确自己的责任区，思想要集中及时发现隐患；②主责区和次责区要兼顾，互相补漏，不留盲区；③观察时要注意上、中、下结合不要只看水面；④根据不同时段，偏重注意观察：开场时应偏重注意观察进入深水区域的游客是否有危险情况；中场时偏重注意观察有无技术不佳的游泳者因体力不支者及各种求援信号；退场时应偏重观察那些还未及时起水的游泳者。⑤根据不同的游泳人员进行观察：少年儿童是否独自游泳、成人带小孩是否疏于照顾、青年人在水中嬉戏打斗；⑥救生员交班时，要不间断扫视双方责任区，确认无隐患时，交班人员方可换岗。

（二）观察区域的划分

观察区域的划分要根据泳池建筑情况而定。如果是竞技游泳比赛用的标准游泳池，池长 50 米，池宽 25 米，水面面积为 1250 平方米。应设五个救生岗位，每名救生员各负责 250 平方米的主要责任救生区域，兼顾主要责任区域相邻近的 1/2 水域的次要责任区域。

通常采用的观察方法之一：直线切割观察方法（图 8 -1 -1）。

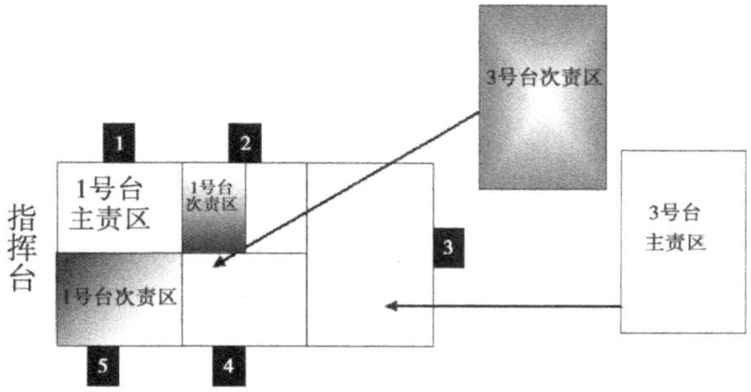

图 8 -1 -1　观察区域

采用的观察方法之二：弧形切割观察方法。这种方法是以每一救生岗位为圆心，50 米游泳池以 15 米为半径切割水域，其水域即为该救生岗位的主要责任区。将主责区的半径在延长 10 米切割的水域，此水域为该救生岗位的次要责任区，应设 6 个救生岗位（图 8 -1 -2）。

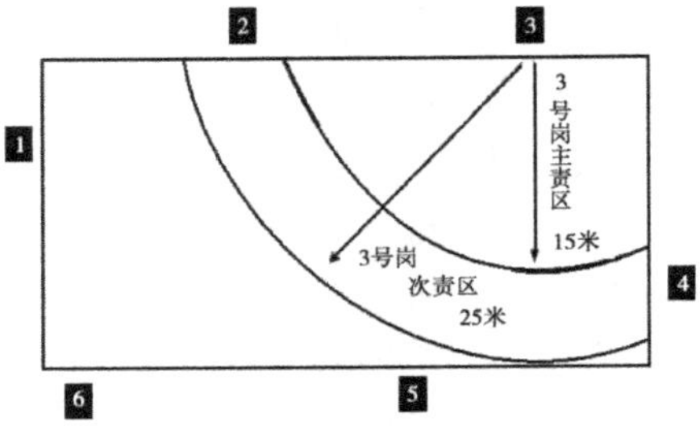

图 8－1－2　50 米游泳池

25 米游泳池以 10 米为半径切割水域，其水域即为该救生岗位的主要责任区。将主责区的半径在延长 5 米切割的水域，此水域为该救生岗位的次要责任区，应设 4 个救生岗位（图 8－1－3）。

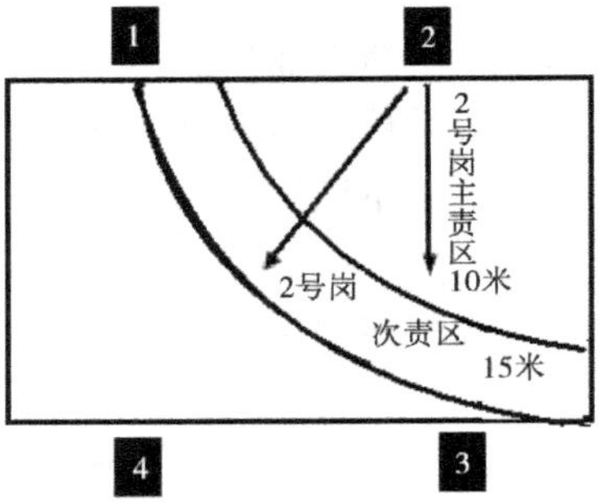

图 8－1－3　25 米游泳池

采用的观察方法之三：按水面积划分法：这种方法是在非标准游泳场所采用的。是以每一个救生岗位所负责的主要责任区域和次要责任区域面积的总和来划分观察区域的。每一个救生岗位观察区域主要责任区域最大面积不得超过 250 平方米，可采用交叉布岗的方式划分观察区域（图 8－1－4）。

图 8－1－4　不规则游泳池

采用的观察方法之四：不留盲区和死角的划分法：这种方法也是在非标准游泳场所采用的。对各类戏水池在本着每个角落都可以观察到的原则，可采用直线或弧形切割法划分。

这样布置的主要责任区域和次要责任区域相互覆盖起到补漏，5 个或更多的救生岗位相互可以交叉观察，清除了观察盲区与死角。

（三）观察台的设置

观察台是救生员的责任岗位，是救生员在观察时能够及时发现事故隐患的瞭望台。观察台的高度为 2 米，救生员座位要舒适，使救生员不易疲劳，上下方便，一旦发生情况救生员能够及时赶赴现场。要有明显的“观察台”标志，使游泳者一目了然。观察台还应配有必要的救生器材如救生圈、救生杆等。室外游泳场所的观察台还应配置遮阳伞（图 8－1－5）。

图 8－1－5

游泳场所要本着观察区域不留盲点与死角的原则，按照划分区域的不同设置观察台。一般标准游泳场所（50 米 ×25 米）设置观察台应不少于 5 个。在设置观察台时，还应注意观察台的前沿必须与游泳池边垂直摆放。

（四）对游泳者溺水现象的判断

对游泳者溺水的判断是指救生员在值岗时，对观察情况做出的正确反应。判断的正确与否，是直接关系到救生员采用哪一种救生技术去避免游泳者溺水事故发生的关键。

1. 游泳溺水者有意识

当发现游泳溺水者时，应首先判断游泳溺水者有无意识，采取看、听的方法，如游泳溺水者在水中挣扎并发出求救的喊声，则游泳溺水者尚有意识。

2. 游泳溺水者已丧失意识

游泳溺水者在水中不能自主地支配肢体动作，并且缓慢下沉或已沉入池底，则游泳溺水者已丧失意识。

3. 游泳溺水者是否受伤

通过有意识游泳溺水者自述，了解游泳溺水者受伤情况。通过检查丧失意识游泳溺水者的肢体了解受伤情况。察看游泳溺水者的颈椎、腰椎是否受伤。察看游泳溺水者是否发生外伤出血或肢体骨折。

（五）对救生员的要求

（1）根据观察到的不同情况，能够做出正确的判断。

（2）事故发生时，能够迅速、果断、准确地做出正确的判断。

（3）根据正确的判断，能够采用规范的救生技术动作实施救助。

（六）对游泳者溺水的判断后应采取的措施

正确的判断后如果是紧急状态，第一时间拨打急救电话“120”。最好是专业医务人员前来并确认游泳溺水者的情况。发生以下情况必须拨打“120”求救。

（1）无意识或意识不清。

（2）呼吸困难或停止呼吸。

（3）持续胸闷或受压（超过10分钟）。

（4）严重出血。

（5）发病、剧烈头痛或口齿不清。

（6）头部、颈部或背部受伤。

（7）吐血、尿血或便血。

当你拨打“120”电话时，应叙述清楚以下情况：事故发生地点；你从哪里拨打的电话；你叫什么名字；发生什么事情；有多少人受伤或伤情如何；不要挂断电话，直到“120”同意你挂断电话。

医务人员达到前如需移动受伤的游泳溺水者仅在以下情况下才可移动。

（1）游泳溺水者所处的位置不利于救援。

（2）游泳场所现场存在安全隐患。

（3）有2人以上游泳溺水者相互抱持必须将其分开的情况。

救生员切记：在任何情况下，不要放任自己处于危险中。在试图移动伤员前，确保你无论提供任何方法都是安全有效的，永远不要使自己陷入危险。

（七）游泳场所的特定信号

游泳场所在开放期间，应制定出本单位统一的特定信号，并要使全体员工熟悉、掌握，以便在日常工作中正确运用。

一般特定信号有：开、关场信号（包括间断的开放场次）；违纪信号；现场急救信号；联络信号。

二、救生员的赴救技术

游泳救生的赴救技术是救生员在游泳池内徒手或使用器材，间接或直接将溺水者施救上岸。它包括间接赴救技术和直接赴救技术2种。

（一）间接赴救

间接赴救是指救生员在游泳池内使用任何可以用来接近溺水者的物品，对正在水中挣扎意识尚清醒的溺水者进行施救的一种救生技术。例如，救生杆、救生圈（救生球）、救生浮漂和手援、衬衫、腰带或毛巾等。

间接赴救是救生员优先选择施救的一种赴救技术。适用于溺水者清醒、合作、能配合救援行动及使用该方法不影响施救行动的人员的安全。

1. 救生杆施救

救生员在使用救生杆进行施救时，当溺水者距离池边3～4米时，救生员可用救生杆进行施救，在溺水者抓住杆后迅速将其救上岸。施救时要使自己出于安全地带，身体姿势最好与游泳池岸边形成一定角度，双腿向外开立，保持身体平衡。支撑身体防止被拖入水中。尽可能让溺水者快速抓住你的救生杆，使用时要注意不能用救生杆桶、打以免伤及溺水者。溺水者抓住救生杆后你要用力拉回救生杆，将溺水者移动到游泳池边营救。救生杆要始终放在救生岗位方便取拿的位置（图8－1－6）

图8－1－6　救生杆施救

2. 救生圈（救生球）施救

救生员在使用救生圈（救生球）施救时，当溺水者距离池边5～8米（救生球8～12米）时，救生员可采用救生圈或救生球进行施救，要注意抛掷时一定要准确到位，当溺水者抓住救生圈或救生球后迅速将其救上岸。在抛掷带有系绳的救生圈（球）时，手一定要握紧或用脚踩住绳子的另一端，当溺水者抓住救生圈（球）后，要立即将溺水者拖至游泳池边营救。救生圈（球）要放在救生岗位最近的地方。对带有系绳的救生圈（球）要经常进行整理，不打死结，保证急救时能安全快捷使用（图8－1－7、图8－1－8）。

图8－1－7　救生圈

图8－1－8　救生球

3. **手援施救**

手援是指救生员徒手进行施救的一种最简单的方法，当溺水者距离池边1米以内时，救生员可俯卧用手或侧卧用脚将溺水者拉至池边，施救上岸。施救时要注意自身的安全，不要使溺水者将自己拉下水中。

手援主要是针对池边突然落水者、上岸时因体力不支再次落水的游泳者以及距池岸1米左右溺水人员的施救。使用手援救护方法时，要求溺水者要清醒，要有判断能力，一般在溺水者刚落水时使用（图 8－1－9）。

图 8－1－9　手援施救

4. 其他救生器物的施救

在游泳池有人发生溺水时，溺水者离池岸较近但又无法用手援施救时，由于情况危急，救生员要利用一切可以使用的器物施救，如长衬衣、腰带、毛巾、打水板、绳子、木棍、有浮力的物品等（图 8－1－10）。

图 8－1－10　其他救生器物的施救

5. 救生浮标施救

溺水者清醒时，将救生浮标的一头递给溺者抓住，然后将溺者拖带到池边。救生浮标也可顶替救生圈使用，根据溺水者距池边距离的不同，可采用池上持浮体救援、池上手持绳带抛浮体给溺水者救援，使用救生浮标间接赴救（图 8－1－11）。

图 8－1－11　救生浮标施救

（二）直接赴救

直接赴救是指在没办法采用间接救生技术的情况下，或溺水者已处于昏迷状态无法使用救生器具时，救生员必须跳入水中所采用的救生技术。

直接赴救包括入水技术、接近溺水者技术、解脱溺水者的抱握技巧、水中拖带溺水者技术、护送溺水者上岸方法、安全运送溺水者方法等不同技术环节特点和方法。

1. 入水技术

是指救生员发现溺水者距离池边较远时，间接救生技术无法运用时采用合理跳水方法迅速跳入水中的一项专门技术。救生员可根据现场情况采用以下入水技术。

（1）跨步式入水

溺水者距离池边较近时可采用跨步式入水技术。救生员站立池边目视溺水者，同时一只脚的脚趾紧扣池边，并用力蹬地，腾空后两腿前后分开成弓步形，在空中要使上身含胸前倾，两臂肘部自然弯曲掌心向前下方并侧举。必须脚部领先，身体入水的同时两手向前下方抱压水，两脚作剪水动作，手脚并用形成向上的合力，入水后使身体在水面有明显的制动，这样可保持救生员的头部始终在水面上，使救生员的眼睛能够始终注视赴救的溺水者（图 8－1－12）。

图 8－1－12　跨步式入水

（2）蛙腿式入水

溺水者距离池边较近时可采用蛙腿式入水技术。救生员站立池边目视溺水者，单脚或双脚扣住池边，双腿同时蹬离池岸，身体腾空时两腿做蛙泳收腿动作，身体含胸收腹，两臂肘部自然弯曲掌心向前下方并侧举。身体入水瞬间，两脚迅速向下做蛙泳蹬夹腿的动作。同时，两手臂向下抱压水，使身体形成向上的合力，保持救生员的头部始终保持在水面上，救生员的眼睛应始终注视赴救目标（图 8－1－13）。

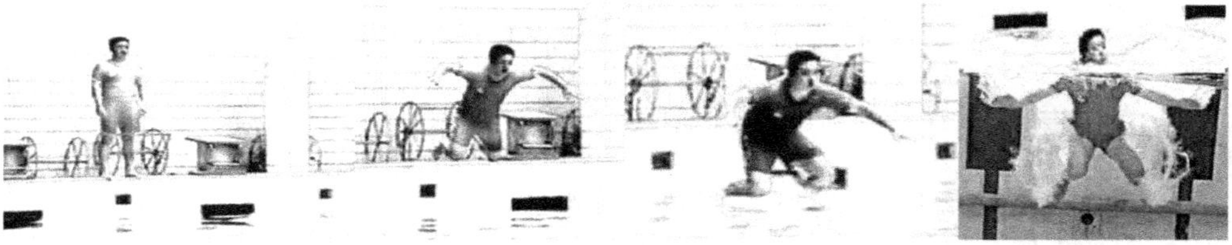

图 8－1－13　蛙腿式入水

（3）鱼跃浅跳式入水

溺水者距离池岸较远时，救生员为了以最快的速度接近溺水者可采用鱼跃浅跳式入水，根据实际情况，选择救生台跳水、池岸或在跑动中跳水。跳水的起跳是靠腿蹬离池岸，躯干同时用力伸直及两臂由下而上摆动入水。腾空时，两臂及两腿伸直。入水尽量远要浅，使头部尽快露出水面观察赴救的溺水者（图 8－1－14）。

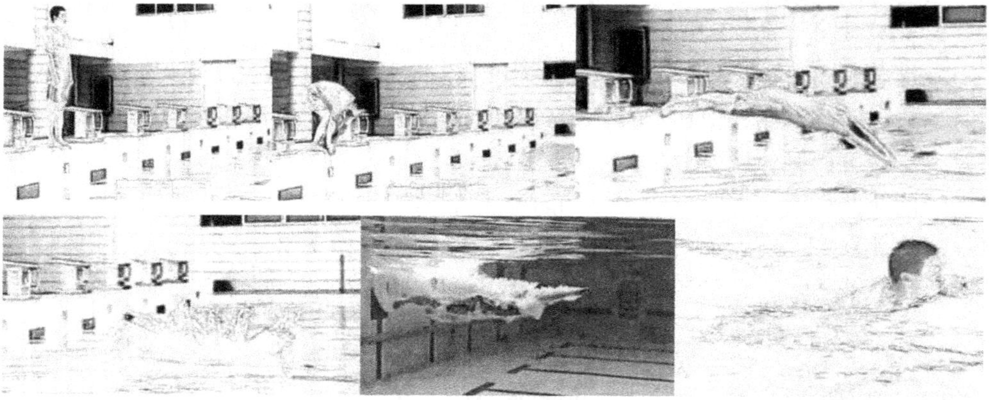

图 8－1－14　鱼跃浅跳式入水

（4）直立式入水

救生员在观察台上发现有人溺水时，由于情况紧急来不及走下观察台并且了解游泳池有足够的深度时，可采用脚先入水的跳水技术。入水时，全身与水面保持垂直，脚先入水，一手捏鼻，一手护下腹或护胸。如身穿救生衣，则两手肘部紧压救生衣。入水后，双手及时向下压水，两脚做蛙泳腿蹬夹动作，力求使头部尽快露出水面搜寻施救目标（图 8－1－15）。

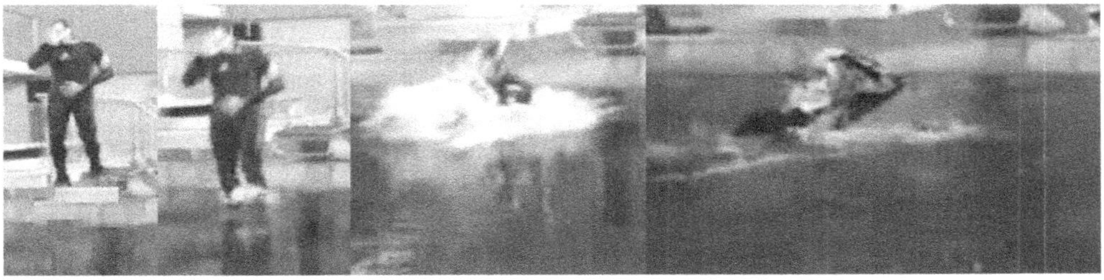

捏鼻护下腹　　　　使头部露出水面

图 8－1－15

（三）救生员接近溺水者技术

是指救生员迅速靠近溺水者在保护自己安全的情况下采用有效控制溺水者的一项专门技术。接近时应始终观察溺水者的动向，在安全处急停，判断选择接近方法，接近后迅速控制住溺水者，提醒被救者配合施救。救生员采用接近溺水者技术一般有以下几种。

1. 背面接近溺水者救生技术

背面接近溺水者救生技术是救生员接近溺水者时最常用的一种技术。采用直接赴救时救生员应尽可能运用这种方法。救生员游至距溺水者 1 ~2 米处时应急停，目的是再次准确观察救护目标同时减少水浪二次冲击溺水者，在接近溺水者时，救生员两手从背后托住溺水者的腋下，第一时间将溺水者脸部托出水面呼吸，使溺水者感觉到你有能力救助，然后做双手托腋拖带或者一手托腋后，另一手从溺水者的肩部向下夹胸，夹胸后托腋手放开转做夹胸拖带，将溺水者拖至池边，拖带时溺水者的脸部必须始终露出水面（图 8－1－16）。

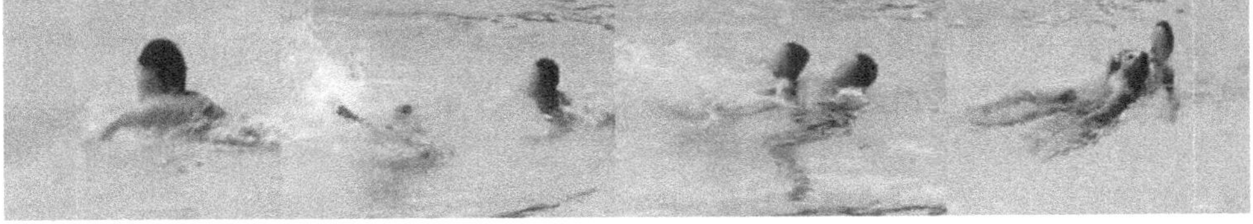

游进溺水者　　1 ~2 米处急停　　托住溺水者双腋　　夹胸拖带

图 8－1－16

2. 侧面接近溺水者救生技术

侧面接近溺水者救生技术是当溺水者还在水面上挣扎尚未下沉时，采用合理接近溺水者的技术。当救生员游至距离溺水者 3 米左右处应急停，目的是再次准确观察救护目标同时减少水浪二次冲击溺水者。救生员确定溺水者位置后快速向溺水者侧面游进，看准并果断用右手抓住溺水者近侧手腕部，将溺水者拉向救生员的胸前，救生员两手从背后托住溺水者的腋下，第一时间将溺水者脸部托出水面呼吸，使溺水者感觉到你有能力救助，然后做双手托腋拖带或者一手托腋后，另一手从溺水者的肩部向下夹胸，夹胸后托腋手放开转做夹胸拖带，将溺水者拖至池边，拖带时溺水者的脸部必须始终露出水面（图 8－1－17）。

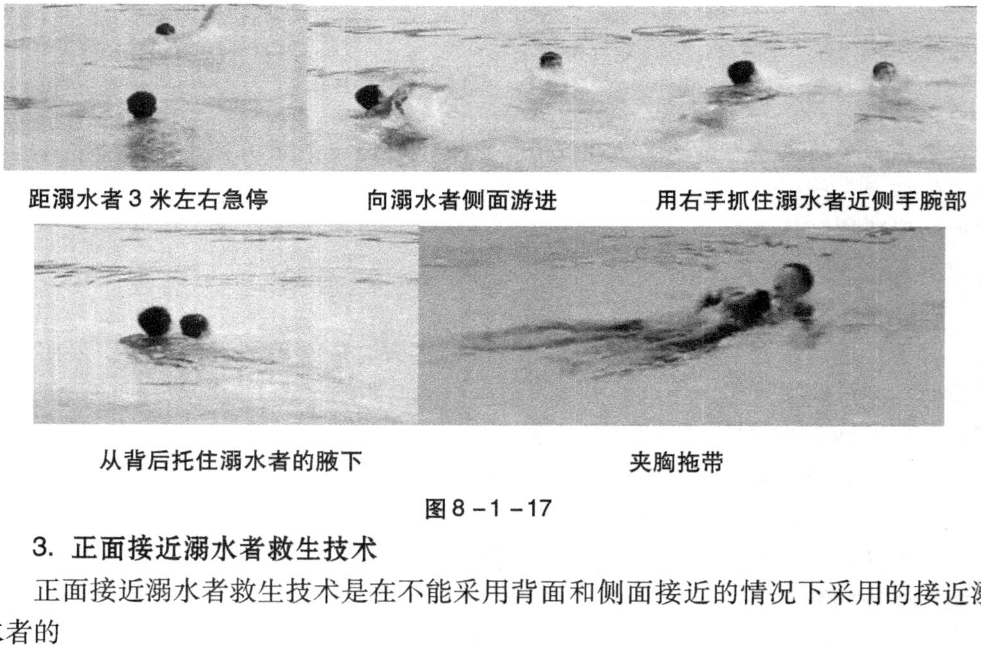

距溺水者 3 米左右急停　　向溺水者侧面游进　　用右手抓住溺水者近侧手腕部

从背后托住溺水者的腋下　　夹胸拖带

图 8－1－17

3. 正面接近溺水者救生技术

正面接近溺水者救生技术是在不能采用背面和侧面接近的情况下采用的接近溺水者的

技术。救生员快速游至距溺水者 3 米左右应急停，目的是再次准确观察救护目标同时减少水浪二次冲击溺水者，救生员确定溺水者位置后下潜至溺水者髋部以下，双手扶持溺水者髋部，将溺水者转体 180°。然后托住溺水者双腋升至到水面，可直接采用托腋拖带或做夹胸拖带将溺水者拖至池边，拖带时溺水者的脸部必须始终露出水面（图 8－1－18）。

游近溺水者　距溺水者3米左右应急停　下潜至溺水者髋部以下　将溺水者转体180

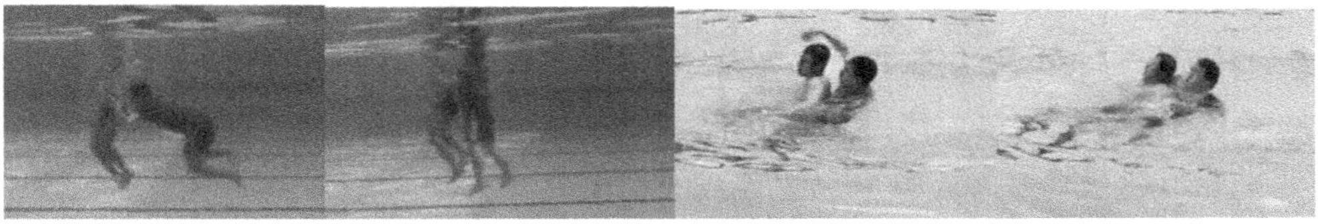

双手扶持溺水者髋部　住溺水者双腋　将溺水者托出到水面　夹胸拖带

图8－1－18

4. 溺水者沉池底救生技术

救生员看准溺水者沉到池底的位置，深吸气后直接下潜至溺水者身旁，采用双手托住溺水者腋下的方法同时双脚用力蹬离池底，将溺水者托出水面，使溺水者头部出水并保持住头部始终处于水面之上，然后采用托腋拖带或夹胸拖带将溺水者拖至池边，拖带时溺水者的脸部必须始终露出水面（图8－1－19）。

看到溺水者底位置　深吸气准备下潜　下潜至溺水者身旁

双手托溺水者腋下　双脚用力蹬离池底头出水　夹胸拖带

图8－1－19

三、救生员陆上练习解脱方法

陆上解脱方法是初级救生员必须掌握基本内容，也是掌握水上解脱方法的基础，由于解脱技术涉及的动作多、在水中进行练习的难度大、不容易组织，所以初级救生员必须很熟练地掌握陆上解脱动作，才能为学习和掌握水上解脱动作做好准备。

（一）救生员单手臂被溺水者抓住解脱方法

1. 转手腕解脱法

2 人面对站立，模拟救生员和溺水者。溺水者右手（左手）抓住救生员右（左）手臂，救生员采用转手腕外翻下压，并用右（左）手及时抓住溺水者的右（左）手腕部向右（左）拉出，使溺水者背贴救生员的身体前，从而有效控制溺水者，夹胸或托双腋拖带（图 8 -1 -20）。

溺者右手抓住救者右手臂　　转手腕外翻下压　　抓住溺水者的右手腕部

手腕部向右（左）拉出　　溺水者背贴救生员的身体前　　有效控制溺水者

图 8 -1 -20

2. 推击解脱方法

2 人面对站立，模拟救生员和溺水者。救生员的左（右）手被溺水者的右（左）手抓住时，救生员可用右手虎口推击溺水者的右手腕部的解脱方法，推击时要迅速、有力。解脱后，应紧握溺水者的右手腕部，并及时把溺水者的右手向右侧拉出，使溺水者背贴救生员身体前，从而有效控制溺水者，夹胸或托双腋拖带（图 8 -1 -21）。

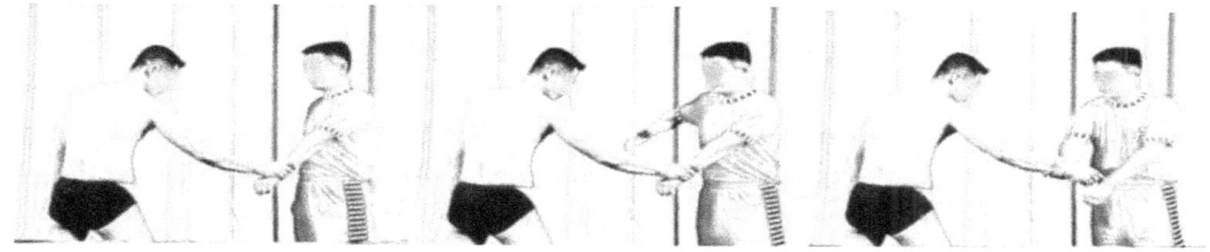

溺水者右手抓救生员左手　推击溺水者的右手腕　紧握溺水者的右手腕部

右手向右侧拉出　溺水者背贴救生员身体前　有效控制溺水者

图 8－1－21

（二）救生员双手被溺水者交叉手抓住解脱方法

2 人面对站立，模拟救生员和溺水者。溺水者双手交叉抓住救生员双臂，救生员用右臂肘部撞击溺水者的左手腕部，使自己的左手解脱，然后转腕解脱右手，并趁势将溺水者向右侧拉出，使溺水者背贴救生员身体前，从而有效控制溺水者，或托双腋拖带（图 8－1－22）。

抓住救生员双臂　用右臂肘部撞击溺者左手腕　转腕解脱右手 1

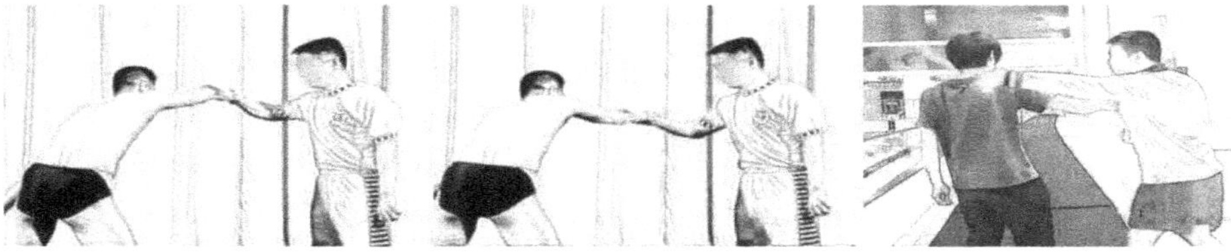

转腕解脱右手 2　转腕解脱右手 3　将溺水者向右侧拉出

溺水者背贴救生员身体前　　有效控制溺水者

图 8－1－22

（三）救生员单手被溺水者双手抓握解脱方法

2 人面对站立，模拟救生员和溺水者。救生员的左前臂被溺水者双手抓握时，救生员右手虎口向下用力撞击溺水者的另一侧右手腕部，使溺水者松开一手，并紧握溺水者右手腕，然后，救生员上身前倾，以右上臂近肘处回击溺水者的左手腕部，使之全部解脱，并趁势将溺水者的右手向救生员自己的左侧拉出，及时将溺水者转体至背贴救生员身体前，然后有效控制溺水者，夹胸或托双腋拖带（图 8－1－23）。

左前臂被溺水者双手抓握　右手虎口用力撞击　溺水者右手腕部　使溺水者松开一手

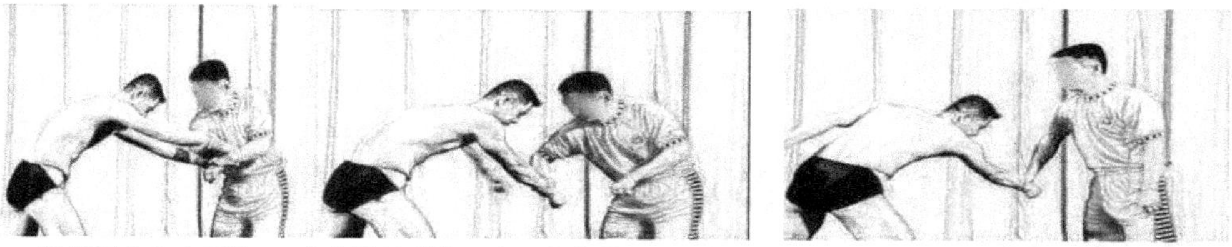

紧握溺水者右手腕　右上臂近肘处回击溺水者的左手腕部　将溺水者的右手向救生员自己的左侧拉出

将溺水者转体至背贴救生员身体前　有效控制溺水者

图 8－1－23

（四）救生员颈部被溺水者抱持解脱方法

1. 上推双肘解脱方法

2 人面对站立，模拟救生员和溺水者。溺水者正面抱住救生员肘部以上部位时应采用的方法。当救生员被溺水者抱住颈部时，救生员要迅速内收下颌，以防止气管被夹住。双臂同时用力上抬推击溺水者的双肘关节，同时头部下抽，趁势推转溺水者身体 180°，将溺水者转至背贴救生员身体前，抓握溺水者的一手腕，然后有效控制溺水者，夹胸或托双腋拖带（图 8－1－24）。

被溺水者抱住颈部　双臂同时用力上抬推击溺水者的双肘关节　头部下抽

将溺水者转至背贴救生员前胸　抓握溺水者的一手腕　有效控制溺水者

图 8－1－24

2. 压腕上推单肘解脱方法

2 人面对站立，模拟救生员和溺水者。溺水者从后面抱持救生员颈部时，救生员应内收下颌，以防止气管被夹住，同时分清溺水者哪只手压在上面。而后救生员上举双手，如溺水者右手在上时，救生员应用左手紧压溺水者的右手腕部，右手上推溺水者的右肘部，救生员的头部也随之从溺水者右侧转出。然后救生员用右手抓紧溺水者的右手臂腕部，将其拉向救生员身体前，有效控制住溺水者，夹胸或托双腋拖带（图 8－1－25）。

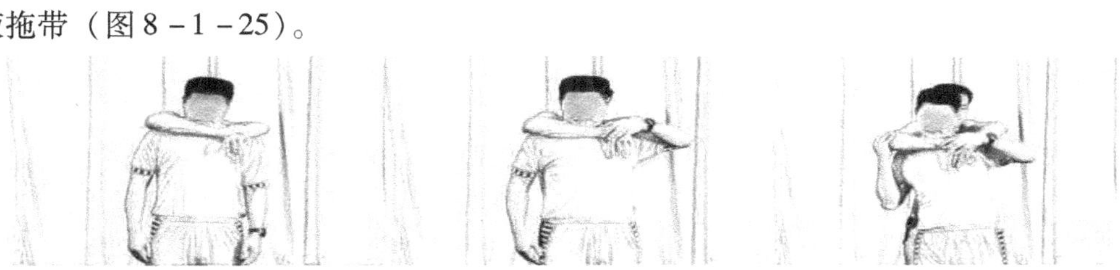

溺水者从后面抱持救生员颈部救生员应内收下颌，应用左手紧压溺水者的右手腕部，右手上推溺水者的右肘部

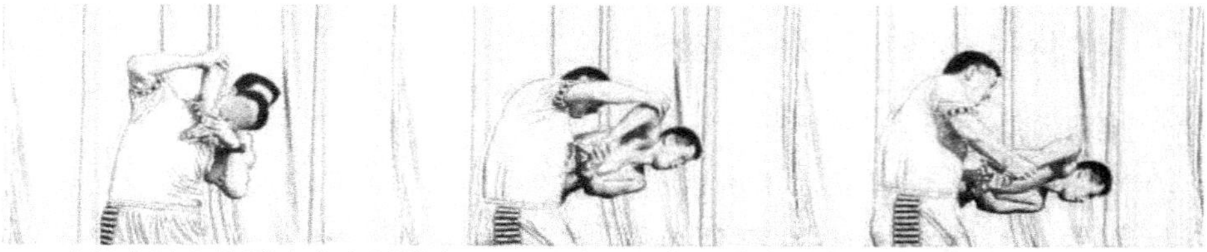

头部也随之从溺水者右侧转出　　用右手抓紧溺水者的右手臂腕部

其拉向救生员胸前　　有效控制住溺水者　　夹胸拖带

图 8－1－25

（五）救生员腰部正面被溺水者抱持解脱方法

1. 夹鼻推颌解脱方法

2 人面对站立，模拟救生员和溺水者。溺水者正面抱住救生员腰部，救生员要分清溺水者头部方向，一手移至溺水者后腰抱紧，一手对溺水者，夹鼻、盖嘴、托颌，两手同时推转溺水者身体使其头部后仰，并用力向自己方向压，迫使溺水者松开双手，然后及时将溺水者转体至背贴救生员身体前，从而有效控制溺水者，夹胸拖带（图 8－1－26）。

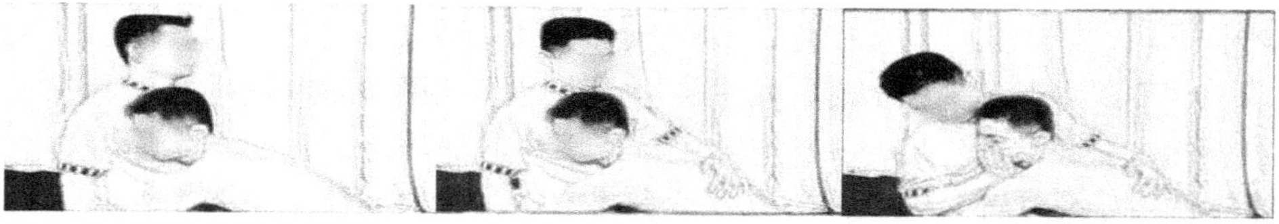

溺水者正面抱住救生员腰部　　分清溺水者头部方向　　一手移至溺水者后腰抱紧，一手对溺水者，夹鼻、盖嘴、托颌

两手同时推转溺水者身体使其头部后仰　　有效控制溺水者　　夹胸拖带

图 8－1－26

2. 弓身抽手解脱方法

2 人面对站立，模拟救生员和溺水者。救生员正面双臂肘关节以下和躯干同时被溺水者抱住，救生员则先臀部后顶，双臂前推，含胸收腹，趁隙抽出一手对溺水者，夹鼻、盖嘴、托颌，使其头部后仰；一手移至溺水者后腰抱紧，并用力向自己方向压，迫使溺水者松开双手，然后及时将溺水者转体至背贴救生员身体前，从而有效控制溺水者，夹胸或托双腋拖带（图 8 －1 －27）。

双臂肘关节以下和躯干被抱持　　先臂部后顶双臂前推含胸收腹抽出一手

对溺水者夹鼻盖嘴托颌　一手移至溺水者后腰抱紧扭转其身体，使溺水者松开双手

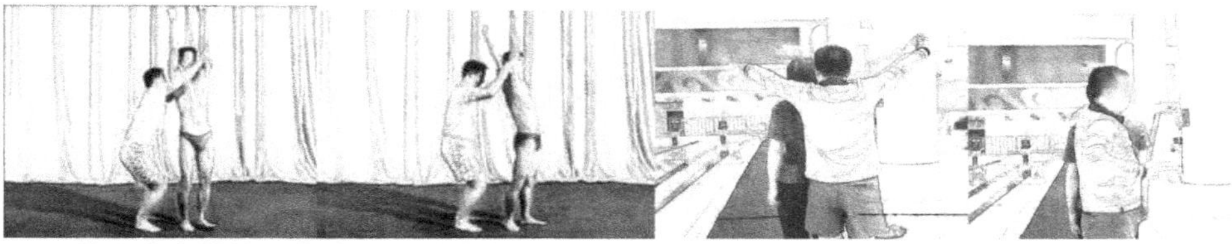

将溺水者转体至背贴救生员前胸　　有效控制溺水者　　夹胸拖带

图 8 －1 －27

（六）救生员腰部背面被溺水者抱持解脱方法

1. 扳指解脱法

模拟溺水者从后面抱住模拟救生员腰部，模拟救生员要分清模拟溺水者抱持时哪一只手在外，如模拟溺水者用手指交叉方法锁住模拟救生员时，可同时做扳指解脱动作。先扳模拟溺水者在外侧手的一手指，使之松开后用力向外展开的同时，外扳另一手的手指并用力外展，使两臂呈侧平举。模拟救生员向右下方蹲，松开模拟溺水者左手，从模拟溺水者右腋下移至其背后，然后右手向右拖带模拟溺水者，左手夹胸或托双腋拖带控制住模拟溺水者（图 8 －1 －28）。

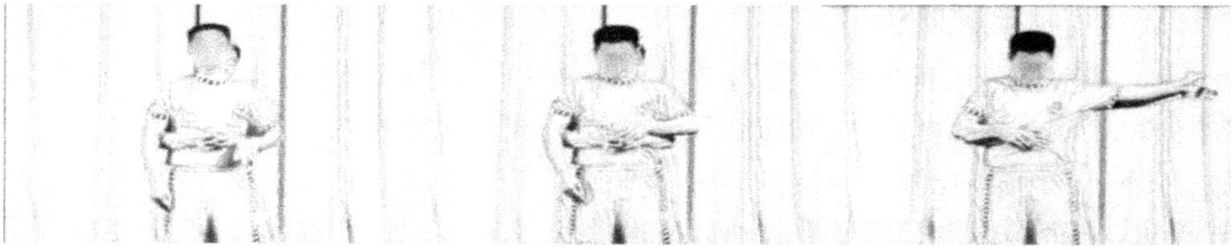

先扳溺水者在外侧手的一手指

扳另一手的手指并用力外展使两臂呈侧平举

向右下方蹲，松开溺水者左手从溺水者右腋下移至其背后

右手向右拖带溺水者，左手夹胸控制住溺水者

图 8 －1 －28

2. 弓身抽手扳指法

模拟溺水者从后面抱住模拟救生员双臂肘部关节以下和躯干，模拟救生员则先臂部后顶双臂前推，含胸收腹，趁隙先后抽出两臂，先扳模拟溺水者在外侧手的一手指，使之松开后用力向外展开的同时，外扳另一手的手指并用力外展，使两臂呈侧平举。救生员向右下方蹲，松开溺水者左手，从模拟溺水者右腋下移至其背后，然后右手向右拖带模拟溺水者，左手夹胸或托双腋拖带控制住溺水者（图 8 －1 －29）。

双臂肘部关节以下和躯干同时被溺水者抱持臀部后顶 双臂前推，含胸收腹

趁隙先后抽出两臂

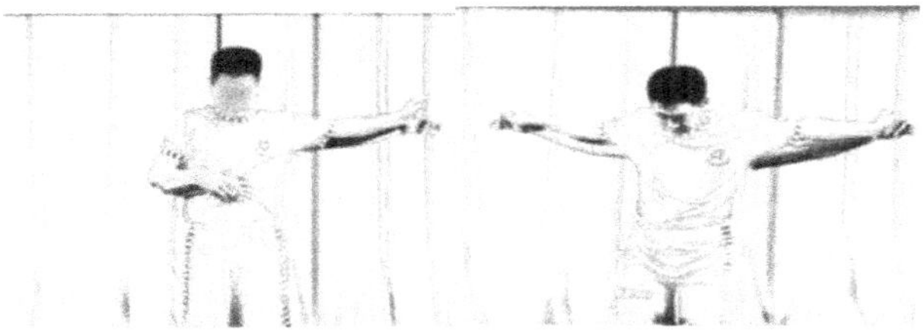

外扳另一手的手指并用力外展

两臂呈侧平举向右下方蹲，松开溺水者左手，从溺水者右腋下移至其背后　　右手向右拖带溺水者，左手夹胸控制住溺水者

图 8－1－29

3. 曲肘扩张解脱法

模拟溺水者从后面抱住模拟救生员肩部，模拟救生员先做两臂屈肘同时往两侧做扩张上顶动作，使模拟溺水者两臂被松解，然后转体下蹲至模拟溺水者髋部推转模拟溺水者身体 180°，使模拟溺水者后背贴于身体前，迅速托住模拟溺水者腋下，有效控制模拟溺水者，夹胸拖带或托双腋拖带（图 8－1－30）。

被溺水者从后面抱持住肩部做两臂屈肘同时往两侧再做扩张上顶动作使溺水者两臂被松解

转体下蹲至溺水者髋部推转溺水者身体180°，使溺水者后背贴于胸前，托住溺水者腋下

有效控制溺水者

夹胸拖带

图8－1－30

（七）救生员头发被溺水者抓住解脱方法

1. 压腕扳指法

2人面对站立，模拟救生员和溺水者。模拟溺水者用手抓住模拟救生员头发，模拟救生员与模拟溺水者同侧的手紧握并压住溺水者抓头发手的手腕，模拟救生员的头部向扳拉手指方向低头倾斜，对侧的手则扳拉模拟溺水者抓头发手的手指，用力扳开模拟溺水者抓发手掌。解脱后，及时将模拟溺水者转至背贴模拟救生员身体前，有效控制模拟溺水者，然后做夹胸或托双腋拖带（图8－1－31）。

溺水者用手抓住救生员头发

同侧手紧握溺水者抓头发手的手腕

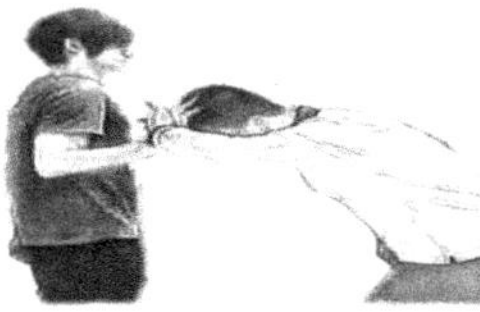

头部向扳拉手指方向低头倾斜

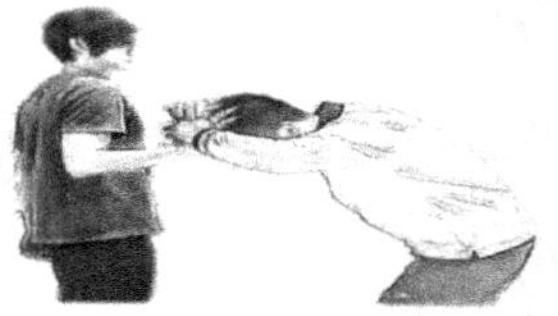

对侧的手则扳拉溺水者抓头发手的手指

用力扳开溺水者抓发手掌　将溺水者转至背贴救生员前胸　有效控制溺水者，然后做夹胸拖带

图 8－1－31

2. 压掌推肘解脱法

2 人面对站立，模拟救生员和溺水者。模拟溺水者用手抓住救生员头发，模拟救生员一手紧握模拟溺水者抓发手的手腕并低头前顶，另一手则用力向模拟溺水者的肘部推击，迫使抓发手松开。解脱后，及时将模拟溺水者转至背贴救生员身体前方，有效控制模拟溺水者，然后做夹胸或托双腋拖带（图 8－1－32）。

模拟溺水者用手抓住救生员头发　紧握模拟溺水者抓发手的手腕

低头前顶　向模拟溺水者的肘部推击

迫使抓发手松开　将模拟溺水者转至背贴救生员身体前方

有效控制模拟溺水者　做夹胸拖带

图 8－1－32

（八）救生员正面双腿被溺水者抱持解脱方法

2 人面对站立，模拟救生员和溺水者。救生员正面双腿被溺水者抱住，救生员要分清溺水者头部方向，一手移至溺水者头后抱紧，一手对溺水者，夹鼻、盖嘴、托颌，两手同时推转溺水者身体使其头部后仰，并用力向自己方向压，迫使溺水者松开双手，然后及时将溺水者转体至背贴救生员身体前，从而有效控制溺水者（图 8 –1 –33）。

双腿被溺水者抱持

一手移至溺水者头后抱紧

一手对溺水者，夹鼻、盖嘴、托颌

两手同时推转溺水者身体使其头部后仰；
并用力向自己方向压，迫使溺水者松开双手

将溺水者转体至背贴救生员前胸

有效控制溺水者

图 8 –1 –33

（九）救生员发下双人抱持解脱方法

夹胸蹬离解脱法（托双腋蹬离解脱法）：3 人模拟救生员、被溺水者抱持的人和溺水者。救生员发现水中有 2 人抱持在一起时，在解脱前需认清抱持的两人中谁是溺水者，然后一手由溺水者肩上方，经前胸插入溺水者另一侧腋下或夹胸（或托住溺水者双腋），同时用一只脚蹬住被溺水者所抱持人胸腹部，（用柔力蹬离被溺水者所抱持者，以免被抱人受伤）当这两人肩部松离时，继续用力蹬出将被溺水者所抱持人蹬离解脱。然后有效控制住溺水者（图 8 –1 –34）。

认清抱持的两人中谁是溺水者

由溺水者肩上方经前胸插入溺水者另一侧腋下或夹胸

一只脚蹬住被溺水者所抱持人胸腹部

用柔力蹬离被溺水者所抱持者

用力蹬出将被溺水者所抱持人蹬离解脱

有效控制住溺水者

图 8 –1 –34

四、水中解脱

人类在水中发生溺水情况就会失去理智在水中慌乱挣扎，求生存的本能使溺水者急需抓住一些物体浮出水面，当溺水者一旦抓住救生员时，救生员应有高尚的精神从容地去应对，并以最大能力去拯救。救生员在水中被溺水者纠缠或抱持时，不得做出伤害溺水者的行为，应使用解脱法脱离。

溺水者在水中抓住任何漂浮水面的人或物，其目的是要让自己的头能露出水面呼吸，因此想在水面将溺水者推开，几乎是不可能的。如果将溺水者赖以求生的漂浮物沉入水中，甚至将溺水者同时拖下水，溺水者为求呼吸，必然会离开下沉物，向水面挣扎，因此救生员在做解脱动作之前，必须先做深吸气、看准溺水者位置、下沉到水中 3 个步骤，才能顺利解脱。

水中解脱方法是救生员在水下赴救过程中因接近失败，被溺水者在水中抓住、抱住身体不同部位后，所采用合理的解脱方法及时解除溺水者的抓抱，并有效地控制溺水者的一项专门救生方法。水中解脱方法是中、高级救生员必须掌握的救生技术。

解脱方法主要有转手腕、扳手指、反关节、扭转关节、推击等技术。

（一）救生员单手臂被溺水者抓住解脱方法

1. 转手腕解脱法

救生员与溺水者接近时，溺水者右手（左手）抓住救生员右（左）手臂，救生员采用转手腕外翻下压，并用右（左）手及时抓住溺水者的右（左）手腕部向右（左）拉出，使溺水者身体背面朝向救生员的身体前面，救生员单手托住溺水者腋下，托出水面后有效控制溺水者，而后进行夹胸或托双腋拖带（图 8－1－35）。

溺者右手抓住救者右手臂

转手腕外翻下压　　抓住溺水者的右手腕部

单手托住溺水者腋下　　托出水面后有效控制溺水者　　夹胸拖带

图 8－1－35

2. 推击解脱方法

救生员接近溺水者时，一旦救生员的左（右）手被溺水者的右（左）手抓住时，救生员可用右手虎口推击溺水者的右手腕部的解脱方法，推击时要迅速、有力。解脱后，应紧握溺水者的右手腕部，并及时把溺水者的右手向右侧拉出，使溺水者背贴救生员胸前，左手托住溺水者腋下向上托出水面，从而有效控制溺水者，夹胸或托双腋拖带（图 8－1－36）。

溺水者右手抓救生员左手　推击溺水者的右手腕　紧握溺水者的右手腕部

右手向右侧拉出　溺水者背贴救生员胸前　左手托住溺水者腋下向上托出水面

有效控制溺水者，夹胸拖带

图 8－1－36

（二）救生员双手被溺水者交叉手抓住解脱方法

救生员与溺水者接近时，溺水者双手交叉抓住救生员双臂，救生员用右臂肘部撞击溺水者的左手腕部，使自己的左手解脱，然后转腕解脱右手，并趁势将溺水者向右侧拉出，使溺水者背贴救生员前胸，从而有效控制溺水者，夹胸或托双腋拖带（图 8－1－37）。

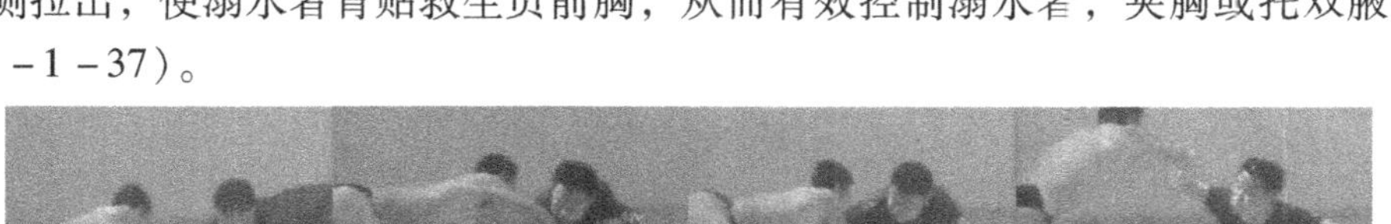

抓住救生员双臂　用右臂肘部撞击溺者左手腕　转腕解脱右手

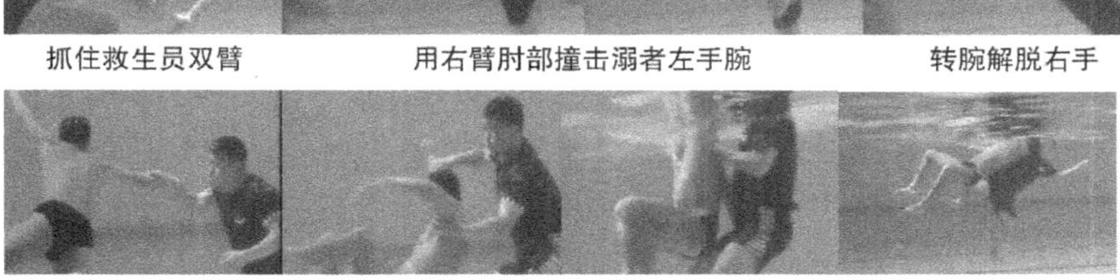

将溺水者向右侧拉出　溺水者背贴救生员前胸　双手托腋托出水面　有效控制溺水者夹胸拖带

图 8－1－37

（三）救生员单手被溺水者双手抓握解脱方法

救生员与溺水者接近时，救生员的左前臂被溺水者双手抓握时，救生员右手虎口向下用力撞击溺水者的另一侧右手腕部，使溺水者松开一手，并紧握溺水者右手腕。然后，救生员上身前倾，以右上臂近肘处回击溺水者的左手腕部，使之全部解脱，并趁势将溺水者的右手向救生员自己的左侧拉出，及时将溺水者转体至背贴救生员胸前，然后托住溺水者双腋至水面有效控制溺水者，夹胸或托双腋拖带（图 8－1－38）。

左前臂被溺水者双手抓握　右手虎口用力撞击溺水者右手腕部　使溺水者松开一手紧握溺水者右手腕

右上臂近肘处回击溺水者的左手腕部　将溺水者的右手向救生员自己的左侧拉出

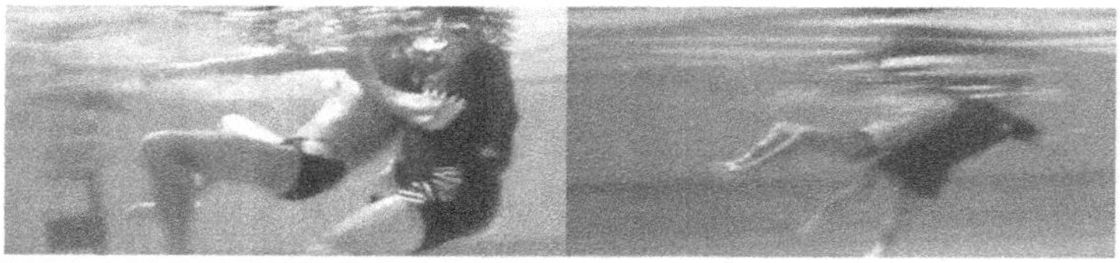

将溺水者转体至背贴救生员胸前托住溺　夹胸拖带

图 8－1－38

（四）救生员颈部被溺水者抱持解脱方法

1. 上推双肘解脱方法

溺水者正面抱住救生员肩颈部时，救生员要迅速内收下颌，以防止气管被夹住。双臂同时用力上抬推击溺水者的双肘关节，同时头部下抽，身体下沉，趁势推转溺水者身体 180°，将溺水者推转至救生员胸前，托住溺水者腋下上托出水面，然后有效控制溺水者，夹胸或托双腋拖带（图 8－1－39）。

被溺水者抱住颈部

双臂同时用力上抬推击溺水者的双肘关节头部下抽身体下沉

将溺水者推转至救生员胸前　托住溺水者腋下上托出水面　有效控制溺水者夹胸拖带

图 8－1－39

2. 压腕上推单肘解脱方法

救生员与溺水者接近，溺水者从后面抱持救生员颈部时，救生员应内收下颌，以防止气管被夹住，同时分清溺水者哪只手压在上面。而后救生员上举双手，如溺水者右手在上时，救生员应用左手紧压溺水者的右手腕部，右手上推溺水者的右肘部，救生员的头部也随之从溺水者右侧转出。然后救生员用右手抓紧溺水者的右手臂腕部，将溺水者拉向救生员胸前托出水面，有效控制住溺水者，夹胸或托双腋拖带（图 8－1－40）。

溺水者从后面抱持救生员颈部救生员应内收下颌，应用左手紧压溺水者的右手腕部，右手上推溺水者的右肘部。

头部也随之从溺水者右侧转出　用右手抓紧溺水者的右手臂腕部

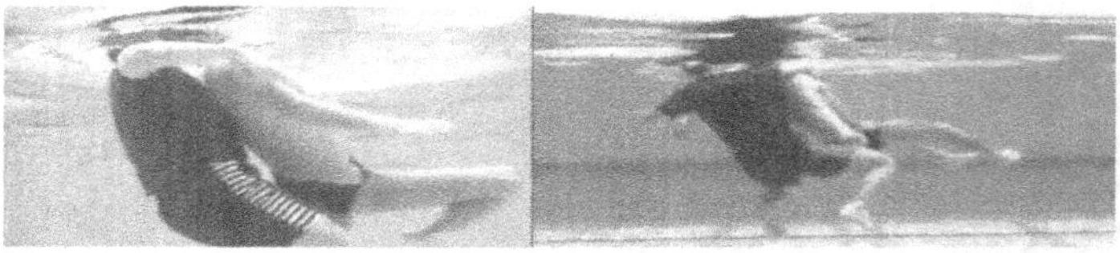

将溺水者拉向救生员胸前托出水面　　有效控制住溺水者夹胸拖带

图8－1－40

（五）救生员腰部正面被溺水者抱持解脱方法

1. 夹鼻推颌解脱方法

救生员正面腰部被溺水者抱持时，救生员要分清溺水者头部方向，一手移至溺水者后腰抱紧，一手对溺水者，夹鼻、盖嘴、托颌，两手同时推转溺水者身体使其头部后仰，并用力向自己方向压，迫使溺水者松开双手，然后及时将溺水者转体至背贴救生员胸前托出水面，从而有效控制溺水者（图8－1－41）。

正面腰部被溺水者抱持　　一手移至溺水者后腰抱紧　　一手对溺水者，夹鼻、盖嘴、托颌

两手同时推转溺水者身体　　使其头部后仰　　将溺水者转体至背贴救生员胸前，托出水面

有效控制溺水者，夹胸拖带

图8－1－41

2. 弓身抽手解脱方法

救生员正面双臂肘关节以下和躯干同时被抱持时，则先臀部后顶，双臂前推，含胸收腹，趁隙抽出一手对溺水者，夹鼻、盖嘴、托颌，使其头部后仰；一手移至

溺水者后腰抱紧，并用力向自己方向压，迫使溺水者松开双手。然后及时将溺水者转体至背贴救生员胸前托出水面，从而有效控制溺水者，夹胸或托双腋拖带（图 8－1－42）。

双臂肘关节以下和躯干被抱持　　　臀部后顶双臂前推含胸收腹抽出一手

一手溺水者夹鼻盖嘴托颌另一手抱紧背部扭转其身体，使溺水者松开双手，救生员下沉继续转动溺水者身体。

将溺水者转体至背贴救生员胸前托出水面　　　有效控制溺水者夹胸拖带

图 8－1－42

（六）救生员腰部背面被溺水者抱持解脱方法

1. 扳指解脱法

救生员腰部背面被溺水者抱持，救生员要分清溺水者抱持时哪一只手在外，如溺水者用手指交叉方法锁住救生员时，可同时做扳指解脱动作。先扳溺水者在外侧手的一手指，使之松开后用力向外展开的同时，外扳另一手的手指并月力外展，使两臂呈侧平举。救生员向右下沉，松开溺水者右手，从溺水者左腋下移至其背后，然后右手托住溺水者腋下，而后两手一起托住腋下，将其托出水面有效控制溺水者做夹胸或托双腋拖带（图 8－1－43）。

腰部背面被溺水者抱持

先扳溺水者在外侧手的一手指

扳另一手的手指并用力外展使两臂呈侧平举

身体向下沉，松开溺水者右手从溺水者左腋下移至其背后

右手先托住溺水者腋下，而后两手一起托住腋下，将其托出水面

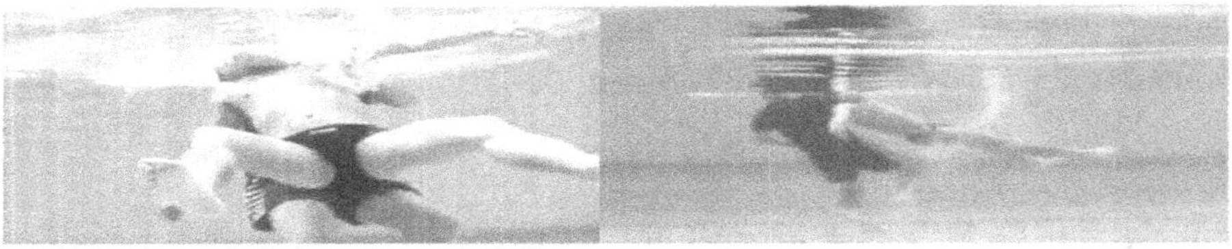

有效控制溺水者做夹胸或托双腋拖带

图 8－1－43

2. 弓身抽手扳指法

救生员背面双臂肘部关节以下和躯干同时被溺水者抱持时，则先臀部后顶双臂前推，含胸收腹，趁隙先后抽出两臂，先扳溺水者在外侧手的一手指，使之松开后用力向外展开的同时，外扳另一手的手指并用力外展，使两臂呈侧平举。救生员向右下方蹲，松开溺水者左手，从溺水者右腋下移至其背后，然后两手托住溺水者双腋托出水面，左手夹胸拖带控制住溺水者（图 8－1－44）。

双臂肘部关节以下和躯干同时被溺水者抱持　臀部后顶双臂前推，含胸收腹

趁隙先后抽出两臂

外扳另一手的手指并用力外展

两臂呈侧平举　向左腋下方沉，松开溺水者右手，从溺水者左腋下移至其背后

两手托住溺水者双腋托出水面，左手夹胸拖带控制住溺水者

图8－1－44

3. 曲肘扩张解脱法

救生员被溺水者从后面抱持住肩部，救生员先做两臂屈肘同时往两侧再做扩张上顶动作，使溺水者两臂被松解，然后转体下蹲至溺水者髋部推转溺水者身体180°使溺水者后背贴于胸前，迅速托住溺水者腋下托出水面，有效控制溺水者，夹胸拖

带或托双腋拖带（图 8－1－45）。

被溺水者从后面抱持住肩部做两臂屈肘同时往两侧再做扩张上顶动作使溺水者两臂被松解

转体下蹲至溺水者髋部推转溺水者身体180°，使溺水者后背贴于胸前，
托住溺水者腋下托出水面。

有效控制溺水者夹胸拖带

图 8－1－45

（七）救生员头发被溺水者抓住解脱方法

1. 压腕扳指法

溺水者用手抓住救生员头发，救生员与溺水者同侧的手紧握并压住溺水者抓头发手的手腕，救生员的头部向扳拉手指方向低头倾斜，对侧的手则扳拉溺水者抓头发手的手指，用力扳开溺水者抓发手掌。解脱后，及时将溺水者转至背贴救生员身体前方，有效控制溺水者，夹胸或托双腋拖带（图 8－1－46）。

溺水者用手抓住救生员头发

同侧手紧握溺水者抓头发手的手腕
头部向扳拉手指方向低头倾斜
对侧的手则扳拉溺水者抓头发手的手指

用力扳开溺水者抓发手掌

将溺水者转至背贴救生员身体前方

将溺水者托出水面有效控制溺水者

夹胸拖带

图 8 -1 -46

(八) 救生员正面双腿被溺水者抱持解脱方法

救生员正面双腿被溺水者抱持时，救生员要分清溺水者头部方向，一手移至溺水者头后抱紧，一手对溺水者，夹鼻、盖嘴、托颌，两手同时推转溺水者身体使其头部后仰，并用力向自己方向压，迫使溺水者松开双手，然后及时将溺水者转体至背贴救生员前胸，从而有效控制溺水者（图 8 -1 -47）。

双腿被溺水者抱持

一手移至溺水者头后抱紧

一手对溺水者，夹鼻、盖嘴、托颌

两手同时推转溺水者身体使其头部

将溺水者转体至背贴救生员前胸

有效控制溺水者

图 8 -1 -47

（九）救生员发下双人抱持解脱方法

1. 夹胸蹬离解脱法

救生员发现水中有两人抱持在一起时，在解脱前需认清抱持的两人中谁是溺水者，然后一手由溺水者肩上方，经前胸插入溺水者另一侧腋下或夹胸，同时用一只脚蹬住被溺水者所抱持人胸腹部（用柔力蹬离被溺水者所抱持者，以免被抱人受伤），当这2人肩部松离时，继续用力蹬出将被溺水者所抱持人蹬离解脱。然后有效控制住溺水者（图8－1－48）。

认清抱持的两人中谁是溺水者

由溺水者肩上方经前胸插入溺水者另一侧腋下或夹胸

一只脚蹬住被溺水者所抱持人胸腹部

用柔力蹬离被溺水者所抱持者

用力蹬出将被溺水者所抱持人蹬离解脱

有效控制住溺水者

图8－1－48

五、水中拖带

拖带是指救生员徒手在水上运送溺水者的一项专门技术。无论采用何种拖带方法，都应使溺水者的口鼻保持在水面上，以保证溺水者的呼吸。并且，在拖带的过程中，应将被拖带者的身体位置尽可能呈水平，以利于拖带和节省救生员的体力。

（一）夹胸拖带法

拖带要领：救生员右臂（左臂）由溺水者的右肩（左肩）上方穿过，上臂和肘紧夹溺水者胸部，右腋（左腋）紧贴溺水者右肩（左肩），右手（左手）抄于溺水者的左腋（右腋）下，并以此为拖带的用力点。在运送过程中，救生员可用右髋（左髋）顶住溺水者的腰背部，使溺水者保持水平位置，便于拖带。救生员可以根据自己的技术特长，采用蛙泳腿的大腿微动主要是小腿发力后蹬的技术或侧泳腿加上单臂划水的拖带技术。夹胸拖带法较适宜于身材高大、臂长、体力较好的救生员（图 8－1－49）。

救生员右臂由溺水者的右肩上方穿　　救生员可用右髋顶住溺水者的腰过背部，小腿发力后蹬单臂划水的拖带技术　　使溺水者保持水平位置

图 8－1－49

（二）托双腋拖带法

拖带要领：救生员双手托住溺水者的双腋下，手臂自然伸直不允许前后拉动，必须保持溺水者脸部露出水面。用反蛙泳腿技术进行拖带，腿部动作应该是收腿时以收小腿为主，蹬腿时主要是小腿发力，以保证拖带时的平稳，拖带时救生员一定要控制溺水者与自己的身体尽量与水面平行，托双腋拖带法比较省力，易于控制溺水者（图 8－1－50）。

双手托住溺水者的双腋下　　手臂自然伸直不允许前后拉身体尽量与水面平行

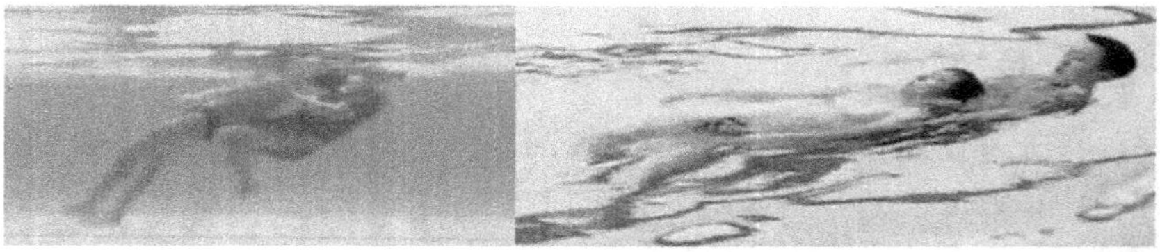

收腿时以收小腿为主　　必须保持溺水者脸部露出水面，蹬腿时主要是小腿发力

图 8－1－50

（三）托枕拖带法

拖带要领：救生员单手托住溺水者的后脑（枕部）。用力握住枕部两侧，手臂自然伸直不允许前后拉动，必须保持溺水者脸部露出水面。采用单臂侧泳或单臂反蛙泳游进。托枕拖带技术不适合于疑似颈部受伤者（图 8－1－51）。

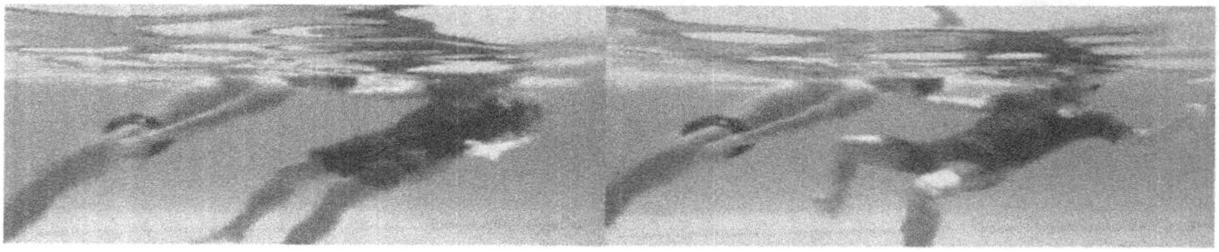

单手托住溺水者的后脑(枕部)　　手臂自然伸直不允许前后拉动

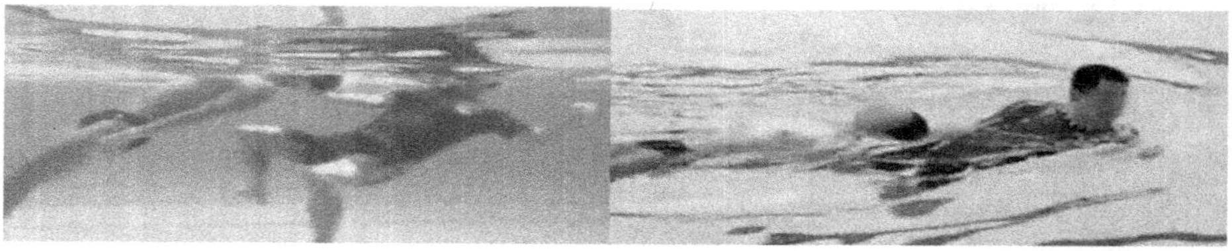

采用单臂侧泳或单臂反蛙泳游进　　必须保持溺水者脸部露出水面

图 8－1－51

（四）双手托颌拖带法

拖带要领：救生员双手托住溺水者的两侧颌骨处，手臂自然伸直不允许前后拉动，使溺水者的口鼻始终保持在水面上，用反蛙泳腿技术游进，腿部动作应该是收腿时以收小腿为主，蹬腿时主要是小腿发力，以保证拖带时的平稳。拖带时救生员一定要控制溺水者与自己的身体尽量与水面平行（图 8－1－52）。

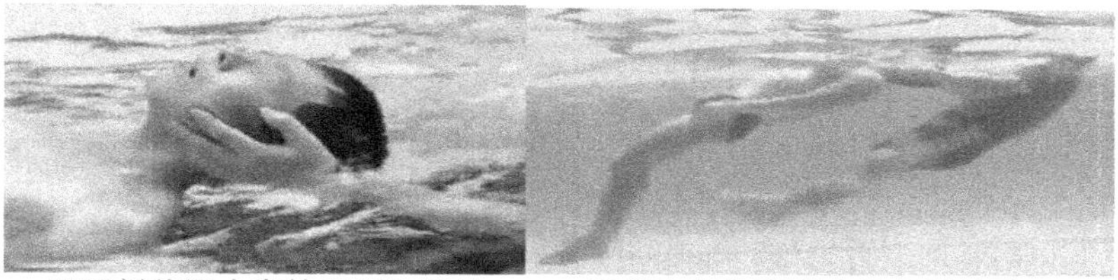

双手托住溺水者的两侧颌骨处　　手臂自然伸直不允许前后拉动
二人身体尽量与水面平行

收腿时以收小腿为主，溺水者的口鼻始终保持在水面上，蹬腿时主要是小腿发力

图 8－1－52

（五）穿背握臂拖带法

拖带要领：救生员将溺水者双手置于溺水者身后用单手插入溺水者的身后与两臂之间，采用单臂侧泳或单臂反蛙泳拖带。拖带时溺水者的口鼻始终保持在水面上。在水域较大时，由于救生员单人拖运的距离较长，拖运的体力不支时采用此方法，易于观察游进方向，又较省力（图 8－1－53）。

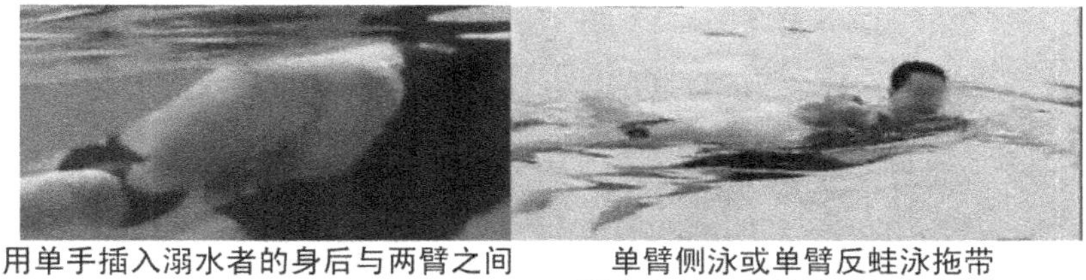

用单手插入溺水者的身后与两臂之间　　单臂侧泳或单臂反蛙泳拖带
溺水者的口鼻始终保持在水面上

图 8－1－53

（六）救生浮标拖带法

救生浮标是用泡沫材料制成专用救生器材，浮标体有红色、黄色两种，末端一端附有手环一端附有扣结。浮标一端还系有一条长绳，长绳另一端是背在救生员身体上的绳套。在施救过程中救生员将救生浮标戴在身后游近溺水者后再套在溺水者

腋下，借助浮标的浮力托起溺水者至水面，然后救生员利用长绳的拖带将溺水者拖至岸边，可以有效增加救生员和溺水者安全。

救生员更主要的是可以采用背救生浮标下水救援的方法，抢救在深水处溺水的人员。救生浮标是抢救深水脊柱损伤溺水者的必要器材。在施救时使用救生浮标可以起到增加拖带时的浮力和保持拖带时稳定的作用（图 8－1－54）。

救生浮标　　救生员将救生浮标戴在身后

套在溺水者腋下　　施救时使用救生浮标　　使用救生浮标拖带溺水者

图 8－1－54

（七）双人拖带法

2 名救生员同时拖带一名溺水者时，救生员用靠近溺水者一侧的手托住溺水者的腋下，手臂自然伸直不允许前后拉动，使溺水者的口鼻始终保持在水面上，采用单臂反蛙泳或单臂侧泳技术游进。拖带中 2 名救生员游进动作尽可能一致保证拖带时的平稳（图 8－1－55）。

用靠近溺水者一侧的手托住溺水者的腋下　　使溺水者的口鼻始终保持在水面上　　采用单臂反蛙泳或单臂侧泳技术游进

图 8－1－55

六、上岸方法

上岸方法是指救生员将溺水者从水中送上池岸托救起水的一项专门方法，是救生员必须掌握的一种救助技术。由于泳池的建筑结构和溺水者的受伤情况不同，上岸的技术也各有区别。

（一）深水单人上岸方法

在游泳池的深水区，将昏迷溺水者拖带至池边时，救生员单手扶住池边，然后将溺水者靠近池边的一只手压于扶池边手下，再去将溺水者另外一只手置于这两只手上边，救生员另外一只手置于这3只手最上边，形成四只手重叠，而后救生员抽出靠近溺水者外侧手臂与压住溺水者两只手的手臂形成撑持动作，用力撑于池上，救生员上池后压住溺水者两只手的手转动手掌并抓住溺水者一只手腕，另外一只手与抓住手腕的手臂形成交叉并抓住溺水者另外一只手腕，同时上提溺水者身体使溺水者身体转动180°，使溺水者背部朝向泳池边。然后用力上提溺水者使溺水者臀部坐在池边上，救生员再用一只手臂抱住溺水者颈部，另一只手臂扶住溺水者腿部将溺水者转体后平放于泳池边（图8-1-56）。

救生员单手扶住池边

将溺水者靠近池边的一只手压于扶池边手下

将溺水者另外一只手置于这两只手上边

形成四只手重叠

救生员抽出靠近溺水者外侧手臂

两只手的手臂形成撑持动作

用力撑于池上

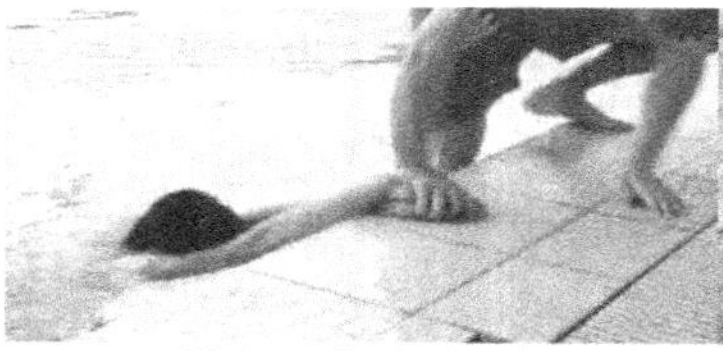

救生员上池后压住溺水者两只手的手转动手掌

转动手掌并抓住溺水者一只手腕

另外一只手与抓住手腕的手臂形成
交叉并抓住溺水者另外一只手腕

使溺水者身体转动180°，
使溺水者背部朝向泳池边

用力上提溺水者使溺水者臀部坐在池边上

手臂抱住溺水者颈部，另一只手臂扶住溺水者腿部将溺水者转体后平放于泳池边上。

图 8 －1 －56

（二）浅水单人上岸方法

救生员将溺水者拖至浅水区后，要面对溺水者左手抓住溺水者右手然后下蹲用自己的右手臂插到溺水者两腿之间抱住溺水者腿部，用肩部顶住溺水者腹部站起抓住溺水者右臂上肩背到池边，救生员转身将溺水者背对池边，右手托起溺水者腿左手护住溺水者头部将溺水者仰卧轻轻放置于泳池边（图 8 －1 －57）。

将溺水者拖至浅水区

面对溺水者左手抓住溺水者右手

下蹲用自己的右手臂

抱住溺水者腿部肩部顶住溺水者腹部
插到溺水者两腿之间

站起抓住溺水者右臂上肩背到池边

救生员转身将溺水者背对池边

右手托起溺水者的腿，左手护住溺水者头部将溺水者仰卧轻轻放置于泳池边。

图8－1－57

第二节　现场急救

一、现场急救的目的、急救的原则、急救系统的网络化

（一）急救的目的

（1）抢救生命，提高生存率；（2）减轻病痛，防止病情恶化，降低伤残率。

（二）急救的原则

（1）使溺水患者脱离危险区域；（2）先复苏后固定；（3）先止血后包扎；（4）先重伤后轻伤，先救命后救伤；（5）先救治后运送；（6）急救与呼救并重；（7）加强途中监护与救治。

（三）急救系统的网络化

（1）急救系统网络化的设置；（2）电话呼救。电话呼救是求救于附近的急救站、医疗单位，是急救中重要措施之一。在用电话呼救时应注意做好以下事情。

①记住急救站电话号码。

②接通电话后，详细告诉对方，溺水者神志是否清楚。

③如直接送往医院，要事先问清路径。

二、溺水患者的心肺复苏

心肺复苏（Cardio Pulmonary Resuscitation，CPR）是心肺复苏技术的简称，是针对心跳、呼吸停止所采取的抢救措施，即用心脏按压或其他方法形成暂时的人工循环并恢复心脏自主搏动和血液循环，用人工呼吸代替自主呼吸并恢复自主呼吸，达到恢复苏醒和挽救生命的目的。心肺复苏（CPR）是为挽救猝死者生命所采取的一种急救技术。CPR 技术的三大要素是口对口人工呼吸、胸外按压、体外除颤，目的是使患者的心脏、肺脏恢复正常的功能，生命得以维持。但是，心肺复苏的应用面很广，不仅仅对于溺水患者，还适用于其他心跳、呼吸骤停的突发危重患者。

（一）现代心肺复苏的整个过程划分

1. 基础生命支持

为 4 分钟内的初始处理阶段为基本生命支持阶段（basic life support，BLS），包括畅通气道、人工呼吸、建立循环 3 个步骤，以维持有效的呼吸和循环。为尽快转送到医疗（院）单位创造条件。初始处理阶段在心肺复苏中占重要地位，是心肺复苏成功的第一步。

2. 高级生命支持

为心脏骤停后 5～10 分钟内的第二个处理阶段，此阶段为复苏或高级生命支持（Advanced Car－dice life support，ACLS）。一般在医疗（院）单位中进行。包括建立静脉输液管道，药物治疗，电除颤、气管插管、机械呼吸等一系列维持和监测心肺功能的措施。

3. 后续生命支持

也称后期生命维持阶段（Prolonged life support，PLS），是继第二个阶段之后的，以脑复苏为重点的心肺脑复苏工作。在继续维持心肺功能的基础上尽快脑复苏。

1992 年 10 月美国心脏病协会提出“生命链”这一新概念，所谓生命链是指对在医院外环境中突发危重病人，采取的一系列的救护措施，挽救生命的链。主要是强调在现场急救的过程中及时实现“四早”，即保证挽救生命的这 4 个环节均能够尽早顺利施行。它包括尽早到达现场并启动急救医疗服务体系；尽早进行心肺复苏；尽早电击除颤；尽早开始高级生命支持。只有 4 者环环相扣、紧密结合，才能增加复苏成功的机会。为此，作为一名合格的救生员，应该争分夺秒，恪守抢救程序，规范操作顺序，以提高抢救的成功率。

（二）溺水的表现（图 8－2－1）

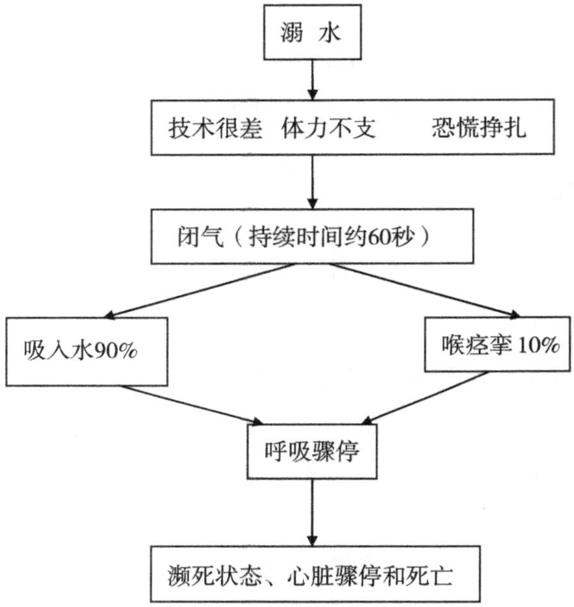

图 8－2－1 低氧血症－酸中毒－中枢神经系统缺血

（三）溺水时窒息缺氧的类型

（1）10% ~15% 为干溺：肺内没有水或少量水，这是由于溺水者过度紧张、恐惧，主动屏气使喉和气管痉挛。

（2）85% ~90% 为湿溺：肺内有大量水或异，这是由于溺水者物肌肉松弛，舌肌和会厌松弛后坠，阻塞咽部。

（3）溺水后人体的病理生理变化。

①溺水几秒钟后人就会感到头晕、恶心。

②溺水 10 ~20 秒人就会昏厥或抽搐。

③溺水 30 ~45 秒人就会昏迷、瞳孔散大。

④溺水 1 分钟人就会呼吸停止、大小便失禁。

⑤溺水 4 ~6 分钟人的脑细胞开始发生不可逆转的损害。

⑥溺水 10 分钟人的脑细胞开始死亡。

⑦缺氧的时间和程度是决定治愈后的重要因素，也是救治的中心。

（四）溺水后临床表现

（1）轻度溺水1秒钟左右人就会感觉神志虽清醒，但有血压升高、心率增快等现象。

（2）中度溺水1～2以上人就会感觉神志模糊，呼吸浅慢、不规则，血压下降，心率减慢，反射减弱。

（3）重度溺水3～4分钟人就会面部肿胀，青紫，双眼充血，口、鼻、气管内充满血性泡沫，肢体冰冷，烦躁不安伴抽搐，两肺有弥漫性湿性啰音，心音弱或心律不齐。

（五）心脏骤停施行心肺复苏的指标

心脏骤停是临床上一个紧迫而又危重的病理状态，大多学者一致认为：一旦评估心脏骤停，就应该尽早实施心肺复苏。要启动心肺复苏的实施有一个前提，那就是要评估心脏骤停。判定心脏骤停的指标中，大动脉搏动消失，即不能触及脉搏一直被列为最直接、最可靠的指标，也就成为启动心肺复苏的“金标准”。

（1）脉搏检查的特异性（能够准确判断患者有无脉搏并处于心脏停搏状态）仅90%。

（2）脉搏检查的敏感性（能够准确判断患者有脉搏而不存在心脏停搏）仅55%，即有脉搏的患者，施救人员却将其45%的患者错误判断为无脉搏。

（六）心肺复苏有效指标

（1）观察溺水者的瞳孔变化。（2）观察溺水者面色。（3）触摸溺水者颈动脉搏动情况。（4）观察溺水者神态是否异常。

（七）终止心肺复苏条件

（1）自主呼吸及心跳已有良好恢复。（2）有其他人接替抢救，或有医师到场承担了复苏工作。（3）有医师到场，确定溺水患者已死亡。

（八）心肺复苏操作和训练中的安全问题

救生员在平时训练或考核中，如果依照“一人一次”消毒原则和模型说明书仔细清洗模型，感染艾滋病、乙型肝炎以及细菌和霉菌疾病的可能性很小。在训练期间，首先救生员注意不要让唾液或体液存到模型上面。并且，每一名救生员做口对口呼吸前要进行一次消毒。其次，模型的内在结构，如瓣膜、人工肺、气道，在训练中必然受到污染，每次使用以前都要对其表面和内部设备进行清洗消毒。

三、开放性损伤处理

（一）止　血

少量出血不会危及生命，如果当失血量达到总血量20%以上时，可出现明显的症状体征，出现头晕头昏，脉搏增快，血压下降，出冷汗，脉搏细弱等；如果出现大出血且失血量达到总血量40%时，就有生命危险，而如果出血速度很快，失血量达到总血量的30%即有可能危及伤员生命。因此，争取时间采取有效止血措施，对减少创伤的死亡率和残疾率均具有重要的意义（表8－2－1）。

表8－2－1　出血的种类

动脉出血	血液颜色鲜红，出血呈喷射状，血液自近心端随脉动而冲出，失血量随血管大小而不同
静脉出血	血液颜色呈暗红，自伤口远心端涌出或缓慢流出，若破裂血 管较大，也可能危及生命
毛细血管	出血随出血血管距离动静脉远近的不同，血液颜色可自鲜红过渡至暗红色，呈点状或片状渗出，出血量较少，多可自愈

（二）止血方法

治学方法包括（1）加压包扎止血法；（2）指压止血法；（3）强屈关节止血法；（4）止血带止血法。

使用止血带注意事项：

（1）部位要准确；（2）压力要适度；（3）衬垫要加好；（4）时间控制好；（5）结扎止血法；（6）外用药物止血法。

（三）固定用物

骨折临时固定最常用的器材是夹板，有铁丝夹板、木质夹板、塑料制品夹板和充气性夹板。现场抢救时若无制式器材，可因地制宜选用就便器材，如竹板、木棒、稿把等代替。紧急情况下，可直接借助患者的健侧肢体或躯干进行临时固定。另备纱布或毛巾、棉垫、绷带、三角巾等。

四、心肺复苏的检查程序及方法 A（assessment airway）

心肺复苏是挽救溺水患者生命的最初阶段，不及时抢救，或如果方法错误，则将导致整个复苏过程的失败。因此，救生员在泳池发现溺水患者时，应该判断溺水的严重程度，并采取合理的评估和处理。所以，心肺复苏必须严格按照以下的抢救步骤实施。

（一）判断溺水者的意识

救生员在施救溺水者上岸后，将溺水者仰卧位平放在平地上，溺者头颈部与躯干保持一线，头部不能高于心脏的位置，双手置于躯干两侧。救生员在进行肩背放下或海边拖带上岸后，溺者背部一定要放在平整而坚实的平面上，如急救板、木板、地板、硬沙地等。不能将溺者平仰在柔软的物体上，如沙发、海绵及松软的有缓冲物体上，以免直接影响胸外心脏按压的效果。

然后应轻拍溺者肩部，高声喊叫“喂，你怎么啦!”以试其反应。不允许拍打溺水者脸部，拍打溺水者肩部不要用力过猛。如溺水者无意识，初步确定溺水者为心搏呼吸骤停，就应及时进行呼救并请他人拨打“120”求救。拨打“120”急救电话者语言要准确、简练。主要表明溺者发生事故现场的详细地址和联系电话；溺者目前的病因、症状、年龄等基本内容。其次，一定要呼叫其他人前来帮忙。因为一个人不可能较长时间作心肺复苏术，而且劳累后动作不准确，影响复苏效果（图 8－2－2）。

√　　　　×

图 8－2－2　判断溺水者的意识

如在人烟稀少的江河湖海时，立即在原地高声呼救：“来人啊！救命啊！救命啊!”招呼周围的人前来协助抢救。参与者应先拨打“120”急救电话后，再参与现场抢救。

（二）清除溺水者口腔异物

在没有吸引器等设备情况下，采用手指清除方法，救生员用一只手将溺水者口腔打开，另外一只手的食指伸进溺水者口腔内将溺水者口腔内的分泌物、血液或者呕吐物清除干净（图 8－2－3）。

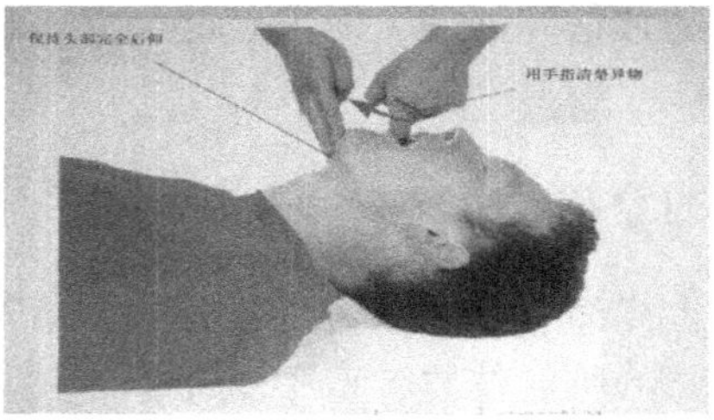

图 8－2－3　清除溺水者口腔异物

（三）打开溺水者的气道

心肺复苏时，开放气道的技术方法要求符合以下 5 个标准，以保持呼吸道的最佳状态。

（1）安全、简便、有效，以方便救生员使用。

（2）能保证有效的通气与氧浓度。

（3）防止胃内容物反流进入气管。

（4）气管和食管的损伤最小。

（5）颈椎和上颌、面部损伤的患者使用安全有效。

呼吸道又称气道。气道是指气体从鼻腔、口腔、咽喉、气管到肺脏的通道。

引起气道阻塞常见原因：是溺者意识丧失，肌张力下降或消失，舌根与会厌均有可能阻塞咽喉。在无知觉的溺者中，舌根后坠是造成气道梗阻的最常见原因（图 8－2－4）。

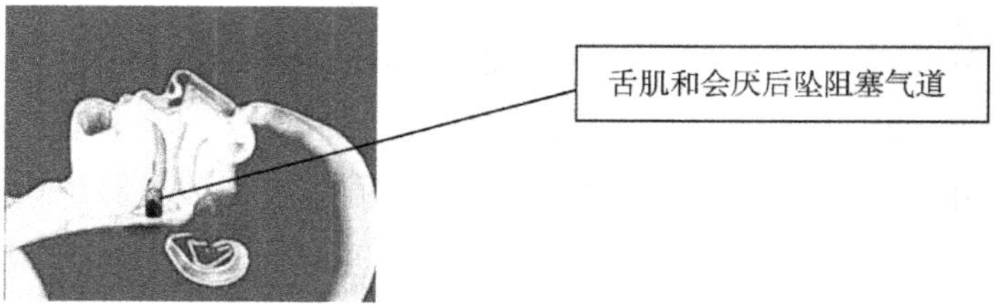

图 8－2－4　气道堵塞图

利用徒手开放气道的方法主要有 2 种。

1. 仰头举（抬）颏法

施救者一手置于溺水者前额，手掌用力向后压，使溺者头部向后仰，其呼吸道即可有不同程度的伸展，梗阻也可能会得到减轻。将另一只手的食指及中指放在下颚部舌肌和会厌后坠阻塞气道的额骨体上，向上抬起下颚而使额向前。这样可以使已经后坠而抵达咽后壁的舌根及会厌软骨远离咽后壁，从而解除上呼吸道梗阻。这种是最常采用的方法（图 8－2－5）。

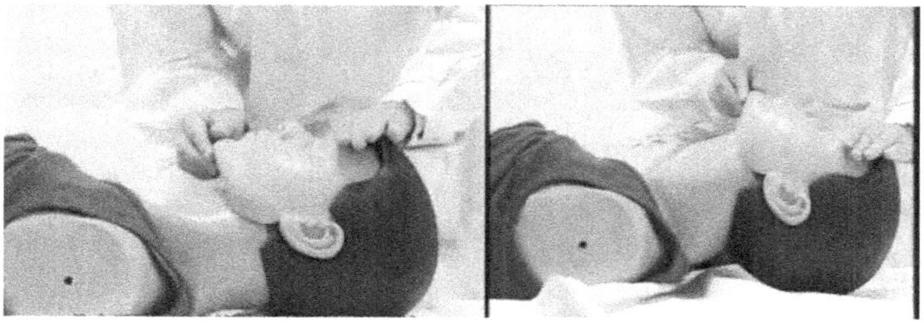

图 8－2－5　仰头举（抬）颏法

若怀疑溺水者有颈部创伤，则禁忌是用这种手法，因其有造成或者加重颈段脊髓损伤的危险。

切忌手指不要压迫颏下软组织。疑有颈椎损伤者，先上颈托，以免进一步加重颈椎损伤（图 8－2－6）。

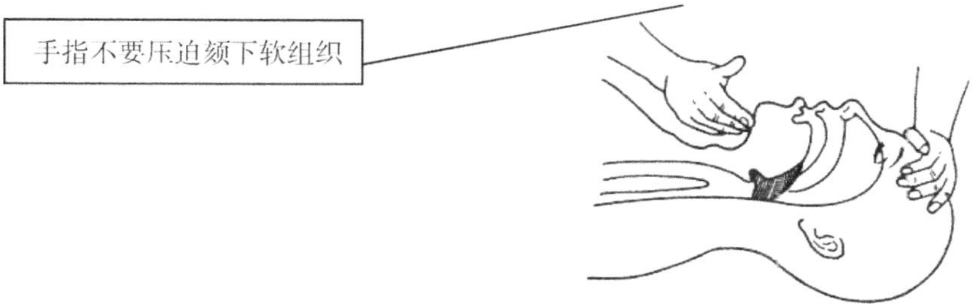

图 8－2－6

2. 推举下颌法

救生员将双手置于溺水者头部两侧面部，双肘部支撑于溺水者头侧的平台。其拇指置于溺水者口角或下唇部，余指紧握其下颌角处。然后双手抬举，使溺水者下颌向前向上移位。这种开放气道技术是非常有效的，其效果超过仰头举额法。但是，对于施救者来说，却是一种容易疲劳并且有一定难度的技术。另一方面，推举下颌而使气道开放的手法与仰头举额法相比，它最大的优点在于，操作过程中溺水者无需仰头，颈部不会过伸。因此，对于已经明确的溺者有颈部创伤或者怀疑有颈部创伤的情况下，这是最安全的手法开放气道的简单技术。

缺点是个人操作时需要救生员转换体位，容易延误抢救时间（图 8 －2 －7）。

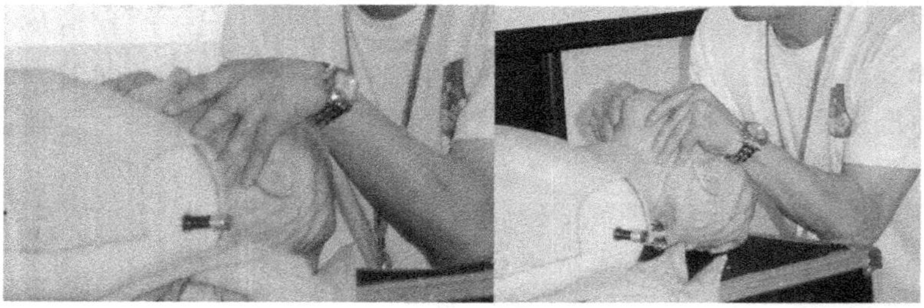

图 8 －2 －7　推举下颌法

如果上述手法都不能打开气道，可以用口对鼻或者器械，如口咽通气器械等来打开呼吸道。

（四）判断溺水者呼吸

维持开放气道位置，用耳贴近溺水者口鼻，头部侧向溺水者胸部。眼睛观察溺水者胸部有无起伏，面部感觉溺水者呼吸道有无气体排出，耳听溺水者呼吸道有无气流通过的声音（图 8 －2 －8）。

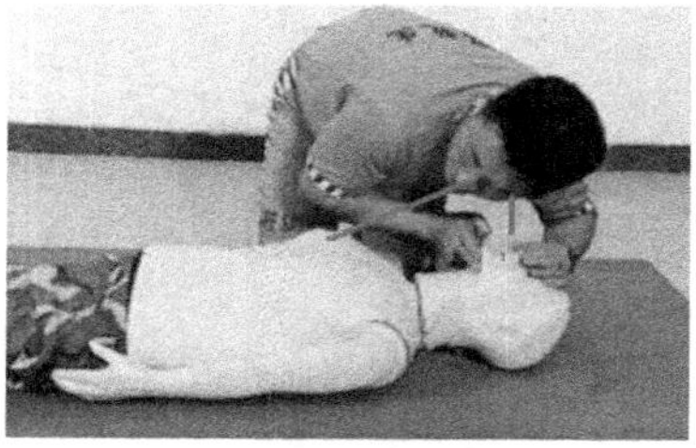

图 8 －2 －8　一看、二听、三感觉溺水者有无呼吸

注意事项：

（1）保持气道开放位置。

（2）检查时间 5 秒左右。

（3）有呼吸者，注意气道是否通畅。

（4）无呼吸者，立即做人工呼吸。

（5）有部分溺者因呼吸道不通畅而发生窒息，以致心搏停止。往往可在畅通呼吸道后，呼吸恢复，而是心搏亦恢复。

（五）口对口人工呼吸 B（breathing）人工呼吸

在畅通溺水者呼吸道后，判断溺水者无呼吸后，即应作口对口人工呼吸。

首先应该用正确手法保持溺水者的呼吸道通畅开放，按压溺水者额头位置的手以拇指和食指捏住溺水者鼻翼而封闭其鼻腔以免吹入气从此溢出。然后救生员吸一口气用自己的口唇抱住并紧贴溺者口唇，将吸入气缓慢均匀的吹入溺水者口内直达肺部并观察溺水者胸部是否起伏，吹气后捏住溺水者鼻翼的手指应松开（图 8－2－9）。

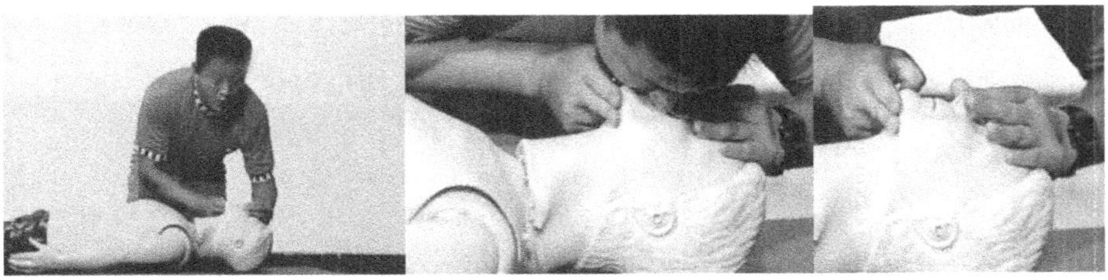

图 8－2－9

注意事项：

（1）在做口对口呼吸前，应先查明口腔中有无血液，呕吐物或其他分泌物，若有这些液体、异物，应先尽量消除掉。

（2）口对口呼吸时，可先垫上一层薄的织物，或专用面罩。

（3）每次吹气量不要过大，大于 1000 毫升可造成胃大量充气。

（4）吹气时暂停按压胸部。

（5）儿童吹气量需视年龄不同而异，以胸廓上抬为准。

（6）每按压胸部 30 次后，吹气两口，即 30：2 比例。

（7）有脉搏无呼吸者，每 5 秒吹气一口（10～12 次/分）。

（8）有下列 3 种情况不易直接作口对口人工呼吸。

①有传染病者；②服毒药者；③口部严重被损伤者。可用单向呼吸阀或专用面罩。

（六）检查溺水者有无脉搏 C（circulation）人工循环

颈动脉的检查较为方便，救生员用一只手置于溺水者前额使头后仰，另一只手的食指、中指在甲状软骨下横到气管后向外滑动，在气管与颈部肌肉之间的凹沟内即可以触及颈动脉，对其轻轻加压可评估判断有无颈动脉搏动（图 8－2－10）。

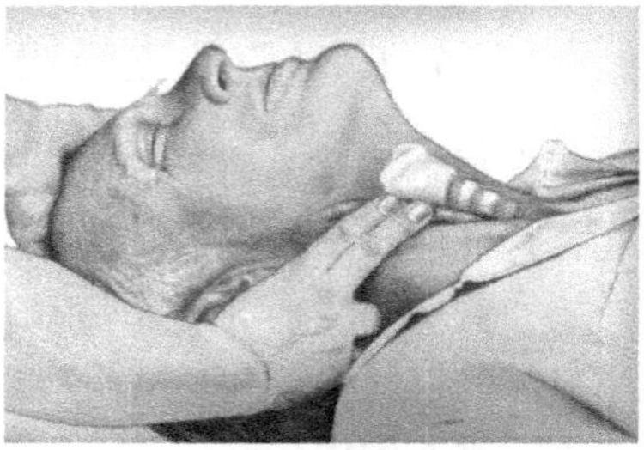

图 8-2-10

注意事项：

（1）触摸颈动脉不能用力过大，以免颈动脉受压，妨碍头部血供。

（2）检查时间快速、准确。

（3）未能触及搏动表明心搏已停止，注意避免触摸感觉错误（可能将自己手指的搏动感觉为溺水者脉搏）。

（4）判断应综合审定，如无意识，皮肤黏膜紫绀，双侧瞳孔散大，再加上触不到脉搏，即可判定心搏已经停止。

（七）胸外按压

1. 按压定点

救生员用靠近溺水者下肢方向的一只手的食指、中指放在溺水者一侧的胸廓下缘，沿肋缘向上滑动，触及肋骨与胸骨下段在胸廓下部的结合处。然后，另一只手的掌根紧靠前一只手的食指上沿放置于胸骨（下段）上，然后，把前一只用于定位的手再放在第二只手的手背上十指交叉相握翘起，用掌根压紧溺水者胸部按压点（图 8-2-11）。

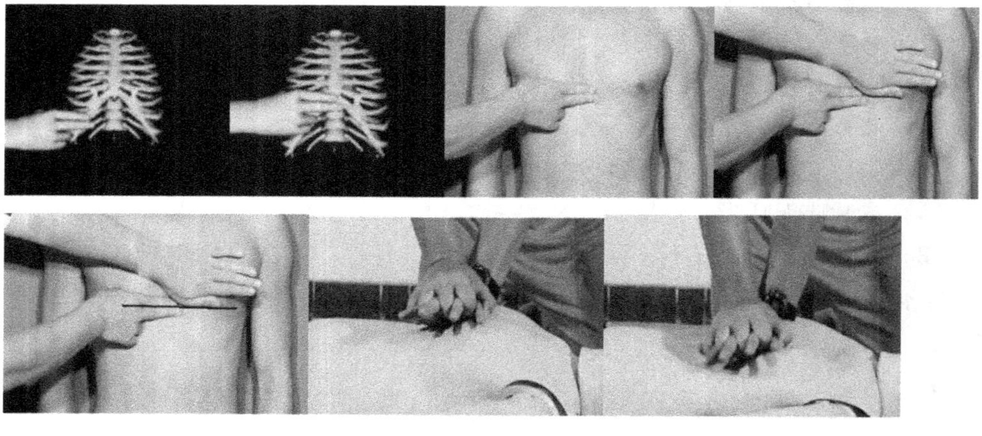

图 8-2-11

救生员按压时双臂应绷直，双肩在溺水者胸骨上方正中，垂直向下用力按压，按压利用髋关节为支点，以肩、臂部力量向下按压。

（1）按压方式：按压应平稳、有规律地进行，不能间断。

不能冲击式地猛压；下压及向上放松的时间应大致相等；或放松时间宜稍长于按压时间。

垂直用力向下，不要左右摆动。放松时定位的手掌根部不要离开胸骨定位点，但应尽量放松，应使胸骨不受任何压力（图 8－2－12）。

（2）按压频率 100 次/分，按压深度成人溺者 4～5 厘米，按压时应随时注意有无肋骨或胸骨骨折。

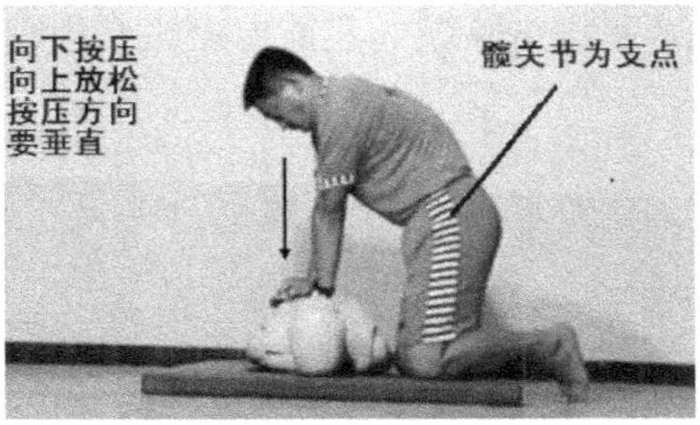

图 8－2－12

判断按压是否有效，如有两名施救者，则一人按压有效时，另一人应能触及溺者颈动脉或股动脉脉搏。

（3）按压与吹气比率：成人 30∶2 为一个周期。每次胸外按压前都要重新定位按压位置。按压与放松比例 1∶1。5 个周期后或 2 人以上每 2 分钟轮换。

（4）重新评估溺水者情况：有呼吸者：处于侧卧位；保证畅通呼吸道；监测溺水者意识和呼吸及脉搏。

无呼吸者：有脉搏，每 5 秒吹气一口（10～12 次/分）。

无呼吸者：无脉搏，继续徒手 CPR。

（5）胸外按压易犯错误：按压时掌根部贴在胸骨外，手指也压在胸壁上，这容易引起肋骨或肋骨肋软骨交界处骨折。

按压定位不正确。向下错位易使剑突受压折断而致肝破裂。向两侧错位易致肋骨或肋骨软肌交界处骨折，导致气胸、血胸。

施救者按压时肘部弯曲。因而用力不垂直，按压力量减弱，按压深度达不到4～5 厘米。

冲击式按压、猛压，其效果差，且易导致骨折。

放松时抬手离开胸骨定位点，造成下次按压部位错误，引起骨折。

放松时未能使胸部充分松弛，胸部仍承受压力，使血液难以回到心脏。

按压速度不自主地加快或减慢，影响了按压效果。

两手掌不是交叉放置，而是重叠、手指交叉上抬。

溺水患者应仰卧于硬性物质上，并以保证按压胸骨时身体不会移动。

呼吸支撑及胸部按压。

对因呼吸停止的溺者迅速采用呼吸支持，心脏停搏者使用心脏按压方法形成暂时的人工循环并恢复心脏自主冲动。迅速进行 ABC/ABCD 基本步骤。为方便记忆，采用英文单词的第一个字母组成 ABC/ABCD 复苏程序，其中 A 是开放气道、B 是呼吸支持、C 为心脏按压、D 是电击除颤（只能专业医生进行）。

第九章 水中康复

第一节 游泳运动与人体健康

一、婴幼儿游泳与健康

婴儿游泳是指12个月内的婴儿在安全保护措施下，由经过专门培训的人员操作和看护，在出生后即可进行的一项特定的、阶段性的水中早期健康保健活动。分为有次序、有部位、有技巧的新生儿水中抚触、被动游泳操和自主游动两部分。两者互为补充，可以温柔自然地刺激婴儿的视觉、嗅觉、触觉，尤其是平衡觉。

婴幼儿的游泳一直备受社会与孩子家长的关注。很早就有人提出“婴儿在出生15天后，就可以开始练习游泳”，也有人主张“婴儿在学会走路前，就应先教会其游泳”。但在当时并没被社会重视，只是极少数人进行婴儿游泳练习尝试，有组织、有计划、有具体教学内容的大范围的教学活动没有形成。20世纪的50年代末，在欧洲的一些国家就有人进行婴儿游泳训练的实验，如德国、法国对不满周岁的婴儿进行游泳训练，甚至有的人在婴儿出生后两个月即开始水中的实验性训练。

近年来，许多发达国家都相继建立了婴儿游泳学校，而且规模越来越大，数量越来越多，质量也越办越好，如苏联、美国和日本。1983年我国在上海市开办了全国第一个婴儿游泳训练班，人数达100多名，许多婴儿出生仅几个月。之后，全国各地也相继开办了类似的学习班，参加婴儿游泳活动的人数也越来越多，深受家长们的欢迎。目前国内大多数中心城市0~1岁的婴儿游泳多集中在医院游泳中心、婴儿游泳馆、家庭内进行婴儿游泳训练。

现在，由婴儿进行游泳练习的尝试发展到母亲（父亲）和婴儿同时进行游泳学习和游戏，从而使婴儿游泳这种单纯的生理健身活动发展为一种生理的、心理的、社会的三维健康活动。

在重视孩子早期全面教育的现代社会，身体素质作为全面素质教育的一个组成部分，提高孩子的身体素质，促进他们生长发育，增进健康。婴、幼儿时期进行游泳运动有着很好的效果。

（一）婴、幼儿学习游泳的意义

婴、幼儿学习游泳对于开发儿童的智力，促进儿童健康的心理发展、教育培养子女是极为重要的。婴、幼儿进行游泳运动与其他人群相比，有着非常特殊的意义与作用。

1. 智力发展方面

人类的游泳活动与动物的不同，人类游泳是一种有意识的活动。婴儿生下来就具有高级的感觉能力，对动作的理解和模仿是这些能力的其中一种。研究证明，不会说话的婴儿能理解抽象的概念，并能分辨不同物体，婴儿还不会说话或不懂语言时，就能够思考了。同时，还有的研究结果表明，游戏会导致一系列生物学意义上的变化，从而使器官更为灵活有效。游戏可使脑重量加大，神经末梢发达，对儿童的发育、智力开发都有极大的意义，有多种玩具游戏经历的儿童，其后天达到的智力层次都比较高。婴幼儿游泳练习中使用多种玩具进行练习，玩具的使用方法、技巧以及准备、整理工作都对婴幼儿的智力发展有益。

2. 身体发展方面

婴、幼儿出生后处在一个快速的生长发育时期，需要内脏各器官和运动器官全面、平衡地得到发展。游泳运动与其他体育运动项目相比，其最大的优点是能对人体的心血管、呼吸、体温调节、骨骼肌肉等几乎身体所有各系统器官都得到改善与提高。同时，经常参加游泳的孩子在心理、智力发育方面，都有良好的表现，最突出的是表现在心理活动的敏捷性和灵活性上。根据科学家实验表明，参加游泳锻炼的孩子，对光、声的选择反应所表现的快速、准确、灵活都大大地高于参加陆上锻炼的孩子。因此，婴、幼儿参加游泳对提高其身体各项素质、各器官系统的功能与良好的生长发育都具有非常积极的作用。

游泳时可充分利用水环境帮助婴儿放松。实践证明：晃动能使人镇静、放松。因此妇产科医生想出了把早产儿放在充水床垫上的方法。每位父母都有用摇篮使烦躁的孩子安静下来的体会。晃动会使不安的婴儿感到舒服、安逸。年龄大一点的孩子会本能地用晃动的方法来安慰自己，水中练习的特定环境可以产生这样的效果。

除此之外，游泳可以增加宝宝的肺活量，对宝宝的肺部是很好的锻炼。宝宝出生后，自然生产的宝宝经过阴道的挤压，会从肺内排出羊水，而剖腹产的宝宝就要通过人工挤压，排出肺内的羊水，所以，容易出现湿肺。如果宝宝经常游泳的话，就可以锻炼肺部的力量，增加肺活量，在某种程度上可以预防小儿肺炎的发生，改善小儿鸡胸的身体状况。

通过练习可使婴幼儿体会水的特性，逐步适应水环境，消除对水的恐怖感，提高在水中维持平衡的能力，适应水对身体的刺激，提高身体对环境温度变化的调节能力，增强宝宝的体质，减少患感冒的概率。通过练习可提高婴儿动作的准确性、协调性，使婴儿身体的各部分肌肉得到锻炼，增强体力。

3. 社交方面

利用水环境增进父母与婴儿之间的信息交流。家长学习如何在水中引导婴儿的过程也是和婴儿共同学习另一种“动作语言”的过程。非语言的交流，是婴儿开始了解父母和周围环境的重要方法。因此，婴儿与家长的信息交流都是通过身体动作，以及在不同场合重复这些动作来实现的。婴儿会从单纯的动作学习发展到“动作语言”。

由于水的自然特性，人在水中的动作比较缓慢、舒展。因此，在水中的动作就像宇航员在太空中一样，婴儿在这种环境下可以完成许多陆上不能做的动作。第一次把婴儿带到水中，彼此用“动作语言”进行交流的时候，婴儿就会在水中对教练或家长的需求做出协调的反应。儿童教育专家认为，信任是孩子成长过程中的一个极其重要的里程碑，是共同学习的基础。因而，通过“动作语言”来达到与婴儿的相互交流，同时通过这些动作来实现婴儿接受游泳学习，是非常有效的。

婴幼儿与其他小朋友一起练习，也可促进婴幼儿社会性的发展。教练的指导与要求，使婴幼儿对其他参加练习者的谦让性逐渐增强，集体练习中协作心理及感情交流的愿望也会明显升高。练习中的快乐体验，有助于婴幼儿对人际交往的兴趣的形成与发展，对婴幼儿开朗活泼的性格形成起积极的作用。

（二）婴、幼儿游泳练习

婴、幼儿的年龄从 0 ~6 岁，在这个年龄阶段，孩子的智力、体力与心理有着很大的差别。因此，在指导婴、幼儿游泳活动时，应该根据他们不同年龄阶段的特点区别对待。例如，婴幼儿游泳教学应该从淋浴开始，这是他们熟悉水性的第一步练习。

水的适宜温度是婴儿感觉舒适的关键，游泳池的水温低于 30℃时，婴儿会很容易感冒生病。婴幼儿游泳水温一般保持在 34℃，如果没有理想的游泳池，可以先在家中的浴盆里开始水中练习，但要注意保证水温、室温的温度。

新生儿出生后视觉逐渐提高，2 个月时多数都对亮度产生了感觉。水和周围环境的温度、声音和亮度，是孩子感到舒适、安全的重要因素。婴儿在水中练习前，首先对于环境的安排要考虑周到，让婴儿感觉到游泳时的舒适感。创造游泳时的舒适感和增加婴儿对水的兴趣，对进行游泳训练是至关重要的。

1. 婴儿游泳的指导

婴儿独立参加练习的能力还不具备，最好是家长一起参加的亲子游泳练习。如家长不参加时只能进行一对一的练习。练习可分为池边练习部分与水中练习部分，简单介绍以下练习内容。

池边练习部分：拍手、拍身、踢水、浇花等内容。

（1）拍手：家长抱着婴儿坐在池边，随教练的动作帮助婴儿在水上、水中击掌。

（2）拍身：家长抱着婴儿坐在池边，随教练的动作帮助婴儿在水上、水中拍打身体。

（3）踢水：家长抱着婴儿坐在池边，双手握住婴儿的双脚，随教练的动作帮助婴儿在水中踢水。

（4）浇花：家长与婴儿坐在池边，家长或教练用小水桶或喷壶在身上与头上浇水。

水中练习部分：水中跳跃、水中漂浮、水中移动、水中呼吸、抛接练习、取玩具等内容。

（1）水中跳跃：托住婴儿肋部让孩子头在水上，身体直立于水中，在水中上下移动。

（2）水中漂浮：托住婴儿的下颌或胸部俯卧在水中，使嘴巴和鼻子露出水面在水中做向前、向后的滑行移动。8 个月以上婴儿让其俯卧在水中，一手托住其胸部，一手抓住婴儿的脚跟，推其滑行。腰骶部基本露出水面。然后过渡到让婴儿自己滑行，但要注意保护，随时可以托起婴儿。

（3）水中移动：托住婴儿肋部让孩子头在水上，身体直立于水中，在水中左右移动。

（4）水中呼吸：托住婴儿肋部让孩子在水面模仿做水中呼气练习。此动作熟练后可做憋气练习。先做紧闭嘴巴的示范，然后把孩子的头全部浸入水中。先身体垂直水中，然后过渡到俯卧，头要全部没入水中。在水中的时间由 1 秒钟开始逐渐延长，不要超过 5 秒钟。

（5）抛接练习：托住婴儿肋部让孩子头在水上，身体直立于水中，教练与妈妈做抛接婴儿动作。开始练习时注意动作不要过大，头应露出水面。

（6）取玩具：在水面上放一些孩子平时喜欢的充气玩具，离孩子一定距离，让孩子自己去取，在孩子欲伸手抓玩具时，可给一些帮助，此时，孩子的脸部可能浸水，但一定要使其抓到所喜欢的玩具。8 个月以上婴儿可以把喜欢的玩具抛入浴缸底，让他自己潜水打捞喜爱的玩具。如婴儿在水下的时间超过 7 秒钟，还在寻找玩具，就要帮助他浮到水面上来。

以上动作要连续交替进行，一次课中可以重复多次。最好让孩子在妈妈、教练及同组练习的其他妈妈的保护帮助下都能完成练习。婴儿游泳练习的效果评定可参照表 9 - 1 - 1。

表 9 - 1 - 1 婴儿游泳练习效果评定标准

内容	好	中	差
游戏的兴趣	兴奋，主动下水	一般，可做游戏	恐惧、可被动下水
游戏的持续时间（分钟）	30 以上	20 ~ 30	15 以下
动作的准确性	动作准确性高	帮助下可完成动作	帮助下基本能完成
动作的节奏感	与口令较好合	与口令基本吻合	与口令不太吻合
观察后的模仿能力	基本可完成动作	可完成部分动作	大部分动作不能完成
头上浇水时反应	兴奋，可主动做	一般，帮助下能做	恐惧，帮助下勉强做
水中的呼吸动作	能独立连续完成	不能独立完成	帮助下只能完成一次
帮助下完成漂浮能力	动作正确	基本完成动作	不能完成动作
入水动作（脚先入水）	独立完成	帮助下能完成	不能完成动作
水中行走（带浮具）	移动自如	帮助下能完成	不能完成动作
有帮助的潜水能力	水中取物	完成潜水动作	不能完成动作

注：观察示范后的模仿能力，除固定练习内容以外的附加练习动作的模仿能力包括在内。

2. 注意事项

（1）注意不要让孩子在水中保持静止状态，6 个月以下婴儿每次游泳的时间控制在 15 分钟以内。6 个月以上婴儿游泳时间可延长到 20 ~ 25 分钟。

（2）出水后，6 个月以下婴儿用大毛巾裹住孩子全身，并可喂少量糖水。6 个月以上婴儿要擦干全身，放在暖和的床上，休息 15 ~ 20 分钟，然后可以给孩子喂食。

（3）6 个月以下婴儿水温最好在 34℃，6 个月以上婴儿至少不应低于 32℃。室温应不低于 30℃。

（4）练习中或练习后，如婴儿脸色苍白或呕吐，一般是因练习中喝池水过多造成，以后的练习中应注意。

（5）婴儿游泳时啼哭的原因有多种，如缺乏安全感、口干、饥饿、困累、大小便，要是具体情况分析。

（6）如果不是一对一教学时，每次课应有两名教练同时授课。助理教练在主教练的指示下完成各种辅助性工作。

（7）教学中应多使用适合于婴儿的音乐。池边与水中练习的动作最好制作成歌曲，教练边唱边示范的形式效果更好。

3. 1 ~3 岁幼儿游泳的指导

幼儿是吸收性思维的敏感期，也是肌肉和身体各器官发育的生长期，在心理上也表现出对外界事物产生兴趣。所以，此阶段幼儿学习游泳比较容易学会。

幼儿学游泳，有条件时应该在专门为儿童建造的小型、浅底的游泳池内进行。水温在32℃左右，不宜在低于30℃的水中进行练习。浅水练习时水的深度在孩子的腋下，不宜过肩。每组人数一般不超过10人，应有两名教练指导，以防发生意外。

幼儿刚开始学习游泳，首先要有一个适应水性的过程。由教练或家长抱着下水，头部露出水面，体会水对身体的压力。在池内可以放一些玩具以提高幼儿的兴趣。通过4 ~5 次下水，基本上不怕水了。然后可以抱着幼儿在水中向不同的方向移动，往脸上、头上泼水，进一步消除幼儿的怕水心理。完全不怕水了，就可以做以下熟悉水性的练习。

（1）拉着幼儿的双手或单手，在齐胸深的水中做向前、后、左、右的行走。

（2）让幼儿面对池壁，两手扶池壁左右行走，逐渐过渡到脱离池壁的行走。教练或家长与其保持1 米左右的距离，引导幼儿向前走。

（3）池中间拉一条水线，让幼儿走到水线处钻过水线继续向前走。

（4）托住幼儿的颈后部，身体仰卧，在有帮助的状态下做水中滑行。然后，让他俯卧，托住下颌或腋下，帮助滑行，滑行的速度由慢到快。

（5）深吸一口气，把头部没入水中，做憋气练习，憋气时间由短到长。熟练后，可以做水中呼气练习：在水面上深吸一口气，头部入水后，用嘴用力呼气，直至把气全部吐完头部才露出水面。此练习要反复多做。熟练后可在有、无帮助下做水下钻圈或从教练腿下钻过练习

（6）让幼儿仰卧或俯卧，两腿与两臂并拢伸直，大人两手分别托住背部（或胸部）和脚跟（或脚背），让其深吸一口气后憋气，然后大人用力推其脚跟，使幼儿在水面上滑行。

（7）在齐胸深的水中，深吸一口气，低头、收腿、两臂紧抱两膝，使身体团成球形，背部向上，慢慢地球状般的身体就会浮上水面。待气憋不住时，抬头。张臂、一腿前跨一步，站稳于水中。

（8）站立池边，两脚相距两拳，脚趾扣紧池边，在有、无帮助下做脚先入水的跳水练习。

（9）站立池边，两脚相距两拳，脚趾扣紧池边，低头、屈膝、臀部抬高，身体重心前移，两手握紧打水板跳水练习。开始由教练帮助逐渐过渡到独立完成。

学会了以上这些练习，他们已基本了解水性，然后再进行游泳技术教学。

4. 3 岁以上幼儿游泳的指导

3 岁以上幼儿对语言的理解和模仿动作的能力都有很大的提高，他们的游泳教学可以从熟悉水性直接过渡到游泳技术教学。如进行比较系统的游泳教学，可以将教学分为多个教程，由浅入深、循序渐进。下面推荐一组 16 级教程（表 9－1－2）。

表 9－1－2　幼儿 16 级游泳教程

级别	教学内容	技术评定与达标
16 有浮具	水中呼吸、扶板自由泳打水、加呼吸自由泳打水、持板水上出发、仰面漂浮、	达标：25 米打水（1 分 40 秒以内） 要求：踝关节放松、脚尖向内
15 有浮具	扶板加呼吸自由泳打水、持板水上出发、仰面漂浮、两臂放于体侧仰泳踢水、帮助下仰面蹬壁滑行出发	达标：25 米踢水（1 分 50 秒以内） 要求：身体姿势水平、脚尖向内
14 有浮具	扶板加呼吸自由泳打水、两臂前伸仰泳踢水、仰面蹬壁滑行出发、仰泳配合、仰泳出发	达标：25 米仰泳（1 分 40 秒以内） 要求：身体姿势水平、配合节奏正确
13 有浮具	浮板加呼吸自由泳打水、侧面打水、自由泳分解练习、自由泳配合、池边蹲跳出发	达标：25 米自由泳（1 分 30 秒以内） 要求：前交叉配合、呼吸动作基本正确、呼吸时手、臂动作不停顿
12 半浮具	池边鱼跃出发、自由泳、仰泳配合（浮具的浮力减半）、两臂前伸自由泳打水	达标：50 米自由泳打水（2 分钟以内） 要求：身体伸直浮于水面、腿部动作基本正确
11 半浮具	仰泳完整出发、自由泳、仰泳配合（浮具的浮力减半）、两臂前伸自由泳打水、两臂前伸仰泳踢水、	达标：50 米仰泳踢水（2 分钟以内） 要求：身体伸直浮于水面、腿部动作基本正确、腿不下沉
10	仰泳完整出发、自由泳、仰泳配合、两臂前伸仰泳踢水、仰泳配合	达标：25 米仰泳（1 分 20 秒以内） 要求：身体伸直浮于水面、配合节奏正确、基本掌握高肘划水动作
9	仰泳配合、自由泳高肘划水动作、自由泳两面呼吸动作、自由泳配合	达标：25 米自由泳（1 分 15 秒以内） 要求：身体伸直浮于水面、呼吸动作、配合节奏正确

续表

级别	教学内容	技术评定与达标
8	仰泳、自由泳配合、蛙泳蹬水、两臂前伸蛙泳蹬水、蛙泳臂划水、蛙泳配合、池边出发	达标：25 米蛙泳（1 分 10 秒以内） 要求：身体伸直浮于水面、呼吸动作、配合节奏正确
7	蛙泳、仰泳、自由泳配合、蝶泳打水、两臂前伸蝶泳打水、蝶泳划水、蝶泳配合、池边出发	达标：25 米蝶泳（1 分 10 秒以内） 要求：水上移臂动作对称、两腿同时打水、配合节奏正确
6	蛙泳、蝶泳、自由泳配合、仰泳踢水、仰泳配合、仰泳转身、仰泳完整出发	达标：50 米仰泳（1 分钟 25 秒以内） 要求：身体姿势、S 型划水动作基本正确、仰泳出发与滚翻转身动作正确
5	蛙泳、仰泳、蝶泳配合、自由泳臂抱水、划水、推水与移臂动作、自由泳打水、配合、转身、出发台出发	达标：50 米自由泳（1 分钟 20 秒以内） 要求：身体姿势、划水动作基本正确、出发台出发与滚翻转身动作正确
4	自由泳、仰泳、蝶泳配合、蛙泳水下动作、蛙泳配合、转身、出发台出发	达标：50 米蛙泳（1 分钟 30 秒以内） 要求：配合节奏、划水动作基本正确、出发台出发与转身动作正确
3	蛙泳、仰泳、自由泳配合、蝶泳臂、腿与配合、水中耐力练习、转身、出发台出发	达标：50 米蝶泳（1 分钟 35 秒以内） 要求：配合节奏正确、出发、转身动作正确
2	蝶泳、仰泳、蛙泳、自由泳配合、个人混合泳与水中耐力练习、转身、出发台出发	达标：100 米混合泳（2 分钟 35 秒以内） 要求：配合节奏正确、出发、转身动作正确
1	蝶泳、仰泳、蛙泳、自由泳配合、个人混合泳与水中耐力练习、转身、出发台出发	*在此阶段进行选拔业余少年儿童游泳运动员

注：此练习教程对 6 岁以上儿童也适宜，达标的标准可随年龄的增长逐年提高。

5. 注意事项

（1）下水前，组织做热身操。内容应结合幼儿的生理与心理特点，动作活泼，形式多样。

（2）做示范动作时一定要慢慢做，反复做，让幼儿看清楚。

（3）幼儿在练习中常常会打斗或交谈。此时，教练可以引导其注意练习，不要粗暴地打断他们之间的交流。否则，会影响其社交能力的发展。教练也应多用一些儿童语言指导练习。

（4）多用语言鼓励幼儿，尽量让幼儿自己独立完成，成功一次后应立即鼓励其再做一次，使技能得到巩固提高。

（5）对怕水的幼儿千万不可操之过急，严禁将其投入水中，应与其耐心交谈和多用鼓励的语言，帮其消除恐惧感，有时可让其坐在池边观看他人练习或自由玩耍一段时间后再进行练习，可收到较好的效果。对调皮的孩子不要批评过多，可适当多安排一些练习，转换其注意力，还可加快学习的进程。

（6）沐浴室与池边严禁跑动，防止滑倒跌伤。

（7）水温最好在32℃～34℃之间，至少不应低于30℃，室温应不低于26℃。

（8）教学课应有两名教练同时授课，在幼儿上厕所或出现其他问题时即可保证练习又有助于提高安全性。必要时助理教练应在主教练的指示下完成各种辅助性工作。

二、儿童游泳与健康

大多数人是在儿童时期学习游泳。因为儿童处于身体发育的阶段，学习游泳，不仅能促进身体的发育，更重要的是通过游泳教学，发现人才和培养优秀运动员。游泳教学阶段的主要任务是培养儿童对游泳的兴趣、提高身体健康水平、熟悉水性，学习4种泳式出发转身的基本技术，发展柔韧性、协调性，为系统训练做好准备。

（一）儿童心理特点与游泳教学

初学游泳的儿童在游泳教学过程中表现出了强烈的心理活动，教员掌握了这些心理特点，就能充分利用这些特点，因势利导，加速游泳教学进程，提高教学质量。

儿童的心理活动与成人一样，主要受“内因”和“外因”的影响。

内因：儿童天真活泼、喜欢运动、尊敬师长、善于结交、互比高低、敏感、好学，有很强的活动能力和很好的模仿能力。

外因：竞技比赛激烈的竞争场面和运动员的成就和人都能够在水中游泳的现实都会增加儿童的欲望和自信心。在集体的影响下，也会产生责任感和荣誉感。

1. 儿童游泳教学过程中的感知特点

感觉和知觉是认识世界的源泉，是思维发展的直接基础，儿童感知的特点是：视觉、听觉发育早。但感觉事物的目的性还不明确，无意识性和情绪性很大，主要表现形式是模仿性强，兴趣短暂、活泼好动。随着年龄增长，思维能力逐步提高。根据这些特点教学有以下几种方法。

（1）示范直观教法

示范是游泳教学的最基本的直观方法。儿童的技术训练可以说是一种“模仿与重复反映”，为此，示范要动作要规范、重点突出。示范要配合讲解、提示，使儿童的注意力集中在重点动作上，把对所学动作的理解与直观形象尽可能地联系在一起。采用正、误对比的示范方法可以使正确的动作概念得到强化。观摩游泳比赛是很好的直观内容。

（2）图像直接教法

图片、模型、幻灯等是模像直观教学的主要手段，采用这些方法，可以使儿童获得那些限于条件，不能直接感知的技术细节、技术特点。如组织观看游泳录像，利用图片分析技术，使儿童清晰地感知游泳动作的方向、路线、用力时间等本质及内在联系。

语言直观教法：教练在教学中语言应“儿童化”。要简练、生动、形象、具体。如吐好似“吹泡泡”，蛙泳蹬夹腿好像“筷子夹菜”，仰泳鞭状踢腿是踢“水面上的皮球”等等。

2. 儿童的注意力与组织教学

注意力是常见的一种心理现象，所谓“聚精会神”“专心致志”等是指人对事物集中而言的，其生理机制是人的一种定向反射活动，在皮层相应区域产生优势兴奋中心，儿童的注意特点是：注意力容易分散，资料表明年龄越小，注意力集中的时间越短。

注意力有自然发生的无意注意和需要有一定意志努力的有意注意两种，这两种注意不是截然分开的，可以互为转化。

（1）运用无意注意组织教学

实践证明，直观、生动、形式新颖的教学方法最容易引起儿童的注意。在练习时，注意方法手段的兴趣性及完成方式的变化来提高儿童的注意力。在练习中还要带有情绪色彩，根据游泳教学特点，可以组织一些竞赛游戏和有竞争力的活动（如强弱分组、泳道分级）等等，吸引儿童的注意力。

（2）运用有意注意的规律进行教学

游泳教学与训练是一种枯燥、艰苦的劳动。要求儿童在单调、乏味的情况下和寒冷、紧张的情况下能够集中注意力，抗外界的干扰，这种要求对他们来说是较高的，因此，教员必须运用有意注意的规律进行教学。

明确学习目的和任务是贯彻有意注意的主要方法，如熟悉水性中的蹬壁滑行，可以提出达到 3 米为及格、3.5 米为良好、4 米为优秀的成绩要求，这样儿童会有意识地去完成。有目标、有检查、有表扬、有鼓励地布置每一个练习，引导儿童对更高目标的向往和追求，这对儿童培养注意力是行之有效的。

教员的严格要求对控制儿童的注意力起重要作用。教员布置的练习应该是儿童力所能及的，但也不是轻而易举的，难度太大，会使儿童失去信心，过分简单，容易引起儿童不认真，只有恰如其分，注意力才会大大增强。

疲劳是分散注意力的一个主要方面，一个人疲劳时，难于控制注意力，因此对儿童的教学训练任务不能过多，负担量不能过大。

3. 儿童的记忆与复习巩固

记忆是人对经历过的事能够记住，并在以后再现（或回忆），或在重新呈现时能再认识的过程。它包括识记、保持、再认识或再现 3 方面。儿童的记忆特点是：擅长形象的记忆和具体事实的记忆，方式是机械记忆，随着年龄增长，逐步过渡到抽象记忆和辩证记忆。

强化刺激的方法是复习巩固的主要方法。儿童学习游泳的过程中最大缺点是技术不稳定，时好，时差，反复多变，因此根据学游泳的规律，抓住重点，反复多练。起到巩固提高的目的。利用顺口溜，表象训练等方法达到巩固动作的目的。

要抓好基本功，不要追求进度，注意安排好练习时间的间隔，两次练习时间间隔短有利于技术动作的掌握。如果两次练习间隔时间长，可以安排一些家庭作业，陆上模仿练习，以缩短下次练习的复习时间，顺利地开始新的练习。

4. 启发式教学

思维是人脑对客观事物间接的概括的反映。儿童思维发展的特点是由具体到抽象，从不完善到完善地发展着。在教学过程中，要善于启发、发展他们的思维能力，在讲解技术动作时，要进行提问，对技术动作要点进行强化。

5. 想象与教育

想象是在原有感性认识的基础上创造出新形象的心理过程。儿童是具体形象思维特别活跃的时期，少年时期的创造性想象逐步突出。利用儿童富于想象的特点，从小引导他们向英雄人物学习，要有正确的学习游泳动机，要有远大的抱负，树立为国争光的理想，引导他们把理想与实干结合起来，一步一个脚印，踏踏实实刻苦训练，走上成功之路。

（二）儿童游泳教学的注意事项

在儿童游泳教学的启蒙阶段，教学中最具典型的问题就是儿童在学习游泳过程中的怕水心理。对于这种普遍的心理活动，必须采取有针对性的教学方法，尽快地消除怕水心理，在教学活动中有着重要的意义。尤其是个别人的行为可以影响整堂课的教学效果和教学进度，教员对此要有足够的认识，要在教法上下功夫，要让儿童在愉快的环境中消除这种不良的心理因素。

（1）教学步骤的安排要严格遵循由易到难的原则，每一个动作都要分解成几个部分，由最低难度开始，逐步增加练习难度，如果有1/2的儿童不能完成这个练习，就说明这个练习的难度太大，或降低难度，或增加一个过渡练习。

（2）运用相似技术教学原理安排教学手段，紧接着的2个教学手段，最好有一部分的动作是相似的，这样难度增加不明显，有利于动作掌握和巩固，动作之间互相渗透是安排教学手段的原则。

（3）模仿练习是学习动作，改进技术的最好手段。可以利用陆上模范练习学习技术，明确概念和动作要点。在改进技术时可采用模仿与水上练习交替练习的方法，陆上练习的感觉有助于水上技术的掌握。

（4）辅助器材的使用。无论是深水还是浅水教学，使用辅助器材是提高教学质量减轻教员劳动强度的好方法。在深水教学中辅助器材是必不可少的。常用的辅助器材有：浮背、浮带、浮袖、打水板等等，浮背、浮带用于儿童，浮袖常用于幼儿。辅助器材的使用有助于消除怕水心理，常常在熟悉水性阶段大量使用，随着怕水心理的消除，辅助器材使用的种类减少，仅使用打水板。在改进动作时还可以使用辅助器材，因为降低难度，有利于正确地掌握和巩固。

（5）对水有过度反映的儿童不要给予过多的照顾，因为现在的独手子女非常习惯别人的照顾，这时应采取冷处理，并用有趣的练习来吸引他们，用学得好的人来影响他们，而不要采用过激手段。

（6）在练习的组织形式上，要把学习有困难的儿童放在自己教学位置附近或比较明显的位置上，一方面可以给他们一些学习的压力，另外还可以防止发生意外。

（7）每次课的结束前安排一定时间的个别辅导，对于学习有困难的儿童进行有针对性的教学。

（8）精讲多练，数量是质量的基础，正确技术的培养需要多练。儿童时期新陈代谢旺盛，恢复快，除了必要的休息外，应安排满练习时间。但要注意各种手段的交叉安排，如陆上和水上、打腿和划手。

三、中老年游泳与健康

游泳是世界上最受人欢迎的健身运动项目之一，它不仅有良好的健身与疾病康复的效果，还有不分男女、体质强弱、运动水平高低、老少皆宜的特点。

(一) 中老年人参加游泳活动的意义与作用

中老年人一般是指45岁以上的成人。40岁开始，衰退的速度明显加快。随着年龄的增加引起人的各器官的老化是自然现象，体能下降，骨密度降低，听力减退以及老年性疾病也开始出现。人类无法永葆青春，但是可以通过人类自己的努力延缓老化的速度，如改善生活的环境，特别是通过适度的体育运动和注意摄取营养的平衡，加上适度的休息就可以达到目的。有的70岁的老人看上去像50岁的人，这种现象并非罕见。

随着人们生活水平的不断提高，人们对物质、文化，健康水平及休闲娱乐的要求也不断提高。家庭电气化的普及，使人的活动范围变小，饮食结构也起了变化，蛋白质、脂肪过多的摄取，工作节奏加快引起情绪的紧张。这些都是导致肥胖、高血压、糖尿病等中老年人多发病的原因，阻碍着中老年人的健康。游泳锻炼可减肥，降低体重，从而相对减小心脏负荷，稳定血压，降低血糖，这些均对冠心病的康复有利。游泳可以使心理和身体都尽量保持年轻，减轻更年期的不适，提高更年期生活质量，延缓老化，它是帮助顺利渡过更年期的一项很好的活动。因此，为了满足人们对强身健体、休闲娱乐的要求，为有效地防止疾病，增进健康，保持体力。根据自己的年龄与身体状况中老年人适当参加游泳等体育活动是十分重要的。

(二) 适宜参加游泳练习的条件

游泳虽具有不分男女、体质强弱、运动水平高低、老少皆宜的特点。但患有严重的高血压与心脏病、耳鼻喉病、皮肤病、性病以及精神病等病症的人，不适于进行游泳练习，疾病痊愈后才能参加锻炼。

患有轻度高血压病、心脏病、糖尿病以及更年期综合征、颈椎、腰椎、关节疼痛等疾病的中老年人都可参加游泳练习，并在练习中可以取得良好的效果。

(三) 中老年人的游泳指导

中老年人参加游泳活动的目的各有不同，但不管是为了参加成人游泳比赛，为了满足个人的兴趣或病后的康复等，都是为了增进健康。为了达到这些目的，指导中必须注意以下问题。

中老年人游泳锻炼时，必须根据年龄和身体状况，科学、系统地安排练习内容。开始学习游泳的中老年人，应由熟悉水性开始，练习时安排一定的休息与适当的水中游戏有益于掌握练习的节奏和消除怕水心理。对会游的人适当的安排练习计划，已达到改进游泳技术和增加游泳距离的目的，提高心脏、血液循环系统机能的效果主要取决于对锻炼的时间与距离的合理控制。

中老年人在进行游泳活动时，游泳的距离、强度都应科学地、严格地进行控制。游泳练习中要随时掌握自己的身体反应和变化。测试心率是最容易掌握的方法，机体活动时心率的变化最容易反映出运动负荷及强度对人体的影响。测试心率可以测手腕上的腕动脉，也可以用手掌按住胸口部位或用食指按颈动脉，记录10秒钟的脉搏次数，然后乘上6即得出1分钟的脉搏数，并以此来检查运动负荷及强度的大小。为了更好地区别个体差异，保证运动的安全性，可以使用心率储备百分数来设计运动强度，方法是：（1）测试自己的安静心率（次/分）；（2）计算自己的最大储备心率：220－年龄－安静时心率（次/分）；（3）根据自己的身体状况选取最大心率储备的50%～80%；下限为运动的有效界限，上限为运动的安全界限。例如，某人50岁，安静心率为70次/分，其最大储备心率为：220－50－70＝100（次/分）。其适宜运动心率（把心率）应为，有效界限：安静心率＝50（次/分）；安全界限：安静心率＝80（次/分）。

中老年人进行游泳锻炼绝大多数是为了增进健康和体力，根据资料表明，以此为目的的游泳锻炼按60%的运动强度时的心率是最适宜、最安全的。

身体虚弱者最好不要超过适宜的运动强度，妇女则应根据自己的具体情况，以控制在低于以上要求的强度为宜。

（四）中老年人进行游泳活动的注意事项

（1）初学游泳的中老年人，参加游泳锻炼前一定要进行身体检查，体检合格者才能参加练习。

（2）初学游泳的老年人（六七十岁），为保证安全，最好有人陪伴或参加游泳学习班练习。

（3）游泳前要认真地做好陆上准备活动，使身体各部器官都得到活动，特别是四肢各关节的活动一定要充分，使身体感到有暖意。

（4）游泳前，一定要了解游泳池的设施情况和周边环境。

（5）进入游泳馆后，由于馆内与室外温差较大，应注意防止头晕及休克，不要急于下水。身体有汗时应该擦干身体后再下水游泳。

（6）下水游泳时游速要由慢到快，慢慢提高运动强度。游泳时一定要量力而行，每次一般以30～50分钟为宜。

（7）冬季室内游泳时要注意呼吸力度，特别是中老年人不要过多的憋气。

（8）游泳完毕上岸时要及时擦干身体，不要在风口处停留，以免感冒。

（9）如果游泳后还要进行日光浴，则选择在上午 10：00—11：00 时、下午 15：00—16：00 时为宜，并擦抹防晒油。

（10）在自然水域进行游泳时一定要了解水的深度。水下情况、涨落潮的时间，最好在缓流河的上游。

（11）最好每次按规定的时间进行游泳锻炼，形成规律。

（12）冬季游泳时为防止散热过多，应尽力减少上下水次数。上岸后，应立即擦干身上的水，穿上拖鞋、浴衣或披上浴巾保暖。

（13）中老年人游泳练习场地，最好选择平底的浅水池。水温一般为 30℃左右，气温不低于 25℃。

第二节　水中康复的意义

康复，是指综合地应用医学、社会、教育、体育运动及职业训练的方法和措施，对老、病、伤、残者进行培养、治疗、训练，使其活动能力得到恢复或重建，达到尽可能重新走向生活，走向社会，走向工作的目的。

康复医学是研究老、病、伤、残所致各种障阻的原因、后果与恢复的可能性和最大限度恢复功能的方法与手段的医学科学。其目标是消除或减轻老、病、残者所造成的功能残缺，帮助他们在其身体条件许可的范围内，根据实际需要，最大限度地恢复生活、劳动和学习能力。因此，康复医学，在国内外已有悠久的历史。我国传统医学中，很早就有康复医学内容的论述和记载。

水中康复是体育康复学学科中的一个组成部分，它是充分利用水的自然特性与水中运动的生理生化基础知识对练习对象进行治疗、训练，以达到缩短练习者的康复治疗期，尽早恢复生活、劳动能力的一种锻炼方法。

一、水中康复的起源与发展

人类古代文明的发展是从水边开始的。水除了是生活必需品外，还可以保持人类的健康。在古罗马时代，就有著名的卡拉卡拉浴场，在浴场的墙上就刻有“谁知健康之本”的字。古罗马人喜欢通过水浴使身心舒畅，从而增进健康。当在欧洲大陆上转战的罗马士兵负伤、患病时，便留在温泉地进行疗养。位于德国的巴登巴登温泉是其中的一个，它具有多种功能，后来被称为是水屋（温泉）的元祖。负伤的士兵为了尽快归队，必须尽快治疗伤病，因此在水中进行各种各样的身体运动来恢复健康，这是最原始的水中疗法。

现代水中健身运动被认为起源于美国六十年代前期受到欧洲自古以来适应于关节炎患者的水中运动治疗形式的启发，美国加利福尼亚游泳教练 Sidnei 最早开始从事水中健身活动推广的专家。水中环境被认为是有益的运动媒介，可以提供陆上运动无法做到的用途，并可避免运动伤害，起到医疗、康复的用途，在美国还开展了许多在水中进行的运动用于康复和健身，如水中跑步和水中球类等项目。

二、水中康复的基本原则

人们通过长期的实践，不断地总结成功的经验和失败的教训，通过科学探索与认识客观规律，把实践获得的经验与科研的成果归纳为理性认识，以文字的形式加以表述，从而提出了用以指导体育康复的一些科学原则。

水中康复是体育康复学学科中的一个组成部分，因此在练习中必须遵循体育康复的基本与特殊原则。体育康复的基本原则，是指在现代体育康复中应当遵循的、有普遍社会意义的基本要求和根据，是对体育康复提出的较普遍、较客观的要求，而不具有个别、具体的特性。

（一）功能训练

功能训练是水中康复的最基本、最具特色的原则之一。水中康复所要解决的问题最主要的就是功能障碍，因此，为了克服机体的功能障碍就必须进行功能训练。不能单从器官、组织水平看待功能训练，而是从整体的功能训练即以满足个体生活、家庭生活、社会生活、职业需要的水平来看待的。所以，功能训练不仅指对某个器官的功能训练，而且包括对运动的、感觉的、知觉的、心理的、智能的、语言的、社会活动和职业需要的等等特殊训练。其功能训练的结果应当是：能独立地完成必需的功能活动；同时又能适应环境，进行必需的功能活动或表现出适应的行为。

（二）身体锻炼为主

水中康复过程中所采用的康复手段多种多样，最具特色的是运用水的特性，在水中进行一些具体方法的活动。经过体育康复工作者的精心选择和编排，使之成为促进患者早日康复的行之有效的手段和方法。这些方法无论简单与复杂，其核心内容都是使患者能积极地参加身体锻炼。一般人的体育运动，可以根据个人的兴趣、爱好和锻炼目的而选择，而水中康复的身体锻炼是严格按照水中康复的计划进行的。近来，人们已经把身体锻炼作为“运动处方”的重要内容。

（三）因人而异

“人上一百，形形色色”。所谓因人而异是指针对不同的人，不同的伤病情况，区别对待，有针对性地采用水中康复的手段，例如，对于从未参加过体育锻炼的人来说，在接受水中康复治疗之初，应安排一些徒手、简单的练习手段；而对于经常参加体育锻炼的人，则可以适当增加难度或者直接安排器械性的练习。对患有关节炎、肩周炎、腰腿痛等，应采用改善肢体运动功能的体育练习。

此外，不同季节、不同气候、不同工种、不同工作环境等情况，都是因人而异原则要求中的具体因素，只有认真、全面考察每个患者的情况，制定体育锻炼手段，才符合因人而异的原则，也才能收到最佳的体育康复效果。

（四）循序渐进

循序渐进即逐步增加负荷。机体的适应性改变，要一定强度的刺激才能产生，过弱的刺激，即运动量过小没有锻炼作用；过强的刺激，即超过生理最大负荷的运动量，只能引起机体机能的破坏。所以，负荷必须在个体的机能水平基础上逐步加大运动量。体育锻炼也需要逐步适应、逐步增加运动量。在体育锻炼中最忌讳的是“暴饮暴食”和“一曝十寒”。突然地增加运动量、突然地中断练习，都不是循序渐进所倡导的。只有掌握循序渐进的原则，才能以最短时间收到最大的效果。

（五）持之以恒

水中康复必须持之以恒，这样才能使高级神经的灵活、稳定、均衡性等功能趋于完善，各器官系统在结构上的改变和机能的提高也才能实现。这是因为机体功能的完善是通过反射的机制而达到的，而条件反射的形成，只有多次反复才能达到强化、巩固和发展。机体功能的改进和完善是通过对体育锻炼产生一次超量恢复，一次一次积累，改进和完善机体功能得以实现的。体育康复必须坚持和遵循持之以恒的原则。

三、康复游泳

康复游泳是教练根据练习者的健康情况，心血管或康复部位的功能状态，以及年龄、性别、对水性的熟悉及游泳技能的掌握程度等特点，所规定的一些适当的练习方法和运动量。练习内容种类的选择，应服从锻炼目的和病情，但形式要多样化。常用的康复游泳方式包括：耐力性锻炼、力量性锻炼、放松性锻炼、矫正锻炼等。

康复游泳也是游泳中提到的水中康复。应从每个人的实际身体状况出发选择运动量合适、练习方式得当、练习时间和次数合理，而且能长期坚持的一种运动手段，以达到锻炼强身、恢复功能的目的。没有医生的许可或患有不适宜参加康复锻炼病症的患者，不应勉强参加练习。本节主要介绍几种康复游泳的方法。

（一）腰痛健身泳

1. 现代生活与腰痛

日常生活中，常常会听得身边的人说起腰痛。过去，人们一般都会把腰痛认为是老年人所易患的疾病。随着国家经济高速发展，人民生活水平快速提高，生活、工作节奏的加快，往往使人们忽略了自身锻炼。由于运动不足造成的体力下降，或人群中，营养过剩引起的肥胖也越来越普遍。在办公室工作的职员、生产线的工人及家庭主妇等为腰痛而烦恼的人也越增越多。不但成年人多有腰痛，就连少年儿童也有腰痛和不适的现象，因此，腰痛被称为现代病之一。

据美国科学家的研究结果表明，腰痛患者中只有 20% 以下的人是属于病理性的，而 80% 以上的人则是因为运动不足而引起的肌肉力量下降或柔韧性差身体过于僵硬造成的。所以，也可以认为腰痛是一种肌肉力量缺乏病症。

大家都知道“用尽废退”的道理。身体各部分的肌肉器官只有通过适当的运动锻炼，才能增强或维持其功能。现在人们上楼多利用电梯，出门多利用汽车等交通工具，虽然移动的速度加快了，人们的劳累减少了，但徒步行走和爬楼梯等运动对人们各部的肌肉、生理器官带来的益处也随之消失了。现代化生产的流水线常常会使工人一天之中只重复几个简单机械的动作，而这些简单的轻体力工作，日积月累，反复进行，使其他大部分肌肉得不到适当的运动锻炼，逐渐退化。坐在办公室工作的人们就更难有锻炼这些肌肉的机会了。

从精神方面来讲，现代生活的紧张，精神上的压力无法发泄时，长期积累也会导致肌肉群短缩，丧失弹力，促使肌肉僵硬，平时不太注意锻炼的人会加速柔韧性的退化，为日后发生腰痛带来隐患。

2. 腰肌劳损、腰椎间盘突出症的病因病理

腰肌劳损根据不同的病因病理以及病变部位的不同可分为腰肌筋膜劳损、棘上韧带劳损、第三腰椎横突综合征等。

（1）腰肌筋膜劳损

易发病原因可分为原发性与继发性2种。前者病因不明，与受风寒湿和病灶感染有关；后者多与损伤、感染、风湿热或寄生虫感染有关。最常见的原因是腰部肌肉筋膜急性损伤以后，没有及时治疗，或治疗不当与不彻底，使其损伤的肌肉筋膜撕裂出血，血肿吸收不好，渗出物纤维化，使肌肉筋膜粘连而造成。另外，腰部活动过多，负荷过重，长期弯腰工作，风寒湿侵袭以及腰椎先天畸形等也可引起。损伤后在筋膜及附近组织内可见无菌性炎症或变性等病理改变。

（2）棘上韧带劳损

棘上韧带的慢性损伤称为棘上韧带劳损或棘上韧带炎，是慢性腰痛的常见病因之一。

腰棘上韧带劳损的主要原因是腰部经常过度前屈，韧带反复受到牵张而发生疲劳性损伤。病变部位可见局部有出血、渗液。显微镜下可看到淋巴细胞浸润，小血管壁增厚，软组织内纤维变性及钙盐沉着等。

（3）第三腰椎横突综合征

第三腰椎位于腰部各脊椎的中心，活动度较大，其两侧横突亦较粗较长。横突上有腰大肌和腰方肌的起点，并有腹横肌、背阔肌的深部筋膜附着于其上。腰部和腹部肌肉强力收缩时，此处受力最大，易自附着点撕裂致伤。如长期过度牵拉该区，便可形成末端病变。肌肉损伤后产生无菌性炎性肿胀、充血、液体渗出等病理变化，以后可发生骨膜、纤维组织，纤维软骨等的增生，也可使邻近的神经纤维受到刺激，日久神经纤维可发生变性，因此即产生第三腰椎横突综合征，亦称第三腰椎横突炎。

（4）腰椎间盘突出症

腰椎间盘突出症，是指腰椎间盘退变或遭受外力，致纤维环破裂，髓核突出，刺激或压迫腰脊神经根、血管等周围软组织而引起的一系列腰腿痛症状。本病好发于青壮年人，男多于女，为临床常见的腰腿疾病之一。

椎间盘随年龄的增长，可发生退行性改变，萎缩、弹性减退等生理性变化，一般在20~30岁开始退变，且各部分退变程度不一致，多以纤维环变性易脆为重点，此时如果髓核呈半固体状，活动度又大，则容易导致髓核突出。

少数纤维环破裂大而后纵韧带未完全破裂者，髓核可因体位不同，而出现两侧坐骨神经的交替疼痛，多呈一重一轻。另少数体后纵韧带完全破裂的严重患者，则髓核多向椎管中心突出，而引起双下肢坐骨神经痛和马尾神经受压等症状。因此，临床上多根据椎间盘突出的位置，分为单侧型、双侧型和中央型。

3. 腰肌劳损与腰椎间盘突出的临床表现

由于病因病理改变较为复杂，症状、体征也各异。其主要症状是腰腿痛，疼痛的性质是酸痛和钝痛。可向下牵涉到臀部、大腿后外侧，但多半在膝以上。工作劳累后和天阴下雨痛甚，久站久坐腰部发胀，常需变换体位。少数病人夜间疼痛加剧，腰部活动受限，怕做弯腰动作，可有侧弯畸形。

腰椎间盘突出的临床表现以腰痛和一侧或两侧下肢坐骨神经放射疼痛为主要症状。腰通常局限于腰骶部，受累腰椎棘突的一侧由局部限性压痛及深压痛，并向下肢放射，下肢放射区可有麻木感。患者多有抗痛性脊柱侧弯和腰椎生理前凸弧度改变，臀肌多松弛萎缩，健侧臀肌可有痉挛。

4. 腰痛康复练习方法

当人们一旦发现自己出现了腰疼，就开始注意起来，在生活中小心谨慎，时刻不敢让自己做大动作和承受大负荷运动，生怕引起疼痛。这种束缚自己肢体运动的生活习惯，会进一步导致运动不足，造成的肌肉退化，腰疼就会愈演愈烈。

为加强肌肉力量而进行一些陆上的训练，往往是会很困难的，特别是腰疼患者，因疼痛程度加大，难于持续下去。水中健身练习情况则大大不同。由于水的浮力，可使人体处在近似于“失重”状态，在此条件下进行有针对性的力量及柔韧练习，可收到很好的效果，并可改善腰疼状况。

腰疼患者一般都可以参加锻炼。如果疼得很厉害，应该先去医院请专科医生诊断，允许参加练习者方可进行训练。运动处方分为以下几个部分。

（1）肌肉力量练习

主要进行腰、腹肌的力量练习，可以在健身泳练习开始前适当进行。注意练习时应屈膝完成动作。

（2）柔韧练习

柔韧练习的主要目的是拉长肌肉韧带，加大关节的活动范围，这些练习也是腰疼健身泳的准备活动。每个动作都应与呼吸配合起来，应该采用深呼吸，每个动作持续 8 ~ 12 秒慢慢进行。

（3）水中柔韧、肌肉力量与游泳练习

水中练习包括柔韧、行走、负重行走等，主要目的是拉长肌肉，加大关节活动范围，借助于水的浮力与阻力，进行肌肉力量练习。这些练习根据参加者腰疼程度进行适当安排，一旦腰疼较厉害时不要勉强练习。

（4）练习课范例

①陆上柔韧体操与腰腹肌练习

A. 深呼吸

动作要领：仰卧，两腿屈膝缓慢做腹式呼吸。背部贴于垫上，吸气时腹肌用力，臀部稍抬起，呼气时还原。8 次。

效果：使腰椎和骶骨排列正确，减少骨盘与腰椎的倾斜度（图 9－2－1）。

B. 仰卧抱膝

动作要领：仰卧，单腿慢屈膝收至胸前，两手握小腿向胸前引。8～10 秒，左、右及两腿各 1 次。

效果：伸展臀及大腿内侧部肌肉增加髋关节活动范围（图 9－2－2）。

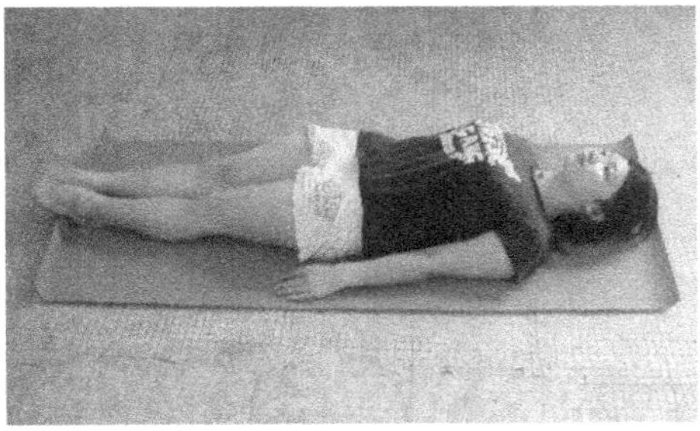

图 9－2－1　深呼吸

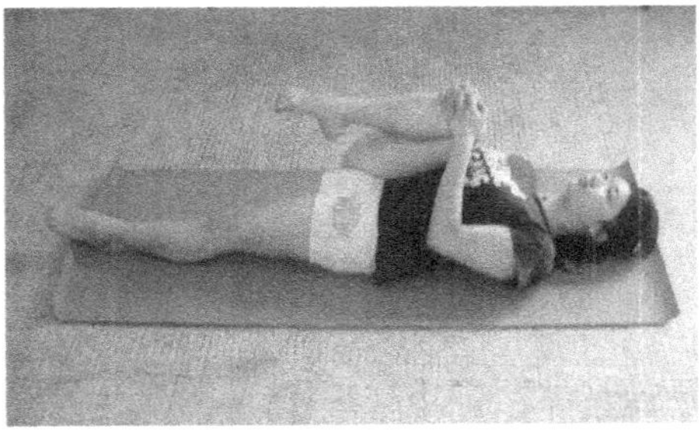

图 9－2－2　仰卧抱膝

C. 伸　髋

动作要领：两脚心相对坐于垫上，腰伸直，两手轻轻按压膝部贴至垫面，只要有关节伸展的感觉即可。8～10 秒。

注意：关节较硬的人不要过分用力。

效果：伸展大腿内侧肌肉加大髋关节活动（图 9－2－3）。

D. 抱足屈体

动作要领：两脚心相对坐于垫上，两手握脚尖，身体向前屈，头尽力靠近脚。8～10 秒。

效果：伸展腰部、大腿内侧部、背部肌肉，加大髋关节活动范围（图 9－2－4）。

图 9-2-3　伸髋

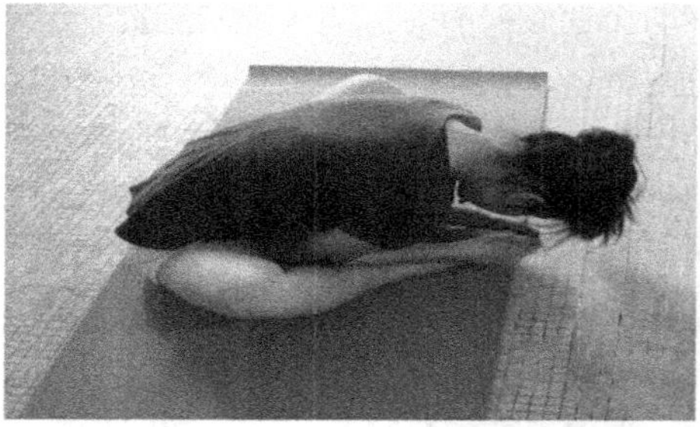

图 9-2-4　抱足屈体

E. 屈膝后倒

动作要领：单腿屈膝，脚靠臀部，收下颌，上体慢慢向后倒，在腰疼出现前停止。左右各 10 秒。

效果：伸展大腿和小腿前部肌肉（图 9-2-5）。

F. 仰卧侧转

动作要领：两腿交叉分开仰卧，两臂侧展，脸向下腿方向侧转，背部尽力贴于垫面。每个动作持续 10 秒，左右交替各 1 次。

效果：伸展大腿腰腹肌，加大腰部活动范围（图 9-2-6）。

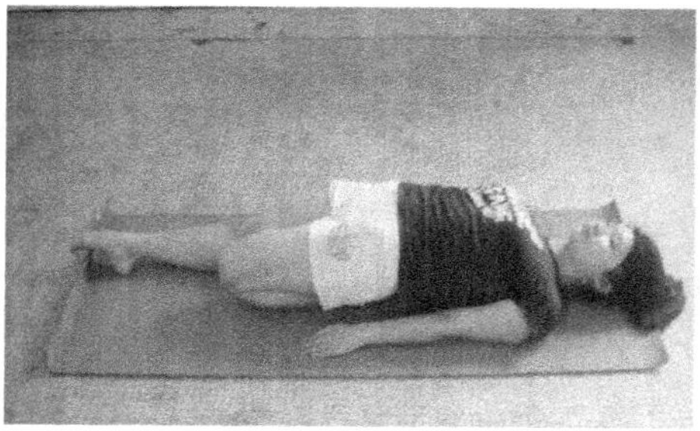

图 9-2-5　屈膝后倒

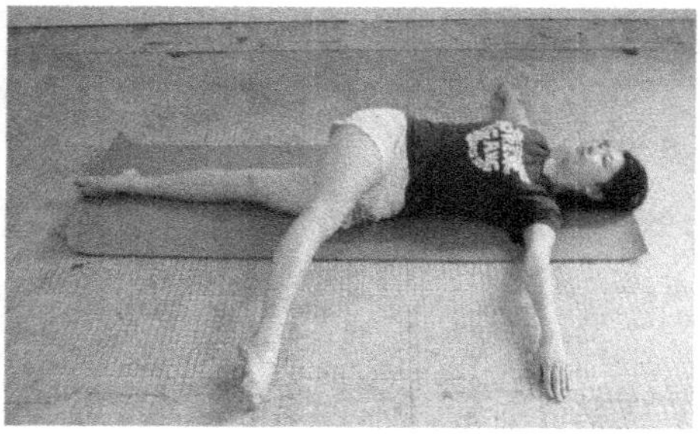

图 9-2-6　仰卧侧转

G. 移臂转体 1

动作要领：两腿交叉分开侧卧，脸朝向上腿方向，两掌心相对、两臂平伸于胸前，上臂伸直缓慢移向另一侧，身体逐渐转为仰卧。8 ~10 秒左右交替各 1 次。

注意：动作完成时背部尽力贴于垫面（图 9 –2 –7）。

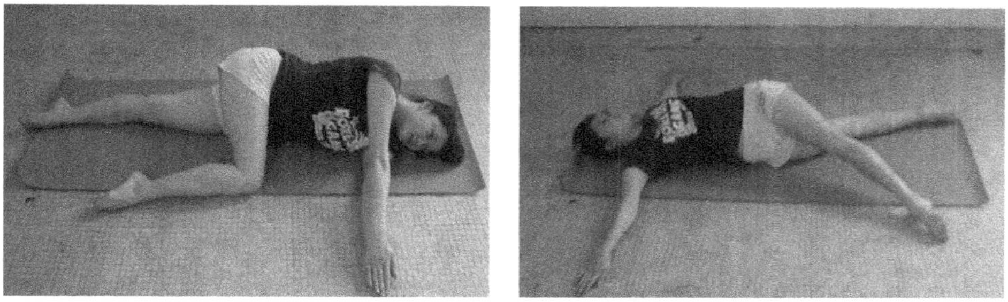

图 9 –2 –7　移臂转体 1

H. 移臂转体 2

动作要领：两腿交叉分开侧卧，脸朝向下腿方向，上臂伸于腿侧，下臂伸于头上，上臂伸直缓慢移向头上，两掌心相对。身体逐渐转为俯卧。8 ~10 秒左右交替各 1 次。

注意：动作完成时，腹部应贴于垫面（图 9 –2 –8）。

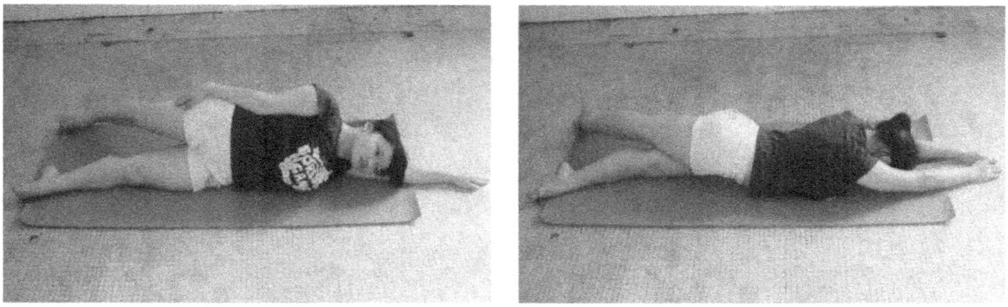

图 9 –2 –8　移臂转体 2

I. 腹肌练习

动作要领：屈膝仰卧，抬上体尽力使双手触膝 8 ~10 秒，3 组。

效果：增强腰腹肌力量。

注意：如腰部发生疼痛时，停止此练习（图 9 –2 –9）。

J. 全身伸展

动作要领：全身伸直，两手上举至头前，伸、屈踝关节，全身伸展各 10 ~

15 秒。

效果：伸展大腿、肩背肌肉，加大髁关节、肩关节活动范围（图 9－2－10）。

图 9－2－9　腹肌练习

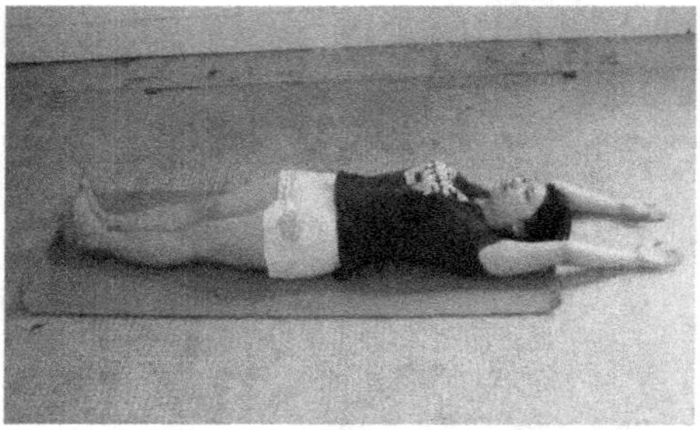

图 9－2－10　全身伸展

K. 推　磨

动作要领：单腿侧伸，单腿屈膝于大腿侧，两手相握，由伸腿侧开始画圆形转动，左右交替各 8 次。

注意：转动时应含胸。

效果：伸展大腿、小腿后侧，体侧肌肉加强腹肌力（图 9－2－11）。

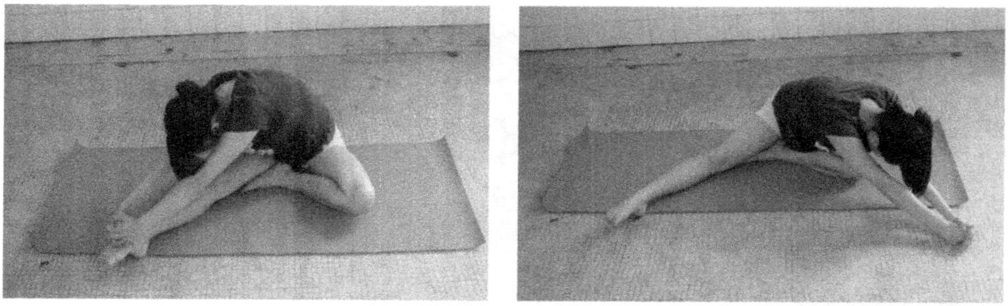

图 9－2－11　推磨

②水中练习

A. 水中准备活动

水中行走：在水中慢慢行走 10～15 米后，边走边做肩绕环和肩伸展动作 20～25 米。高抬大腿步行。大腿高抬与身体成直角，两手在体侧做浆式动作拨水。

B. 池壁练习

a. 屈膝转髋

动作要领：单手扶池壁，单腿站立单腿屈膝 90 度从后向前慢慢地大幅度转动左右交替各 8 次。

效果：提高髋关节的柔韧性，增强下肢力量（图 9 –2 –12）。

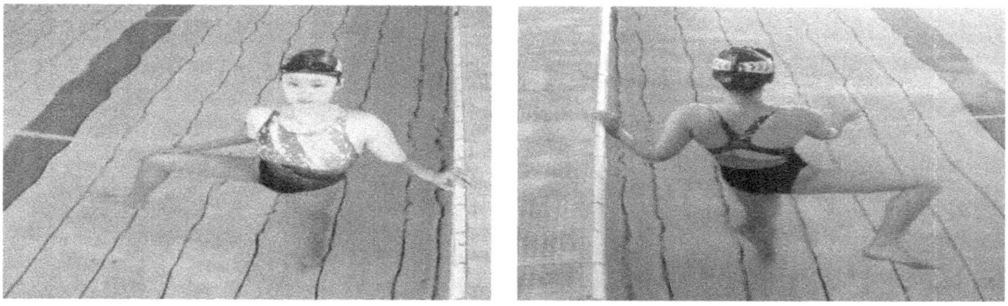

图 9 –2 –12　屈膝转髋

b. 直腿转髋

动作要领：单手扶池壁，单腿站立单腿伸直从后向前慢慢地大幅度转动左右交替各 8 次。

效果：提高髋关节的柔韧性，增强下肢力量（图 9 –2 –13）。

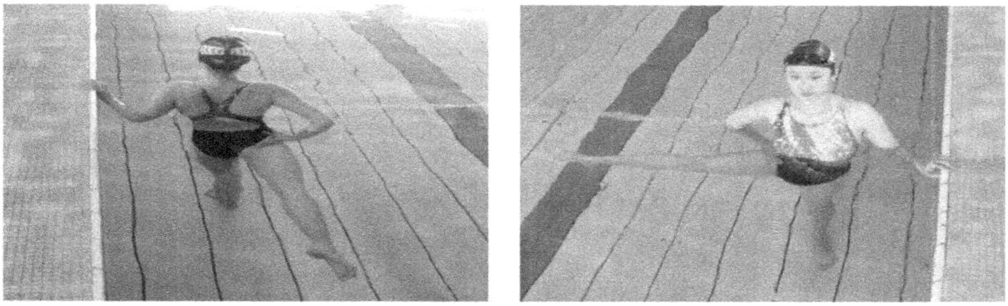

图 9 –2 –13　直腿转髋

c. 侧控腿

动作要领：单手扶池壁，单腿站立单腿侧平举，脚尖朝上控腿左右交替各 8 ~ 10 秒。

效果：提高髋关节的柔韧性，增强下肢力量（图 9 –2 –14）。

图 9 –2 –14　侧控腿

d. 屈臂深呼吸

动作要领：背贴池壁两脚与髋同宽，两臂弯曲成90°，肘靠肋侧，两掌心相对与肩同宽，吸气时两手慢慢向两侧外展至池壁，呼气时还原。每个动作约10秒，5次。

效果：增大肩、背部活动范围，提高呼吸系统机能（图9－2－15）。

图9－2－15　屈臂深呼吸

e. 爬楼梯

动作要领：两手抓池壁两脚蹬池壁，上下移动，在上端处做深呼气并伸展膝关节。重复5次。

效果：增大腰背部活动范围，提高腰背肌力量（图9－2－16）。

图9－2－16　爬楼梯

f. 仰浮屈展

动作要领：两手抓住池壁两腿尽力前伸呈仰浮姿势，缓慢屈膝收至胸前后，展体挺腹，腿慢慢沉至池底后还原再做。反复5次。

效果：增大腰背部活动范围，提高腰、腹背肌力量（图9－2－17）。

g. 引　膝

动作要领：背贴池壁半蹲，左腿屈膝至胸前，右手扶髁关节左手拉引膝左转，左右交替 5 次。

效果：增大髋、膝关节活动范围（图 9 －2 －18）。

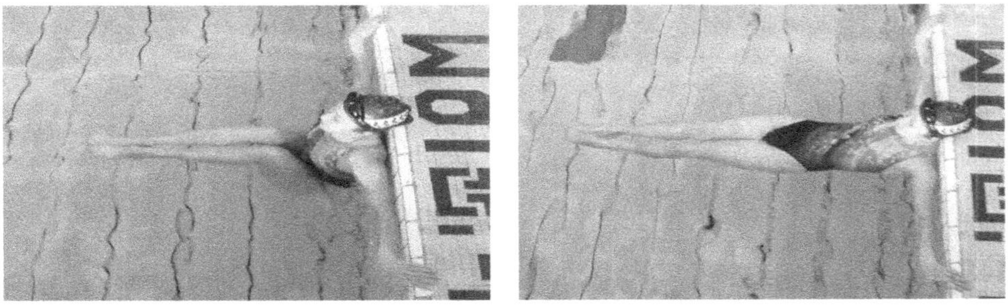

图 9 －2 －17　仰浮屈展

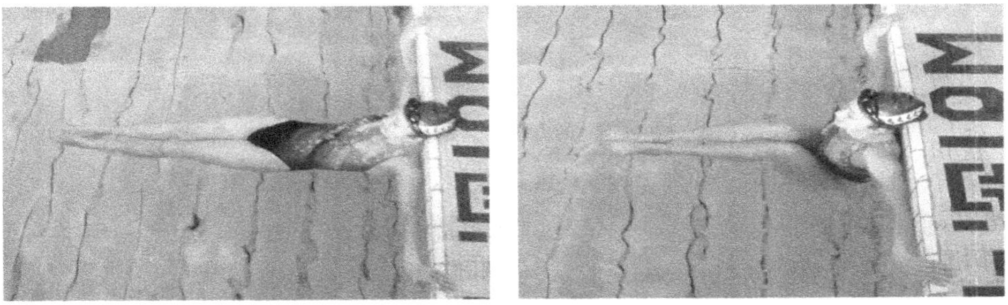

图 9 －2 －18　引膝

C. 水中行走等移动练习

a. 高抬大腿行走

动作描述：肩沉至水面，高抬大腿步行。每个动作都慢慢做，大腿尽力抬至胸前，两手在体侧拨水掌握平衡。25 米。

b. 体侧行走

动作描述：侧跨时脚从体前移动同时臂侧平举，边移重心，边收后脚，脚掌贴池底。12. 5 米时变换方向，共走 25 米。

c. 展体浮体

动作描述：深吸气后轻轻蹬池底，做展体浮体，全身放松，然后慢慢屈膝收至胸前，两臂下压两腿向下伸，脚触池底慢慢站立。练习 25 米。

d. 仰面漂浮

动作描述：第一，两手在体侧轻轻拨水，全身放松，漂浮在水面，站立时屈膝收至胸前，团身，脚触池底后慢慢站立。练习 25 米。第二，两手在体侧轻轻拨水的同时，两腿分开，做闭合动作。练习 25 米。

e. 漂浮屈膝

动作描述：伏面漂浮做单腿或双腿的慢屈伸动作，站立时屈膝收至胸前，脚触池底后慢慢站立。前行 3 ~5 步后再做。注意为避免引起腰疼不要做太快。25 米。

f. 抗阻行走

动作描述：双手持板，使板立于水中，上体前倾，推板前行。50 米。

集体行走：集体臂挽臂成横排行走。50 米。

D. 游泳练习（8 ~15 分钟）

主要是自由泳、仰泳打腿与配合练习。会游者从自由泳慢游开始练习。注意呼吸动作和加大划水动作的幅度。不会游者，先学习仰面漂浮然后学习自由泳。仰泳练习也可以进行，但注意一定不要勉强练习蛙泳和蝶泳，练习者感到腰疼时可暂时终止练习。

E. 整理活动（3 ~5 分钟）

动作描述：a. 团身深呼吸：深吸气后，下蹲抱膝团身漂浮，尽力使背肌、腰肌，臀及腿部肌肉伸展。每次 10 秒，练习 3 次。

b. 展膝深呼吸：深吸气后两膝外展做团身漂浮，两手由外侧握住髁关节。全身放松 10 ~15 秒，每组 3 次。

5. 练习的注意事项

（1）由于腰痛的病因较复杂，腰肌劳损发病时症状轻重不一，且易于反复发病，因此，医生的正确诊断和指导以及患者坚持治疗才可能取得满意效果。

（2）康复方法可选游泳和其他方法进行，也可用几种方法同时治疗。对腰部体育康复，一定要量力而行，循序渐进，从增长锻炼时间过渡到逐步增大强度。

（3）为了防止腰肌劳损的发生和复发，除平时要加强腰背肌锻炼、注意天气变化、夏天不要贪凉外，还要注意工作、生活中的正确姿势和用力方法，以免加重病情。

6. 日常生活的注意事项

腰疼病症有些是由运动损伤造成的，但很大一部分是由于在日常生活中采用了不正确的动作或姿势造成的，要防患于未然，我们在日常生活中一定要注意以下等事项。

（1）起　床

不要快速起床，要先收腹弓腰后慢慢起床。起床时腰疼出现者，可屈膝收至胸前，使用腰枕放在骶骨下方。

（2）伸展腰背

不要绷脚尖，应伸脚跟。

（3）站立时

两脚前后开立，如稍息姿势。两脚开立时，重心放在前脚掌上，不要挺胸。

（4）着 装

穿鞋或裤子时最好坐在椅子或床上，不要站立穿，单脚跳来跳去穿，最易产生腰疼，穿鞋不要过小，完全包住脚的鞋好。女子的鞋跟在 2～4 厘米最佳。

（5）洗脸、做饭时

可两腿前后或左右开立，用屈膝来调整高度，不要过于弯腰。

（6）大小便

急性腰痛者，可躺着，应使用坐式便桶。

（7）饮 食

不要吃过高热量食物，多吃高钙食品，注意减肥。

（8）做卫生

擦家具、电器等时，不要一下擦较大面积，要小面积一点点擦，较远处的，应在脚移近物品时再擦，最好使用带杆的清洁用具，防止拉伤腰背肌。

（9）坐

要注意调整椅子高度，脚一定要着地，不要使腰部负重过大，避免两腿重叠、抱腿、只用少部分臀部坐椅子等不良姿势。

（10）开 车

注意避免长时间开车，不要离方向盘过远。

（11）入 浴

淋浴可坐在小椅子上洗，用温水长时间泡浴比热水短时间要好，不要将脚从浴缸边伸出，浴池应安装扶手拉手。

（12）持放物品

不要扭着腰持物高举，不要伸直腿、弯腰搬移，而应靠腿的屈伸来进行。

（13）保 温

室内温度不宜过低，下半身应注意保暖。

（14）睡 眠

不要仰卧或伏卧睡，应屈体侧卧睡，如仰卧时可使膝部弯曲。

（15）寝 具

床不要过软，臀部低 1～2 厘米较好，枕头高度使头与躯干成 5～15 度较好。

（二）更年期水中练习

1. 更年期与运动

更年期常常会伴随着一些不良反应出现，特别是女性从45～55岁，这段时间会有失眠、睡眠效果不佳、腰部、手与脚部发冷、发麻、便秘、肩部酸痛等症状出现，这是因为生命从成熟期进入绝经期既由生殖期开始进入老年期产生的卵巢功能下降，卵巢激素分泌减少所引起的。更年期反应轻的人不会给生活、工作带来大的影响，反应重的人则影响较大，在精神上也会造成极大的烦恼。

45～55岁这段时间，在人生中，无论从家庭的角度，还是工作的角度来讲，都是极为重要的阶段，怎样顺利地渡过此阶段是摆在人们面前的一个至关重要的问题。

预防与减轻更年期反应的有效方法除药物治疗外，就是让心理和身体都尽量保持年轻，最佳的手段是参加体育活动，而游泳却是帮助您顺利渡过更年期的一项很好的活动。

2. 练习目的

（1）减轻更年期的不适。

（2）提高更年期生活质量。

（3）预防与延缓老化。

（4）通过肌肉练习来纠正不良姿势，减轻局部疼痛。

在更年期游泳练习的全部过程中，可利用适当的音乐，消除焦躁、不安情绪，树立克服病症的自信心，进入轻松愉快的状态。

成年人多发病有50%是由血液循环不良造成的。更年期常常伴随着高血压病、糖尿病、心脏病、动脉硬化等病症，通过游泳练习可改善血液循环、促进新陈代谢，预防这些疾病的发生。

3. 练习方法

参加者在练习前应填写个人的即往病历，现在的健康状况、精神状况，以便让教练员了解掌握训练效果，是下一步训练的主要任务。健康调查每次练习时应测量血压，如与平时血压变化较大时应停止当日的练习，待恢复正常后，参加练习。

每月填写一份目前更年期反应情况调查表，由教练收集后存放在练习者个人健康档案中。

（1）陆上练习

主要采用柔韧操的练习方式，以伸展、拉长各部分肌肉韧带，加大各关节活动范围，提高身体的柔韧性为主要目的。

（2）入水前

一定要先淋浴再入水，通过沐浴改善体温调节能力，使人对适应水环境有所准备，入水要利用池中扶梯，由脚开始入水。

（3）水中练习

①第一组练习

A. 水中行走

脚跟尽量贴池底慢慢行走，两手在体侧维持身体平衡。50 米。

效果：体会水的浮力、阻力，适应水环境的特性。

B. 屈膝摆腿

侧向池壁，外侧腿单腿站立，内侧臂扶池壁，外侧臂叉腰，屈膝 90°做向前后摆腿各 5 次，左右交换。

效果：加大髋关节活动范围。

C. 屈臂上体前倾

两脚并拢面向池壁站立，两手与肩同宽分开扶池壁，脚跟贴紧池底，屈臂上体前倾。每组 10 秒。

效果：拉长小腿后部肌群。

D. 爬楼梯

两手抓住池壁，两脚掌触池壁，两膝尽力伸直，做类似上下爬楼梯的动作，做动作时伴随深呼吸。每组上、下往返 3 次，做 2 组。

效果：拉长股二头肌和小腿三头肌。

E. 转　体

背靠池壁，两脚左右交叉站立，两臂侧伸扶池壁，头向外侧脚方向转，静止 10 ~ 15 秒，左右交替。

效果：拉长腰、腹部肌群。

F. 水中正面跨栏（水中设 3 ~ 5 个栏架）

肩沉至水面，慢慢行走，做跨栏动作，动作熟练后可做慢跑跨栏动作。

效果：加大髋关节、膝关节的活动范围。

G. 水中侧面跨栏

侧向栏架，像跳皮筋样，两脚交替做跨栏动作。

效果：加大髋关节活动范围。

H. 两脚跳越栏架

两脚蹬地，收腹、两脚前伸，两手向后划水，慢慢跳过栏架。

效果：提高维持平衡能力及全身动作协调性。

I. 游泳练习

根据参加者游泳水平可分为初级、中级和高级等组练习，内容为熟悉水性及竞技游泳的4种姿势和实用游泳的侧泳反蛙泳等练习。练习中要掌握参加者的体力状况，适当安排。练习时间20～30分钟。

②第二组练习

A. 手、脚交替用力练习

深吸气蹬池底滑行后，两手用力握拳，缺氧时慢慢站立。然后深吸气蹬池底滑行后两脚用力勾脚尖交替进行。25～50米。

效果：提高注意力神经支配能力。

B. 同单侧手、脚用力练习

深吸气蹬池底，滑行后，同侧腕、踝关节用力屈伸，异侧手、脚放松，缺氧时站立，两侧交替进行。25～50米。

效果：提高注意力神经支配能力。

C. 异侧手与脚用力练习

深吸气蹬池底滑行后，腕与异侧踝关节用力屈伸，缺氧时站立，交替进行。25～50米。

效果：提高注意力神经支配能力。

D. 臀部肌肉收缩练习

深吸气蹬池底滑行后，两腿和臀部用力伸直夹紧，缺氧时站立放松。25～50米。

效果：可改善小便失禁。

E. 交叉步半蹲行走

肩沉至水面，两腿正面交叉行走，左腿前迈时，右手向左腿右下方伸，左右交替进行25～50米。

效果：拉长臀大肌等肌肉，改善腰痛状况。

F. 2人1组仰面漂浮

仰泳漂浮，帮助者轻轻握住两踝关节，慢慢向前推行，练习者用深呼吸来调节呼吸，全身放松。帮助者注意不要将练习者两脚拖出水面。2人交替进行。25～50米。

效果：可提高自主神经调节能力。

G. 踏、拾石子练习

在池底集中放小石子数粒，两脚交替踏在石子上面，原地踏步或用脚趾夹起石子。反复练习 3 ~5 分钟。

效果：预防小腿、脚趾痉挛。

H. 水中头颈转动

腰部系负重腰带，头戴浮力帽，深吸气后两腿屈膝坐在水中，身体放松，头左右转动，缺氧时站立。练习 2 组。

效果：伸展头、肩部肌肉，改善颈椎病状况。

（三）高血压病、冠心病患者的水中练习

高血压指临床上收缩压或舒张压增高。冠心病是冠状动脉粥样硬化性心脏病，是由于冠状动脉功能性改变或器质性病变，引起冠状血流和心肌需求之间不平衡而导致心肌缺血缺氧，心肌损害的一种心血管疾病。由于心肌供血障碍，心肌缺血，故本病又被称为“缺血性心脏病”。通过适当的水中练习可以对以上病症有改善作用。

1. 高血压病、冠心病的诊断要点

（1）高血压病、冠心病的分类

①高血压分原发性和继发性 2 大类。原发性高血压称为高血压病，占所有高血压病人中的 90% 以上，后期常可引起动脉粥样硬化和脑、心、肾等病变；继发性高血压称症状性高血压，约占高血压病人中的 10% 以下。

②冠心病分为心绞痛和心肌梗塞 2 大类。心绞痛位于心前区、胸骨后，可向左臂内侧或左颈部放射，一般为压迫感、紧束感、闭塞感或绞痛感、持续时间数分钟，可因户外活动、劳动、受寒、激动等原因诱发，舌下含硝酸甘油可显著缓解。心肌梗塞开始时出现疼痛与心绞痛相同，但无明显诱因，常发生于安静时；可持续数小时或数天；舌下含硝酸甘油一般不能缓解。病人常烦躁不安、出汗、发热、心动过速、恐惧感；严重时出现恶心、呕吐、休克或心力衰竭等症状；心电图有特征性和动态性变化。

（2）高血压病的危害及分期

高血压对心脏的危害表现在：由于血压增高，外周阻力增大，心脏在射血时要用更大的力量才能将血液射出，久而久之心脏出现左心室肥厚、扩大（心脏病理性增大），致使高血压心脏病发生。高血压心脏病严重时，可能造成左心或并发右心衰竭。

长期血压高，易使脑动脉血管发生硬化，供血不足，可能引起脑血管梗塞、脑血管破裂出血、脑溢血发生等危险。血压升高导致的肾动脉硬化可引起肾脏供血不足，影响肾功能，导致肾功能不全、肾功能衰竭和尿毒症的发生。

高血压病分为3期：

第一期：血压达到确诊高血压水平，临床无心、脑、肾表现。

第二期：血压达到确诊高血压水平，且伴有左心室增大或尿蛋白、血肌配轻度增高等症状。

第三期：血压达到确诊高血压水平，且伴有脑卒中或高血压脑病、左心衰竭、肾功能不全或尿毒症等症状。

2. 水中康复练习对高血压、冠心病的作用

（1）降低血压。康复游泳首先作用于中枢神经系统，它能够调节大脑皮质下血管收缩和舒张的神经中枢功能，促使血压下降。高血压患者常有外周血管阻力增高，且对精神、寒冷等刺激呈高升压反应，时间也长。有节律和的肌肉收缩和松弛，放松而协调的全身运动常可反射性降低外周血管的张力，扩张血管，并可减轻对精神紧张、寒冷等的反应。

（2）调节情绪。情绪激动是引起高血压波动的原因之一，而情绪容易激动又是高血压患者的共同特点。参加有规律的康复游泳也调整不良性格，从而减少血压波动，减轻和消除患者的头痛、头昏、精神紧张、气喘等自觉症状，恢复患者生活和劳动能力。

（3）改善神经系统对心血管的调节功能，改善冠状循环，提高冠状动脉对心脏缺血时产生的舒血管物质的敏感性，扩大冠状血管和毛细血管口径，加大冠脉血流量，改善心肌营养。研究表明，适当的有氧训练可促使阻塞的冠状动脉的侧支循环形成，增加缺血区的血液供应。解除或者减轻胸闷、胸痛等症状，达到“通则不痛”的效果。

（4）康复游泳可增强心脏工作效率，改善心脏的收缩功能。研究证实，冠心病患者参加体育运动后，左室搏出量明显增大。而且，较长时间的有氧训练（如水中行走等），可以使定量负荷时的心收缩力增强，心率变慢，心脏的舒张充盈期延长。这样，不仅有利于静脉血回流，增大心搏量，更有利于冠脉血流灌注，并且降低心肌耗氧量。同时，可使最大心搏量和心输出量增加，运动时间延长。

（5）康复游泳可加强心肌对脂肪酸和乳酸的利用和氧化，提高心肌对氧利用率，并能促进心肌贮存糖原分解和减少脂肪在心肌中的沉积，以增强心肌对缺氧的耐受性。长期的运动疗法可以降低血液中茶酚胺的水平，降低外周动脉的紧张度，降低血压。

（6）适当的运动锻炼可增加纤溶酶的活性，特别是缓慢的较长时间的运动可以降低血小板的凝结力，防止血栓形成和其他并发症。康复游泳的练习内容与强度都能达到此效果。

（7）减轻危险因素的威胁。锻炼可减肥，降低体重，从而相对减小心脏负荷，稳定血压，降低血糖，这些均对冠心病的康复有利。所以，适当的水中运动，不仅对疾病有治疗作用，而且还有预防疾病的作用。

3. 高血压、心脏病患者的水中练习应注意的问题

（1）水中康复主要运用于原发性高血压病一、二期和临界高血压病，第二期患者宜进行轻量的医疗体育活动。对第三期高血压病应以治疗并发症为主。各种继发性高血压病、急进型高血压病、高血压危象等禁忌参加练习。如果通过医生检查确定可以进行少量轻微运动时，那么，适当的水中康复锻炼，将有助于血液循环，可以调节、改善心血管系统的功能。

（2）水中锻炼最好在空气清新、通风良好和安静的环境中进行。练习内容的选择和运动量的掌握，要因人因地制宜，量力而行，同时运动过程中注意自我监督，经常测血压和脉搏，每次练习达到稍感疲劳为好。练习后如有不适，应适当减少运动量，或暂时中止练习，经医生诊断准许后再进行练习。

（3）激烈运动往往会使高血压病及心脏病患者引发病情或加剧病情。因此，康复游泳练习中无论在什么情况下都要严格注意，禁止做剧烈或负荷过大及憋气或头下垂低于肩部的练习。因为这些运动会使血流向头部而引起不良反应，对头晕和有运动失调的高血压患者，还应进行前庭器官的锻炼。

（4）水中练习不同于陆上，水温对人体皮肤的刺激，可增加人体体温调节能力，有利于快速适应外环境，提高应变能力，同时还可延缓皮肤老化。但对于高血压及心脏病患者来讲必须防止过强的刺激。水中练习开始时应在水温稍高些的池内较好。入水顺序也应从远离心脏部位开始，应先从脚、腿、腹、胸一点点逐步浸入水中，每一部位入水后要有短暂适应水温过程，切莫操之过急。严禁采用出发式入水。

（5）练习者在水中应思想放松，练习中要心情舒畅，避免精神过度紧张，缓慢地做每一个动作。水中练习的最初阶段是适应水环境，如对水的恐惧感过强，在指导人员的帮助下仍无法放松者，则不适宜水中练习，不应勉强。

（6）练习开始时，在水中不要进行过多的练习，练习者应持有一种水中散步放松的感觉。随着练习次数的增加，活动距离与时间一点点延长。这种练习持续 3 个月后，可进行一些慢跑内容，强度控制在呼吸稍稍感到困难时，不能过分增加强度。水中步行、水中慢跑及跳跃练习时一定要注意节奏，调整好呼吸，不要憋气做，憋气时会加大心脏的负荷，造成血压上升，容易出现危险。水中步行或慢跑的同时可适当做一些上肢动作，如转肩、体侧、体转等动作，这对于防治肩、臂、腰部疾病，减少疼痛有积极的效果。教练员在整个练习过程中都必须时刻注意练习者的反应，适时询问身体状况，一旦出现异常现象应中止练习。

练习的内容、时间及强度等要素都应结合当日各人的身体情况来适当安排，如身体感到不适时，应立即停止练习，安静休息，必要时请医生诊治。

（7）水中康复练习要长期坚持，并与药物治疗相结合，这样才能取得最佳疗效，随练习时间推进可逐步减少用药量。

4. 练习内容

由于参加者是高血压病、心脏病患者，因此在练习中特别应注意在内容及时间安排上的合理。练习内容一般由陆上徒手体操、水中的熟悉水性、水中行走、水中游戏、水中慢跑、整理活动等组成。会游者也可以安排少量的游泳练习。因游泳练习有时不易控制强度，教练员必须慎重考虑使用，防止出现安全事故。

以下推荐一组练习安排供参考（表9－2－1、表9－2－2）。

表9－2－1　（参加练习开始时）高血压心脏病患者的水中练习

课的部分	练习内容	练习要求	练习时间
准备部分	陆上练习 1. 徒手操：颈、肩、腰等部绕环 2. 垫上练习：柔韧练习	节奏缓慢 动作幅度 不宜过大	5分钟
基本部分	1. 熟悉水性练习 （1）水中呼吸：扶池边、水线进行，池中单、双人进行 （2）水中漂浮：有帮助下抱膝、展体漂浮，无帮助下抱膝展体漂浮	开始时或基础差者注意保护帮助，随水平提高逐渐过渡到无帮助	7分钟
	2. 水中行走 （1）单人水中行走　25米×4 （2）双人、多人组合水中行走　25米×2 （3）高抬腿走　25米×2	速度不宜过快 掌握好平衡	12分钟

续表

课的部分	练习内容	练习要求	练习时间
基本部分	3. 休息		3 分钟
	4. 水中游戏 （1）水中猜拳决胜（先 2 人 1 组分开，负者自我介绍或唱一首歌，胜者继续进入下一轮比赛，直至冠军最后自我介绍） （2）传球（围成圈传球，哨响持球者唱一支歌后再进行）	入水中不能完成可在水面上进行 以安静有趣游戏为宜	10 分钟
结束部分	整理活动 1. 水中放松操 2. 深呼吸、漂浮放松等	可利用浮板、池边、水线等进行	3 分钟

总时间 40 分钟

表 9－2－2　（参加练习开始 1 个月后）高血压心脏病患者的水中练习

课的部分	练习内容	练习要求	练习时间
准备部分	陆上练习部分 1. 徒手操：颈、肩、腰等部绕环 2. 垫上练习：柔韧练习	节奏缓慢 动作幅度 不宜过大	10 分钟
基本部分	1. 熟悉水性练习 （1）水中呼吸：池中单人进行、 （2）水中漂浮：有无帮助下抱膝、展体漂浮，有帮助下移动展体漂浮	移动速度不宜过快	5 分钟
	2. 水中行走 （1）高抬腿走　25 米 ×4 （2）交叉步走　25 米 ×2 （3）倒退走等　25 米 ×4	速度不宜过快 掌握好平衡	15 分钟
	3. 休息		3 分钟
	4. 水中游戏 （1）魔笛 解散后听哨响几声就组成几人圈，剩下的人表演一个节目 （2）水中猜拳、水中摸物	不宜引起高度兴奋	7 分钟
结束部分	整理活动 1. 水中放松操 2. 深呼吸、漂浮放松等	可利用浮板、池边、水线等进行	5 分钟

总时间 45 分钟

（四）膝、踝关节疼痛患者的水中练习

1. 常见的膝关节损伤

膝关节在运动中易受到损害，如胫骨软骨病、膝半月板损伤、膝关节韧带损伤等。

（1）膝关节损伤水中康复

膝关节损伤后，应仔细检查，区分损伤种类及范围，以便选择合理的练习方法。一般分为单个韧带伤、多个韧带伤、多个韧带伤合并其他结构损伤。体育康复可分为5期，即术前期、术后或伤后早期、前中期、后中期及终期。

①术前期

术前采用。此期的目的是在不增加损伤的前提下，增强与保持肌力，改善膝的功能。因此，应严格控制运动量及运动范围。训练既可保持肌力，又可为术后练习做好准备。

②术后或伤后早期

应于24小时内开始，可选用以下练习。股四头肌最大等长收缩练习；腘绳肌等长收缩练习；直腿上抬练习；足踝部练习；腰背部练习。

（2）半月板损伤的水中康复

膝关节半月板损伤包括半月板和盘状软骨的撕裂、半月板囊肿、半月板周围炎，以及半月板过度活动。

①半月板损伤的病因病理

损伤原因：半月板损伤在篮球、体操、足球等运动项目最多见，田径、举重、排球等项目次之。除运动员外，也可见于矿工、装卸工以及其他人群。其损伤原因主要有膝伸屈伴小腿内外旋或内外翻，使半月板产生矛盾运动而致伤，膝过伸和过屈动作过猛，长期反复小创伤或磨损引起，如矿工长期单腿跪姿工作，排球防守常使膝处于翻位发力等。

②临床表现

半月板损伤后其主要表现为膝部疼痛，功能活动困难，常常有“交锁”症状。其体征主要有：压痛，在关节内侧或外侧间隙处存在固定而显著的压痛点；肿胀，关节积血或积液所致，与活动的量和强度有关。浮髌试验或关节积液诱发试验阳性。麦氏试验和摇摆试验可出现阳性，通过膝关节镜检查可确诊。

2. 水中练习的益处

由于膝关节的慢性病而引起膝部疼痛，或因大腿的股四头肌，小腿的腓常肌的

肌肉力量不足以及腰、腹部肌肉萎缩无力，使膝关节负担加重而产生的膝关节疼痛，通过水中有针对性、适当的肌肉练习，可以使疼痛得到缓解，康复练习的结果表明当这些肌肉力量增强后，膝关节的疼痛也伴随着显著的改善。但如果是急性损伤造成的疼痛，如韧带拉伤、半月板损伤等，康复练习应注意避免使用不适宜的练习内容。

参加体育锻炼的方法多种多样，一般的陆上运动项目都会给膝关节带来很大负担，练习者大多是“心有余而力不足”，中途因膝关节疼痛无法完成练习内容结果“半途而废”。水中练习可借助水的浮力减轻体重对膝关节的负担，从而使疼痛也大大减轻，肢体和关节都可进行大幅度活动。水中康复练习对增强关节的灵活性，加强肌肉力量是极为有效的。

3. 水中练习内容（表9－2－3、表9－2－4）

表9－2－3　（练习开始时）膝关节损伤康复期的水中练习

课的部分	练习内容	练习要求	练习时间
准备部分	陆上垫上练习 1. 柔韧练习 2. 股四头肌、腘绳肌抗阻练习	动作幅度、强度应量力而行	10 分钟
基本部分	1. 水中行走 （1）单人扶池边水线行走　25 米 ×4 （2）池中行走 高抬腿　25 米 ×2 （3）水中肌肉力量练习前后、侧摆腿各 10 次 ×2 （4）打水（踢水）　30 秒 ×2	两手在体侧控制平衡	15 分钟
	2. 休息	注意节奏、动作幅度不宜过大	3 分钟
	3. 水中游戏 移动性或趣味性游戏	可利用浮板、池边、水线等进行	7 分钟
结束部分	整理活动 1. 水中放松操 2. 漂浮练习等		10 分钟

时间 45 分钟

表 9－2－4　（一个月后）膝关节损伤康复期的水中练习

课的部分	练习内容	练习要求	练习时间
准备部分	陆上垫上练习 1. 柔韧练习 2. 股四头肌、腘绳肌抗阻练习 3. 腰腹肌、下肢肌群力量练习	动作幅度、强度应逐渐加大	10 分钟
基本部分	1. 水中行走 （1）跨步、侧跨步行走　25 米×4 （2）抗阻行走、高抬腿　25 米×4 （3）水中肌肉力量练习前后、侧摆腿各 20 次×2 （4）打水（踢水）　30 秒×2	两手在体侧控制平衡	20 分钟
	2. 休息		3 分钟
	3. 水中游戏 移动性或趣味性游戏	可利用浮板、池边、水线等进行	7 分钟
结束部分	整理活动 1. 水中放松操 2. 漂浮练习等		10 分钟

时间 50 分钟

第三节　水中康复锻炼方法

一、肌肉强化为目的的力量性练习

水中肌肉强化练习可以达到增强肌肉力量、塑身等与陆上力量练习相同的锻炼效果。可以通过打水板、划手掌、浮球、池边、专用力量架或橡皮条等简易器械可以增加挡水截面，或加大阻力，进行力量训练。

（一）上肢力量练习

1. 上肢浮板练习 1

动作要求：两臂伸直与水平面平行，两臂克服水的阻力同时用力下压至体侧，两肘加紧身体（图 9－3－1）。

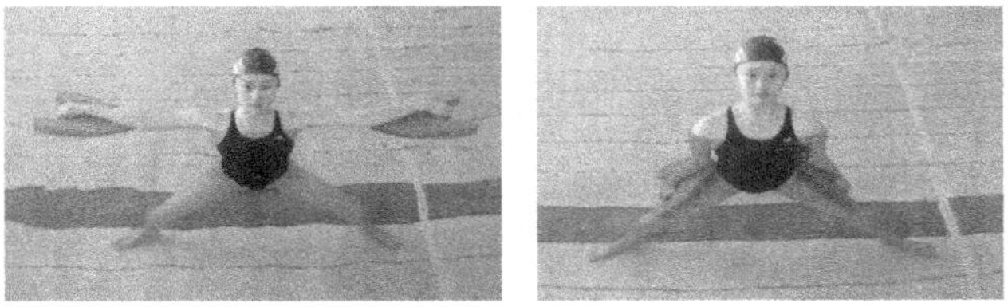

图9－3－1

2. 上肢浮板练习2

动作要求：两臂曲臂与水平面平行，两臂克服水的阻力同时用力下压至体侧，两肘加紧身体（图9－3－2）。

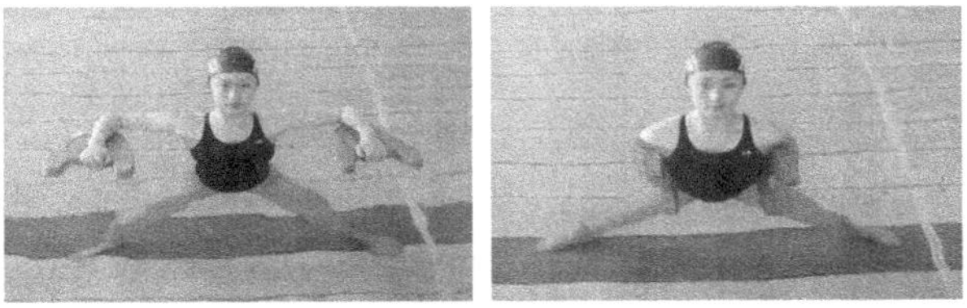

图9－3－2

3. 上肢浮板练习3

动作要求：两肘加紧身体用力下压浮板，同时身体下蹲，然后还原。下压动作要快，还原时动作速度减慢（图9－3－3）。

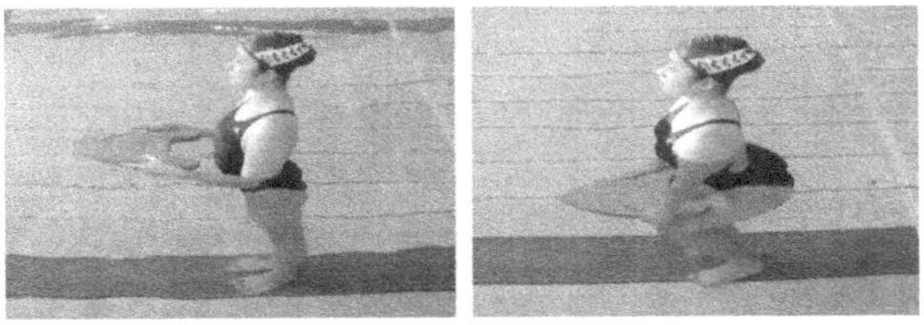

图9－3－3

4. 上肢浮板练习4

动作要求：两肘加紧身体用力下压浮板，两肘要贴紧身体，然后还原。下压动作要快，还原时动作速度减慢（图9－3－4）。

图9－3－4

5. 上肢浮板练习 5

动作要求：两臂伸直，经身体左侧至右侧用浮板划水。浮板露出水面一半。然后再从反方向练习。腰部用力收紧。此项练习可以根据练习者力量大小调节强度，小强度时把浮板下缘贴紧水面练习；大强度时把浮板完全沉入水中练习（图 9－3－5）。

6. 上肢浮板练习 6

动作要求：两臂伸直，拿好浮板的中间向前推水行走。上体正直。浮板露出水面一半。此项练习可以根据练习者力量大小调节强度，小强度时把浮板下缘贴紧水面练习；大强度时把浮板完全沉入水中练习（图 9－3－6）。

图 9－3－5

图 9－3－6

7. 上肢手蹼练习 7

动作要求：两臂弯曲贴紧体侧，然后用力同时向前推水。随后还原与体侧。上体正直。下肢弓步前后分腿站立。阻力手套（手掌）露出水面一半。此项练习可以根据练习者力量大小调节强度，小强度时把阻力手套（手掌）下缘贴紧水面练习；大强度时把阻力手套（手掌）完全沉入水中练习（图 9－3－7）。

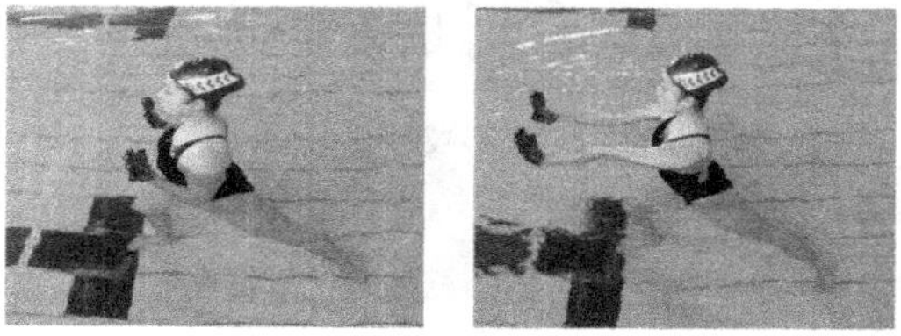

图 9－3－7

8. 上肢手蹼练习 8

动作要求：两臂弯曲贴紧体侧，然后用力同时翻掌向后用力推水。两肘贴紧身体。随后还原于体侧。上体正直。下肢弓步前后分腿站立（图 9－3－8）。

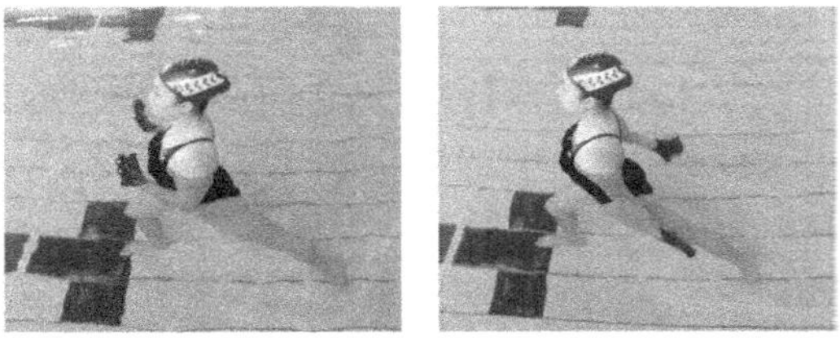

图 9－3－8

（二）下肢力量练习

1. 下肢浮板练习 1

动作要领：（坐在池边双脚、单脚踢水）坐在池边，上体略后倾，两手后撑地面，双腿夹住浮板，同时做向前踢水动作。双腿踢直后还原动作（图 9－3－9）。也可加大难度身体无支撑，完全在水中进行动作练习（图 9－3－10）。

图 9－3－9

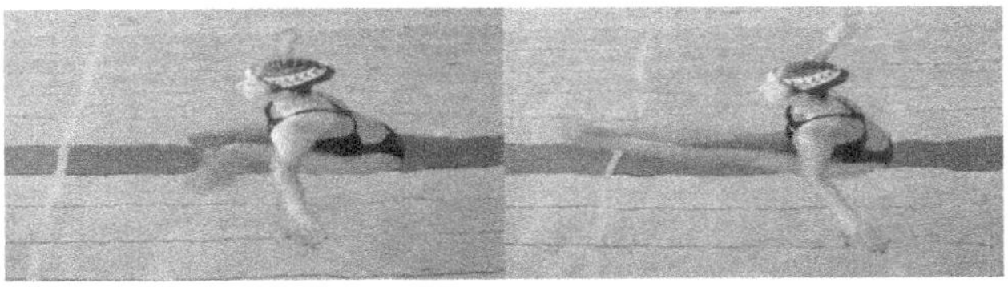

图 9－3－10

2. 下肢浮板练习 2（此动作也可借助水中健身棒完成）

动作要领：臀部坐于浮板上，上体保持正直，两手扶于身体两侧的板端。一腿前伸踢直，一腿弯曲，然后两腿交替前踢腿（图 9－3－11）。

图 9－3－11

3. 下肢浮板练习 3

动作要领：身体站立于水中，脚踩在浮板上，然后慢慢收腹，双腿上抬收于腹下，然后反复练习。注意控制好脚下的浮板，不要乱飞，以免造成伤害事故（图 9－3－12）。

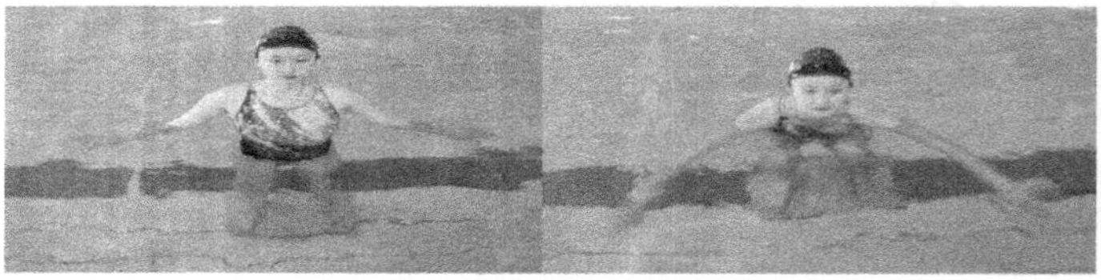

图 9－3－12

4. 下肢浮板练习 4

动作要领：一手扶池边，身体侧向站于池边旁，内侧腿站立，外侧腿脚踩在浮板中间，随着抬腿动作，脚下浮板也跟着上抬，然后用力快速的向下踩板，重复数此后，换腿。注意控制好脚下的浮板，不要乱飞，以免造成伤害事故（图 9－3－13）。

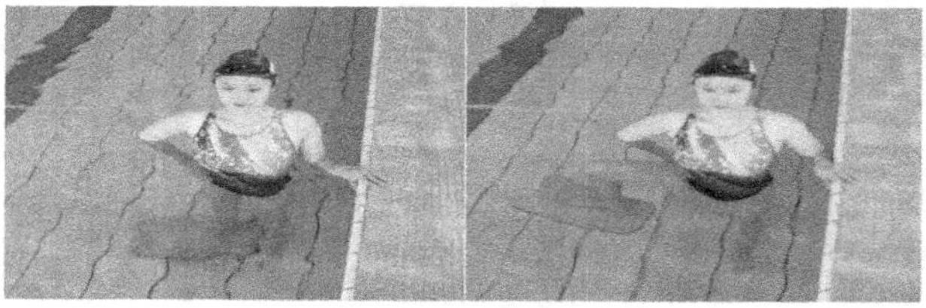

图 9－3－13

5. 下肢大腿内侧肌群练习 4

动作要领：双手拉好跳台或架于池边上，上体保持正直贴紧池壁，双腿屈膝并拢成 90 度，双腿抬平向左右两侧打开，尽量贴紧池壁（图 9－3－14）。

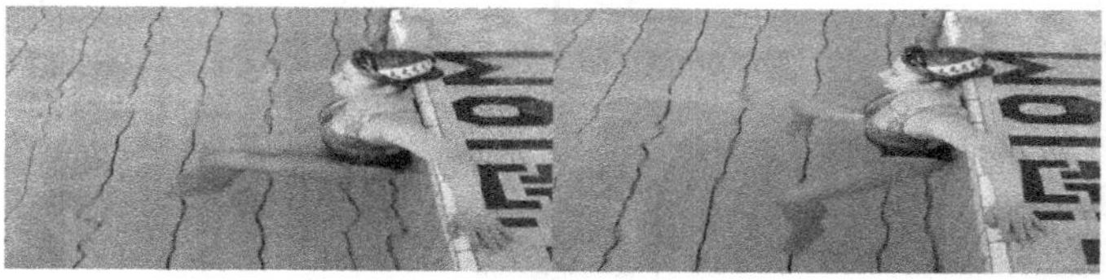

图 9－3－14

（三）躯干及全身动作练习

1. 腰背腹部练习 1

动作要领：双手拉好跳台或架于池边上，上体保持正直贴紧池壁，双腿自然伸直，同时伸直用力抬腿，抬腿至水面（图 9－3－15）。

图 9－3－15

2. 腰背腹部练习 2

动作要领：双手拉好跳台，身体正直贴于池壁，腰部发力，身体向左右侧摆动（图 9－3－16）。

图 9－3－16

3. 腰背腹部练习 3

动作要领：两手胸前抱好浮板，身体仰卧于水面。动作开始时，收大腿向胸部靠拢，上体也向大腿靠拢，用腹部力量完成动作（图 9－3－17）。

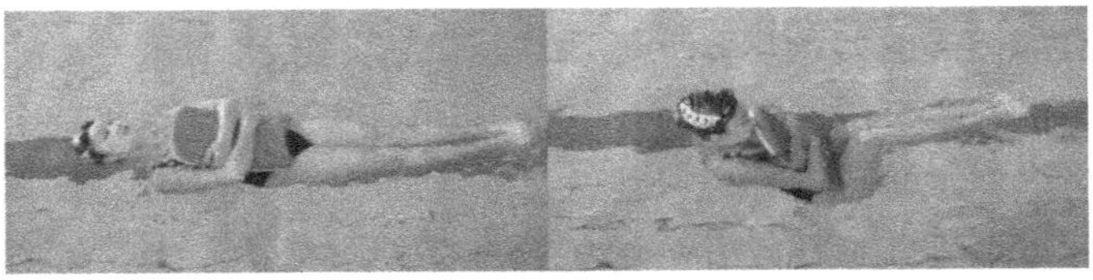

图 9－3－17

4. 腰背腹部练习 4

动作要领：胸前抱好浮板，上体在水中略倾斜，两腿交替由直腿收于胸前（图 9－3－18）。

图 9 -3 -18

5. 腰背腹部练习 5

动作要领：双手扶于池边，身体正直，一腿支撑，一腿向前收腿于胸前，然后用力向后摆腿至最高点，背部有明显的收紧感即可，然后还原。数次后换腿练习。摆腿时不能屈膝，直腿后摆，否则练习效果不明显（图 9 -3 -19）。

图 9 -3 -19

二、其他水中康复锻炼方法

在第七章和本节中向大家介绍了水中健身动作和水中健身操的内容，这些都属于有氧健身运动，可以称之为主动健康锻炼。换言之，还有被动健康锻炼。这种方法是利用水的温度、水流按摩方式、海水、泥浆或者饮用水所含的各种物质等方法进行的被动锻炼。它可以起到消除精神上的紧张压力情绪、调解身体新陈代谢等功能。

（一）海水疗法

海水浴是海滨疗养的特色疗养保健手段，海水浴疗法能获得消除疲劳、增强体质、防治疾病、促进康复的明显效果 。它是利用海水锻炼身体和防止疾病的方法。

在人类历史上，水用于治疗由来已久，公元前 500 年欧洲就有文献记载的效力罗马帝国时期，海水可以治疗人类一切疾病古希腊人相信海水具有清洗恶性肿瘤组织与刺激神经的效力。罗马帝国时期，寻常百姓用水疗治疗疾病，当时，奥古斯都大帝也浸泡海水来治疗热病 16 世纪，法国国王亨利三世利用海水来治疗皮肤病自行车赛世界冠军路易松 · 博贝发生车祸后，康复阶段住在罗斯科夫海水疗养中心，受伤的肌体得到惊人的恢复。目前我国沿海地区，如兴城、大连、秦皇岛、北戴河、青岛、烟台、鼓浪屿等地疗养院均已实施海水浴疗法。

近年来由于社会竞争越来越激烈，生活节奏不断加快，工作压力加大，处于亚健康状态的人越来越多，表现为不明原因的头痛、头晕、精神不振、乏力、失眠、注意力不集中、记忆力下降、情绪不稳定及抵抗力低等，这些病症临床检查找不到肯定的病因所在，影响人的工作能力和生活质量。引起这些状态的原因多由于人体生理机能或代谢机能低下所致，为了提高人们的健康水平，可以采用海水浴疗法。这种疗法是借助大自然的自然环境下进行的，人们回归自然可以放松精神缓解压力，在海水的按摩和阳光的照射下促进体内新陈代谢，调节身体的机能。

（1）海水浴的时间选择：夏季 7 ~ 9 月份是安排海水浴的最佳季节，海水浴的适宜温度应掌握在 20℃ 以上，海浪 4 级以下，风速在 4 米/秒以下，风力小于 3 级，而且当日的气温应高于水温 2℃ 以上时，方可进行海水浴疗法。其次应选择满潮前 2 小时 开展海水浴，此时海水涨得较高，水流向岸边，水质较干净，污染少，不易碰到暗礁伤到足部。暴雨、台风后水面浮游杂草、枯枝及水质混浊时不宜组织海水浴。还要注意日照强度，强烈的日照辐射对人体具有损害作用，为减少海水浴间歇在日光下暴露的时间，可备遮阳伞、墨镜、防晒霜等保护用品。盛夏季节，上午选择在 8：00—10：00、午后 15：00—17：00 及晚饭后 1 小时至天黑前为宜。每次海水浴时间约 45 分钟，在进行海水浴之前要在岸边做 5 ~ 10 分钟的准备活动方可下水。

（2）进行海水浴的禁忌症：身体虚弱、肾炎、肝炎、心衰、不稳定性心绞痛、三级高血压病、精神病、月经期、饮酒后等都不宜进行海水浴。

（二）温泉浴

温泉浴有单纯温泉、碳酸泉、食盐泉、钙泉以及硫磺泉等。温泉依温度之高低不同可分为 3 类，即高于 75℃ 者为高温温泉、介于 40℃ ~ 75℃ 者为中温温泉、低于 40℃ 者为低温温泉。

根据泉水的温度和所用泉水的成分，温泉洗浴可分为多种类别：有利用水温差别调节人体血液循环的温差浴；有利用水的气泡作用刺激人体神经末梢达到康疗、保健目的的温泉气泡浴；有美容润肤的鲜花浴、牛奶浴；有醒神、镇静的啤酒浴；还有细腻皮肤、苗条身材的盐浴；有营养滋补、润泽肌肤、美容驻颜、延年益寿之功效的人参浴等。

1. 硫磺泉

浸这种温泉能够止痒、排毒及解毒，所以是治疗慢性皮肤病最好的方法，还可以软化皮肤角质层。中老年人在泡温泉时要特别注意，并且最好不要跟肥皂一起用。

2. 食盐泉

这种温泉又叫作盐泉，泡了之后，盐分会黏在皮肤上面，可以改善皮肤的组织，泡这种温泉对皮肤不好的人很适合。食盐泉对有手脚冰冷及妇科病症、贫血、糖尿病及过敏性支气管炎等有改善的作用，患有肺结核及高血压的人不适合泡食盐浴。

3. 碳酸氢钠泉

这种温泉对皮肤有滋润、漂白及软化皮肤角质层的作用，最适合女生泡而且对那种烧伤或 者烫伤的人，泡这种温泉也有消炎、去疤痕的作用。

(三) 温差浴

即通过温矿泉的温度差别刺激毛孔和血管收缩与扩张，达到洁肤舒身、活络经脉的目的，有调节血液循环，促进新陈代谢之功效。温差浴分高温浴、中温浴、低温浴和冷水浴 4 个温度档次。我们可以通过下表 9 -3 -1 更好地了解在不同水温下身体产生的生理变化。

表 9 -3 -1 不同水温下身体参与运动的生理学变化示意图

	水温（℃）	
交感神经	44	高温浴温度
	43	
	42	
	41	高温浴温度 41℃ ~44℃ ↑
	40	出汗、血压升高、脉搏跳动加快
	39	
副交感神经	38	中温浴温度 38℃ ~40℃ ↑
温感温度带	37	气泡池——放松肌肉
	36	他觉得中立温度
	35	血压、脉搏没有明显变化
氧消耗量最小	34	低温温度浴 34℃以下↓
	33	淋浴
冷感温度带	32	婴儿、孕妇游泳
交感神经	31	休闲游泳
	30	水中运动（水中健身操、走步、跑步等）
	29	运动温度
	28	游泳练习课
	27	低温浴温度
	26	奥运会游泳比赛 ±1℃

注：改编参照《水中漫步健康法》野村武男 2002 年。

1. 高温浴

温度在41℃～44℃之间，浸浴时间不宜超过15分钟。可使皮肤血管明显扩张，脉搏增速，改善血液循环，增强新陈代谢，从而促进病变物质的排泄，有镇痛、消炎的作用，有利于组织器官的功能恢复。

2. 中温浴

温度在38℃～40℃之间，可改善人体新陈代谢，达到正常的血液循环。对慢性炎症和外伤引起的各种神经、肌肉关节的疼痛和功能障碍，自主神经功能失调，皮肤病等有较好理疗作用。

3. 低温浴

温度在34℃以下，反射性提高交感神经兴奋，使皮肤血管收缩，毛孔关闭，脉搏变慢，血液循环时间延长，使呼吸量增大，胃肠蠕动减慢，胃液分泌减少而酸度增加，使糖和脂肪代谢加快。

4. 冷水浴

水温略低于大气温度，可快速提高交感神经兴奋，达到醒神目的。

（四）温冷浴

温冷浴是指用温水和冷水交替洗澡的一种疗法。经常运用这种方法锻炼有助于消除疲劳，预防感冒、治疗哮喘、风湿病、神经痛等都有效果。这是国外倡导的一种新的家庭疗法。目前，在美国、德国、巴西、日本等国，这种疗法受到普遍欢迎。

有专家认为，水温高于34℃时，身体代谢功能就会加快，同时心跳次数就会逐渐增加。水温到达40℃时，在水中停留15分钟后就会出汗，虽然能够排泄体内的废物，但也容易丢失水分、盐分、维生素C等人体健康所需的要素，从而引起高血压、胃溃疡、肾脏病等多种疾病。30分钟就会有疲劳感，身体表面的毛细血管扩张，血液循环旺盛，增加心脏和血液循环系统的负担，血压升高。

水温低于34℃时，体表的血管会收缩，身体状态与40℃水温时一样升高，为了避免身体散热，因此会发抖。利用这种效果，温水和冷水浴交替进行，使得血管收缩和舒张顺利进行，就能提高调节体温的机能，可以预防和治疗感冒。

洗温冷浴时，冷水刺激人体后液体变为酸性，温水刺激后体液易变为碱性，温冷水交替刺激，体液可以保持平衡，中性体液不容易致病，对疾病有治愈力。例如：哮喘是由于内脏的自主神经功能失调引起的，多是副交感神经兴奋所致；风湿病、神经痛也是一直影响人们正常生活的疾病，有些人膝不能弯曲，身体不能坐直，通过一段时间的温冷浴疗法，人们身体的这些症状都得到了缓解。在众多温冷浴疗法中最典型的就是芬兰浴。

（五）冲淋浴

利用水力势能，刺激头部、肩肌和背部穴位，对偏头痛、头皮屑、肩周炎、背心寒等疼痛有较好的康疗作用。

（六）按摩冲浪浴

利用水浪冲力和温泉中的活性因子，刺激腰肌及腰部穴位，有改善血溶剂化物循环和消炎镇痛、消乏解困之功效，适用于神经麻木、软组织损伤及腰肌劳损、风湿关节炎的辅助治疗。

（七）几种水中疗法

1. 全身气泡浴

用 WP—5000 型设备，气泡形成，来源于槽底部气发生装置。水温 36℃～38℃，每日 1 次，每次 12～15 分钟，15～20 次为一疗程。

全身气泡浴又称空气—水浴，通过气泡破裂时的机械力对人体体表微细按摩作用达到镇痛和改善血循环的作用。因空气和水的导热性差异在气泡附着体表形成冷热温度差，改善血液循环，训练血管舒缩功能。实践发现，在治疗经内科长期治疗效果不佳的神经官能症所致的紧张性头痛、失眠、功能性高血压病、心悸、室性早搏等均有较好效果，起到药物治疗所起不到的作用。

2. 全身涡流浴

用 WP —5000 型设备，上下肢用 WP—3000 型设备。槽内有 3 个喷水嘴，前面 2 个适合腰部，后面一个适合跟腱部。作用时间、强度、温度自动可调。水温 38℃～42℃，每日 1 次，15～20 次为一疗程。

涡流浴为加热的涡流喷射于机体表面，综合了传导热及机械刺激，按摩作用可对神经末梢起镇静作用，能减轻疼痛，缓解痉挛，改善全身或局部血液及淋巴液循环，软化疤痕组织。温水使血管扩张，肌肉韧带紧张度降低，松解骨关节、韧带、肌肉损伤所致之粘连，因此当用于关节僵硬和肌肉痉挛性疾病治疗时，其疗效比单用电疗作用明显。

3. 哈八氏（Hubbard）槽浴

HTR—2200 型设备，此装置由/ 80 字槽、升降机、操纵台及水过滤装置等组成，槽内的长度一般为 2. 1～2. 4 米，宽度随患者仰卧所处位置分别为肩 1. 8 米、腕

0.3 米、膝 1.2 米、踝 0.9 米。

4. 步行浴

用 BES—2000 型设备，由步行浴槽及升降机两部分组成。浴槽全长 230 厘米、深 130 米，容水量 1.9 吨。具有高 87 厘米、宽 154 厘米的宽大观察窗通过浴槽观察窗可对患者进行观察、评价、拍照或录像。指导患者矫正步态训练等。水温38℃～39℃，每日 1 次，每次 15～20 分钟，15～20 次为一疗程。

哈八氏槽浴和步行浴除具涡流浴效应外，还配设升降提架装置更便利于脑瘫、偏瘫、截瘫、四肢瘫等运动功能极度障碍者的治疗。患者可躺在架上或坐着进行主动或被动运动，从而可有效地阻止废用综合征的发生。

借助水的浮力能使功能障碍者在水中进行辅助性、抗阻性等各种运动锻炼。水流或水射流的冲击，能起到按摩作用。静水压和活动通常能减轻由于废用所造成的水肿，通过感觉和看到自己所进行的运动能增强本体感受器的刺激，因此说水“增强了感觉能力”。对肌肉运动的分析很容易通过观察来实现，存在错误也很容易被纠正。通过增加速度可增加阻力，水下运动是消除废用性萎缩的有效方式，其效果明显。

水疗无创性及无痛性的运动范围增加，在温水中的比任何其他可能的陆地上的治疗都快。游泳又是无关节肌肉损伤的唯一的积极运动形式。治疗废用性或神经性及疾病所致严重肌肉萎缩有特别疗效。

第十章　水上运动竞技项目介绍

第一节　公开水域

一、公开水域游泳（Open Water Swimming）简介

根据国际泳联制定的公开水域游泳竞赛规则，是指江、河、湖、海等自然水域举行比赛，其中距离不超过 10 千米的比赛称为长距离游泳比赛，超过 10 千米的比赛叫马拉松游泳比赛。参赛运动员年龄不得小于 14 周岁。

经过多年发展，公开水域于 2008 年北京奥运会正式列为比赛项目之一，分别为男子 10 千米、女子 10 千米 2 个小项。

在国际游联分项中，公开水域游泳是与游泳、跳水、花游、水球、成人游泳并列的一个项目。该项目在国际游联设有单项技术委员会、独立的竞赛规则，国际游联定期举办世界游泳锦标赛有公开水域游泳项目。公开水域游泳还定期举办专项的每年一次系列赛的世界杯赛（马拉松游泳 10 千米以上）和每两年一次的世界锦标赛（5 千米、10 千米、25 千米）。

公开水域游泳唯一需要的配套设备是一个游泳套装，包括颜色鲜艳的泳帽，用以增加运动员的明显性。另外，泳衣或是泳裤也是必要的。

二、与传统游泳比赛的区别

（一）赛程不同

传统游泳比赛最长距离为男子 1500 米和女子 800 米。而公开水域比赛距离分为 25 千米、10 千米和 5 千米。

（二）比赛环境不同

传统游泳比赛是在室内或室外 50 米或 25 米标准泳池中进行。而公开水域比赛则是在户外的江、河、湖、海中进行。

（三）公开水域游泳比赛对安全性有着特殊的要求

按照规则，比赛要设有安全检查官员，检查整个赛场出发端和终点端以及整个比赛区域是否安全，是否符合比赛要求，有无障碍物。而且要准备好数量充足的救生艇。

（四）比赛水温、水质要求不同

传统比赛的水温要求在 25℃。公开水域比赛要求水温不得低于 16℃，水深不得低于 1.4 米。

三、公开水域游泳训练的目的任务

公开水域游泳训练的目的是在游泳训练过程中，逐步提高运动员竞技能力，从而在竞技比赛中能够创造出优异成绩。全民健身公开水域游泳训练主要是提高心脏动能，增加耐力，更主要是培养运动员参赛时具有良好的心理素质和运动品质，教会运动员进行训练的组织指导工作的基本知识和技能，培养良好的体育作风和顽强的拼搏精神。

四、训练的基本内容

（一）身体训练

游泳运动员身体训练是要建立扎实的体能基础，即力量、速度、耐力、柔韧。运动员训练又分为陆上训练和水上训练。从训练性质分类，包括一般身体训练和专项身体训练。陆上训练主要是发展力量柔韧和协调性。水上训练主要是提高水上运动能力和专项身体训练水平。

准备一个公开水域游泳比赛来说，在户外训练是最理想的场所，但是很多运动员不得不在游泳池训练。比赛在海里，湖里或河流中进行决定了最佳的训练介质。理想情况下，长距离的训练应该在同一介质里进行，但是一般不现实，例如冬天海水温度太低等情况。因此，在这些情况下，游完预定的训练距离，比在相同介质中训练要重要。所以，如果你只能在泳池里训练，无论如何都要游完规定的这个距离

（二）技战术训练

技术训练与战术训练紧密结合在一起，技术训练要考虑运动员个人特点，要因人而异，能使其在比赛中创造最好成绩，从而有效地发挥机能潜力。战术训练更加重要，身体素质、心理素质都会影响其水平发挥，因此需要培养运动员能够准确控制自己游速的能力。因此，战术训练实质是培养运动员的速度感和控制感。

对于公开水域游泳技战术训练来说，一个有效的训练组成部分是附加训练，你需要在你的训练计划中包含各种类型的附加训练，根据你的时间或个人偏好，这些包括负重练习，环绕练习，专为游泳设计的负重器械上的练习，柔韧体操、跑步和骑车附加训练对发展全面的素质、更好的柔韧性是很重要的。它也可以帮助克服因为伤痛、疾病或关节不灵活带来的身体上的缺陷，还可以消除训练中的单调。

（三）心理训练

心理训练已成为现代训练的重要内容，影响着运动员在重大比赛中的水平发挥。专家认为，运动员竞赛成绩取决于身体、技术水平和心理 3 个方面。公开水域游泳比赛同样取决于这 3 点。有目的地把改进心理调节功能作为心理训练的一个独立方面进行训练，这对提高运动水平有着重要意义。

（四）应对突发问题训练

公开水域游泳第二个大问题是应对各种突发问题，如疾病、体温过低、脱水、海洋生物袭击、潮汐、海流、恶劣天气或支援人员的不到位赛前要预想到突发情况并做好应急预案。

就算是经验丰富的游泳者也会偶尔在公开水域中感到恐慌，在公开水域中游泳，无论发生什么情况，保持镇静是最关键的。游一会蛙泳，或者踩水，或者漂浮一会都是缓解突如其来的问题时不错的应对办法。保证生命安全比跟住团队、更快的速度，或者战胜一个大波浪更为重要。

五、公开水域分类

从目前参加公开水域的运动员来看分为 2 大类：一种是专业运动员（各省市运

动队的长距离高水平游泳运动员、参加全国以及世界大赛取得优异成绩的高水平运动员、退役的运动员）；另一种是大众游泳爱好者，属于全民健身范畴。

六、公开水域参赛运动员身体健康要求

公开水域游泳是一项有风险的运动项目，对参赛者身体健康有较高的要求，参赛者应确保身体健康，有常年游泳锻炼或游泳训练的基础。如有以下疾病不宜参加比赛。

（1）先天性心脏病。

（2）高血压和脑血管疾病。

（3）心肌炎和其他心脏病。

（4）冠状动脉病和严重心律不齐。

（5）血糖过高和过低的糖尿病。

（6）不适合本项目运动者。

在比赛中，因个人身体及其他个人原因导致的人身损害和财产损失，需由参赛者个人承担责任。

七、公开水域竞赛办法

（1）采用国家体育总局游泳运动管理中心下发的各有关竞赛规定。

（2）所有比赛项目只进行一次性决赛，按成绩排列名次，成绩相同名次并列，取消下一名次。

（3）各年龄组比赛均采取一次性出发，凡出现抢跳、拉拽其他运动员者，一律取消比赛资格和成绩。

（4）运动员参加比赛时，必须向检录裁判员出示相关证件，无证者不得参加比赛。

（5）凡冒名顶替和弄虚作假者，均取消本人所有比赛成绩，并按有关竞赛规定给予处罚。

八、自愿参加比赛责任书

参加公开水域比赛前需填写自愿参赛责任书，具体内容如下。

（1）我完全了解自己的健康状况良好，没有任何身体不适或疾病。因此我郑重声明，可以正常参加比赛。

（2）我充分了解本次活动期间的训练或比赛有潜在的危险，以及可能由此而导致的受伤或事故，我会竭尽所能，以对自己安全负责任的态度参赛。

（3）我本人愿意遵守本次比赛的所有规则规定；如果本人在参赛过程中发现或注意到任何风险和潜在风险，本人将立刻终止比赛或告之赛会官员。

（4）我本人以及我的继承人、代理人、个人代表或亲属将放弃追究所有导致伤残、损失或死亡的权利。

（5）我同意接受主办方在比赛期间提供的现场急救性质的医务治疗，但在医院救治等发生的相关费用由本人负担。

本人已认真阅读全面理解以上内容，且对上述所有内容予以确认并承担相应的法律责任，本人签署此责任书纯属自愿。

九、公开水域开展游泳活动的管理办法

（1）为进一步推动我国公开水域（江、河、湖、海）游泳活动的广泛开展，根据《中华人民共和国体育法》，参照国际业余游泳联合会（简称国际游联）颁布的有关规则，结合我国公开水域开展游泳活动实际，制定本办法。

（2）国家体育总局游泳运动管理中心负责公开水域开展游泳活动的管理工作。

（3）凡在我国境内举办的全国性公开水域游泳活动和竞赛，必须报经国家体育总局游泳运动管理中心批准；凡地方组织举办的本地区公开水域游泳活动和竞赛，必须报经所属地区的省级体育行政部门批准，并向国家体育总局游泳运动管理中心备案。

（4）凡举办直线游泳距离超过 35 千米（含 35 千米）以上，举办跨省、区、市进行的公开水域游泳活动和竞赛，必须报经国家体育总局游泳运动管理中心批准后，方可组织进行。

（5）凡代表国家赴国外参加公开水域活动的单位和个人，必须经国家体育总局游泳运动管理中心批准。

（6）承办全国性公开水域游泳活动和竞赛的单位，必须在活动或比赛开始前至少 6 个月向国家体育总局游泳运动管理中心提出申请；申请承办本地区公开水域游泳活动和竞赛的，申请时间由省级体育行政部门自行确定。

（7）申请承办公开水域游泳活动和竞赛的单位须在申请报告中，详细说明举办

公开水域活动和比赛地点的有关情况，包括气候、气温、水温、水质、潮汐、出发和终点地点条件、预计参加人数、经费和船只保障等项内容。

（8）组织举办公开水域游泳活动和竞赛的具体要求。

①在中国游泳协会承办的国际游联公开水域游泳竞赛交由地方负责具体实施时，实施单位必须严格按照最新的《国际游联公开水域游泳竞赛规则》执行。

②举办直线距离在5千米（含5千米）以下的公开水域游泳活动和竞赛，承办单位必须保证每15人一艘保护船和至少3艘以上的快艇。保护船必须配备至少2名经中国救生协会培训的救生员。

③举办直线距离在5~35千米之间（不含5千米和35千米）的公开水域游泳活动和竞赛，承办单位必须保证每人一艘保护船。保护船必须配备至少1名经中国救生协会培训的救生员和1名保证运动员食品补充人员。

④举办国内直线距离超过35千米（含35千米）以上的公开水域游泳活动和竞赛，承办单位必须保证每人二艘保护船和一艘速度不低于每小时20千米的快船；每艘保护船必须时刻配备至少1名国家认定的或国际游联批准的裁判员和1名保证运动员食品补充人员（驾船人员除外）；快船上必须至少有1名专业医务人员和必备的救护器材和药品；各船必须具备导航、夜行照明、不间断通讯和救生器材等设备；运动员抵达终点后必须由医院迅速对其进行全面的身体检查。

⑤举办公开水域活动和竞赛超过4小时以上时，承办单位必须向参加者提供足够的营养补充食品，提供各船之间能够随时保持联络的通信设备。

⑥在35千米以上距离的游泳活动和竞赛过程中，当运动员提出终止继续参加活动和竞赛要求时，应由专业医务人员迅速对其进行全面的身体检查。任何单位和个人不得强迫其继续进行。

⑦主办单位可根据活动和竞赛当日即时的气候、公开水域、运动员精神或身体状况等特殊情况，保留立即终止每一名运动员继续进行活动和竞赛的权利。

⑧在参加公开水域活动和竞赛前，运动员必须向主办单位递交个人自愿参加誓约书和办理本人的意外伤害保险，否则不得参加；主办单位可根据实际情况为参加活动和竞赛的运动员办理意外伤害保险。

⑨在条件允许的范围内，应允许有关的新闻单位拍摄运动员参加活动和竞赛的全过程。

⑩在保护船上工作时，每人应身着救生衣。严禁不会游泳者在保护船上从事任何工作。

（9）凡在国家体育总局游泳运动管理中心或中国游泳协会主办的公开水域游泳

活动和竞赛中，按规定完成预定距离的运动员，国家体育总局游泳运动管理中心或中国游泳协会将向完成者授予证书。

（10）本办法未尽事宜，按举办活动或竞赛时的有关文件规定执行。

（11）本办法自下发之日（2000 年 12 月 4 日）起施行。

十、国际泳联公开水域游泳竞赛规则

（一）公开水域游泳比赛须设下列裁判

总裁判 1 名（每场赛事 1 名），副总裁判数名，裁判长 1 名，计时长 1 名，计时员 2 名，终点长 1 名，终点裁判员 2 名，安全检查官员，医务官员，赛程检查官员，检录员，途中裁判员数名（10 千米以上的比赛，每个运动员应安排 1 名途中裁判员），转弯检查员（每个转弯处设 1 名），发令员，广播员，记录员。

注：如需增加其他裁判将根据上述原则设定。

仲裁、裁判长由国家体育总局选派，其他裁判员、救生员由主办单位选派。

（二）裁判职责

1. 总裁判

（1）全权管理裁判员，分配工作，指令他们执行有关比赛的各项规程和一切特殊规定执行国际泳联的所有规则和决议，负责解决比赛中出现的所有问题，最终解决规则中的未尽事宜。

（2）为确保国际泳联各项竞赛规则得以执行，在比赛的任何阶段，总裁判有权干预比赛。

如果遇到危及游泳运动员及官员安全的特定环境，总裁判在与安全检查官进行裁定后，有权终止比赛。

（3）裁决与比赛有关的申诉。

（4）当终点裁判员的判断名次与计时成绩不一致时，由总裁判决定名次。

（5）应举旗并用几次短哨声提示运动员比赛即将开始，当运动员准备就绪后，应向发令员挥旗示意比赛开始

（6）根据本人观察或其他裁判员报告，有权取消犯规运动员的比赛资格。

（7）确保全体裁判员各就其位，当裁判员缺席、工作不力或不称职时，经总裁判同意可指派替补裁判，如有必要，可补充裁判员。

（8）赛前接受检录员、场地管理员和安全检查员的报告。

2. 副总裁判

（1）为确保国际泳联各项竞赛规则得以执行，在比赛的任何阶段，副总裁判有权干预比赛。

（2）根据本人观察，有权取消犯规运动员的比赛资格。

3. 发令员

根据 OWS4 总裁判的信号，发令开始比赛。

4. 计时长

（1）在起、终点处至少安排 3 名计时员。

（2）赛前应组织计时员核对计时秒表，开表的时间不得少于 15 分钟。

（3）收取计时员填写的运动员成绩卡片，如有必要，应认真核查计时员的秒表是否有误。

（4）记录或核查运动员卡片上的正式成绩。

5. 计时员

（1）记录所负责运动员的成绩。秒表必须有一定内存和记录等能力，达到组委会要求的标准。

（2）根据比赛出发信号开表，记取运动员成绩，只有计时长发出指令后，方可停表。

（3）将结束比赛的运动员成绩和号码迅速登记在成绩卡上之后，马上转交给计时长。审核（当使用自动计时装置时，人工计时同时生效）。

6. 裁判长

（1）负责安排裁判员的位置。

（2）在比赛过程中，记录并传递副总裁判的每项决定。

（3）赛后收取每位裁判员的签名记录卡，确定比赛结果和名次后直接交总裁判。

7. 终点裁判员（3 名）

（1）位于终点线上，应始终能看清终点到达情况。

（2）根据分工，准确记录每个到达运动员的名次。

注：终点裁判员不能在同场比赛中同时担任计时员。

8. 途中裁判员

（1）途中裁判员应在赛前根据随意抽签分配的救生艇中就位，以便随时观察其负责的运动员。

（2）确保比赛中规则的遵守，对违规的情况立即记录并尽早报告总裁判。

（3）根据总裁判的指令，有权命令运动员起水终止比赛。

（4）比赛过程中，如通知自己负责的运动员为其他运动员让路时，应保证自己负责的运动员不干扰其他运动员。

9. 转弯检查员

（1）检查运动员转弯犯规，竞赛规程及赛前情况介绍会上应对转弯要求进行说明。

（2）将转弯犯规情况登记在记录卡上，并用短哨声将犯规情况通知途中裁判员。

（3）赛后在记录卡上签字，并将记录卡交裁判长。

10. 安全检查官员

（1）对比赛安全管理方面向总裁判负责。

（2）检查整个赛场，特别注意检查出发端和终点端场地是否安全、适宜比赛、有无障碍物。

（3）提供数量充足的大马力救生艇，以便随时支援救生划艇。

（4）应向运动员提供赛前的潮汐、水流图，应清晰指出赛场潮汐变化时间，详细说明潮汐、水流对比赛的影响。

（5）如赛场条件不适宜比赛，应会同医生向总裁判建议更改场地或改变比赛方式。

11. 医务官员

（1）对赛场卫生、运动员健康状况向总裁判负责。

（2）设立比赛中的医务处，确保出现任何意外时，能迅速将伤员送往医务处。

（3）如赛场条件不适宜比赛，应会同安全检查员向总裁判建议更改场地或改变比赛方式 。

12. 赛程检查官员

（1）负责准确测量场地，并对组委会负责。

（2）确保起点和终点有明显标志，所有设施应安装准确、井然有序。准备比赛。

（3）赛前应在各转弯处设置明确标志，并配置相关人员。

（4）赛前与总裁判、安全检查员共同检查场地及赛场标志。

（5）确保转弯检查员赛前到达指定位置，并将转弯检查员出席情况报告裁判员。

13. 检录员

（1）每次比赛之前召集运动员，并在终点处为运动员安排接待设施。

（2）检查运动员与其参赛号码是否相同，所有的运动员修剪好指甲，不能戴首饰和手表。

（3）在赛前指定时间将参赛队员召集至检录处点名检录，确保运动员在比赛前到现场集中。

（4）及时向运动员、裁判员通报距比赛开始的时间。距比赛前最后 5 分钟应每隔 1 分钟通报 1 次时间。

（5）负责将运动员留在起点处的衣物安全地送至终点处，妥善保管。

（6）为终点处已离开水面的运动员提供必要的休息设施，应照顾好没有随员在场的运动员。

14. 记录员

（1）记取比赛成绩，并登记在正式表格上，供计算团体成绩时使用。

（2）向总裁判报告犯规情况，在指定的卡片上详细记录出现犯规的赛事及犯规行为。

（三）出　发

（1）参加公开水域游泳比赛的所有运动员应站在水中或由踩水开始出发。出发端水深应有足够深度，以便发出信号之后，运动员可马上开始游进。如运动员从固定平台出发，应根据赛前的抽签，分配好平台上的位置。

（2）检录员应随时向运动员、裁判员通报距比赛开始的时间。赛前五分钟起每隔一分钟，应通报一次时间。

（3）宣布号码时，男女应隔开，男子组一般在女子组比赛之前进行。

（4）出发标志线，无论是横幅还是水面标志，均须醒目易辨。

（5）总裁判举旗，并用连续短哨声提示比赛即将开始，用旗指向发令员，表示比赛即将由发令员开始发令。

（6）发令员应位于所有参赛运动员都能清楚看得到的位置上。

①当发令员发出“各就各位”的指令时，运动员应做好出发准备，至少一只脚应登上出发台前沿。

②当发令员认为所有运动员已做好准备时，即刻给出发信号。

（7）发令信号应既能看见又能听见。

（8）总裁判如认定有运动员出发抢码犯规，应与 OWS 6.3 的规则保持一致，可出示黄旗示意犯规、红旗取消其参赛资格。

（9）所有救生艇必须在赛前就位，以免影响比赛，即使救护运动员上艇时，也不应妨碍其他运动员比赛。

（10）虽然男、女子比赛可同时出发，但应分别录取名次。

（四）比赛地点

（1）世界锦标赛、国际泳联举行的公开水域的比赛项目为 25 千米、10 千米和 5 千米游泳赛。比赛地点和路线必须得到国际泳联的批准。

（2）赛程须在水流和潮汐较小的海水或流动水域中进行。

（3）比赛地点应有当地卫生和安全部门签发的证明。一般情况下，证明应包括水质及身体安全等项内容。

（4）比赛水域任何一点的深度不得少于 1.4 米。

（5）水温不得低于 16℃，以比赛当天赛前 2 小时在赛段中间 40 厘米深处测试温度为准。应委托下述人员测试水温，总裁判、一名组委会成员和技术委员会指派的一名教练员。

（6）赛程所有转弯处须有明显标志。

（7）转弯检查裁判员乘坐的船只、平台包括转弯处应有明显标志。当然，这些标志不应妨碍运动员转弯的视线。

（8）所有转弯处（折返点）设施、转弯检查裁判平台、船只应固定在水中，以免被水冲走或风吹走。

（9）终点区应有特殊的颜色标志。

（10）终点处应设横幅。

（五）比赛过程

（1）公开水域比赛采用自由泳姿势比赛。

（2）运动员如靠其他（她）选手或救生艇的帮助加快游速，属犯规行为，途中裁判员应给予警告。

（3）取消参赛资格程序。

①总裁判或者副总裁判认为某个运动员违反规则或其救生艇故意妨碍、干扰其他运动员游进，适用于以下程序。

第一次犯规：出示黄旗及印有运动员号码的卡片，示意其违反了规则。

第二次犯规：副总裁判应出示红旗及印有运动员号码的卡片，示意其已经第二次违反了规则。运动员即被取消参赛资格，必须立即离开比赛水域并被带至救生艇，不得继续参加比赛。

②副总裁判认为某个运动员或其救生艇的行为缺乏体育道德，可立即取消运动员的参赛资格。

（4）救生艇不得直面妨碍其他（她）运动员游进，运动员不得靠救生艇的帮助加快游速。

（5）救生艇与运动员之间的位置尽量不变，以便运动员或在救生艇前，或在救生艇侧边游进。

（6）比赛途中运动员可站立，但不得走动或跳动。

（7）比赛途中的运动员除不得走动、跳动之外，也不能借助固定和漂浮在水中的物体加速游进，不得接触救生船体，救生船体及船上人员也不得接触运动员。

医务人员提供给需要医疗救助的运动员时，应时刻注意规则取消资格的规定，回避与运动员的故意接触。

（8）每艘救生艇上可乘坐一名途中裁判员，运动员指定的人员和最低数量的驾船人员。

（9）禁止运动员使用和穿戴可提高游速、增强耐力、加大浮力的器具或衣物，但可戴泳镜、泳帽（最多2个），使用鼻夹和耳塞。

（10）总裁判可允许运动员在身体上涂油或防冻霜，但应不超过总裁判规定的量。

（11）不允许其他（她）人入水带游、陪游。

（12）允许救生艇上运动员的亲友或教练给予指导，但不允许吹哨。

（13）运动员可利用本规则6.6款进食，途中进食不违反本规则6.7款的规定。

（14）运动员需用防水墨笔将其参赛号码写在背部、手臂或手背。

（15）为了便于区别运动员，各救生艇两侧应标明本艇跟随的运动员号码，挂运动员所属协会的国旗。

（16）时间限制（关门时间）适用于所有比赛，参见以下规则。

25千米以下，30分钟。

25千米，60分钟。

25千米以上，120分钟。

如果运动员在时间限制内未完成比赛，应离开比赛水域，除非副总裁判许可运动员在时间限制外继续完成比赛，但不参与计分或奖项的评选。

（17）紧急放弃（中断）。

①如果在10千米或以下的比赛中出现紧急（突发事件）放弃情况，比赛将会

尽早重新开始。

②如果在 10 千米以上的比赛中出现紧急放弃情况，且领头运动员已完成了 3/4 比赛，总裁判将裁定最终名次。如果领头运动员还未完成 3/4 比赛，比赛将会尽早重新开始。

（六）终　点

（1）终点区水线标志应鲜明，终点区两侧水线逐渐向终点收紧。终点区入口处前的通道上应置一救生艇，以禁止除救生艇以外的船只进入和横穿该入口。

（2）终点触壁处其宽度至少应为 5 米，并尽量是垂直固定的，如果是浮动的，应牢靠固定，以免受风浪，运动员的碰撞移位。终点处应设置自动计时装置和安装摄像机，把到达终点时的成绩和名次真实地拍摄和记录下来。

①当自动裁判装置被用于记录比赛成绩时，可提供分段时间的微芯片转发器技术必须添加到该设备。微芯片转发器技术在世界锦标赛和奥运会比赛是强制使用的。微芯片转发计时技术会正确记录秒的长度。最终名次将由总裁判根据终点裁判的报告及终点处录像带来确定。

②在比赛中，所有运动员必须在手腕处戴上微芯片转发器。如果运动员在比赛中出现微芯片转发器掉落的情况，途中裁判或其他授权官员应立即告知总裁判，总裁判将指示途中的负责裁判发给运动员一个备用转发器。如果运动员在完成比赛后却被发现未戴微芯片转发器，将被取消比赛资格。

（3）终点裁判员和计时员应在专用位置就位，以便始终看清运动员到边情况，其他人未经许可不得进入终点裁判员和计时员就位处。

（4）尽量让运动员指定的亲友或教练在终点起水处迎接运动员起水。

（5）出水时，运动员可要求援助。只有运动员明确表示求助时，才可搀扶运动员。

（6）医生应对起水选手体检，应提供体检座椅。

（7）体检完毕，应提供运动员休息处。

十一、其　他

公开水域游泳是一项体力与意志力结合的比赛项目，不但需要运动员平时通过训练积累的体能和技术，更多的还是要拥有过人的意志力、不放弃肯拼搏的勇气。同时，公开水域游泳也与任何运动项目一样，需要每个运动员拥有奥林匹克精神，重在参与。

第二节　水　球

一、运动的起源和发展概况

（一）起　源

早在18世纪，英国人就开始尝试进行水球游戏运动。当时参加游戏的人们分为两队，每人手握一根长竿坐在一个木桶中在水上划动，用长竿将球击入对方“守区”即为胜利。这是目前有记载中最早的水球活动。

（二）发展概况

在英国人威尔逊提倡下，1870年开始水球在英国流行并举行了全国性的比赛。当时的比赛场地长60码、宽40码，比赛有一名裁判员和两名监门员，每个队上场队员7人，比赛用球是一个橡皮的足球球胆。1884年，英国和苏格兰之间举行了第一场正式国际性的水球比赛。水球于1884年正式定名，并很快传向欧洲各国。1900年第二届奥运会上列入正式比赛项目。此后世界各国得到广泛开展。20世纪20年代，水球由欧美传入香港和广东及沿海城市。香港水球队常到广州表演和比赛，使水球运动在中国得到了传播。1931年第五届广东省水上运动会曾设立水球比赛项目，这是中国最早举行的正式水球比赛。1942年在延安举行的“九一”扩大运动会上，也设有水球项目。1948年在旧中国第七届运动会上，水球被列为表演项目。新中国成立后水球运动受到了国家应有的重视。广大教练员和运动员，在吸取国外高水平国家的先进技术的同时，结合自己的特点初步形成了快速反击，轮流切入的打法，使运动水平得到了显著的提高。

二、运动项目介绍

（一）技术术语

（1）阵式：2－2－2阵式、3－3－阵式、4－2进攻、定位6打5。

（2）进攻：游动进攻、额外人进攻、双中锋进攻、盒式进攻、约旦攻击、反击。

（3）防守：全场紧逼盯人、半场紧逼防守、区域防守。

（4）传球：反手传球、干传、湿传、挑传、推传、仰卧传球、肩上传球。

（5）射门：反手向后射门、反弹射门、勾手射门、扫射、吊射、推射、肩上射门、空中接球转身射门、晃球射门、运球拨球射门、急停射门、换手射门。

（6）移动：起游、急停、跃起、转身、突破、切入、回缩、占位、挤位、补位、堵位、运球变向、交叉掩护。

（7）起球：水下起球、上抛起球。

（8）控制球：抓球、顶球、按球、拨球、运球、高举运球、低头运球、造运球。

（二）竞赛规则

1. 场地器材

（1）比赛场地

两条球门线之间的距离为30米，场地的宽度为20米（女子比赛场地最大长为25米，宽为17米）。场地任何地方的水深不得浅于1.80米（最好2.00米）。奥运会、世界锦标赛和国际比赛场地必须完全符合上述标准。在国际业余游泳联合会的比赛中，水温不得低于24℃和高于26C。以上水温要求也多用于其他国际比赛。光照强度不得少于1000勒克斯。所有国际业余游泳联合会的比赛必须使用清洁池水。

场地的两端必须用明显的标记表示出球门线，从球门线算起的两米线、四米线、七米线以及与两球门线等距离的中线。

球门线和中线为白色，两米线为红色，四米线为黄色，七米线为绿色。

在监门员一侧（或没有监门员在计时员对面一侧）场角2米内的端线处，应有红色标记或其他颜色鲜明的标志作为判罚离场队员重新入场处。场地两端线与球门线的距离为0.30米。

通过场地的两端，应辟有通道，以便裁判员工作时走动，在球门线标志处，监门员的位置应留出空地（图10－2－1）。

（2）球　门

球门柱和横梁应用7.5厘米见方的器材，金属或合成纤维（塑料）制成，并涂成白色。球门柱必须固定垂直于球门线。并在场地端线中央，与端线或其他障碍物至少要有30厘米的距离。除池底外，场内不得有任何使守门员站立或休息地方。

两球门柱内沿之间相距3米。如水深超过1.50米时，球门横木下沿应距水面90厘米。

水深不足 1.50 米时，则球门根本下沿距池底应约为 2.40 米。球门两侧及后方应用软网完全封闭，同要固定在球门柱和横梁上，网底距球门线不得少于 30 厘米。

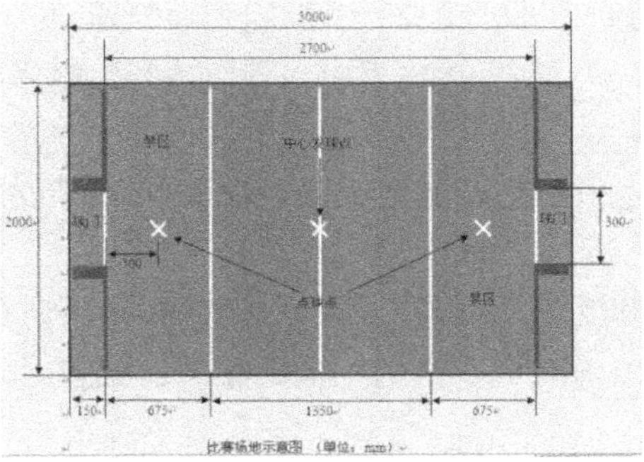

图 10－2－1　水球比赛场地示意图

（3）水　球

球应为圆形，内有自动封闭阀并储满空气。球必须防水，球面不应有突出的缝线，不准涂油脂或类似的物质。球的重量为 400～450 克。

男子用球充气压力应为 90～97KPa（每平方英寸 12～13 磅）。球的周长为68～71 厘米。

女子用球充气压力应为 83～90KPa（每平方英寸 13～14 磅）。球的周长为65～67 厘米（图 10－2－2）。

图 10－2－2　水球

（4）水球帽

帽色应易于对比，并应易于与球色对比。帽子应用长带系于颏下。如果队员帽子脱落，必须在帽子脱落一方控球并成死球时戴好。在奥运会，世界锦标赛及其他国际泳联的比赛中，水球帽建议备有软性的护耳，软性护耳的颜色必须和该队场上队员帽子的颜色相同。帽子两侧应有号码，号码的高度应不高于 10 厘米。守门员戴

1 号帽。其他队员戴从 2 号到 13 号的帽子，替补守门号应戴守门员帽。未经过裁判员同意，运动员不得随意更换帽号。

（5）裁判旗和监门旗

裁判旗为一端蓝色，一端白色的小旗。旗面为 35 厘米 × 20 厘米，旗杆长 70 厘米。

监门员都应备有白色及红色小旗各一面，旗面为 35 厘米 × 20 厘米，旗杆长 50 厘米。

记录员应备有白色和蓝色小旗各一面，以便向罚出场队员发出再次入场的信号。备有一面红旗，用以发出 3 次个人严重犯规的信号。这些旗子的尺寸也应符合上述规定。

2. 规　则

（1）比赛队

每支参赛队场上有 7 名队员，其中 1 名守门员，并戴守门员帽子。替补队员不得超过 6 名，赛前裁判员应作检查，不许队员 佩戴任何容易使对方受伤的物件。违反者不得参加比赛。运动员应穿游泳裤和内裤。队员身上不得涂有油脂或其他类似物质，如有违反在比赛前被发现，裁判员应令其立即去掉，如在比赛开始后被发现，裁判员应令其起水并取消所有主场比赛资格。替补队员应立即在监门员一侧、场角 2 米内的本方球门线处入场（如来设 监门则在计时员对面一侧）。队长应是上场队员，并应对本球队的良好品行和纪律负责。比赛开始前，双方队长应在裁判员主持下通过掷硬币选 择场地或帽子的颜色，中者享有挑选权。

（2）工作人员

奥运会和世界锦标赛中，工作人员应由裁判员 2 人、监门员 2 人和计时员、记录员若干人组成。在所有其他比赛中，最少应有记录和计时员各 1 人，以及裁判员 2 人或裁判员 1 人，监门员 2 人。在需要时，计时员、记录员可各配若干名助手。

（3）裁判员

裁判员应完全控制整个比赛。在整场比赛过程中，队员尚未离场前，裁判员有权监督比赛进行。每名裁判员应用响亮的哨声宣布比赛开始或比赛重新开始，判定得分、球门球、角球和各种犯规。比赛中裁判员根据规定对有争议的事实做出的裁决是决定性的，必须服从。每个裁判员都可以根据自己的判断，在认为处罚的结果反使犯规队有利时，可不判罚。裁判员做出的判定尚未执行时，可改变其判定。裁判员根据有关规则条文，有权命令任何队员离场。此命令下达而该队员拒绝离场时，应下令比赛暂停。如认为队员或观众的行为或其他情况迫使比赛无法正常进行时，裁判员可在任何时间停止比赛。如比赛必须停止，裁判员应将情况报告上级。

（4）计时员

计时员应熟悉水球规则，并每人备有 1 只水球秒表和 1 个声音响亮的哨子。计时员应根据规则按表计算各实际比赛时间和两节之间的休息时间。计算被判罚离场队员的判罚时间。计算每队连续控制球的时间。计算 35 秒时，计时员在球离开射门队员的手或当另一队开始控球时和球出界再次进入比赛状态时，应重新计时。哨声是各种停止比赛的信号。在发间接任意球、球门球、角球或直接任意球时，球离掷球者手或争裁判球时，一名队员触球，即为进入比赛状态。每节比赛终了，计时员应鸣哨，其哨声应立即生效，当裁判员无关。在全场比赛的最后 1 分钟和决胜期的最后 1 分钟，应大声报时。计时员必须靠近一名裁判员。

（5）监门员

在只有一名裁判员时，监门员必须位于裁判员的对岸。在整场比赛中，始终位于球门线的延长线上，不得离职。监门员举白旗表示球门球，举红旗表示角球，两旗并举表示进一球，举红旗表示被罚离场的队员不按规定进入场内。监门员应备有足够数量的备用球，当比赛用球飞出场外 时，应掷入备用球。当原用球出界成球门球时，监门员就将备 用球掷给守门员。若是角球，则把球掷给最近的进攻队员。监门员要协助裁判员判定得分。应向裁判员举红旗表示队员按规则在各自球门线处合法就位。但表示比赛开始或比赛重新开始而即刻生效的信号是裁判员的哨音。

（6）水球记录员的职责

登记所有队员的名单，记录得分，所有严重犯规（犯规时间，帽色和号码）。

掌握被罚队员离场时间，当其被罚时间结束时，举起与该队员帽色相同的小旗，以示允许他重新入场。对任何不按规定入场者（无论监门员是否已出示不按规则入场的信号），应立即鸣哨，停止比赛。

（7）比赛时间

每场比赛为 4 节，每节的实际比赛时间为 7 分钟。2 节之间休息两分钟，同时交换场地。每次比赛时间从一个队员接触球时就开始计算。所有停止的哨声都要停表，直到比赛继续进行。

（8）守门员

在 4 米线区域内，守门员可以站立和行走、握拳击球、从池底跃起接球和两手同时触球。守门员不得游过中线或触及中线以外的球，若有违反，将由距离最近的对方队员在犯规处发间接任意球。守门员在本方半场内可持球射对方球门。守门员由于扶持或推离球门犯规，则由对方在正对犯规地点的线上发间接任意球。守门员发间接任意球或球门球时，球出手后，未经其他队员接触，而又重新持球，使球入本方球门时，应判对方罚角球。如在同一情况下，守门员球出手后，经过其他队员接触而又重新持球，并使球入球门时，应判为进一球。比赛时，守门员由于意外事故，疾病或伤害离场时，由替补队员上场。被替补出场的守门员，如再进场比赛，可替补任何位置的队员。

（9）开　球

每节比赛开始，队员必须在本方球门线之后排成单行。队员之间的距离 1 米，靠近球门柱的队员离球门柱的距离不得少于 1 米。两球门柱之间不得超过两人。裁判员使对方队员准备妥当后即鸣哨，随即将球掷入球场中线。

得分后，双方队员应回到本方半场内，重新开始比赛。比赛重新开始时，在裁判员鸣哨后，由失分队伍一队员在中线的中点开球。开球后的第一传必须传给本区内的任一队员。

当球离开发球队员的手时，比赛即算开始。开球不合规定者应重新开球。每节比赛开始，各队在本方球门线后排成单行。队员露出水面的身体任何部分不得超过本方球门线。在中线开球时，队员露出水面的任何部分不得超过中线。

（10）得　分

球的整体穿过球门线进入球门内，并符合下列情况，即为得 1 分。

在比赛开始或重新开始时，球应至少经过 2 名队员的接触，就可以身体任何部分（除用拳击球外）进球得分（不管接触球队员的队别和场上位置）。

（11）球门球

如球的整体越过球门线，但未入球门，而最后触球者是进攻队队员，则判守方守门员发球门球，守门员掷球门球可在门前两米区内任一位置发球。

守门员离场时，由其他队员代替发球门球。

（12）角　球

如球的整体越过球门线，但未入球门，而最后触球者为守方队员，应由攻方队员在球出界一侧，2 米线标志处掷角球。

执行角球时，任何队员不得进入 2 米线（守方守门员除 外）。如守门员已离场，该队的任一队员可在球门线上就位，但不行使守门员权利，也不受守门员规则限制。

守门员掷间接任意球或球门球时，如使球离手未经其他队员接触而重新持球，并使球的整体穿过本方球门线入门时，就判对方掷角球。

掷角球时，其他队员位于 2 米线内，也应重掷。

一队员掷间接任意球，如收球传给本方守门员，传出的球未经其他队员接触而直接入门或穿过球门线，就判对方掷角球。

（13）裁判球

当对方的各一名或多名队员同时犯规致使裁判员无法分辨犯规先后时，裁判员应将球要回，再掷入水中，使双方队员在接触及水面后有同等机会获球。

在2米区域内判罚的裁判球，都应在2米线上正对犯现地立掷。

裁判员掷球出手后，认为双方获球机会不均等时，应重新掷球。

（14）一般犯规

一般犯规有下列情况。

每节比赛开始，在裁判员鸣哨前超出球门线者。

每节比赛开始，重新开始或在比赛进行中，有协助其他队员之行为者。

扶握或推离球门柱及其他固定物者。扶持池端扶手者（每节比赛开始或重新开始时除外）。在比赛进行中扶握或推（蹬）离池端或池边者。

站立池底而有意识参与比赛活动者。比赛进行中在池底行走者（守门员例外）。

在被争夺时压球入水者。

握拳击球者（守门员例外）。

裁判员掷球入场，球尚未到水面即触球者。

自池底跃起抢球追逐对手者。

故意妨碍或阻挡对方自由行动者。

双手同时触球者（守门员例外）。

推（蹬）或推离时对方队员者。

队员进入或逗留于对方2米线禁区内者（位于球后时除外）。如持球进入2米线的队员将球传给位于球后方的同队队员，该队员立即射门，虽然传球队员来不及离开2米线，仍不算犯规。

拖延时间。在任何情况下一方控制球时间超过35秒而不射门作为拖延时间，应判鸣哨前最后接触球者的对手掷间接任意球。

守门员游过中线，或触及中线以外的球。

不按规定掷直接任意球者。

非法拖延执行间接任意球、球门球或角球者。

（15）严重犯规

拖持、压沉、拖拉对方未持球的队员。

踢、打对方队员，或怀有此意图做不合理动作者。

在4米禁区内，影响对方有可能得分的任何犯规者。

在此区域内，目的为了阻止对方进球而拉低球门、握拳击球或两手触球（守门员除外），均属严重犯规，应判罚直接任意球，守门 员或其他任何队员，目的为了阻止对方进球而把球门推倒，是失礼的表现，应取消其继续比赛资格。

有意向对方脸上泼水者。

不服从或不尊重工作人员者，应取消其继续比赛资格。

对其他队员或工作人员有粗野行为者，必须判由对方执行间接任意球，同时必须取消犯规队员的继续比赛资格，并不得替补。粗野行为包括故意踢人或打人和有踢、打对方的企图。

有不正当行为者。不正当行为指粗暴行为、骂人、坚持犯规行为等。妨碍执行间接任意球、球门球、角球或直接任意球者。妨碍包括：故意将球踢开，影响比赛正常进行；在球离掷者手之前，企图触球者。

离场队员再次入场或替补队员入场不按规定者。不合规定的入场或重新入场指：

①35 秒受罚时间终了未经记录员许可入场。

②未得到负责守区的裁判员的入场手势。

③自池（比赛场地）边跳入或蹬离池壁。

④在规则指定以外的其他地方进场。当此犯规发生在比赛最后一节的最后 1 分钟内，或在两节决胜期任何一节的最后 1 分钟内，应取消犯规者的继续比赛资格，不得替补，并判对方掷直接任意球。

不属当时在场上比赛的运动员，如进入场内（等候 35 秒被罚期间的队员可视为比赛中），应取消其比赛资格，此时可立即替补，并判对方掷直接任意球。队员在判罚离场期间，其目的是阻止对方进球而非法进入场内，应认为严重犯规，判对方掷直接任意球。

（16）个人严重犯规

队员在场地任何位置严重犯规 1 次，应记 1 次个人犯规。在一次比赛中，3 次个人严重犯规，应取消其继续比赛资格。替补队员可在规定的判罚时间终了时从离监门员最近的本方球线处进场。如第三次个人犯规应罚直接任意球时，替补队员应在掷直接任意球之前立即入场。

（17）间接任意球

裁判员应鸣哨宣布犯规，并举与掷间接任意球的一方帽色相同的小旗。

在两米线区域内，防守队员的一般犯规应由对方在正对犯规地点两米禁线上掷球。除此球从球门线处掷出之外，都在犯规地点掷间接任意球。

由于疾病、事故或另一些意外原因停止比赛，当比赛再开始时，原占有球队在原地点掷间接任意球。

掷球时，应使其他队员能看清球离手。传球前，允许掷球队员自己运球。

球离掷间接任意球队员之手，即为比赛开始，在此同时允许有队员改变位置。

（18）直接任意（4 米）球

如在本区 4 米线禁区内有犯规行为者，必须判罚直接任意球，同时，裁判员将犯规队员的号码通知记录员。

只有当犯规极其严重，以致非命令其离场取消比赛资格不可时，才罚犯规队员离场，并判罚直接任意球。掷直接任意球时，可由攻方任一队员（守门员除外）在 4 米线上任何位置执行。

掷球队员必须先持球，然后根据裁判员哨声和旗号（与掷球者帽色相同的小旗）从垂直位置降到水平位置，立即不停顿地射门。球从球门柱或横木弹回，仍继续进行比赛，此时球可不必经过其他队员接触，就可射门得分。

在掷球时，其他队员（守方守门员除外）或规则允许的队员外，不得停留在 4 米禁区内，并与掷球者相距 2 米以外。

守门员应位于球门线上任何位置，裁判员认可后，才发出罚球的信号。守门员露出水面的身体任何部分不得超过球门线。如守方守门员被罚出场时，该队一队员可在罚球前位于球门线代替，但不行使守门员权利，也不受守门员规则限制。

队员应按上述规定掷直接任意球，违例时，由最近的对方队员掷间接任意球。

妨碍执行直接任意球者，或违反规则者，取消比赛资格，并重新执行直接任意球。

在裁判员判罚直接任意球的同时或掷球前，计时员鸣哨宣布一节终了或全场到时，应允许射门，所有队员（除守门员和掷球队员外）均应离场。

（19）球出界

队员将球掷出边线以外时，应由距离出界处最近的对方队员在球出界处掷间接任意球。

球从球门线与 2 米线之间的边线出界，应在球出界一边的 2 米线标记处掷间接任意球。

如球碰击或搁在场地上空障碍物时，应视为球出界，裁判员宣布比赛暂停，并掷裁判球。在这种情况下，当球触及水面后，才开始比赛。

（20）队员离场和替补

①比赛进行中，队员不得离场或站在防梯上或池边，除非：休息时间；发生疾病或意外事故的情况下；经裁判员允许后。

违反上述规则为犯规。已离场的队员经裁判员允许后，可在本方球门线离监门员最近处再次进场比赛。

②在出现意外事故或疾病的情况下，裁判员可酌情暂停比赛，但时间不得超过3分钟。同时，裁判员应指令计时员开始计3分钟的中断时间。如队员因任何伤病而要求退出比赛，裁判员可允许立即由其他队员替补。只有当裁判员认为要求不合理时，才予以拒绝。这样退场的队员任何时候都不允许重新进场比赛。除此之外，在进球得分后；2节之间的休息时间；暂停时；替换流血或受伤队员时可以替补，按规则被罚离场的队员不得作为替补队员。

（21）加时赛

如在全场比赛结束时，得分相等，而比赛要决出胜负，应在休息5分钟后开始加时赛。加时赛包括两节，每节实际比赛时间为3分钟。2节之间休息1分钟，并交换场地。

第十一章　泳池水质及教员的管理

第一节　游泳池水处理技术

一、游泳池水处理的意义

改革开放以来，随着人们的生活水平不断提高，人们对健身、休闲的需求也越来越迫切，游泳及水上休闲活动已成为人们的首选项目。游泳水质卫生和水处理技术也越来越受到普遍的重视和关注，游泳水质的清澈洁净不仅直接关系到游泳者的健康、安全和社会效益。也决定水上娱乐项目经营的经济效益。因此，池水处理技术是一项与人们健康息息相关的重大课题。加强游泳质科学管理，对于水上健身、娱乐场所的发展具有特别的重要意义。要取得良好的水质结果，必须依靠完善的水处理设备和成熟的水处理专业技术。实现游泳池水处理的意义还有利于做好节能减排工作。

（1）可节省大量工农业和生活用水，节省经费开支。例如一个容量 2000 立方米的游泳池，按游泳季节 100 天换水 5 次计算，可节水 10000 立方米左右。

（2）有利于游泳活动开展。净化技术不需全部更换新水，游泳池可连续开放，特别是夏季可满足群众的健身需求。春、秋、冬三季由于水温稳定，适合年老体弱和初学者坚持锻炼。

（3）改善池水卫生条件。采用氯化、净化技术，经常投加消毒剂和混凝沉淀排污，池水可达到国家规定标准，防止传染病通过游泳池水传染。

（4）由于很少补充用水，不需要全部排空游泳池水更换新水，使游泳池承载负荷较稳定，可延长设施的寿命。

世界各国对游泳池的水质都有明确的要求，并制订了相关的卫生标准。在我国游泳水质应符合国家技术监督局和卫生部联合颁布的《游泳场所卫生标准（GB 9667－1996）》中关于人工游泳池水质卫生标准的规定。

二、对原水的认识

（一）水的浑浊度

浑浊度是光线透过水层时受到阻碍的程度，表示水层对光线散射和吸收的能力。由于水中的悬浮物及胶体颗粒，使得原本无色、无味、透明的水产生浑浊现象，浑浊度不仅与悬浮物的含量有关，而且与水中杂质成分、颗粒大小、形状及其表面的反射性能有关。构成浑浊度的悬浮物及胶体颗粒都带有负电荷一般是稳定的，不进行净化处理很难沉降。处理方法：一是采用物理方法的循环过滤，将悬浮物及胶体颗粒等截留在过滤里，使水澄清；二是采用化学方法的混凝沉降，通过吸污达到池水净化的目的。

（二）水的色度

天然水经常显示出浅黄、浅褐、黄绿等颜色。产生颜色的原因是溶于水的腐殖质、有机物或无机物造成的。这些颜色分为真色和表色，真色是由于水中溶解性物质引起，也就是除去水中悬浮物后的颜色，而表色是没有除去水中悬浮物的颜色。黏土能使水带浅黄色，铁的氧化物会使水变浅褐色，硫化物能使水变为浅蓝色，藻类使水变为绿色，腐败的有机物会使水变为黑褐色。

（三）水的臭味

纯净水是无味、无色透明的液体，被污染的水会使人感觉有臭味，能闻到的称为臭、尝到的称为味。水的臭味主要来源如下。

（1）水生植物、微生物的繁殖或腐烂。

（2）水中有机物质腐败分解。

（3）水中溶解气体和消毒过程中加入药剂的气体味。

（4）溶解盐类或泥土的气味。

（5）排入水体的工业废水所含的杂质等。

由于上述原因，有的水会有臭味。如：湖泊、河流因藻类繁殖或有机物过多而带有鱼腥及霉烂气味；浑浊的河水常有泥土气味或涩味，地下水、深井地热水会有硫化氢味。一般含氧量较高、含有机物较多、含二氧化氮（NO_2）较多的水、常有不正常的甜味；含氯化钠的水带有咸味；含硫酸镁、硫酸钠的水带有苦味；含铁的水带有涩味。

（四）水的 pH 值

什么叫 pH 值？通常意义上是溶液酸碱程度的衡量标准，亦称氢离子活度指数，是溶液中氢离子活度的一种标度。水的 pH 值即表示水的酸碱性强弱程度。它主要指水中含氢离子（H^+）的浓度。我国各部地区水的酸碱程度差异很大，pH 一般定为 1～14，pH＝7 时定为中性水，当 pH＞7 时为碱性水，pH＜7 时为酸性水，游泳水的 pH 值对氯化消毒、絮凝沉降有较大意义。

表示水的酸碱性程度可按 pH 值划分如下。

pH＜5.5 时，水呈强酸性。

pH＝5.5～6.5 时，水呈弱酸性。

pH＝6.5～7.5 时，水呈中性。

pH＝7.5～10 时，水呈弱碱性。

pH＞10 时，水呈强碱性。

三、游泳水监测项目

卫生部门对游泳水进行卫生监督时，除测定游泳水质标准中规定的项目以外，还要对一些表示水受污染程度的指标进行测定。常用的测定项目如下。

（一）pH

6.5～8.5 是游泳水 pH 的允许范围。水的 pH 在 6.5～8.5 的范围内时，人的生活饮用和健康均不受影响。池水 pH 依游泳人数增加而向碱性转化。池水由于加氯消毒，pH 也发生变化。一般加入氯制剂 pH 上升，加入氯气 pH 下降。池水的 pH 对氯消毒效果影响很大，从综合角度考虑，规定 pH 应在 6.5～8.5 之间。因此，要对池水的 pH 应经常进行检测。

（二）浑浊度

游泳水的浑浊度如大于 5 度，则表明池水已受到污染。卫生标准规定的池水浊度不超过 5 度。池水产生浑浊度的原因是尘埃、人指垢、附着物等，另外还有氯化、净化中的不溶解部分。游泳水中构成浑浊度的物质，会伤害游泳者的眼睛。另外，池水浑浊度过大，不易看到池底，容易引起伤害事故。

（三）余　氯

余氯在游泳水卫生监测中占有重要的位置，因其是消毒池水，预防游泳传播疾病的主要指标。余氯是指游泳水用氯制剂消毒后，在水中残余的氯，分为游离型有效氯（也叫游离余氯）及氯氨类化合型有效氯（也称化合型余氯）。总余氯是游离及化合余氯的合计。

水中游离余氯使病原菌在15～30秒内死亡的条件，是在pH为6.2～7.4的条件下。游离余氯在0.1毫克/升可杀灭的细菌有伤寒杆菌、副伤寒杆菌、痢疾杆菌、霍乱弧菌、金黄色葡萄球菌。在0.15毫克/升杀灭的有白喉杆菌、脑脊髓膜炎球菌。在0.2毫克/升杀灭的有肺炎球菌，在0.25毫克/升杀灭的有大肠杆菌和溶血性链球菌。

又根据报告，0.1毫克/升用5分钟，0.2毫克/升瞬时即可使大肠杆菌死亡。另外，研究结果表明，游离余氯在0.2毫克/升以下时，对腺病毒是无效的，如达到0.4毫克/升，在短时间内即可杀灭腺病毒。

一般认为水中如有0.2毫克/升的游离性余氯，其杀菌作用是完全的，但为安全起见，留出安全系数，故规定为0.4毫克/升以上。但不宜超过0.6毫克/升。主要因为余氯过多会刺激粘膜，并能使头发褪色，故上限规定为0.6毫克/升。从以上情况可以看出，游泳池消毒应严格遵守规定的余氯量，不宜过少，也不宜过多。

（四）尿　素

尿素是评价游泳水污染状况的一项重要指标。特别是循环过滤式游泳池，由于补充新水量和频率较少，因此水中氨蓄积量较高，在汗和尿中氨以尿素和氨两种形式存在。尿素由于细菌的尿素酶的作用，迅速被分解为氨。用氯进行消毒时，由于氨的作用，氯变为结合性氯，杀菌力减弱。游泳水中的尿素主要来自人体的分泌物和排泄物。所以尿素是表明游泳水受人体污染程度的一项重要指标。故，卫生标准将尿素定为不超过3.5毫克/升。

（五）水　温

适宜范围是24℃～26℃。人体在水中比在空气中释放出的热量多60%～80%。当水温为24℃时，在水中停留1小时，未见体温有明显下降。当水温在20℃以下时，体温则急剧下降。水温15℃时，不到30分钟体温就下降到34.5℃。水温过低还可引起心脏疾患。由此可以看出适合大众游泳健身的水温为26℃～28℃为宜。运动员训练、比赛的水温22℃～24℃为宜。

（六）细菌总数

细菌总数是了解池水消毒是否彻底的一项有效方法。细菌总数中的细菌大部是非致病性的，仅细菌总数高没有什么太大的卫生学意义。但对细菌总数高且大肠菌群数也高的水样，就应引起注意。细菌总数不超过1000个/毫升，当游离余氯保持在0.3毫克/升以上时，细菌总数一般不会超过标准。

（七）大肠菌群

测定大肠菌群，是为了掌握池水可能受肠道致病菌污染的状况。水中大肠菌群试验比较容易，但从水中检出痢疾杆菌、伤寒杆菌等肠道性传染病原菌是比较困难的，因此，采用共生的大肠菌群细菌作为污染指标。大肠菌群在清水中，比其他肠道病原菌对氯的抵抗力略强，所以认为大肠菌群杀灭的时候，其他病原菌也已杀灭。

（八）藻　类

游泳池水中常出现藻类，恶化水质。池水如不消毒2～3日内即可有大量藻类发生。铜离子具有杀藻作用，灭藻浓度的铜在水中不发生异味，不刺激粘膜的浓度为1.5毫克/升。一般防除藻类，往水中投加0.5～1.0毫克/升的硫酸铜，对防治藻类是有效的，亦不会对游泳者造成伤害。

此外，还有耗氧量、氯离子等。游泳水耗氧量不超过12毫克/升。如耗氧量达到12毫克/升以上，水中的细菌量则迅速增长，游泳水污染增加。氯离子多含在尿和汗中，氯离子在人尿中约含5500毫克/升，游泳水在用氯消毒时水中氯离子增加的主要原因是加入的氯。然而，游泳水用氯消毒时水中氯化氢HCL含量增高，pH下降，游泳者主诉眼痛。因此，用氯离子含量来判断循环水的新旧程度，比作为污染指标用还有效。

四、水处理技术

（一）净　化

1. 混凝沉降

混凝是为了改变水中黏土和细菌等悬浮物的存在和状态，以利于后续的过滤或吸底去除。一般情况下，水和水中均匀分布的细小颗粒所构成的体系称为分散体系。分散体系可以按颗粒大小分为三类，真溶液、胶体溶液和悬浮液。胶体溶液和悬浮液中颗粒能引起光的反射，因此使水呈混浊。加之在人体游泳过程中分泌的油脂、毛发、化妆品、游泳衣裤脱色及微生物、有机物等都会引起水质混浊。由于过滤罐中的滤料（石英砂、聚苯乙烯、活性炭、无烟煤等）对微小杂质的截留滤净能力是有限的，往往仅用过滤的方法是难以去除的。为了增加过滤效果，在水质较差时适度投加一些絮凝剂是必要的。

水中的胶体溶液颗粒很稳定，不易沉降，这是因为胶体颗粒是难溶物质，颗粒表面电离而产生许多离子，微粒表面具有带电性能。于是：同类胶体带有同类电荷，产生同性相斥，从而阻止胶体微粒之间的接触和粘合，一直保持微粒状态而悬浮于水中。另外，胶粒表面还有一层水分子紧紧地包围着，这层水化层也阻碍和隔绝了胶体微粒间的接触，使胶体微粒在热运动时，仍保持微粒状态，不能彼此粘合，而悬浮于水中。

2. 混凝剂和助凝剂

混凝剂：在水处理中，能够使水中的胶体微粒相互粘结和聚结的物质，称为混凝剂。混凝剂大致分为无机混凝剂和有机混凝剂两类，目前使用的混凝剂为铝盐和铁盐两大类，属无机混凝剂。游泳水处理大多采用铝盐混凝剂。

（1）明矾 $AL_2(SO_4)_3 \cdot K_2SO_4 \cdot 24H_2O$。早在几千年前我国劳动人民就用明矾净化饮用水。明矾是硫酸铝与硫酸钾的复盐。适用的 pH 在 6～8 之间，由于 K_2SO4 硫酸钾不起混凝作用，因此明矾作混凝剂时投加量比较大，一般 1.4 千克明矾相当于 1 千克工业硫酸铝。

（2）硫酸铝〔$AL_2(SO_4)_3 \cdot 18H_2O$〕。使用硫酸铝净化原水浊度，为了达到较好的混凝效果，水的 pH 应控制在 6～7.8 范围内。当硫酸铝配制成 10%～20% 溶液时，pH 约为 4，池水碱度不足时效果不好。硫酸铝作混凝剂形成的矾花比较轻而且疏松，特别是在冬天水温较低时，难以形成大而易沉淀的颗粒。故，水温应在 20℃～40℃。

（3）聚合氯化铝（PAC）：是一种新型的高分子铝盐混凝剂。

①净水效率高，耗药量少，出水浊度低，色度小，过滤性能好，原水高浊度时尤为显著。

②温度和 pH 值适应范围宽，可在 pH = 5～9 的范围内，高浊度时不需投加碱剂。

③结絮大，沉絮快，经阳光照射不浮起。

选用混凝剂的原则如下。

A. 能生成大、重、强的矾花，净水效果好，沉降用时少。

B. 对水质没有不良影响，价格便宜，货源充足。

C. 结合水源的水质特点和水温等选用。

助凝剂：在水处理中，往往使用单一混凝剂不能取得良好效果，有时需要投加辅助药剂以提高混凝效果，这种辅助药剂称为助凝剂。助凝剂本身不能起凝聚作用，必须与混凝剂配合使用。助凝剂的作用是加大混凝过程，加大矾花重量、尺寸和强度，使其迅速沉淀。

常用助凝剂的种类如下。

（1）酸碱类。混凝过程以在一定的pH值范围内进行最为有利，如果原水的pH值不能满足絮凝剂的要求，就应及时调整pH值，这类助凝剂包括酸和碱，用来提高或降低水的PH值。例如，经常采用硫酸铝作混凝剂或用液氯作消毒剂时游泳池水的PH值逐渐下降，此时即可投加碱类提高水的PH；若经常用次氯酸钙做消毒剂，即可投加盐酸降低水的PH，用以提高混凝和沉淀效果，这样处理的水透明度就很好。

（2）矾花核心类。混凝过程要求产生一种颗粒大、比重大、结实紧的矾花，既利于沉淀，又不易破碎，为获得这种效果，有时必须在水中加一些其他物质，如在水中加入黏土一类较粗颗粒的物质，可以起到加大加重矾花的作用。

（3）氧化剂类。这类助凝剂，如氯气，用以破坏混凝的有机物和将亚铁氧化成三价铁，以促进混凝效果。当处理高色度水和破坏水中胶体去除臭味时，可在投加混凝剂之前加氯，以减少混凝剂的用量。

（4）高分子化合物类。在水中加链条形的高分子物质，可以把很多细小颗粒粘结起来，这种现象称为架桥作用，从而使矾花加大，使胶体脱稳。无机高分子常用的是活化水玻璃。活化水玻璃加注点必须在混凝剂加注前。适用于和硫酸亚铁、铝盐混凝剂合用，可缩短混凝沉淀时间，节省混凝剂用量，在原水浊度低、悬浮物含量少及水温较低约14℃以下的情况下使用，效果更为显著。

3. 消 毒

（1）常用含氯消毒剂

①氯气（CL_2）

是一种黄绿色的剧毒气体（已不使用）。

②次氯酸钙

漂白粉：含有效氯25%～32%。目前，游泳池水处理，多做PH值调节剂使用。

③二氧化氯（CLO_2）

CLO_2 中含氯 52.6%，因氯原子在氯化过程中产生五个电子转变，因此，当量有效氯为 5×52.6% =263%，表明 CLO_2 理论上的氧化势能是氯的 2.5 倍左右，但实际应用中，CLO_2 的氧化势能只能用到一部分，等价于有效氯的约 1/5。二氧化氯总是在现场制作，直接使用。

④次氯酸钠（NaCLO）

其是一种强氧化剂，同其他一些次氯酸盐一样极不稳定，低温（15℃以下）时不大分解，温度稍高，逐渐分解，在 70℃以上时分解猛烈，甚至发生爆炸。NaCLO 的分解速度在强酸介质（pH =1）时甚小，在 pH =6.7 时最大，在碱性介质中又比较小，在光照和加温条件下，次氯酸钠分解加快，因此不易长期存放。NaCLO 消毒的优点。

A. 杀菌效果好、对池水 pH 值影响小。

B. 消毒后没有悬浮物，水的透明度好。

C. 使用较安全，避免了氯气的不安全性。

目前国内外应用 NaCLO 消毒游泳池水比较普遍，被认为是高效、低毒、低成本的含氯消毒剂，即使是采用先进的臭氧发生器消毒，还必须辅以 NaCLO 以保持池水中余氯的要求。

⑤次氯酸锂（LiCLO）

LiCLO 是一种优质消毒剂，为白色粉状物，易溶于水，溶液为无色透明，具有很强的消毒、杀灭细菌和孢子的能力和很好的漂白能力。LiCLO 的稳定性比其他氯制剂高，用于游泳池水消毒具有以下优点。

A. 含氯量高，稳定性好，对处理污染严重的池水效果尤为显著。特别是在馆内使用空气中基本上无氯味，对人体健康和设施无损害。

B. LiCLO 有效氯含量高、易溶解、用量少，投加时安全可靠；对水的化学平衡影响小，方便了净化处理。

LiCLO 制备成本高，不便于广泛应用，比较适用于高水平游泳运动员训练和比赛。

⑥二氯异氰尿酸钠

二氯异氰尿酸钠为白色晶粉，有浓厚的氯气味，含有效氯 60% ~64%，易溶于水，25℃时溶解度为 25%，溶液呈弱酸性，1% 水溶液的 pH 值为 5.8 ~6.0，溶液浓度增减对 pH 值影响不大。性质稳定，即使在高温、潮湿地区贮存，其有效氯含量降低也极有限。二氯异氰尿酸钠含有两个结晶水，其水溶液稳定性差，随温度的上升或时间的延长，有效氯损失增加。此外，紫外线的照射可以加速其有效氯的分解。

影响其消毒的因素如下。

A. 浓度与作用时间。二氯异氰尿酸钠的杀菌作用，随浓度的升高与作用时间的延长而增强。在低浓度时，二氯异氰尿酸钠作用较慢；但在高浓度时，因溶液可保持弱酸性，故杀菌效果有时反较次氯酸盐为好。

B. 温度。温度升高可加强二氯异氰尿酸钠的杀菌作用。当水温为16℃～20℃，加氯量为3毫克/升时，作用15分钟，即可达到99.99%大肠杆菌的杀灭率；但在2℃～5℃时，延长到30分钟，杀灭率亦仅为99.92%。

C. 有机物。有机物可降低二氯异氰尿酸钠的杀菌能力。但相对来说，有机物对二氯异氰尿酸钠的影响要比对氯酸盐类消毒剂为小。

D. 酸碱度。二氯异氰尿酸钠与其他含氯消毒剂相似，在酸性条件下比碱性条件下的杀菌作用要好。

二氯异氰尿酸钠的优点为：水解常数较高，杀菌力强；杀菌作用受有机物影响小；溶解度大，在水中溶解较快；干粉贮存稳定；毒性与一般含氯消毒剂相同；溶液pH值不随浓度增加而升高，杀菌作用稳定。缺点是：水溶液稳定性较差；低浓度下杀菌作用不及次氯酸盐；具有一般含氯消毒剂的腐蚀漂白作用。

⑦三氯异氰尿酸

三氯异氰尿酸也是白色结晶物质，有较强的氯臭味，有效率约90%，25℃时在水中的溶解度为1.2%。1%溶液的pH值为2.7～2.9，三氯异氰尿酸虽然有效率含量较高，但溶解度低，因此使用较少。

⑧二氯异氰尿酸钾

二氯异氰尿酸钾，含有效率59.6%，在水中有更强的可溶性，25℃能溶解11%。1%溶液的pH值为5.9。杀菌效果略优于其他钠盐，但因生产钾盐原料中的氯化钾不如生产钠盐中的氯化钠易得，因此办内尚未大量生产。

氯化异氰尿酸类消毒剂性质稳定，易于操作，但价格较贵，从而限制了它的应用。

（2）氯化原理

水里面所需要的消毒加氯量要靠通过需氯量的试验来确定。即在容积相同的水样中加入不同的氯量，在一定的接触时间后，测定水中剩余的氯量。接触的时间可用10分钟、30分钟或1小时以上，主要依照加氯后的接触时间来选择。

池水中氨氮化合物都会与HOCL化合生成氯胺，而这些氯胺又都会慢慢地分解成氧化氮（N_2O）、氮气（N_2）消失于空气中，在加氯杀菌处理的游泳池中，氨氮很难积累起来，一般氨氮的含量低于0.2～0.4毫克/升，在化合性余氯接近1毫克/升，其杀菌作用是完全的。因此，游泳池水质卫生标准中规定化合性余氯应在1.0毫克/升以上。既然加氯量能起消毒作用，那么究竟选择多大的加氯量最合适呢？一是用细菌学的消毒试验资料来选择加氯量。二是用在长期实践中，监测大肠菌群的合格率来检验选用的加氯量是否合适。

一般认为水中如有0.2毫克/升的游离性余氯，其杀菌作用是完全的，但为安全起见，留出安全系数，故规定为0.3毫克/升以上。但不宜超过0.5毫克/升。主要因为余氯过多会刺激粘膜，并能使头发褪色，故上限规定为0.5毫克/升。游泳池消毒应严格遵守规定余氯量，不宜过少，也不宜过多。由于影响游泳池加氯量的因素很多，如游泳人数、游泳时间、气温、水温、水处理方式、游泳池建筑结构等因素。因此，确定每天加氯量是很困难的。经多年实践，我们每天把加氯量一般控制在2.5～4.0毫克/升。

当游泳池水中含有机氮化合物时，会严重地干扰池水的氯化过程，给水处理带来许多困难。氨氮化合物是游泳池中的有害成分，会引起下列问题。

①严重刺激游泳者的眼睛，这是由氯——氮化合物所引起的，主要是三氯胺及二氯胺。

②氨氮在数分钟内消耗氯的比例是氯：氨氮为10：1。

③在同时有氨氮及有机氮的情况下会较大地削弱自由性余氯的氯化过程。

④含氮化合物可与氯反应形成二氯胺和三氯胺，而后者在游泳池中引起讨厌的臭味。

（3）pH值控制调节的意义

pH值是反映池水综合性能的一项重要指标，pH值的偏高或偏低不仅刺激游泳者的眼睛（当pH=7.5～8.0时游泳者感到最舒适），腐蚀池底、池壁及金属物。从控制水质方面，它直接影响着氯化消毒和混凝沉淀的效果。所以，必须经常对池水的pH值注意控制和调节。

①当pH值太低时，造成难以混凝沉淀、水质发粘。

②pH值太高时，造成加氯效率低，杀菌效果差。

如果游泳池仅用漂白粉为消毒剂时，则会使池水pH值增至10左右。此时虽投加大量漂白粉，甚至会感到有强烈的氯气味时，消毒效果仍很差。

由于铝盐混凝剂（如硫酸铝、明矾等）皆呈酸性，随着混凝剂投加量的增加，pH值会愈来愈低，混凝效果就很差。

（三）pH 值控制调节的方法

要视工作条件及使用什么样的消毒剂与混凝剂来考虑。

1. 循环过滤式游泳池

主要采用的 pH 值调节剂为纯碱或碳酸盐类，设计投加量采用 3～5 毫克/升，并且为定量间歇式投加。

2. 非循环过滤式游泳池

（1）使用液氯为消毒剂及铝盐为混凝剂

由于氯气与水反应后会生成盐酸（HCL），增加水的酸性；而铝盐混凝剂也使池水增加酸性，因此，很容易造成池水的 pH 值降低。一般控制方法可采用：①加液氯与加漂白粉交替使用。②在投加硫酸铝的同时，投加石灰膏或漂白粉溶液。③在投加聚合氯化铝前，过氯化处理，可多使用漂白粉为消毒剂。

（2）仅使用漂白粉（精）为消毒剂

仅使用漂白粉（精）为消毒剂时，由于含有氢氧化钙（$Ca(OH)_2$）会使池水的 pH 值不断增加，为了调节 pH 值，可以采用投加适量稀盐酸的办法来中和其碱性。

（3）使用次氯酸钠消毒系统及聚合氯化铝为混凝剂

次氯酸钠呈弱碱性，而投加的聚合氯化铝混凝剂呈弱酸性。两者综合的结果不会引起池水 pH 值发生大的波动。可免除对池水 pH 值控制调节的麻烦。若 pH 值低于 6.5 时，一般可以采用不定期地在投加次氯酸钠溶液的同时添加石灰水等来碱化，这样可保持 pH 值在 6.5～8.5 之间。

第二节　游泳教练员的培养

一个运动员从入门、成长直至取得较好运动成绩，除了运动员自身努力外，最重要的就是要有一位优秀出色的教练员。成为一名教练员很难，想要成为一名优秀的教练员更加难。近几年来我院培养出很多的游泳教练员，工作在不同的岗位，发挥着自身的价值，服务于社会大众。

游泳教练负责为学员提供专业高质的全方位技术指导，提供健康评估和科学的健身咨询指导，保证学员在场馆内锻炼的安全及有效性，指导学员正确开展游泳活动。

游泳教练员是发展我国体育事业，增进公民身心健康，提高生活质量，建设社会主义精神文明的一支重要力量。这既是对游泳教练员地位和作用的充分肯定，同时又表明了游泳教练员对发展我国的社会体育事业负有重要的责任。

一、游泳教练员应具备的素质

（一）教练员要对教练工作有高度的敬业精神

游泳教练员是游泳事业的核心和骨干力量，教练的水平直接影响学员的信心、兴趣和锻炼效果。教师是人类灵魂的工程师，为人师表、敬业爱岗、无私奉献都应成为体育教师的座右铭，优秀的教练员不仅要有坚定正确的政治思想和强烈的事业心、责任感，还要有较好的个人品质，严于律己、以身作则、谈吐文雅、衣着整洁、举止文明、精神饱满等。在市场经济体制条件下，能自觉抵制拜金主义、享乐主义、极端个人主义等腐朽思想的侵蚀，并潜移默化地去影响学生，做一个像陶行知一样“拿着一颗心来，不带半根草去”品质高尚的人。

游泳教练员还应具有为事业成功献身的精神，不仅要上好每堂专业课，督促学员学习文化知识，对学员的训练情况进行仔细观察与分析，随时了解学员的思想动态，最大限度调动运动员训练的积极性和自觉性。

要具有学习和进取精神，作为一名教练员必须要吸收科学的教学知识和信息来充实自己的文化素养以及训练方法，与时俱进，利用各种机会来提高自己的业务水平，并善于整理和总结自己的经验教训，使自己的训练教学更加科学进步，更有效果。勤于思考探索，具有创新精神，多看书多学习，善于向老教员学习，取其精髓，将前人成功的经验用于自身平时的训练上，打破传统观念，用科学的方法手段来培养、指导运动员训练，做到精益求精。

（二）要具有丰富的知识结构

从事游泳教学工作首先要掌握先进的技术要领，这样才能更好地理解游泳所需的基础知识，从而提高自身的教学水平。一名游泳教练员除了懂得游泳的专业知识外，还必须要掌握包括运动生理、运动训练、运动心理以及教学等理论知识。这样才能将科学的理论运用到实际的教学当中，做到科学严谨。同时，根据专业需要，还要熟练掌握了解最新的游泳竞赛规则，在平时训练过程当中就要体现出来，避免犯规动作的出现，为运动员养成良好的运动习惯。

游泳教练员还应像所有教师一样具有现代教育思想和教育观念、广博精深的文化专业知识和教育理论以及较强的教育科研和创新知识的能力。

教育思想和教育观念都是体育教师素质的重要组成部分，思想和观念是人高层次心理需要的反映，它必将产生一种强大的内驱力去激励教师全身心地投入到实现自己的教育教学追求。跨世纪的游泳教练员，首先必须具有素质教育的思想和观念，有终身体育和快乐体育、成功体育的全新教学观、学生观、人才观和教育质量观。具体地说就是要从过去为教学服务、为比赛服务转变为提高全体学生素质服务。

未来社会对教练员的专业知识水平以及相关学科的知识水平要求越来越高，只凭学过的专业知识显然是不够的，随着现代科学与技术的飞跃发展，学科知识的渗透、交叉，新兴科技成果的不断产生和涌现，从不同的层次、不同的方面去向体育渗透，丰富和发展着体育学科知识和理论体系，使知识的陈旧率空前加速，要适应现代体育教育的需要，游泳教练员已不能再是仅仅懂得一些游泳运动技能的教师，而就是一个理论扎实、基本功过硬、知识面广、能力超人、经验丰富、技巧通达的教育者，是一个育人的艺术家和教学的工程师，成为德才兼备，一专多能的复合型教师。

教学过程实际上就是科学研究的过程。现代教育要求教练员不只是个“教书匠”，而应是一个必须具有强烈时代感，不受固有观点和模式的约束，积极探索、勇于发现、敢于开拓新领域，并在创新中生存，在开拓中发展的科研型教师。科学研究能提高教练员的业务、理论水平，促使教练员去接受新的知识和信息，了解新的动态、站在学科发展的前沿，使游泳教学更具有新颖性、丰富性和新时代的气息。科研能力也是衡量一名优秀教练员的重要方面，不可忽视和放弃。

(三) 教学中应该具备过硬的教学的能力

1. 教学训练组织能力

要组织好每次训练课的节奏，要具有直观性，从基础训练到技术传授，使学生们更容易掌握动作要领。游泳课不同于其他技术教学过程，具有差异性和一定的危险性。怎样运用教学规律，提高教学质量，课堂内容的选择和安排十分重要。凡是单一枯燥的、毫无生气的动作练习，势必引起学生的反感和厌学。游泳运动特点之一是竞争，这就需要教练员多利用比赛方法鼓励学生竞争、进取向上。

2. 制订教学计划能力

在依据教学大纲进行游泳教学的过程中，要注意课堂内容的合理穿插安排。结合教材内容做好计划，根据学生体质状况合理安排运动负荷和练习密度。练习的量、练习的强度、练习的质量要科学，决不能片面地追求达标率，让达标率在课堂教学中完成。注意二者的结合，教学质量才能有所保证。要做到长远规划，各个阶段制定出阶段计划与目标，要做到相互有机衔接，并能根据计划科学地系统地进行训练。

只有循序渐进、有计划、有步骤才能达到预期的计划目标。

3. 执行训练能力

对待不同程度的学生要因人而异，区别对待；要抓好每堂课的教学进度，并用正确的方法手段使全部学生都有不同程度的提高，做到整体提高。游泳课教学同其他技术教学一样，有着自身的规律，开展游泳教学必须遵循教育规律，因此，必须了解和研究规律。这就要求教练员必须参加和加强体育科学研究，要积极参与教学科研，较好地掌握教学科研的方法；在工作中善于总结经验和教训，要遵循学生生理、心理的发展规律、认识规律，合理安排训练内容，因地制宜、因人而异地运用教学手段和方法，勇于探索创新，不断提高自身执行训练的能力。

4. 总结经验能力

从工作中找出问题点，改良教学方法，多吸取成功典型经验，取长补短，不断提高；注重理论联系实际、理论指导实践，在工作中锻炼、提高专业技术能力；善于思考、总结和累积，坚持开展体育科学研究和技术创新，以体育科研和技术创新的成果指导工作实践。

5. 熟练掌握和运用现代教学技术的能力

进入21世纪，随着科学的进步和教学手段的日益优化，计算机、电化教学等现代技术手段运用于学校体育教学将成为普遍现象，且得到迅速发展，像幻灯、摄影、电视、录像、计算机等一大批先进的教学设备正在学校体育的领域中悄然兴起，在未来的一段时间里，随着科技的进步，将会慢慢渗透到体育教学、体育管理和体育科研中去，因此，跨世纪的游泳教练员必须强化科学知识的学习，学会使用计算机，掌握新的教学技术手段以及一些教具的使用方法，并利用先进的技术不断改进教学手段、方法、为教学和科研服务。

（四）要有良好的自我修养

众所周知，健康的身体是发展的资本。如果没有了健康的身体，一切都成了空谈，一切都将是水中之月、镜中之花。由此可见，身体的健康是如此的重要，作为一名教练员，为了适应不断发展变化的社会需要，就必须具备自我发展、自我完善的能力。这样才能不断接受新知识、新技术，才能更新知识结构、不断提高自我素质，才能使自己的教育观念、知识体系、教育方法跟上时代的变化。

具有良好的自我修养和职业道德，是作为一名教练员所必需的品质。教练员应该成为运动员的楷模、良师、长辈以及朋友。教练员不仅要向学生传授体育知识、技术技能，而且肩负着育人之重任，帮助学生解决诸如意志、情感、道德、思想等心理健康问题。常言道“育人先育己”，教练员的心理素质对学生人格、情趣、爱好的影响是巨大的，“随风潜入夜，润物细无声”。因此，教练员必须具有良好的心理素质，如健全的人格、强烈的进取精神、顽强的意志，给学生积极的人格和心理影响；同时，教练员还必须具有强健的体魄，能从容不迫地承担工作压力和生活压力，能适应各种环境的变化，保证教学和训练任务的完成。在教学过程当中教练员不应该用侮辱人格的言语训斥学生，更加不能采取体罚的措施来惩罚学生。优秀成功的游泳教练员，要不断提高自身素质，增强科学文化知识，与学生多交流沟通，在良好的教学氛围下完成教学目标，达到事半功倍的训练效果。

二、游泳教练员的工作任务

（1）进行游泳活动指导及各种泳姿练习方法的基础指导，使参与游泳运动的人群能够初步掌握游泳基本技术，学会游泳。

（2）努力提高参加游泳活动者的游泳技术水平，通过指导使广大参与者掌握正确的游泳技术，并不断提高运动水平。

（3）对参与游泳活动的人群给予保健指导和医学监督，并以科学的理论指导人们进行游泳锻炼。

（4）通过举办讲座和组织教学活动，将没有参加游泳活动的群众动员起来，将没有组织的游泳爱好者组织起来。

（5）鼓励那些适宜参加游泳活动的人们积极参加到游泳运动中来，对游泳爱好者提出的游泳技术方面的问题要给予细致、耐心的解答和辅导。

（6）为参加游泳活动的爱好者制定锻炼计划，做好健康测量评价和体质测量评价。

（7）对积极参与游泳活动的爱好者做好安全防护教育，保证参加游泳活动者的人身安全。

（8）做好群众性游泳竞赛活动的组织工作。

三、如何提高游泳教练员的职教能力

（1）肯定中国体制下国家队集训这样一种形式，但建议除了固定一些国家队教练员外，要增加教练员和运动员名额，提高竞争激烈性，同时又能创造一个和谐、团结、互相提高、学习的一个训练环境。

（2）通过增加比赛次数，来增加教练员和运动员的交流机会。比赛就是一个最好的交流。若能在目前现有的比赛基础上根据各级水平再增加各种区域比赛、积分赛和大奖赛等形式，也会增加交流提高的机会。

（3）建立教练员协会，学习美国、澳大利亚、英国等游泳强国，在每次重大比赛后，进行每年3～5天的全国教练员年会，聘请世界和国内优秀教练员、奥运冠军教练员，各种科研教练进行专题讲座、实践示范课，给教练员一个相互学习的机会。

（4）举办短期的集训。这种形式最好水平比较一致，层次分明，训练的目的性明确。集训后要有一个正式比赛，而不是测试。通过比赛，运动员成绩得到认可，教练员水平得到证实。周期要控制好，最好以半个月为宜。

（5）各种专家讲课。聘请国内外专家进行短期的讲课以及相关专业的讲座等。

（6）加强各种游泳信息资料的收集和游泳网络平台建设。现在市场上关于游泳内容的杂志较少，教练员学习和了解相关信息少。随着网络发达，教练员能通过网络进行交流并获得更多的信息。而目前游泳训练网络平台的建设相对空白。

（7）出国集训与比赛。教练员可以通过走出去、引进来的学习办法来弥补自身的知识欠缺，让教练员变被动为主动，以此迫使教练员去寻求训练上的突破。

四、游泳教练员的培养

经过20多年的建设，目前我国教练员的培养工作已经形成了以学历教育为基础，以岗位培训为重点，包括各类短期培训和信息服务等多种形式的教练员培训体系。为使我国教练员培养工作规范化、制度化和科学化，我国高级教练员的培养主要通过岗位培训方式来进行。岗位培训以提高教练员能力为重点，既不同于学历教育又不同于短期班，是一种新的形势。

为了扩大教练员的培养规模和提高培养质量，需健全和完善新形势下我国教练员培训的管理制度，这是培养工作有序进行的重要保障。各行政主管部门应全方位地给予包括师资、经费等方面的帮助。

在培训内容的选择上，应体现补缺、补差和补新的精神，根据教练员的实际工作需求来制定培训内容。精化教学方式，丰富实际操作，使理论与实践相结合。考核方式应突出“能力”方面。

要坚持学科培训。作为一名教练员，应当清醒地认识到，在全面推进素质教育的今天，如果因循守旧、故步自封，不能积极、自觉地通过培训、进修等方式提高自身素质，就不能适应素质教育的需要。全面提高教练员的素质，就要接受继续教育，主动进行学历进修和业务进修。及时具备了学历要求，也要不断补充、更新知识，学习和掌握现代教育理论，掌握体育与健康方面的知识技能，努力提高自身素质。

最后要大力加强教练员继续教育的力度，将继续教育提高到不断适应现代社会发展需要与游泳竞技水平迅猛发展需要的轨道上来。

附录：游泳运动员中级选材模式标准

表1　游泳运动员选材7岁骨龄组评分表（男）

指　　标	等　　级									
	一		二		三		四		五	
	标准	得分	标准	得分	标准	得分	标准	得分	标准	得分
身高/厘米	~129.7	7.5	129.8~	9	131.2~	10.4	132.6~	12	134~	14
指距-身高/厘米	~0.5	7.5	0.5~	9	0.7~	10.4	0.8~	12	0.9~	14
体形指数	~52	7.5	52.1~	9	54.4~	10.4	56.7~	12	5.9~	14
手面积指数	~72	7.5	72.1~	9	77.4~	10.4	82.7~	12	8.8~	14
心功指数	~15	2.7	14.9~	3.2	13.2~	2.7	11.6~	4.2	10~	5
憋气时间/秒	~30	2.7	30″1~	3.2	34″1~	3.7	38~	4.2	42~	5
纵跳/厘米	~30	1.8	30.1~	2.1	32.1~	2.4	34.1~	2.8	36~	3.3
体前屈/厘米	~7.5	1.8	7.6~	2.1	9.9~	2.4	12.2~	2.8	14.5~	3.3
体后屈/厘米	~37	1.8	37.1~	2.1	39.5~	2.4	42.3~	2.8	45~	3.3
指　　标	等　　级									
	一		三		五		三		一	
	标准	得分	标准	得分	标准	得分	标准	得分	标准	得分
克托莱指数/（克/厘米）	~200	7.5	201~	10.4	220~	14	230~	10.4	250~	7.5

表2　游泳运动员选材 8 岁骨龄组评分表（男）

指　标	等　级									
	一		二		三		四		五	
	标准	得分	标准	得分	标准	得分	标准	得分	标准	得分
身高/厘米	~133.7	7.5	133.8 ~	9	135.2 ~	10.4	136.6 ~	12	138 ~	14
指距－身高/厘米	~1	7.5	1.1 ~	9	1.2 ~	10.4	1.4 ~	12	1.5 ~	14
体形指数	~54	7.5	54.1 ~	9	56.4 ~	10.4	58.7 ~	12	61 ~	14
手面积指数	~80	7.5	80.1 ~	9	84.7 ~	10.4	89.3 ~	12	94 ~	14
心功指数	~14.5	2.7	14.4 ~	3.2	12.7 ~	3.7	11.1 ~	4.2	9.5 ~	5
憋气时间/秒	32	2.7	32″1	3.2	36″1	3.7	40	4.2	44	5
纵跳/厘米	~34	1	34.1 ~	1.2	36.1 ~	1.4	38.1 ~	1.7	40 ~	2
体前屈/厘米	~9	1	9.1 ~	1.2	11.1 ~	1.4	1.3 ~	1.7	15 ~	2
体后屈/厘米	~38	1	38.1 ~	1.2	40.8 ~	1.4	43.4 ~	1.7	46 ~	2
踝关节伸度/度	~196	1	167 ~	1.2	17 ~	1.4	174 ~	1.7	179 ~	2
踝关节屈度/度	~105	1	104 ~	1.2	97 ~	1.4	93 ~	1.7	95 ~	2

指　标	等　级									
	一		三		五		三		一	
	标准	得分	标准	得分	标准	得分	标准	得分	标准	得分
克托莱指数/（克/厘米）	~210	7.5	211 ~	10.4	230 ~	14	240 ~	10.4	260 ~	7.5

表3　游泳运动员选材9岁骨龄组评分表（男）

指　标	等级									
	一		二		三		四		五	
	标准	得分	标准	得分	标准	得分	标准	得分	标准	得分
身高/厘米	~133.7	6.5	137.8~	7.6	139.2~	8.8	140.6~	10	142~	12
指距-身高/厘米	~1.5	6.5	1.6~	7.6	1.7~	8.8	1.9~	10	2~	12
体形指数	~58	6.5	58.1~	7.6	60.4~	8.8	62.7~	10	65~	12
手面积指数	~82	6.5	82.1~	7.6	92.7~	8.8	103.3~	10	114~	12
心功指数	~14	2.7	13.9~	3.2	12.2~	3.7	10.1~	42	9~	5
憋气时间/秒	34	2.7	34″1	3.2	38″1	3.7	43	42	46	5
纵跳/厘米	~37	1.1	37.1~	1.3	38.7~	1.5	40.3~	1.7	42~	2
体前屈/厘米	~10.8	1.1	10.9~	1.3	12.5~	1.5	14.1~	1.7	15.5~	2
体后屈/厘米	~39	1.1	39.1~	1.3	41.8~	1.5	44.4~	1.7	47~	2
踝关节伸度/度	~166	1.1	167~	1.3	171~	1.5	175~	1.7	179~	2
踝关节屈度/度	~105	1.1	104~	1.3	10~	1.5	96~	1.7	92~	2
指　标	等级									
	一		三		五		三		一	
	标准	得分	标准	得分	标准	得分	标准	得分	标准	得分
克托莱指数/（克/厘米）	~220	6.5	221~	8.8	240~	12	250~	8.8	270~	6.5

表 4　游泳运动员选材 10 岁骨龄组评分表（男）

指　　标	等　　级									
	一		二		三		四		五	
	标准	得分	标准	得分	标准	得分	标准	得分	标准	得分
身高/厘米	~141.9	6.5	142 ~	7.6	143.4 ~	8.8	145.4 ~	10	147 ~	12
指距 – 身高/厘米	~2	6.5	2.1 ~	7.6	2.2 ~	8.8	2.4 ~	10	2.5 ~	12
体形指数	~32	6.5	62.1 ~	7.6	64.4 ~	8.8	66.7 ~	10	69 ~	12
手面积指数	~96	6.5	96.1 ~	7.6	104.4 ~	8.8	112.7 ~	10	121 ~	12
心功指数	~13.5	2.7	13.4 ~	3.2	11.7 ~	3.7	10.1 ~	4.2	8.5 ~	5
憋气时间/秒	36	2.7	36″1	3.2	40″1	3.7	44	4.2	48	5
纵跳/厘米	~40	1.1	40.1 ~	1.3	41.7 ~	1.5	43.2 ~	1.7	45 ~	2
体前屈/厘米	~12	1.1	12.1 ~	1.3	13.4 ~	1.5	14.7 ~	1.7	16 ~	2
体后屈/厘米	~41	1.1	41.1 ~	1.3	43.8 ~	1.5	46.4 ~	1.7	49 ~	2
踝关节伸度/度	~168	1.1	169 ~	1.3	173 ~	1.5	177 ~	1.7	181 ~	2
踝关节屈度/度	~102	1.1	101 ~	1.3	97 ~	1.5	93 ~	1.7	89 ~	2
指　　标	等　　级									
	一		三		五		三		一	
	标准	得分	标准	得分	标准	得分	标准	得分	标准	得分
克托莱指数/（克/厘米）	~230	6.5	231 ~	8.8	250 ~	12	260 ~	8.8	280 ~	6.5

表 5　游泳运动员选材 11 岁骨龄组评分表（男）

指　　标	等　　级									
	一		二		三		四		五	
	标准	得分	标准	得分	标准	得分	标准	得分	标准	得分
身高/厘米	~146.9	4.3	147 ~	5.1	148.8 ~	5.9	150.4 ~	6.7	152 ~	8
指距 - 身高/厘米	~2.5	4.3	2.6 ~	5.1	2.9 ~	5.9	3.2 ~	6.7	3.5 ~	8
体形指数	~68	4.3	68.1 ~	5.1	70.4 ~	5.9	73.3 ~	6.7	76 ~	8
手面积指数	~101	4.3	101.1 ~	5.1	111.4 ~	5.9	121.7 ~	6.7	132 ~	8
心功指数	~13	2.7	12.9 ~	3.2	11.2 ~	3.7	9.6 ~	4.2	8 ~	5
憋气时间/秒	38	2.7	38″1	3.2	42″1	3.7	46	4.2	50	5
纵跳/厘米	~42	2.1	42.1 ~	2.5	44.1 ~	3	46.1 ~	3.3	48 ~	4
体前屈/厘米	~12.4	2.1	12.5 ~	2.5	13.6 ~	3	14.8 ~	3.3	16 ~	4
体后屈/厘米	~44	2.1	44.1 ~	2.5	46.3 ~	3	48.6 ~	3.3	51 ~	4
踝关节伸度/度	~168	2.1	169 ~	2.5	17.3 ~	3	177 ~	3.3	181 ~	4
踝关节屈度/度	~100	2.1	99 ~	2.5	9.5 ~	3	91 ~	3.3	87 ~	4

指　　标	等　　级									
	一		三		五		三		一	
	标准	得分	标准	得分	标准	得分	标准	得分	标准	得分
克托莱指数/（克/厘米）	~240	4.3	241 ~	5.9	260 ~	8	270 ~	5.9	290 ~	4.3

表6　游泳运动员选材12岁骨龄组评分表（男）

指　　标	等　　级									
	一		二		三		四		五	
	标准	得分	标准	得分	标准	得分	标准	得分	标准	得分
身高/厘米	~151.6	4.3	151.7~	5.1	153.8~	5.9	155.9~	6.7	158~	8
指距－身高/厘米	~3	43.4	3.1~	5.1	3.6~	5.9	4.1~	6.7	4.6~	8
体形指数	~72	4.3	72.1~	5.1	74.7~	5.9	77.3~	6.7	80~	8
手面积指数	~113	4.3	113.1~	5.1	121.7~	5.9	130.4~	6.7	139~	8
心功指数	~12.5	2.7	11.4~	3.2	10.7~	3.7	9.1~	4.2	7.5~	5
憋气时间/秒	40	2.7	40″1	3.2	44″1	3.7	48	4.2	52	5
纵跳/厘米	~44	2.1	44.1~	2.5	46.1~	3	48.1~	3.3	50~	4
体前屈/厘米	~12.8	2.1	12.9~	2.5	14.5~	3	16.2~	3.3	18~	4
体后屈/厘米	~45	2.1	45.1~	2.5	47.7~	3	50.3~	3.3	53~	4
踝关节伸度/度	~169	2.1	170~	2.5	174~	3	178~	3.3	182~	4
踝关节屈度/度	~101	2.1	100~	2.5	96~	3	92~	3.3	88~	4
指　　标	等　　级									
	一		三		五		三		一	
	标准	得分	标准	得分	标准	得分	标准	得分	标准	得分
克托莱指数/（克/厘米）	~250	4.3	251~	5.9	270~	8	280~	5.9	300~	4.3

表7　游泳运动员选材13岁骨龄组评分表（男）

指　标	等　级									
	一		二		三		四		五	
	标准	得分	标准	得分	标准	得分	标准	得分	标准	得分
身高/厘米	~158.7	3.2	158.8~	3.8	131.2~	4	163.6~	5	166~	6
指距-身高/厘米	~4	3.2	4.1~	3.8	4.6~	4	5.1~	5	5.6~	6
体形指数	~75	3.2	75.1~	3.8	78.1~	4	81.1~	5	84~	6
手面积指数	~129	3.2	129.1~	3.8	136.4~	4	143.7~	5	151~	6
心功指数	~12	2.7	11.9~	3.2	10.2~	3.7	8.6~	4.2	7~	5
憋气时间/秒	42	2.7	42″1	3.2	43″1	3.7	50″5	4.2	54	5
纵跳/厘米	~46	2.1	46.1~	2.5	48.4~	3	50.7~	3.3	53~	4
体前屈/厘米	~15.3	2.1	15.4~	2.5	17.3~	3	19.1~	3.3	21~	4
体后屈/厘米	~48	2.1	48.1~	2.5	51~	3	53.9~	3.3	57~	4
踝关节伸度/度	~169	2.1	170~	2.5	174~	3	178~	3.3	182~	4
踝关节屈度/度	~101	2.1	100~	2.5	96~	3	93~	3.3	90~	4
指　标	等　级									
	一		三		五		三		一	
	标准	得分	标准	得分	标准	得分	标准	得分	标准	得分
克托莱指数/（克/厘米）	~270	3.2	271~	4	290~	6	310~	4	330~	3.2

表 8　游泳运动员选材 14 岁骨龄组评分表（男）

指　标	等				级					
	一		二		三		四		五	
	标准	得分	标准	得分	标准	得分	标准	得分	标准	得分
身高/厘米	~165.7	3.2	165.8 ~	3.8	168.2 ~	4	170.6 ~	5	173 ~	6
指距－身高/厘米	~5	3.2	5.1 ~	3.8	5.6 ~	4	6.1 ~	5	6.6 ~	6
体形指数	~80	3.2	80.1 ~	3.8	83.1 ~	4	86.1 ~	5	89.1 ~	6
手面积指数	~136	3.2	136.1 ~	3.8	144.1 ~	4	152 ~	5	160 ~	6
心功指数	~11.5	2.7	11.4 ~	3.2	9.7 ~	3.7	8.1 ~	4.2	6.5 ~	5
憋气时间/秒	44	2.7	44″1	3.2	48″1	3.7	52	4.2	56	5
纵跳/厘米	~50	2.1	50.1 ~	2.5	52.4 ~	3	54.7 ~	3.3	57 ~	4
体前屈/厘米	~16.1	2.1	16.2 ~	2.5	18.4 ~	3	20.6 ~	3.3	21 ~	4
体后屈/厘米	~50	2.1	50.1 ~	2.5	53.4 ~	3	56.7 ~	3.3	60 ~	4
踝关节伸度/度	~169	2.1	170 ~	2.5	174 ~	3	178 ~	3.3	182 ~	4
踝关节屈度/度	~101	2.1	100 ~	2.5	96 ~	3	93 ~	3.3	90 ~	4
指　标	等				级					
	一		三		五		三		一	
	标准	得分	标准	得分	标准	得分	标准	得分	标准	得分
克托莱指数/（克/厘米）	~280	3.2	281 ~	4	320 ~	6	340 ~	4	370 ~	3.2

表9　游泳运动员选材15岁骨龄组评分表（男）

指　　标	等　　级									
	一		二		三		四		五	
	标准	得分	标准	得分	标准	得分	标准	得分	标准	得分
身高/厘米	~170.7	1	170.8~	1.2	173.2~	1.4	175.6~	1.7	178~	2
指距－身高/厘米	~5.5	1	5.6~	1.2	6.1~	1.4	6.6~	1.7	7.1~	2
体形指数	~84	1	84.1~	1.2	87.1~	1.4	90.1~	1.7	93.1~	2
手面积指数	~138	1	138.1~	1.2	146.1~	1.4	154~	1.7	162~	2
心功指数	~11	2.7	10.9~	3.2	9.2~	3.7	7.6~	4.2	6~	5
憋气时间/秒	6	2.7	46″1	3.2	50″1	3.7	54	4.2	58	5
纵跳/厘米	~52	1	52.1~	1.2	54.4~	1.4	56.7~	1.7	58.8~	2
体前屈/厘米	~18.8	1	18.9~	1.2	20.6~	1.4	22.3~	1.7	24.1~	2
体后屈/厘米	~52	1	52.1~	1.2	55.7~	1.4	59.3~	1.7	63~	2
踝关节伸度/度	~169	1	170~	1.2	174~	1.4	178~	1.7	182~	2
踝关节屈度/度	~101	1	100~	1.2	96~	1.4	93~	1.7	90~	2

指　　标	等　　级									
	一		三		五		三		一	
	标准	得分	标准	得分	标准	得分	标准	得分	标准	得分
克托莱指数/（克/厘米）	~290	1	291~	1.4	330~	2	350~	1.4	380~	1

表 10　游泳运动员选材 7 岁骨龄组评分表（男）上专项（分、秒）

指　　标	等　　级									
	一		二		三		四		五	
	标准	得分	标准	得分	标准	得分	标准	得分	标准	得分
50 米自由泳腿	1′28″ ~	0.9	1′23″ ~	1	1′18″ ~	1.2	1′14″ ~	1.4	1′10″ ~	1.6
50 米蝶泳腿	1′40″ ~	0.9	1′35″ ~	1	1′30″ ~	1.2	1′26″ ~	1.4	1′22″ ~	1.6
50 米仰泳腿	1′30″ ~	0.9	1′25″ ~	1	1′20″ ~	1.2	1′16″ ~	1.4	1′12″ ~	1.6
50 米蛙泳腿	1′40″ ~	0.9	1′35″ ~	1	1′30″ ~	1.2	1′26″ ~	1.4	1′22″ ~	1.6
100 米个人混合泳	2′30″ ~	0.9	2′25″ ~	1	2′20″ ~	1.2	2′10″ ~	1.4	2′0″ ~	1.6
50 米自由泳	1′0″ ~	0.9	55″ ~	1	50″ ~	1.2	46″ ~	1.4	43″ ~	1.6

表 11　游泳运动员选材 8 岁骨龄组评分表（男）水上专项（分、秒）

指　　标	等　　级									
	一		二		三		四		五	
	标准	得分	标准	得分	标准	得分	标准	得分	标准	得分
50 米自由泳腿	1′12″ ~	0.6	1′8″ ~	0.7	1′5″ ~	0.8	1′2″ ~	0.9	1′0″ ~	1.1
50 米蝶泳腿	1′20″ ~	0.6	1′16″ ~	0.7	1′12″ ~	0.8	1′8″ ~	0.9	1′5″ ~	1.1
50 米仰泳腿	1′14″ ~	0.6	1′10″ ~	0.7	1′6″ ~	0.8	1′4″ ~	0.9	1′2″ ~	1.1
50 米蛙泳腿	1′25″ ~	0.6	1′20″ ~	0.7	1′15″ ~	0.8	1′12″ ~	0.9	1′8″ ~	1.1
100 米个人混合泳	2′10″ ~	0.6	2′4″ ~	0.7	2′0″ ~	0.8	1′52″ ~	0.9	1′45″ ~	1.1
50 米自由泳	55″0 ~	0.6	51″0 ~	0.7	47″0 ~	0.8	43″0 ~	0.9	39″0 ~	1.1
50 米蝶泳	1′10″ ~	0.6	1′5″ ~	0.7	1′0″ ~	0.8	52′0″ ~	0.9	45″0 ~	1.1
50 米仰泳	1′15″ ~	0.6	1′8″ ~	0.7	1′2″ ~	0.8	54″0 ~	0.9	46″0 ~	1.1
50 米蛙泳	1′5″ ~	0.6	1′1″ ~	0.7	58′0″ ~	0.8	58″0 ~	0.9	51″0 ~	1.1

表 12 游泳运动员选材 9 岁骨龄组评分表（男）水上专项（分、秒）

指标	等级									
	一		二		三		四		五	
	标准	得分	标准	得分	标准	得分	标准	得分	标准	得分
50 米自由泳腿	1′2″～	0.8	58″0～	1	55″0～	1.1	52″0～	1.3	50″0～	1.5
50 米蝶泳腿	1′10″～	0.8	1′4″～	1	58″0～	1.1	56″0～	1.3	54″0～	1.5
50 米仰泳腿	1′4″～	0.8	1′1″～	1	58″0～	1.1	56″0～	1.3	54″0～	1.5
50 米蛙泳腿	1′10″～	0.8	1′4″～	1	59″0～	1.1	56″0～	1.3	54″0～	1.5
200 米个人混合泳	3′24″～	0.8	3′19″～	1	3′14″～	1.1	3′9″～	1.3	3′4″～	1.5
50 米自由泳	48″0～	0.8	45″0～	1	43″0～	1.1	39″0～	1.3	36″0～	1.5
50 米蝶泳	1′0″～	0.8	56″0～	1	52″0～	1.1	43″0～	1.3	40″0～	1.5
50 米仰泳	1′2″～	0.8	58″－1～	1	55″0～	1.1	48″0～	1.3	42″0～	1.5
50 米蛙泳	57″0～	0.8	54″0～	1	51″0～	1.1	48″5～	1.3	46″0～	1.5
自由泳出发 10 米计时	5″58～	0.8	5″54～	1	5″50～	1.1	5″37～	1.3	5″25～	1.5
蝶泳出发 10 米计时	6″40～	0.8	6″15～	1	5″90～	1.1	5″75～	1.3	5″60～	1.5
仰泳出发 10 米计时	7″0～	0.8	6″81～	1	6″65～	1.1	6″40～	1.3	6″15～	1.5
蛙泳出发 10 米计时	6″70～	0.8	6″55～	1	6″40～	1.1	6″20～	1.3	6″0～	1.5

表 13　游泳运动员选材 10 岁骨龄组评分表（男）水上专项（分、秒）

指　　标	等　　级									
	一		二		三		四		五	
	标准	得分	标准	得分	标准	得分	标准	得分	标准	得分
50 米自由泳腿	54″0 ~	0.6	51″0 ~	0.7	49″0 ~	0.8	47″0 ~	0.9	45″0 ~	1.1
50 米蝶泳腿	59″5 ~	0.6	56″0 ~	0.7	54″0 ~	0.8	50″0 ~	0.9	47″0 ~	1.1
50 米仰泳腿	56″4 ~	0.6	54″4 ~	0.7	52″4 ~	0.8	51″0 ~	0.9	50″0 ~	1.1
50 米蛙泳腿	1′0″ ~	0.6	57″4 ~	0.7	55″4 ~	0.8	53″0 ~	0.9	51″0 ~	1.1
50 米自由泳手	54″0 ~	0.6	5″0 ~	0.7	46″0 ~	0.8	43″0 ~	0.9	40″0 ~	1.1
50 米蝶泳手	1′0″ ~	0.6	56″0 ~	0.7	53″0 ~	0.8	51″0 ~	0.9	50″0 ~	1.1
50 米仰泳手	1′4″ ~	0.6	59″0 ~	0.7	55″0 ~	0.8	52″0 ~	0.9	50″0 ~	1.1
50 米蛙泳手	1′5″ ~	0.6	1′1″ ~	0.7	58″0 ~	0.8	56″0 ~	0.9	54″0 ~	1.1
200 米个人混合泳	3′20″ ~	0.6	3′15″ ~	0.7	3′10″ ~	0.8	3′2″ ~	0.9	2′55″ ~	1.1
50 米自由泳	40″0 ~	0.6	38″0 ~	0.7	37″0 ~	0.8	35″0 ~	0.9	34″0 ~	1.1
50 米蝶泳	47″0 ~	0.6	44″0 ~	0.7	42″0 ~	0.8	39″0 ~	0.9	36″0 ~	1.1
50 米仰泳	48″0 ~	0.6	45″0 ~	0.7	45″0 ~	0.8	39″0 ~	0.9	37″0 ~	1.1
50 米蛙泳	50″0 ~	0.6	47″4 ~	0.7	45″0 ~	0.8	42″4 ~	0.9	40″0 ~	1.1
400 米自由泳	6′30″ ~	0.6	6′15″ ~	0.07	6′0″ ~	0.8	5′48″ ~	0.9	36″0 ~	1.1
自由泳出发 10 米计时	5″60 ~	0.6	5″42 ~	0.07	5″25 ~	0.8	5″9 ~	0.9	4″95 ~	1.1
蝶泳出发 10 米计时	6″9 ~	0.6	5″85 ~	0.07	5″60 ~	0.8	5″40 ~	0.9	5″20 ~	1.1
仰泳出发 10 米计时	6″65 ~	0.6	6″55 ~	0.07	6″45 ~	0.8	6″12 ~	0.9	5″80 ~	1.1
蛙泳出发 10 米计时	6″40 ~	0.6	6″25 ~	0.07	6″9 ~	0.8	5″90 ~	0.9	5″70 ~	1.1

表 14　游泳运动员选材 11 岁骨龄组评分表（男）水上专项（分、秒）

指　　标	等　　级									
	一		二		三		四		五	
	标准	得分	标准	得分	标准	得分	标准	得分	标准	得分
50 米自由泳腿	50″5 ~	0.9	48″0 ~	1	46″0 ~	1.2	45″0 ~	1.4	44″0 ~	1.6
50 米蝶泳腿	54″0 ~	0.9	52″0 ~	1	51″0 ~	1.2	48″0 ~	1.4	45″0 ~	1.6
50 米仰泳腿	53″0 ~	0.9	51″2 ~	1	49″5 ~	1.2	48″0 ~	1.4	47″0 ~	1.6
50 米蛙泳腿	55″5 ~	0.9	53″0 ~	1	51″0 ~	1.2	49″0 ~	1.4	48″0 ~	1.6
50 米自由泳手	52″0 ~	0.9	47″0 ~	1	43″0 ~	1.2	40″0 ~	1.4	37″0 ~	1.6
50 米蝶泳手	55″0 ~	0.9	52″0 ~	1	49″0 ~	1.2	47″0 ~	1.4	45″0 ~	1.6
50 米仰泳手	57″0 ~	0.9	54″0 ~	1	51″0 ~	1.2	48″0 ~	1.4	46″0 ~	1.6
50 米蛙泳手	1′0″ ~	0.9	57″0 ~	1	54″0 ~	1.2	52″0 ~	1.4	50″0 ~	1.6
200 米个人混合泳	3′14″ ~	0.9	3′8″ ~	1	3′2″ ~	1.2	2′56″ ~	1.4	2′50″ ~	1.6
50 米自由泳	38″0 ~	0.9	36″5 ~	1	35″0 ~	1.2	33″5 ~	1.4	32″5 ~	1.6
50 米蝶泳	42″0 ~	0.9	40″0 ~	1	39″0 ~	1.2	36″7 ~	1.4	34″5 ~	1.6
50 米仰泳	45″0 ~	0.9	42″0 ~	1	40″0 ~	1.2	37″0 ~	1.4	35″0 ~	1.6
50 米蛙泳	48″0 ~	0.9	46″1 ~	1	44″2 ~	1.2	41″7 ~	1.4	39″2 ~	1.6
800 米自由泳	13′34″ ~	0.9	12′52″ ~	1	12′10″ ~	1.2	11′35″ ~	1.4	11′0″ ~	1.6
自由泳出发 10 米计时	5″40 ~	0.9	5″25 ~	1	5″10 ~	1.2	4″95 ~	1.4	4″80 ~	1.6
蝶泳出发 10 米计时	5″80 ~	0.9	5″60 ~	1	5″40 ~	1.2	5″25 ~	1.4	5″9 ~	1.6
仰泳出发 10 米计时	6″30 ~	0.9	6″15 ~	1	6″0 ~	1.2	5″70 ~	1.4	5″40 ~	1.6
蛙泳出发 10 米计时	6″25 ~	0.9	6″7 ~	1	5″90 ~	1.2	5″65 ~	1.4	5″40 ~	1.6

表 15　游泳运动员选材 12 岁骨龄组评分表（男）水上专项（分、秒）

指标	等级									
	一		二		三		四		五	
	标准	得分	标准	得分	标准	得分	标准	得分	标准	得分
50 米自由泳腿	48″0 ~	0.9	47″0 ~	1	46″0 ~	1.2	43″0 ~	1.4	41″0 ~	1.6
50 米蝶泳腿	52″0 ~	0.9	51″0 ~	1	49″9 ~	1.2	46″0 ~	1.4	44″0 ~	1.6
50 米仰泳腿	51″0 ~	0.9	49″2 ~	1	47″4 ~	1.2	45″7 ~	1.4	44″0 ~	1.6
50 米蛙泳腿	53″0 ~	0.9	50″0 ~	1	48″4 ~	1.2	47″0 ~	1.4	45″4 ~	1.6
50 米自由泳手	50″0 ~	0.9	46″0 ~	1	42″0 ~	1.2	39″0 ~	1.4	36″0 ~	1.6
50 米蝶泳手	52″0 ~	0.9	48″0 ~	1	45″0 ~	1.2	42″0 ~	1.4	40″0 ~	1.6
50 米仰泳手	55″0 ~	0.9	50″0 ~	1	46″0 ~	1.2	44″0 ~	1.4	42″0 ~	1.6
50 米蛙泳手	58″0 ~	0.9	54″0 ~	1	51″0 ~	1.2	48″0 ~	1.4	45″0 ~	1.6
200 米个人混合泳	3′10″ ~	0.9	3′4″ ~	1	2′59″ ~	1.2	2′50″ ~	1.4	2′42″ ~	1.6
50 米自由泳	36″0 ~	0.9	34″0 ~	1	33″0 ~	1.2	31′0 ~	1.4	30″0 ~	1.6
50 米蝶泳	39″0 ~	0.9	37″0 ~	1	36″0 ~	1.2	34′0 ~	1.4	32″0 ~	1.6
50 米仰泳	42″0 ~	0.9	39″0 ~	1	37″0 ~	1.2	35″0 ~	1.4	33″4 ~	1.6
50 米蛙泳	46″6 ~	0.9	44″7 ~	1	43″0 ~	1.2	40″4 ~	1.4	38″0 ~	1.6
800 米自由泳	12′0″ ~	0.9	11′38″ ~	0.1	11′15″ ~	1.2	11′0″ ~	1.4	10′45″ ~	1.6
自由泳出发 10 米计时	5″30 ~	0.9	5″15 ~	0.1	5″0 ~	1.2	4″80 ~	1.4	4″60 ~	1.6
蝶泳出发 10 米计时	5″30 ~	0.9	5″20 ~	0.1	5″9 ~	1.2	4″90 ~	1.4	4″70 ~	1.6
仰泳出发 10 米计时	6″9 ~	0.9	5″87 ~	0.1	5″65 ~	1.2	5″37 ~	1.4	5″9 ~	1.6
蛙泳出发 10 米计时	6″20 ~	0.9	5″97 ~	0.1	5″75 ~	1.2	5″45 ~	1.4	5″15 ~	1.6

表16　游泳运动员选材13岁骨龄组评分表（男）水上专项（分、秒）

指　　标	等　　级									
	一		二		三		四		五	
	标准	得分	标准	得分	标准	得分	标准	得分	标准	得分
200米个人混合泳	3′0″~	1.9	2′55″~	2.3	2′50″~	2.6	2′41″~	3.1	2′32″~	3.6
50米自由泳	35″0~	1.9	33″0~	2.3	32″0~	2.6	30″0~	3.1	29″-1~	3.6
50米蝶泳	36″0~	1.9	34″0~	2.3	33″0~	2.6	31″6~	3.1	30″4~	3.6
50米仰泳	40″0~	1.9	37″4~	2.3	35″4~	2.6	33″4~	3.1	32″0~	3.6
50米蛙泳	43″0~	1.9	41″0~	2.3	40″2~	2.6	38″2~	3.1	36″3~	3.6
800米自由泳	11′44″~	1.9	11′27″~	2.3	11′10″~	2.6	10′45″~	3.1	10′20″~	3.6
1500米自由泳	23′0″~	1.9	21′52″~	2.3	20′45″~	2.6	19′22″~	3.1	19′0″~	3.6
自由泳出发10米计时	4″80~	1.9	4″67~	2.3	4″55~	2.6	4″42~	3.1	4″30~	3.6
蝶泳出发10米计时	4″90~	1.9	4″75~	2.3	4″60~	2.6	4″47~	3.1	4″35~	3.6
仰泳出发10米计时	5″75~	1.9	5″55~	2.3	5″35~	2.6	5″12~	3.1	4″90~	3.6
蛙泳出发10米计时	5″60~	1.9	5″40~	2.3	5″20~	2.6	4″97~	3.1	4″75~	3.6

表17　游泳运动员选材14岁骨龄组评分表（男）水上专项（分、秒）

指　　标	等　　级									
	一		二		三		四		五	
	标准	得分	标准	得分	标准	得分	标准	得分	标准	得分
200米个人混合泳	2′54″~	1.9	2′47″~	2.3	2′41″~	2.6	2′35″~	3.1	2′30″~	3.6
50米自由泳	33″0~	1.9	31″0~	2.3	30″0~	2.6	28″0~	3.1	27″0~	3.6
50米蝶泳	34″0~	1.9	32″0~	2.3	31″0~	2.6	30″0~	3.1	29″0~	3.6
50米仰泳	37″0~	1.9	35″0~	2.3	34″0~	2.6	32″0~	3.1	31″0~	3.6
50米蛙泳	41″0~	1.9	38″4~	2.3	37″0~	2.6	35″4~	3.1	34″0~	3.6
800米自由泳	11′20″~	1.9	10′47″~	2.3	10′25″~	2.6	10′2″~	3.1	9′49″~	3.6
1500米自由泳	22′15″~	1.9	21′15″~	2.3	20′15″~	2.6	19′18″~	3.1	18′38″~	3.6
自由泳出发10米计时	4″30~	1.9	4″20~	2.3	4″9~	2.6	4″1~	3.1	3″95~	3.6
蝶泳出发10米计时	4″50~	1.9	4″40~	2.3	4″30~	2.6	4″20~	3.1	4″9~	3.6
仰泳出发10米计时	5″35~	1.9	5″20~	2.3	5″4~	2.6	4″90~	3.1	4″75~	3.6
蛙泳出发10米计时	5″0~	1.9	4″82~	2.3	4″65~	2.6	4″50~	3.1	4″35~	3.6

表 18　游泳运动员选材 15 岁骨龄组评分表（男）水上专项（分、秒）

指　　标	等级									
	一		二		三		四		五	
	标准	得分	标准	得分	标准	得分	标准	得分	标准	得分
50 米自由泳	32″0 ~	4.2	30″0 ~	5	29″0 ~	5.8	27″0 ~	6.5	26″0 ~	7.7
50 米蝶泳	33″0 ~	4.2	31″5 ~	5	30″5 ~	5.8	29″5 ~	6.5	28″5 ~	7.7
50 米仰泳	36″0 ~	4.2	34″0 ~	5	33″0 ~	5.8	31″0 ~	6.5	30″0 ~	7.7
50 米蛙泳	40″0 ~	4.2	38″0 ~	5	36″0 ~	5.8	34″5 ~	6.5	33″0 ~	7.7
1500 米自由泳	21′50″ ~	4.2	20′55″ ~	5	20′0″ ~	5.8	19″10 ~	6.5	18′20″ ~	7.7
自由泳出发 10 米计时	4″15 ~	4.2	4″1 ~	5	3″90 ~	5.8	3″75 ~	6.5	3″60 ~	7.7
蝶泳出发 10 米计时	4″40 ~	4.2	4″25 ~	5	4″10 ~	5.8	4″0 ~	6.5	3″90 ~	7.7
仰泳出发 10 米计时	4″4 ~	4.2	4″89 ~	5	4″74 ~	5.8	4″59 ~	6.5	4″45 ~	7.7
蛙泳出发 10 米计时	4″74 ~	4.2	4″57 ~	5	4″40 ~	5.8	4″25 ~	6.5	4″10 ~	7.7

表 19　游泳运动员选材 7 岁骨龄组评分表（女）

指　　标	等级									
	一		二		三		四		五	
	标准	得分	标准	得分	标准	得分	标准	得分	标准	得分
身高/厘米	~125	7.5	125.1 ~	9	127.6 ~	10.4	130.3 ~	12	133 ~	14
指距 - 身高/厘米	~0	7.5	0.1 ~	9	0.4 ~	10.4	0.7 ~	12	1 ~	14
体形指数	~52	7.5	52.1 ~	9	54.4 ~	10.4	56.7 ~	12	59 ~	14
手面积指数	~69	7.5	69.1 ~	9	73.1 ~	10.4	77.1 ~	12	81.1 ~	14
心功指数	~16	2.7	15.9 ~	3.2	14.2 ~	3.7	12.5 ~	4.2	11 ~	5
憋气时间/秒	28	2.7	28″1	3.2	32″1	3.7	36	4.2	40	5
纵跳/厘米	~28	1.8	28.1 ~	2.1	30.4 ~	2.4	32.7 ~	2.8	35 ~	3.3
体前屈/厘米	~9.5	1.8	9.6 ~	2.1	11.9 ~	2.4	14.2 ~	2.8	16.5 ~	3.3
体后屈/厘米	~37	1.8	37.1 ~	2.1	39.6 ~	2.4	42.3 ~	2.8	45 ~	3.3
指　　标	等级									
	一		三		五		三		一	
	标准	得分	标准	得分	标准	得分	标准	得分	标准	得分
克托莱指数/（克/厘米）	~180	7.5	181 ~	10.4	190 ~	14	210 ~	10.4	220 ~	7.5

表 20　游泳运动员选材 8 岁骨龄组评分表（女）

指标	等级									
	一		二		三		四		五	
	标准	得分	标准	得分	标准	得分	标准	得分	标准	得分
身高/厘米	~129.8	7.5	129.9~	9	132.6~	10.4	135.3~	12	138~	14
指距－身高/厘米	~0	7.5	0.1~	9	0.4~	10.4	0.7~	12	1~	14
体型指数	~54	7.5	54.1~	9	56.4~	10.4	58.7~	12	61~	14
手面积指数	~77	7.5	77.1~	9	81.4~	10.4	85.7~	12	90~	14
心功指数	~15.5	2.7	15.4~	3.2	13.2~	3.7	11.6~	4.2	10~	5
憋气时间/秒	30	2.7	30″1	3.2	34″1	3.7	38	4.2	42	5
纵跳/厘米	~30	1	30.1~	1.2	32.1~	1.4	34.1~	1.7	36~	2
体前屈/厘米	~11.5	1	11.6~	1.2	13.6~	1.4	15.6~	1.7	17.5~	2
体后屈/厘米	~38	1	38.1~	1.2	40.8~	1.4	43.4~	1.7	46~	2
踝关节伸度/度	~167	1	163~	1.2	172~	1.4	176~	1.7	180~	2
踝关节屈度/度	~103	1	102~	1.2	98~	1.4	95~	1.7	92~	2
指标	等级									
	一		三		五		三		一	
	标准	得分	标准	得分	标准	得分	标准	得分	标准	得分
克托莱指数/（克/厘米）	~190	7.5	191~	10.4	200~	14	220~	10.4	230~	7.5

表21　游泳运动员选材9岁骨龄组评分表（女）

指　标	等级									
	一		二		三		四		五	
	标准	得分	标准	得分	标准	得分	标准	得分	标准	得分
身高/厘米	~135.3	6.5	135.4~	7.6	138.4~	8.8	141.3~	10	145~	12
指距-身高/厘米	~0	6.5	0.1~	7.6	0.4~	8.8	0.7~	10	1~	12
体型指数	~55	6.5	55.1~	7.6	58.1~	8.8	61.1~	10	64.1~	12
手面积指数	~83	6.5	83.1~	7.6	9.1~	8.8	99~	10	107~	12
心功指数	~15	2.7	14.9~	3.2	13.2~	3.7	11.6~	4.2	10~	5
憋气时间/秒	32	2.7	32″1	3.2	36″1	3.7	40″1	4.2	44	5
纵跳/厘米	~32	1.1	32.1~	1.3	33.7~	1.5	35.3~	1.7	37~	2
体前屈/厘米	~13.5	1.1	13.6~	1.3	15.2~	1.5	16.3~	1.7	18.5~	2
体后屈/厘米	~39	1.1	39.1~	1.3	41.8~	1.5	44.4~	1.7	47~	2
踝关节伸度/度	~167	1.1	168~	1.2	172~	1.5	176~	1.7	180~	2
踝关节屈度/度	~103	1.1	102~	1.2	98~	1.5	95~	1.7	92~	2

指　标	等级									
	一		三		五		三		一	
	标准	得分	标准	得分	标准	得分	标准	得分	标准	得分
克托莱指数/（克/厘米）	~200	6.5	201~	1.2	210~	12	230~	8.8	240~	6.5

表 22 游泳运动员选材 10 岁骨龄组评分表（女）

指标	等级									
	一		二		三		四		五	
	标准	得分	标准	得分	标准	得分	标准	得分	标准	得分
身高/厘米	~140	6.5	140.1 ~	7.6	143.2 ~	8.8	146.6 ~	10	150 ~	12
指距 - 身高/厘米	~0	6.5	0.1 ~	7.6	0.4 ~	8.8	0.7 ~	10	1 ~	12
体型指数	~57	6.5	57.1 ~	7.6	60.4 ~	8.8	63.7 ~	10	67 ~	12
手面积指数	~93	6.5	93.1 ~	7.6	99.7 ~	8.8	106.4 ~	10	113 ~	12
心功指数	~14.5	2.7	14.4 ~	3.2	12.7 ~	3.7	11.1 ~	4.2	9.5 ~	5
憋气时间/秒	34	2.7	34″1	3.2	38″1	3.7	42	4.2	46	5
纵跳/厘米	~35	1.1	35.1 ~	1.3	36.7 ~	1.5	38.2 ~	1.7	40 ~	2
体前屈/厘米	~15.5	1.1	15.6 ~	1.3	16.9 ~	1.5	18.2 ~	1.7	19.5 ~	2
体后屈/厘米	~41	1.1	41.1 ~	1.3	44 ~	1.5	46.9 ~	1.7	50 ~	2
踝关节伸度/度	~170	1.1	171 ~	1.3	175 ~	1.5	179 ~	1.7	183 ~	2
踝关节屈度/度	~101	1.1	100 ~	1.3	96 ~	1.5	93 ~	1.7	90 ~	2
指标	等级									
	一		三		五		三		一	
	标准	得分	标准	得分	标准	得分	标准	得分	标准	得分
克托莱指数/（克/厘米）	~210	6.5	211 ~	8.8	220 ~	12	240 ~	8.8	250 ~	6.5

表 23　游泳运动员选材 11 岁骨龄组评分表（女）

指　　标	等　　级									
	一		二		三		四		五	
	标准	得分	标准	得分	标准	得分	标准	得分	标准	得分
身高/厘米	~145	3.2	145.1~	3.8	148.4~	4	151.7~	5	155~	6
指距－身高/厘米	~0	3.2	0.1~	3.8	0.7~	4	1.4~	5	2~	6
体型指数	~58	3.2	58.1~	3.8	61.4~	4	64.7~	5	68~	6
手面积指数	~101	3.2	101.1~	3.8	108.4~	4	115.7~	5	123~	6
心功指数	~14	2.7	13.9~	3.2	12.2~	3.7	10.6~	4.2	9~	5
憋气时间/秒	36	2.7	36″1	3.2	40″1	3.7	44	4.2	48	5
纵跳/厘米	~38	2.1	38.1~	2.5	39.4~	3	40.7~	3.3	42~	4
体前屈/厘米	~15.5	2.1	15.7~	2.5	17~	3	18.3~	3.3	19.5~	4
体后屈/厘米	~43	2.1	43.1~	2.5	46~	3	48.9~	3.3	52~	4
踝关节伸度/度	~170	2.1	171~	2.5	175~	3	179~	3.3	183~	4
踝关节屈度/度	~101	2.1	100~	2.5	96~	3	93~	3.3	90~	4
指　　标	等　　级									
	一		三		五		三		一	
	标准	得分	标准	得分	标准	得分	标准	得分	标准	得分
克托莱指数/（克/厘米）	~220	3.2	221~	4	230~	6	250~	4	260~	3.2

表 24 游泳运动员选材 12 岁骨龄组评分表（女）

指标	等级									
	一		二		三		四		五	
	标准	得分	标准	得分	标准	得分	标准	得分	标准	得分
身高/厘米	~154	3.2	154.1~	3.8	157.4~	4	160.7~	5	164~	6
指距－身高/厘米	~1	3.2	1.1~	3.8	1.8~	4	2.5~	5	3.1~	6
体型指数	~59	3.2	59.1~	3.8	62.1~	4	65.1~	5	68.1~	6
手面积指数	~106	3.2	106.1~	3.8	114.7~	4	123.4~	5	132~	6
心功指数	~16.5	2.7	13.4~	3.2	11.7~	3.7	10.1~	4.2	8.5~	5
憋气时间/秒	38	2.7	38″1	3.2	41″1	3.7	46	4.2	50	5
纵跳/厘米	~40	2.1	40.1~	2.5	41.7~	3	43.2~	3.3	45~	4
体前屈/厘米	~16.1	2.1	16.2~	2.5	17.8~	3	19.4~	3.3	21.1~	4
体后屈/厘米	~45	2.1	45.1~	2.5	48~	3	50.9~	3.3	54~	4
踝关节伸度/度	~172	2.1	173~	2.5	177~	3	181~	3.3	185~	4
踝关节屈度/度	~98	2.1	97~	2.5	93~	3	90~	3.3	87~	4
指标	等级									
	一		三		五		三		一	
	标准	得分	标准	得分	标准	得分	标准	得分	标准	得分
克托莱指数/（克/厘米）	~240	3.2	241~	4	250~	6	265~	4	280~	3.2

表 25　游泳运动员选材 13 岁骨龄组评分表（女）

指　　标	等　　级									
	一		二		三		四		五	
	标准	得分	标准	得分	标准	得分	标准	得分	标准	得分
身高/厘米	~160	2. 1	160. 1 ~	2. 5	163. 4 ~	2. 9	166. 7 ~	3. 3	170 ~	4
指距－身高/厘米	~1	2. 1	1. 1 ~	2. 5	2. 1 ~	2. 9	3. 1 ~	3. 3	4. 1 ~	4
体型指数	~59	2. 1	59. 1 ~	2. 5	62. 4 ~	2. 9	65. 7 ~	3. 3	6. 9 ~	4
手面积指数	~111	2. 1	111. 1 ~	2. 5	120. 4 ~	2. 9	129. 7 ~	3. 3	139 ~	4
心功指数	~13	2. 7	12. 9 ~	3. 2	11. 2 ~	3. 7	9. 6 ~	4. 2	8 ~	5
憋气时间/秒	40	2. 7	40″1	3. 2	44″1	3. 7	48	4. 2	52	5
纵跳/厘米	~45	2. 1	42. 1 ~	2. 5	43. 7 ~	3	45. 3 ~	3. 3	47 ~	4
体前屈/厘米	~18. 6	2. 1	18. 7 ~	2. 5	20. 6 ~	3	22. 5 ~	3. 3	24. 3 ~	4
体后屈/厘米	~48	2. 1	48. 1 ~	2. 5	51. 3 ~	3	54. 5 ~	3. 3	58 ~	4
踝关节伸度/度	~172	2. 1	173 ~	2. 5	177 ~	3	181 ~	3. 3	185 ~	4
踝关节屈度/度	~98	2. 1	97 ~	2. 5	93 ~	3	90 ~	3. 3	87 ~	4
指　　标	等　　级									
	一		三		五		三		一	
	标准	得分	标准	得分	标准	得分	标准	得分	标准	得分
克托莱指数/（克/厘米）	~260	2. 1	261 ~	2. 9	275. 1 ~	4	290. 1 ~	2. 9	310 ~	2. 1

表 26　游泳运动员选材 14 岁骨龄组评分表（女）

指　　标	等　　级									
	一		二		三		四		五	
	标准	得分	标准	得分	标准	得分	标准	得分	标准	得分
身高/厘米	~164	2. 1	164. 1 ~	2. 5	167. 4 ~	2. 9	170. 7 ~	3. 3	174 ~	4
指距 - 身高/厘米	~1	2. 1	1. 1 ~	2. 5	2. 5 ~	2. 9	3. 7 ~	3. 3	5. 1 ~	4
体型指数	~60	2. 1	60. 1 ~	2. 5	63. 4 ~	2. 9	66. 7 ~	3. 3	70 ~	4
手面积指数	~111	2. 1	111. 1 ~	2. 5	120. 4 ~	2. 9	129. 7 ~	3. 3	139 ~	4
心功指数	~12. 5	2. 7	12. 4 ~	3. 2	10. 7 ~	3. 7	9. 1 ~	4. 2	7. 5 ~	5
憋气时间/秒	42	2. 7	42″1	3. 2	46″1	3. 7	50	4. 2	54	5
纵跳/厘米	~44	2. 1	44. 1 ~	2. 5	45. 4 ~	3	46. 7 ~	3. 3	8 ~	4
体前屈/厘米	~19. 7	2. 1	19. 8 ~	2. 5	21. 2 ~	3	22. 6 ~	3. 3	23. 9 ~	4
体后屈/厘米	~51	2. 1	51. 1 ~	2. 5	53. 7 ~	3	56. 3 ~	3. 3	59 ~	4
踝关节伸度/度	~172	2. 1	173 ~	2. 5	177 ~	3	181 ~	3. 3	185 ~	4
踝关节屈度/度	~98	2. 1	97 ~	2. 5	93 ~	3	90 ~	3. 3	87 ~	4
指　　标	等　　级									
	一		三		五		三		一	
	标准	得分	标准	得分	标准	得分	标准	得分	标准	得分
克托莱指数/（克/厘米）	~270	2. 1	271 ~	2. 9	290 ~	4	310 ~	2. 9	330 ~	2. 1

表 27　游泳运动员选材 15 岁骨龄组评分表（女）

指　标	等　级									
	一		二		三		四		五	
	标准	得分	标准	得分	标准	得分	标准	得分	标准	得分
身高/厘米	~168	1	168.1 ~	1.2	171.4 ~	1.4	174.7 ~	1.7	178 ~	2
指距－身高/厘米	~2	1	2.1 ~	1.2	3.5 ~	1.4	4.9 ~	1.7	6.1 ~	2
体型指数	~60	1	60.1 ~	1.2	63.4 ~	1.4	66.7 ~	1.7	70 ~	2
手面积指数	~112	1	112.1 ~	1.2	121.4 ~	1.4	130.7 ~	1.7	140 ~	2
心功指数	~12	2.7	11.9 ~	3.2	10.2 ~	3.7	8.6 ~	4.2	7 ~	5
憋气时间/秒	44	2.7	44″1	3.2	48″1	3.7	52	4.2	56	5
纵跳/厘米	~46	1	46.1 ~	1.2	47.4 ~	1.4	48.7 ~	1.7	50 ~	2
体前屈/厘米	~19.7	1	19.8 ~	1.2	21.2 ~	1.4	22.6 ~	1.7	23.9 ~	2
体后屈/厘米	~52	1	52.1 ~	1.2	54.7 ~	1.4	57.3 ~	1.7	30 ~	2
踝关节伸度/度	~173	1	174 ~	1.2	177 ~	1.4	181 ~	1.7	185 ~	2
踝关节屈度/度	~98	1	97 ~	1.2	93 ~	1.4	90 ~	1.7	87 ~	2

指　标	等　级									
	一		三		五		三		一	
	标准	得分	标准	得分	标准	得分	标准	得分	标准	得分
克托莱指数/（克/厘米）	~280	1	281 ~	1.4	300 ~	2	320 ~	1.4	340 ~	1

表28　游泳运动员选材7岁骨龄组评分表（女）水上专项（分、秒）

指　标	等级									
	一		二		三		四		五	
	标准	得分	标准	得分	标准	得分	标准	得分	标准	得分
50米自由泳腿	1′28″~	0.8	1′23″~	0.9	1′18″~	1	1′14″~	1.2	1′10″~	1.4
50米蝶泳腿	1′40″~	0.8	1′35″~	0.9	1′30″~	1	1′26″~	1.2	1′22″~	1.4
50米仰泳腿	1′30″~	0.8	1′25″~	0.9	1′20″~	1	1′16″~	1.2	1′12″~	1.4
50米蛙泳腿	1′40″~	0.8	1′35″~	0.9	1′30″~	1	1′26″~	1.2	1′22″~	1.4
100米个人混合泳	2′40″~	0.8	2′30″~	0.9	2′20″~	1	2′10″~	1.2	2′0″~	1.4
50米自由泳	1′10″~	0.8	1′1″~	0.9	52″0~	1	48″0~	1.2	45″0~	1.4
50米蛙泳	1′0″~	0.8	56″4~	0.9	53″0~	1	49″60~	1.2	49″9~	1.4

表29　游泳运动员选材8岁骨龄组评分表（女）水上专项（分、秒）

指　标	等级									
	一		二		三		四		五	
	标准	得分	标准	得分	标准	得分	标准	得分	标准	得分
50米自由泳腿	1′12″~	0.6	1′8″~	0.7	1′5″~	0.8	1′2″~	0.9	1′0″~	1.1
50米蝶泳腿	1′20″~	0.6	1′16″~	0.7	1′12″~	0.8	1′8″~	0.9	1′5″~	1.1
50米仰泳腿	1′14″~	0.6	1′10″~	0.7	1′6″~	0.8	1′4″~	0.9	1′2″~	1.1
50米蛙泳腿	1′25″~	0.6	1′20″~	0.7	1′15″~	0.8	1′11″~	0.9	1′8″~	1.1
100米个人混合泳	2′5″~	0.6	2′0″~	0.7	1′55″~	0.8	1′47″~	0.9	1′40″~	1.1
50米自由泳	49″0~	0.6	46″0~	0.7	43″0~	0.8	39″0~	0.9	36″0~	1.1
50米蝶泳	55″0~	0.6	52″0~	0.7	49″0~	0.8	7″0~	0.9	45″0~	1.1
50米仰泳	1′1″~	0.6	58″0~	0.7	55″0~	0.8	52″0~	0.9	50″0~	1.1
50米蛙泳	59″0~	0.6	55″0~	0.7	51″0~	0.8	48″4~	0.9	46″0~	1.1

表 30　游泳运动员选材 9 岁骨龄组评分（女）水上专项（分、秒）

指　　标	等级									
	一		二		三		四		五	
	标准	得分	标准	得分	标准	得分	标准	得分	标准	得分
50 米自由泳腿	1′2″～	0.7	58″0～	0.9	55″0～	1	52″0～	1.1	50″0～	1.3
50 米蝶泳腿	1′10″～	0.7	1′4″～	0.9	58″－1～	1	56″0～	1.1	54″0～	1.3
50 米仰泳腿	1′4″～	0.7	1′1″～	0.9	58″－1～	1	56″0～	1.1	54″0～	1.3
50 米蛙泳腿	1′10″～	0.7	1′4″～	0.9	59″0～	1	56″0～	1.1	54″0～	1.3
50 米自由泳手	1′0″～	0.7	56″0～	0.9	53″0～	1	50″4～	1.1	48″0～	1.3
50 米蝶泳手	1′8″～	0.7	1′2″～	0.9	56″0～	1	54″0～	1.1	53″0～	1.3
200 米个人混合泳	3′24″～	0.7	3′20″～	0.9	3′16″～	1	3′8″～	1.1	3′3″～	1.3
50 米自由泳	44″0～	0.7	42″0～	0.9	40″0～	1	38″0～	1.1	36″0～	1.3
50 米蝶泳	49″0～	0.7	46″7～	0.9	44″4～	1	42″7～	1.1	41″0～	1.3
50 米仰泳	59″0～	0.7	55″0～	0.9	51″0～	1	6″0～	1.1	42″0～	1.3
50 米蛙泳	54″0～	0.7	51″4～	0.9	49″0～	1	46″0～	1.1	43″0～	1.3
自由泳出发 10 米计时	6″20～	0.7	5″80～	0.9	5″40～	1	5″37～	1.1	5″15～	1.3
蝶泳出发 10 米计时	6″75～	0.7	6″65～	0.9	6″35～	1	6″0～	1.1	5″65～	1.3
仰泳出发 10 米计时	7″20～	0.7	7″0～	0.9	6″80～	1	6″60～	1.1	6″40～	1.3
蛙泳出发 10 米计时	7″0～	0.7	6″80～	0.9	6″60～	1	6″45～	1.1	6″30～	1.3

表 31　游泳运动员选材 10 岁骨龄组评分表（女）水上专项（分、秒）

指　　标	等级									
	一		二		三		四		五	
	标准	得分	标准	得分	标准	得分	标准	得分	标准	得分
50 米自由泳腿	54″0 ~	0.6	51″0 ~	0.7	49″0 ~	0.8	47″0 ~	0.9	45″0 ~	1.1
50 米蝶泳腿	59″5 ~	0.6	56″0 ~	0.7	54″0 ~	0.8	50″0 ~	0.9	47″0 ~	1.1
50 米仰泳腿	56″4 ~	0.6	54″4 ~	0.7	52″50 ~	0.8	51″0 ~	0.9	50″0 ~	1.1
50 米蛙泳腿	1′0″ ~	0.6	57″4 ~	0.7	55″50 ~	0.8	53″0 ~	0.9	51″0 ~	1.1
50 米自由泳手	54″0 ~	0.6	50″0 ~	0.7	46″0 ~	0.8	43″0 ~	0.9	40″0 ~	1.1
50 米蝶泳手	1′0″ ~	0.6	56″0 ~	0.7	53″0 ~	0.8	51″0 ~	0.9	50″0 ~	1.1
50 米仰泳手	1′4″ ~	0.6	59″0 ~	0.7	55″0 ~	0.8	52″0 ~	0.9	50″0 ~	1.1
50 米蛙泳手	1′5″ ~	0.6	1′1″ ~	0.7	58″0 ~	0.8	56″0 ~	0.9	54″0 ~	1.1
500 米个人混合泳	3′27″ ~	0.6	3′18″ ~	0.7	3′10″ ~	0.8	3′2″ ~	0.9	2′55″ ~	1.1
50 米自由泳	40″0 ~	0.6	38″0 ~	0.7	37″0 ~	0.8	35″0 ~	0.9	34″0 ~	1.1
50 米蝶泳	44″0 ~	0.6	42″0 ~	0.7	40″0 ~	0.8	39″7 ~	0.9	37″4 ~	1.1
50 米仰泳	53″4 ~	0.6	49″0 ~	0.7	45″0 ~	0.8	41″0 ~	0.9	38″0 ~	1.1
50 米蛙泳	53″0 ~	0.6	50″4 ~	0.7	48″0 ~	0.8	44″4 ~	0.9	41″0 ~	1.1
200 米自由泳	6′39″ ~	0.6	6′17″ ~	0.7	5′55″ ~	0.8	5′43″ ~	0.9	5′31″ ~	1.1
自由泳出发 10 米计时	5″50 ~	0.6	5″32 ~	0.7	5″15 ~	0.8	5″0 ~	0.9	4″85 ~	1.1
蝶泳出发 10 米计时	6″65 ~	0.6	6″35 ~	0.7	6″4 ~	0.8	5″75 ~	0.9	5″45 ~	1.1
仰泳出发 10 米计时	6″90 ~	0.6	6″70 ~	0.7	6″50 ~	0.8	6″30 ~	0.9	6″9 ~	1.1
蛙泳出发 10 米计时	6″70 ~	0.6	6″50 ~	0.7	6″30 ~	0.8	6″15 ~	0.9	6″0 ~	1.1

表 32　游泳运动员选材 11 岁骨龄组评分表（女）水上专项（分、秒）

指　　标	等级									
	一		二		三		四		五	
	标准	得分	标准	得分	标准	得分	标准	得分	标准	得分
50 米自由泳腿	50″4 ~	1.2	48″0 ~	1.4	46″0 ~	1.6	45″0 ~	1.9	44″0 ~	2.2
50 米蝶泳腿	54″0 ~	1.2	52″0 ~	1.4	51″0 ~	1.6	48″0 ~	1.9	45″0 ~	2.2
50 米仰泳腿	53″0 ~	1.2	51″1 ~	1.4	49″4 ~	1.6	48″0 ~	1.9	47″0 ~	2.2
50 米蛙泳腿	55″4 ~	1.2	53″0 ~	1.4	51″0 ~	1.6	49″4 ~	1.9	48″0 ~	2.2
50 米自由泳手	52″0 ~	1.2	47″0 ~	1.4	43″0 ~	1.6	40″0 ~	1.9	37″0 ~	2.2
50 米蝶泳手	55″0 ~	1.2	52″0 ~	1.4	49″0 ~	1.6	47″0 ~	1.9	45″0 ~	2.2
50 米仰泳手	57″0 ~	1.2	54″0 ~	1.4	51″0 ~	1.6	48″0 ~	1.9	46″0 ~	2.2
50 米蛙泳手	1′0″ ~	1.2	57″0 ~	1.4	54″0 ~	1.6	52″0 ~	1.9	50″0 ~	2.2
100 米个人混合泳	3′20″ ~	1.2	3′11″ ~	1.4	3′3″ ~	1.6	2′56″ ~	1.9	2′50″ ~	2.2
50 米自由泳	39″0 ~	1.2	37″4 ~	1.4	35″4 ~	1.6	34″4 ~	1.9	33″4 ~	2.2
50 米蝶泳	52″4 ~	1.2	40″7 ~	1.4	39″0 ~	1.6	37″4 ~	1.9	36″4 ~	2.2
50 米仰泳	50″4 ~	1.2	46″4 ~	1.4	43″4 ~	1.6	40″0 ~	1.9	37″0 ~	2.2
50 米蛙泳	50″4 ~	1.2	48″0 ~	1.4	46″0 ~	1.6	43″0 ~	1.9	40″0 ~	2.2
800 米自由泳	13′34″ ~	1.2	13′0″ ~	1.4	12′26″ ~	1.6	11′43″ ~	1.9	11′0″ ~	2.2
自由泳出发 10 米计时	5″35 ~	1.2	5″20 ~	1.4	5″4 ~	1.6	4″90 ~	1.9	4″75 ~	2.2
蝶泳出发 10 米计时	6″15 ~	1.2	5″92 ~	1.4	5″70 ~	1.6	5″50 ~	1.9	5″30 ~	2.2
仰泳出发 10 米计时	6″50 ~	1.2	6″30 ~	1.4	6″9 ~	1.6	5″90 ~	1.9	5″70 ~	2.2
蛙泳出发 10 米计时	6″40 ~	1.2	6″20 ~	1.4	6″0 ~	1.6	5″80 ~	1.9	5″60 ~	2.2

表 33　游泳运动员选材 12 岁骨龄组评分表（女）水上专项（分、秒）

指　　标	等　　级									
	一		二		三		四		五	
	标准	得分	标准	得分	标准	得分	标准	得分	标准	得分
50 米自由泳腿	48″0 ~	1. 2	47″0 ~	1. 4	46″0 ~	1. 6	43″0 ~	1. 9	41″0 ~	2. 2
50 米蝶泳腿	52″0 ~	1. 2	51″0 ~	1. 4	49″9 ~	1. 6	46″0 ~	1. 9	44″0 ~	2. 2
50 米仰泳腿	51″0 ~	1. 2	49″2 ~	1. 4	47″4 ~	1. 6	45″7 ~	1. 9	44″0 ~	2. 2
50 米蛙泳腿	53″0 ~	1. 2	50″0 ~	1. 4	48″4 ~	1. 6	47″0 ~	1. 9	45″4 ~	2. 2
50 米自由泳手	50″0 ~	1. 2	46″0 ~	1. 4	42″0 ~	1. 6	39″0 ~	1. 9	36″0 ~	2. 2
50 米蝶泳手	52″0 ~	1. 2	48″0 ~	1. 4	45″0 ~	1. 6	42″0 ~	1. 9	40″0 ~	2. 2
50 米仰泳手	55″0 ~	1. 2	50″0 ~	1. 4	46″0 ~	1. 6	44″0 ~	1. 9	42″0 ~	2. 2
50 米蛙泳手	58″0 ~	1. 2	54″0 ~	1. 4	54″0 ~	1. 6	48″0 ~	1. 9	45″0 ~	2. 2
100 米个人混合泳	3′15″ ~	1. 2	3′7″ ~	1. 4	2′59″ ~	1. 6	2′50″ ~	1. 9	2′42″ ~	2. 2
50 米自由泳	38″0 ~	1. 2	36″0 ~	1. 4	34″0 ~	1. 6	32″0 ~	1. 9	31″5 ~	2. 2
50 米蝶泳	41″0 ~	1. 2	39″0 ~	1. 4	38″0 ~	1. 6	36″4 ~	1. 9	35″4 ~	2. 2
50 米仰泳	47″0 ~	1. 2	44″0 ~	1. 4	42″0 ~	1. 6	39″0 ~	1. 9	36″0 ~	2. 2
50 米蛙泳	48″4 ~	1. 2	46″4 ~	1. 4	44″4 ~	1. 6	41″7 ~	1. 9	39″0 ~	2. 2
800 米自由泳	12′0″ ~	1. 2	11′45″ ~	1. 4	11′30″ ~	1. 6	11′7″ ~	1. 9	10′45″ ~	2. 2
自由泳出发 10 米计时	5″30 ~	1. 2	5″13 ~	1. 4	4″95 ~	1. 6	4″75 ~	1. 9	4″55 ~	2. 2
蝶泳出发 10 米计时	5″65 ~	1. 2	5″45 ~	1. 4	5″25 ~	1. 6	5″4 ~	1. 9	4″85 ~	2. 2
仰泳出发 10 米计时	6″40 ~	1. 2	6″20 ~	1. 4	6″0 ~	1. 6	5″80 ~	1. 9	5″60 ~	2. 2
蛙泳出发 10 米计时	6″20 ~	1. 2	6″0 ~	1. 4	5″80 ~	1. 6	5″60 ~	1. 9	5″40 ~	2. 2

表 34　游泳运动员选材 13 岁骨龄组评分表（女）水上专项（分、秒）

指　标	等　级									
	一		二		三		四		五	
	标准	得分	标准	得分	标准	得分	标准	得分	标准	得分
200 米个人混合泳	3′3″～	1.5	2′59″～	2.9	2′55″～	3.4	2′47″～	3.8	2′39″～	4.5
50 米自由泳	36″4～	1.5	34″0～	2.9	33″0～	3.4	32″0～	3.8	30″8～	4.5
50 米蝶泳	39″4～	1.5	37″4～	2.9	36″4～	3.4	35″2～	3.8	34″0～	4.5
50 米仰泳	44″4～	1.5	42″4～	2.9	40″4～	3.4	37″4～	3.8	34″4～	4.5
50 米蛙泳	46″4～	1.5	44″7～	2.9	43″0～	3.4	40″4～	3.8	38″0～	4.5
800 米自由泳	21′50″～	1.5	11′25″～	2.9	11′0″～	3.4	10′40″～	3.8	10′20″～	4.5
1500 米自由泳	12′10″～	1.5	21′42″～	2.9	21′15″～	3.4	20′52″～	3.8	20′30″～	4.5
自由泳出发 10 米计时	4″95～	1.5	4″80～	2.9	4″65～	3.4	4″50～	3.8	4″35～	4.5
蝶泳出发 10 米计时	5″35～	1.5	5″15～	2.9	4″95～	3.4	4″80～	3.8	4″65～	4.5
仰泳出发 10 米计时	6″0～	1.5	5″82～	2.9	5″65～	3.4	5″47～	3.8	5″30～	4.5
蛙泳出发 10 米计时	5″75～	1.5	5″55～	2.9	5″35～	3.4	5″15～	3.8	4″95～	4.5

表 35　游泳运动员选材 14 岁骨龄组评分表（女）水上专项（分、秒）

指　标	等　级									
	一		二		三		四		五	
	标准	得分	标准	得分	标准	得分	标准	得分	标准	得分
200 米个人混合泳	2′54″～	1.5	2′50″～	2.9	2′47″～	3.4	2′41″～	3.8	2′36″～	4.5
50 米自由泳	35″0～	1.5	34″0～	2.9	32″0～	3.4	31″0～	3.8	30″0～	4.5
50 米蝶泳	38″0～	1.5	36″0～	2.9	35″0～	3.4	34″0～	3.8	33″0～	4.5
50 米仰泳	42″0～	1.5	40″0～	2.9	38″0～	3.4	35″0～	3.8	33″0～	4.5
50 米蛙泳	44″0～	1.5	42″4～	2.9	41″0～	3.4	38″4～	3.8	37″0～	4.5
800 米自由泳	11′30″～	1.5	11′17″～	2.9	10′45″～	3.4	10′22″～	3.8	10′0″～	4.5
1500 米自由泳	21′15″～	1.5	20′55″～	2.9	20′45″～	3.4	20′22″～	3.8	20′0″～	4.5
自由泳出发 10 米计时	46″0～	1.5	4″47～	2.9	4″35～	3.4	4″25～	3.8	4″15～	4.5
蝶泳出发 10 米计时	5″0～	1.5	4″80～	2.9	4″70～	3.4	4″55～	3.8	4″40～	4.5
仰泳出发 10 米计时	5″60～	1.5	5″45～	2.9	5″30～	3.4	5″15～	3.8	5″0～	4.5
蛙泳出发 10 米计时	5″30～	1.5	5″9～	2.9	4″90～	3.4	4″70～	3.8	4″50～	4.5

表 36　游泳运动员选材 15 岁骨龄组评分表（女）水上专项（分、秒）

指　标	等　级									
	一		二		三		四		五	
	标准	得分	标准	得分	标准	得分	标准	得分	标准	得分
200 米个人混合泳	2′46″～	3.8	2′43″～	4.5	2′41″～	5.1	2′35″～	5.9	2′29″～	7
50 米蝶泳	36″4～	3.8	34″4～	4.5	33″4～	5.1	32″4～	5.9	32″0～	7
50 米仰泳	39″4～	3.8	37″0～	4.5	36″0～	5.1	34″0～	5.9	32″0～	7
50 米蛙泳	41″4～	3.8	40″0～	4.5	39″0～	5.1	37″4～	5.9	36″0～	7
800 米自由泳	11′3″～	3.8	10′40″～	4.5	10′17″～	5.1	9′58″～	5.9	9′39″～	7
1500 米自由泳	20′171″～	3.8	19′40″～	4.5	19′4″～	5.1	18′33″～	5.9	18′2″～	7
自由泳出发 10 米计时	4″50～	3.8	4″37～	4.5	4″25～	5.1	4″15～	5.9	4″4～	7
蝶泳出发 10 米计时	4″80～	3.8	4″65～	4.5	4″50～	5.1	4″35～	5.9	4″20～	7
仰泳出发 10 米计时	5″50～	3.8	4″35～	4.5	5″20～	5.1	5″4～	5.9	4″90～	7
蛙泳出发 10 米计时	5″20～	3.8	5″0～	4.5	4″80～	5.1	4″60～	5.9	4″40～	7

参考文献

[1] 陈武山. 游泳运动教程 [M]. 北京：人民体育出版社，2007.

[2] 体育院校通用教材. 游泳运动 [M]. 北京：人民体育出版社，2007.

[3] 周登嵩. 学校体育学 [M]. 北京：人民体育出版社，2004.

[4] 李文静. 游泳学练问答 [M]. 北京：北京体育大学出版社，2003.

[5] http：//baike. baidu. com/view/325826. htm.

[6] http：//www. baike. com/wiki/%E5%86%B2%E6%B5%AA.

[7] 万京一，等. 水上娱乐 [M]. 北京：人民体育出版社，2005.

[8] 唐亮. 水上运动技巧 [M]. 北京：中国社会出版社，2008.

[9] [美] 彼得·J·柯蒂诺，等. 水球运动技术与战术 [M]. 蒋金日，等译. 北京：人民体育出版社，1983.

[10] [美] 安迪·托诺. 皮划艇大全 [M]. 余克望译. 武汉体育学院出版，1991.

[11] [匈] 克萨巴·桑托. 皮划艇手册 [M]. 于文亭译. 武汉体育学院，1993.

[12] [匈] 克萨巴·桑托著，许四海等译. 皮划艇运动 [M]. 中国皮划艇协会，1996.

[13] 刘起政等编译. 帆板规则解释 [M]. 国家体委竞训一司，武汉体育学院期刊社，1992.

[14] 中国国家体育总局编. 中国体育教练员岗位培训教材，皮划艇 [M]. 北京：人民体育出版社，1999.

[15] http：//www. doyouhike. net/forum/aqua/sailboard/水上运动帆板—磨房.

[16] http：//js. 9939. com/hwjs/ssyd/久久健康网.

[17] 苏焉. 潜水教程 [M]. 中国潜水运动协会，2010.

[18] 中国奥运会官方网站.

[19] 中国游泳官方网站. http：//images. sport. org. cn/File/2012/08/07/0137109116. pdf.

［20］朱笛，温宇红．水中健身［M］．北京：人民体育出版社，2007.

［21］国家体育总局游泳运动管理中心．水中健身［M］．全国水中健身教员教材，2003.

［22］野村武男．水中健康法［M］．日本：株式会社，善本社出版，1996.

［23］中原英臣．游泳健康法［M］．北京：中国轻工业出版社，2002.

［24］第十一届全运会新浪网站．http：//sports. sina. com. cn/z/11thquanyun/events/fca/.

［25］《奥林匹克帆船运动史》编委会．奥林匹克帆船运动史［M］．青岛：青岛出版社，2002.

［26］《水中蛟龙》编写组．水中蛟龙［M］．广州：广东世界图书出版公司，2010.

［27］野村武男．水中漫步健康法［M］．日本：大展出版社有限公司，2002.

［28］黎云秀．非药物健康疗法之二温冷浴治疗法［J］．中国保健营养，1998（4）.

［29］邬时民．不妨洗洗温冷浴［J］．医药与保健，2011（12）.

［30］曹国英．疗养技术常规［M］．北京：人民军医出版社，1999.

［31］赵静，杜春艳，高风．海水浴对军队干部亚健康状态的干预及护理［J］．中国疗养医学，2009，18（11）.

［32］李翠琴．夏季海滨疗养海水浴的安全保健指导［J］．解放军护理杂志，2010，27（2A）.

［33］丁葆丽，张金明．几种水疗法在康复中的应用［J］．中国疗养医学，1995，5（3）.

［34］郑芳，戴蓉，胡寅进．海水浴康复体疗操对在职疗养高血压患者椎－基动脉血流动力学影响［J］．中国疗养医学，2011，20，（9）.

［35］高丽萍，杨文杰．腰肌劳损水中康复方法的研究［J］．商业文化，2008，9.

［36］张晓辉．水中体能训练的基础理论研究与探索［D］．北京：北京体育大学，2009.4.19：16.